美国民航业节能减排的管理与实践

褚天琦　白　辉　李吕华　易　翔　原文杰　著

本书的撰写和出版得到了中国民用航空局节能减排专项基金项目“节能减排与环境管理政策研究”(项目编号 DPDSR0012)的资助。

科学出版社
北　京

内 容 简 介

本书对美国民航业的节能减排情况进行全方位的梳理和分析，从多维交叉的视角对美国民航业节能减排实践进行开拓性的探索。全书分为三个部分：一是美国民航业在节能减排管理和实践方面的探索，包括能源战略、法律体系、实现机制以及行政管理体制等；二是针对美国民航业节能减排的实践做法进行的专题研究；三是对我国民航业节能减排的实施情况进行跟踪研究，并基于调研数据对我国民航行业的节能减排现状进行分析。

作者通过大量调研数据和实证研究，深入分析我国民航业各部门在开展节能减排过程中取得的成绩、存在的困惑以及面临的困难，给出的建议兼具理论和现实意义，得出的结论可为我国民航业制定行业节能减排发展规划及战略方针提供智力支持。

本书可为民航企事业单位从事节能减排相关工作的人员提供参考，也可供对节能减排政策和实践研究感兴趣的读者阅读参考。

图书在版编目(CIP)数据

美国民航业节能减排的管理与实践 / 褚天琦等著. —北京：科学出版社，2017.11

ISBN 978-7-03-053657-0

Ⅰ. ①美… Ⅱ. ①褚… Ⅲ. ①民航业-节能减排-研究-美国 Ⅳ. ①F567.121

中国版本图书馆 CIP 数据核字(2017)第 137770 号

责任编辑：陈 静 邢宝钦 / 责任校对：郭瑞芝

责任印制：张克忠 / 封面设计：迷底书装

科学出版社 出版

北京东黄城根北街 16 号

邮政编码：100717

http://www.sciencep.com

文林印务有限公司 印刷

科学出版社发行 各地新华书店经销

*

2017 年 11 月第 一 版 开本：720×1 000 1/16

2017 年 11 月第一次印刷 印张：19 3/4 插页：2

字数：450 000

定价：108.00 元

（如有印装质量问题，我社负责调换）

他山之石，可以攻玉

经济和生态是不可分割的整体，环境恶化会蚕食经济发展成果。2010 年我国环境保护部环境规划院发布的《中国环境经济核算研究报告 2010（公众版）》显示，2010 年，全国生态环境退化成本超过 1.5 万亿元，占当年国内生产总值(Gross Domestic Product，GDP)的比例为 3.5%左右。2010 年环境退化成本增速超过了 GDP 增速，前者为 13.7%，后者则为 10.4%；而 2004—2010 年环境退化成本增长了 115%。

为实现绿色发展，国家大力倡导绿色、低碳发展理念，并以节能减排为重点，健全激励与约束机制，提升可持续发展能力。国家发展和改革委员会在《国家应对气候变化规划（2014—2020 年）》中指出，对于民航业，到 2020 年，民用航空单位客货运周转量的二氧化碳排放比 2010 年降低 11%左右。资源环境约束日趋强化，已成为行业发展面临的新形势。

民航作为基础性、服务型行业，受到 GDP 水平和人均可支配收入的拉动，未来增长需求仍然十分强劲。根据发达国家的经验，民航运输总周转量增速约为 GDP 的 1.2～1.5 倍。预计未来中国民航运输周转量的增速仍将高于 GDP 增速，民航业能源消耗仍将快速增长。

鉴于此情况，“十二五”期间民航业采取了机场桥载设备替代辅助动力装置(Auxiliary Power Unit，APU)、机场特种车辆“油改电”、航空公司增加临时航线、空管部门截弯取直优化航路、推动市场化措施等举措，取得了显著成效，提升了信心，形成了工作氛围。

“十三五”时期，国际民航组织（International Civil Aviation Organization，ICAO）、国际航空运输协会（International Air Transport Association，IATA）、欧洲联盟（简称欧盟）等国际和地区组织纷纷提出了更高的民航节能减排目标要求。国际减排新协议、新标准对行业发展路径的倒逼约束作用不断增强。国际上节能减排新技术不断涌现，但我国对外技术依存度短期难以下降，技术转移成本高。为此，借鉴他山之石，走出自己的创新之路是推进我国民航业生态发展的必然选择。

众所周知，美国民航业在节能减排方面经验丰富，技术先进，堪称节能减排方面的排头兵。过去 20 年间，美国航空业能源效率的提升超过了美国国内的其他交通运输方式。除了先进技术以外，意识提升、管理创新也是保障减排效果的关键所在，尤其是如何进行任务分解，如何处理行业节能减排中政府约束和市场调节的矛盾，如何实现能源节约与温室气体减排双重成效等方面更是我们要借鉴的。

该书试图借鉴他山之石给出问题的解答。在这特殊的历史时刻，希望能起到辅助中国民航相关技术管理领域领导、专家科学决策的作用。细读全书，感觉有两大亮点：一是创新性地对美国民航业的节能减排工作进行全方位扫描、梳理和分析；二是全书由英语专业背景的研究人员完成，研究团队凭借语言优势获得了最新最全的一手资料，而其选取的着力点和体系框架比较独特，从多维交叉的视角，以纵横整合的坐标，对美国民航业节能减排工作进行开拓性的探索。我们行业的节能减排工作正需要这样一盏指路灯，照清别人的过往，指出我们自己的路，谋求在巨人的肩上创新发展。

该书是中国民航大学民航英语研究中心团队辛勤耕耘结出的硕果。这不单单是一本书，更是一种启示，是我们民航业必须了解的发展路径和发展模式，同时引导我们思考未来的路究竟应该怎么走。

2017 年 3 月 1 日

于天津中国民航大学

序

作为发展中国家，中国生产和消费的碳排放量虽然很低，但仍在力所能及的范围内开展了各种各样的减排工作，对全球的碳减排做出了积极的贡献。“十二五”期间我国民航业加大了节能减排工作的推进力度，建立了民航能耗统计系统，出台了资金补贴办法，推动了节能减排重大专项项目的实施，夯实了节能减排工作的基础。

随着我国进入经济发展“新常态”、推进全面深化改革和实施“一带一路”战略，民航业将迎来新的发展机遇。初步预测，“十三五”期间，民航总周转量、旅客运输量将保持两位数增长，运输飞机架数和飞行架次也将增加近 80%。预计 2020 年之前航空运输总周转量将保持年均 10%的增长速度。

与此同时，行业节能减排工作也将面临新的发展形势和外部环境。面对全球温室气体排放量有增无减的现实和全球大力推行低碳经济的事实，全球航空业制定了雄心勃勃的目标：未来十年，全球机队的燃效每年提高 1.5%；到 2050 年，航空业实现排放净减少。然而，2014 年 6 月国际航空运输协会发布的《航空业经济效益》报告指出，2012—2014 年，航空业碳排放量分别为 6.82 亿吨、7 亿吨、7.22 亿吨，呈逐年上升趋势。

国际气候谈判日趋复杂、国内空域更为紧张、高铁快速发展形成的竞争、油价持续低位等形势都将对民航节能减排造成很大的压力，中国民航的国际竞争力和发展空间都将受到严重制约。我国民航业的节能减排工作需要另辟蹊径，基于自身的特点，吸收借鉴其他国家的优秀做法，走出自己的特色道路。

恰逢其时，该书完稿了。美国民航业在经历了三四十年的高速发展之后，目前已经成为美国乃至全世界交通运输领域科技含量最高，且在节能减排方面颇具发言权的行业。该书从美国走上节能减排之路的背景入手，分析了美国及其民航业在能源环境法律法规体系建设、组织机构设置、科技创新、市场机制尝试等方面独一无二的领先优势。书中内容丰富，从战略层面对美国及其民航业节能减排的历史进程及发展趋势进行全景式扫描。其中对美国民航业的关键历史节点把握准确，做到了宏观与微观、历时与共时的结合，在更高层面上对美国节能减排，尤其是民航业的环境政策进行全面的梳理与汇总。可以看出，美国政府的节能减排政策不仅直接影响着美国国内的减排行动，还对全球减排合作产生了重大影响。

美国的节能减排是从“节能”逐步开始的。20 世纪 70 年代，石油危机促使美国成立了能源部，并在 1978 年颁布了《1978 年国家能源法》。到 20 世纪 70 年代末，美国在全国范围内共设立了 8000 多个大气监测站。这一时期的一系列努力基本构建了美国后续的环保框架，同时深化了美国政府在公众心目中的形象。

美国出台了《1992 年能源政策法》，目的是促进能源节约，提升能源使用效率，推进可再生能源使用及国际能源合作等方面的行动。奥巴马执政后，高度重视能源环境问题，大力推行减排政策，将发展可再生能源与国家未来的能源安全相系。2009 年初，美国国会批准《2009 年美国复苏与再投资法》，提出了 7870 亿美元的一揽子经济刺激方案，将大量资金投至清洁能源开发和能效提升。美国在 2015 年向《联合国气候变化框架公约》秘书处提交的“自主贡献预案”中提出，到 2025 年将实现在 2005 年的基础上 26%～28%的温室气体减排目标。这一目标的设定将改变美国目前以石油为主的能源消费结构，清洁能源产业有望获得蓬勃发展。

美国政府非常重视依靠提高能源效率来促进节能减排，认为提高能效是实现节能减排最快捷最清洁的方式。美国目前的燃料经济性标准与其他发达国家相比仍有相当大的差距，因此在政策制定上，美国政府主要将侧重点放在提高建筑物能效和机动车能效两个方面。

从书中可以了解到，行业的节能减排政策也要根据行业发展到不同历史阶段出现的问题而逐步调整，从噪声控制到固体废弃物处理再到现今的节约能源、提高能效、降低排放。整体上美国民航业在节能减排方面的工作与美国政府的政策基本保持一致——关注行业节能减排前景与潜力，通过组织机构、替代燃料、技术升级、市场手段等多方面协同作战来实现最终的能源环境目标。

美国民航业推进节能减排，不仅受到国内政治、经济和能源环境现状的影响，还在很大程度上与国际航空业在节能减排工作中的投入以及全球气候变化、能源紧缺等外部环境有关。从美国民航业的经验可以看出，推进节能减排是行业实现可持续发展的必然选择。不管从政策制定上，还是从技术研发上，美国民航业在节能减排工作中的着眼点始终是在保证安全和运力的前提下提升民航业减排技术，减少由于行业运行带来的碳排放。

该书的信息量十分丰富，选取的能源战略、法律体系、实现机制及行政管理体制的研究角度合理，层层推进，得出的启示对我国民航业节能减排事业的开展很有帮助。最为难得的是，该书作者还通过大量调研和实证研究，详细梳理了我国民航业各部门在开展节能减排过程中取得的成绩、存在的困惑以及面临的困难，这使得书中给出的建议兼具理论和现实意义，该书的论述和结论可为我国民航业制定节能减排发展规划及战略方针提供智力支持。

该书作者的研究工作已达到很深的层面，对美国节能减排政策法规、管理体系、市场机制的演进所做的梳理分析尤为清晰，是行业内部人员了解美国民航业相关问题的一扇窗户；而其中章节小结是研究的亮点和创新所在，构建了美国民航业节能减排的全面知识谱系，对我国民航业乃至国家层面实施节能减排都有着积极的借鉴和启示作用。

穆阳

2017年3月20日于北京

前　言

2012 年，中国民航大学民航英语研究中心抽取精干力量成立了民航节能减排研究团队，充分利用民航英语语言优势和丰富的行业资源，积极学习、快速成长，从分析欧美国际形势入手，跟踪研究欧盟碳市场，深入研究美国能源环境管理政策，分析对比国外民航业节能减排最佳实践，为民航节能减排国际谈判提供支持。

2014 年，我们专注探索美国及其民航业节能减排的管理与实践。历时两年，数次实地调研，走访行业内数十家单位。在此基础上，比较欧美节能减排政策和实践，提出适用于我国民航业的建议和启示。

本书得到了中国民用航空局发展计划司的大力资助。写作过程中，民用航空局发展计划司吉原巡视员，中国民航大学刘社宣教授、赵凤彩教授等业内专家给予了诸多支持和帮助，对此我们表示由衷的感谢。我们要特别感谢中国民用航空局发展计划司的穆阳处长，是他的提议和大力支持使得本书可以顺利完成。中国民航大学校长董健康教授在看过书稿后，欣然为本书作序，更让我们备受鼓舞。

为了高质量完成本书，我们阅读了大量文献资料，多名专家的作品和观点给了我们灵感和启发，在此一并表示感谢。

本书可供对节能减排政策和实践研究感兴趣的读者参考，也可用于民航企事业单位培训。希望我们的研究能对民航节能减排工作有所启发，有所帮助，也恳切希望各位专家同行不吝赐教，以便我们不断提高，共同为绿色民航、绿色中国的建设贡献一份力量。

作　者

2017 年 6 月

目　录

第一章　研究背景和思路

气候变化（简称气变）是当今世界关注的重要问题。联合国政府间气候变化专门委员会（Intergovernmental Panel on Climate Change，IPCC）的一份报告指出，自1850年以来，全球一直经历着显著的气候变化①。2013年IPCC第五次评估报告第一工作小组报告《气候变化2013：物理学基础》（Climate Change 2013：The Physical Science Basis）指出，全球气候系统变暖的事实毋庸置疑②。气候变暖主要体现为地球表面温度和海洋温度上升、海平面上升、南极冰盖和冰川消融、极端气候事件频繁等，从自然环境、生产生活以及社会经济各个层面影响人类。如何妥善解决温室气体排放问题已经成为世界各国面临的重要且棘手的问题。自1992年在巴西里约热内卢召开的联合国环境发展大会通过了《联合国气候变化框架公约》（United Nations Framework Convention on Climate Change，UNFCCC），应对气候变化和节能减排便成为不可忽视的全球性任务。而2007年1月举行的达沃斯世界经济论坛年会更是促使气候变化成为众多国际会议的主旋律，逐渐成为压倒一切的首要问题。

中国经济的高速发展带来的环境“负”产品已经引起国际关注，并且国家温室气体排放总量也已赶超美国，成为新的第一排放大国。资源环境约束日趋强化已成为我国各行业面临的新形势。新形势下政府如何推动节能减排工作、如何应对国内国际环境压力？身处其中的民航业又会受到哪些影响？民航运输由于具有国际流动性强的特征，其排放问题成为全球在应对气候变化中关注的主题。

第一节　研究目的与意义

近年来，气候大会向我们传递了这样一个信息：气候变化并非一个简单的环境问题，它还对国际安全、和平与发展构成威胁，并将对全球经济与未来繁荣产生深远的影响③。气候大会已经沦为各国争夺利益的战场。

工业革命前的一万年间，大气中的二氧化碳浓度一直维持在280ppm（浓度单位，1ppm为百万分之一，即百万分比浓度）。而工业革命开始后，发达国家大量使用化

---

① Intergovernmental Panel on Climate Change. Climate Change 2014: Synthesis Report[R/OL]. [2016-03-08]. http://www.ipcc.ch/pdf/assessment-report/ar5/syr/SYR_AR5_FINAL_full_wcover.pdf.

② 参见：联合国政府间气候变化专门委员会官网 http://www.ipcc.ch/report/ar5/wg1/。

③ United Kingdom Department of Trade and Industry. Meeting the Energy Challenge: A White Paper on Energy [R/OL]. (2007-05-23) [2016-06-11]. https://www.gov.uk/government/uploads/system/uploads/attachment_data/file/243268/7124. pdf.

石燃料，制造了大量二氧化碳，使其浓度迅速增加。西方国家在20世纪中期进入了高度工业化阶段，排放的二氧化碳增加速度更快，积累的问题也开始显现。到1995年，空气中二氧化碳的浓度达到358ppm。

在工业化的发展道路上，几乎每个国家都遭遇过经济发展、资源利用和环境保护之间的失衡。这一失衡在国际上称为“增长的代价”。有些国家较好地补偿了“增长的代价”，从而走上了可持续发展的道路。有些国家则被“增长的代价”所绊倒，走向了衰落。美国作为典型的发达国家，在经济发展过程中，曾牺牲环境来换取社会经济的发展繁荣，由此导致的恶果便是各种环境问题肆虐。这种现象并非偶然，多数国家在工业化与现代化的进程中出现类似的问题。在经济、发展与自然、环境之间做出抉择，造成的后果往往是自然遭到破坏、资源浪费、环境严重恶化，各种环境问题威胁到民众的健康、安全甚至生存。根据世界资源研究院（World Resources Institute，WRI）的数据，在1850—2007年各国温室气体累积排放总量中，美国占据了28.8%[①]。美国逐渐意识到，如果不改变发展模式，伴随着国内生产总值（Gross Domestic Product，GDP）的增长，则环境污染的程度会继续加重，不可再生资源的存量会不断减少，最终走向枯竭。时任总统奥巴马承认全球变暖是人类活动的结果，并且认为全球气候变化无疑是全世界共同面临的长期挑战，解决这一问题已经刻不容缓。美国应抱着认真且可持续发展的态度，采用道德的、环境的、经济的和安全的原则去处理气候变化问题。基于这一认识，奥巴马政府提出的政策相比以往更为积极。

就世界范围而言，美国对全球环保事业的发展有着巨大的促进作用。以1970年4月22日的“地球日”为序幕，美国国内掀起了一场声势浩大的环境革命，对美国政治、经济和社会思想等各个领域都产生了巨大的影响。以1969年《国家环境政策法》（National Environmental Policy Act，NEPA）为开端，美国国会颁布了一系列的环境法律，由此形成环境法律体系、环境管理体系和环境诉讼体系，美国的环境保护工作开始走向法制化与制度化[②]。1974年2月，在美国的倡议下成立了国际能源署（International Energy Agency，IEA），能源问题成为国际政治外交的重要议题。经过多年的努力，美国在经济与环境等问题的处理上走上了可持续发展的道路，因此对美国节能减排与环境管理政策进行深入系统的研究是十分必要且具有现实指导意义的，其发展经验和启示对于像我国这样处于快速上升期的发展中国家妥善、合理地选择发展道路具有宝贵的借鉴作用。

近年来，我国经济高速发展，在各领域取得巨大成就的同时，在资源和环境方面也付出了巨大的代价。2013年我国全年能源消费总量为37.5亿吨标准煤，比上年增长3.7%；煤炭消费量增长3.7%；原油消费量增长3.4%；天然气消费量增长

① 数据来源：http://www.theguardian.com/environment/2011/apr/21/countries-responsible-climate-change。

② 封晓霞. 20世纪70年代美国的环境运动研究[D]. 兰州：兰州大学，2013.

13.0%；电力消费量增长 7.5%。当年全国万元 GDP 能耗下降 3.7%。1990—2013 年，我国的能源消费量从 9.87 亿吨标准煤增长到 37.5 亿吨标准煤，增长 280.0%；源自于化石能源消费的二氧化碳排放量从 22.11 亿吨增长到近百亿吨，增长 352.3%[①]。我国已成为全球最大的温室气体排放国，经济发展与资源环境的矛盾日益尖锐，资源紧张、环境污染等问题随之而来，我国面临的资源环境约束日益突出，温室气体减排压力巨大。根据《BP 2035 世界能源展望》，中国在全球能源需求中的比例从 22%升至 2035 年的 26%；中国将在 2030 年前后超过美国成为世界上最大的石油消费国，在 21 世纪 20 年代中期超过俄罗斯成为第二大天然气消费国；到 2035 年中国二氧化碳排放量将占世界总量的 30%[②]。如何保持经济的可持续发展成为人们日益关心的话题，我国的节能减排工作就是在这个背景下提出来的。当前，我国要实现设定的节能减排目标，面临的形势十分严峻。各方面工作仍存在认识不到位、责任不明确、措施不配套、政策不完善、投入不落实、协调不得力等问题。这种状况如不及时扭转，节能减排的总体目标将难以实现。

从国内来看，随着工业化、城镇化进程加快和消费结构升级，我国能源需求呈刚性增长，受国内资源保障能力和环境容量制约，我国经济社会发展面临的资源环境瓶颈约束更加突出，节能减排工作难度不断加大。从国际来看，围绕能源安全和气候变化的博弈更加激烈。一方面，贸易保护主义抬头，部分发达国家凭借技术优势开征碳税并计划实施碳关税，绿色贸易壁垒日益突出；另一方面，全球范围内绿色经济、低碳技术正在兴起，不少发达国家大幅增加投入，支持节能环保、新能源和低碳技术等领域创新发展，抢占未来发展制高点的竞争日趋激烈[③]。

国家发展和改革委员会（简称发改委）在《国家应对气候变化规划（2014—2020 年）》中指出，对于民航业，到 2020 年，民用航空单位客货运周转量的二氧化碳排放比 2010 年降低 11%左右。国家对民航业节能减排要求逐渐提高，要实现该目标，必须应用新技术和新能源、改造设施设备以及创新管理模式。此外，还需要把握经济结构转型对航空运输业带来的机会，优化资源配置模式，加强宏观调控方式，通过发挥市场机制作用探索未来行业发展方向。中国民航节能减排的压力越来越大，而抓住机会实现结构转型则是实现绿色民航的关键。

气候变化及其影响的全球性，决定了任何国家都无力单独解决气候变化问题，

① 基础数据来源：中国国家统计局官网 http://www.stats.gov.cn/和欧盟全球大气研究排放数据库 http://edgar.jrc.ec.europa.eu/news_docs/pbl-2013-trends-in-global-co2- emissions-2013-report-1148.pdf。

② BP. BP 2035 世界能源展望(2015 年版)——中国专题[R/OL]. [2016-06-10]. http://www.bp.com/content/dam/bp-country/zh_cn/Download_PDF/Energy Outlook 2035/%E 3%80%8ABP2035%E4%B8%96%E7%95%8C%E8%83%BD%E6%BA%90%E5%B1% 95%E6%9C%9B%E3%80%8B-%20%E4% B8%AD%E5%9B%BD%E4%B8%93%E9%A2%98.pdf.

③ 中华人民共和国国务院. 国务院关于印发节能减排“十二五”规划的通知[R/OL]. (2013-08-21)[2016-06-20]. http://www.gov.cn/zwgk/2012-08/21/content_2207867.htm.

应对气候变化需要国际社会的共同努力。国际民航组织(International Civil Aviation Organization，ICAO)第37届、第38届大会设定的提高燃效、实现碳中性增长的目标促使国际民航业综合采用四大支柱策略(技术、运行、基础设施、市场)来全面推进行业节能减排。欧美等航空发达国家在节能减排方面一直走在世界前列，超前制定相应发展政策、积极健全法律法规体系、完善各级组织机构，率先尝试市场机制，为节能减排寻求技术支撑。他们的减排政策和行动不仅直接影响本国或地区的减排行为，还对全球减排合作产生了重大影响。

美国和中国是当今世界两个最大的石油消费国，也毫无悬念地成为最大的温室气体排放国。选择美国作为研究对象是因为它的减排行动极大地影响着全球预期减排目标的实现进程。如果美国表现更为积极，则会抬高国际社会对中国减少排放的期望。如果中国不在气候变化议题上扮演更积极的角色，则可能会引发同美国等发达国家的较大摩擦。中国必须行动起来，设计适合本国的节能减排政策，依靠技术和管理创新、市场化措施推动节能减排。

第二节 以往的研究情况

节能减排概念的提出和研究的开展主要是受20世纪70年代石油危机引起的能源恐慌的影响。对可能因能源供应问题带来经济衰退的担忧使得发达国家政府开始认真审视本国的能源政策，出台了各种措施提高本国的能源利用效率，保障本国的能源安全。随着经济发展带来的环境问题日益严重，加上环境问题对人类健康的损害以及对经济可持续发展的制约作用，加强环境污染物的治理和减少排放也逐渐提上各国政府的工作议程，大量科学性研究随之开展。

一、国际研究情况

发达国家由于政治体系、经济发展模式以及历史文化等方面的差异，形成了侧重点各有不同的节能减排政策体系。综合来看，各国政府主要从政府部门职能、法律法规建设、能效标准标志、财税政策等方面着手，推动本国节能减排工作的开展。

在大量的国际研究方面，颇具影响力的是英国政府首席经济学家、世界银行前首席经济学家Stern主持编写的《斯特恩报告：气候变化经济学》(Stern Review on the Economics of Climate Change)。该报告从经济学的角度对气候变化的影响进行评估。报告指出，要长期大幅减少排放，就必须大规模采用一系列清洁能源和交通技术。报告认为，如果人类不采取行动，则每年GDP将损失5%～20%，如果不对温室效应采取措施，则全球将出现20世纪30年代那样的经济大萧条；相反，若积极采取行动，则每年全球GDP损失将会控制在1%左右。

Rossi的《能源对气候变化立法的政治经济影响》、Freeman和Guzman的《气候变化与美国的利益》、Page 的《气候变化正义与未来世代》等论著为国内外学者研究气候变化提供了广泛的自然科学、经济学、社会学和政治学的数据与理论支持。

而有关低碳发展理论的研究则是在全球应对气候变化行动不断深化的背景下开展起来的。低碳经济的相关表述最早出现在 20 世纪 90 年代，与全球气候变化和温室气体减排的背景相关。2003 年英国政府颁布的能源白皮书《我们未来的能源——创建低碳经济》首次正式提出"低碳经济"的概念，并指出低碳发展的道路不但技术上可行，经济上也合理。"低碳经济"概念一经提出就引起各国政府的高度重视，相关的学术研究也迅速展开。英国环境专家鲁宾斯德认为，低碳经济是一种正在兴起的经济模式，其核心是在市场机制的基础上，通过制度框架和政策措施的制定与创新，推动提高能效技术、节约能源技术、可再生能源技术和温室气体减排技术的开发与运用，促进整个社会经济朝向高能效、低能耗和低排放的模式转型。英国社会学家 Giddens 研究指出，在减缓气候变化方面……市场力量能够制造出其他机构或架构无法达到的结果。

虽然时间较短，低碳发展理论尚不完整，但一些相关理论却经历了较长时间的发展，目标和内涵的一致性使这些理论成为低碳发展理论的基础和研究工作的重要参考，包括可持续发展理论以及在可持续发展理论框架下的循环经济、绿色经济、生态经济等理论。

二、国内研究情况

近年来，我国经济学家从发展中国家特有的视角，对全球变暖公共政策中的经济问题，包括各种对策在发展中国家的可行性问题，以及中国所面临的特殊问题、特殊战略与对策等进行了深入的研究，同时也提出了对国际机制进行改革的建议。

国家发展和改革委员会能源研究所就中国与国际能源领域的热点与重点问题开展了许多有开创性、有价值的研究工作，为中国和国际社会贡献了一批有影响的研究成果。中国人民大学环境政策与环境规划研究所是专业的学术研究机构，依托中国人民大学经济学、管理学等优势学科，旨在搭建环境政策分析与设计、环境规划与管理、能源经济与管理等学科的研究平台，提供相关领域的观点、理论、方法和实践成果。研究所成功开发出环境政策分析的一般模式、城市空气质量管理与决策支持系统、城市水环境质量管理与决策支持系统、城市能效碳效评估数据库、城市生活垃圾资源化管理信息平台等工具，为中国环境政策与环境规划的深入研究和实践提供了良好的技术支撑与研发平台。

中国经济 50 人论坛课题研究小组在《走向低碳发展：中国与世界——中国经济学家的建议》一书中，建议新增第三种协作减排机制——国家间协作减排计划（Inter-Country Joint Mitigation Plan，ICP），强调发达国家和发展中国家在碳减排中承担"共同但有区别的责任"（Common But Differentiated Responsibilities，CBDR），以促进发达国家按其应承担的责任，进行必要的资金与技术转移，与发展中国家合作实现更好的减排效果。中国经济体制改革研究会副会长樊纲在书中表示，ICP机制比清洁发展机制(Clean Development Mechanism，CDM)更加灵活，不需要所有国家一致通过，而只要在双边或者多边谈判中达成协议即可，这使得发展中国家可以更多地参与到碳交易中。

同时，中国经济50人论坛与瑞典斯德哥尔摩国际环境研究院共同发布的《走向清洁——中国低碳发展的经济学研究》报告显示，中国在主要的高碳强度行业急剧削减碳排放，同时仍然保持经济增长和实现其发展的愿望是可行的。这份由中国、瑞典、德国、英国和美国专家共同完成的报告指出，中国通过提高能效和发展清洁技术等途径，可以实现2050年全球升温低于2℃的目标所要求的减排。中国在建筑、工业、交通和电力行业均有很大的减排潜力。中国将受益于早减排，而立即行动是保证全球升温低于2℃可能性的关键。

国务院发展研究中心课题组提出了关于全球温室气体减排的理论框架和解决方案，应用产权理论和外部性理论，建立了一个界定各国历史排放权和未来排放权的理论框架，并据此提出一个将各国“共同但有区别的责任”明晰化、将所有国家纳入全球减排行动的气候应对方案，详细阐述了通过建立各国温室气体排放账户来实现全球减排的目标。

中国社会科学院城市发展与环境研究所完成了碳预算方案的国际机制研究。该方案以气候安全的允许排放量为刚性约束，并将有限的全球碳预算总额以人均方式初始分配到每个地球村民，满足其基本需求，不仅确保了公平和可持续性的双重目标，而且根据历史排放和未来需求，设计了碳预算的平衡机制和相应的资金机制。此外，碳预算方案还包含排放限额和贸易机制，可测量、可报告和可核查机制(Monitoring, Reporting and Verification，MRV)以及遵循机制等，共同构成了一个全面涵盖的整体性一揽子方案。碳预算的平衡机制和资金机制，涉及发展中国家的整体利益，必须通过国际政治谈判而不是分散的市场机制来解决。除了筹集资金，资金的管理、分配和使用也都需要通过国际政治谈判做出具体的安排。

对节能减排法律政策的研究则主要集中于总结国内外节能减排政策与发展实践。胡晓彬、朱启贵讨论了国际上解决节能减排问题的成功经验，并由此得出对我国尽快解决节能减排问题的启示[①]。刘石慧对国际节能趋势、政策进行比较研究，得出我国在节能减排策略上，应探索适应市场经济的节能管理新机制[②]。

节能减排管理新机制主要涵盖合同能源管理、碳汇、清洁生产等。张兵、杨凌通过总结近年来国际CDM项目的开发实践，分析了CDM项目的优势、劣势、机

① 胡晓彬，朱启贵. 节能减排的国际经验及启示[J]. 上海管理科学，2008(5)：75-77.

② 刘石慧. 国际节能趋势、政策比较研究[J]. 中国国土资源经济，2008(2)：21-23.

遇与挑战①。许艳、李岩对中美合同能源管理模式开展了比较研究，在此基础上提出了推动中国合同能源管理的措施②。

第三节 研究思路

课题组秉承科学的态度，以实证研究和定性分析为主要方法，力求在充分吸收国内外研究成果的基础上，综合运用文献法、经验总结法、对比分析法、实地调研、理论和实例相结合等多种方法，梳理美国节能减排的历史背景和当时的政治经济情况，分析各时期政治经济的发展对节能减排策略的影响，以及各种背景下民航业做出的回应及制定的策略，进一步探究美国实施节能减排的法律框架、管理体制等保障体系，探索美国民航业节能减排的实现机制包括技术体系、激励政策、市场化措施等手段，明确美国节能减排的战略地位，总结美国关于节能减排政策的实践经验、成效及发展趋势，以及在此背景下美国民航业的发展思路(图 1-1)。

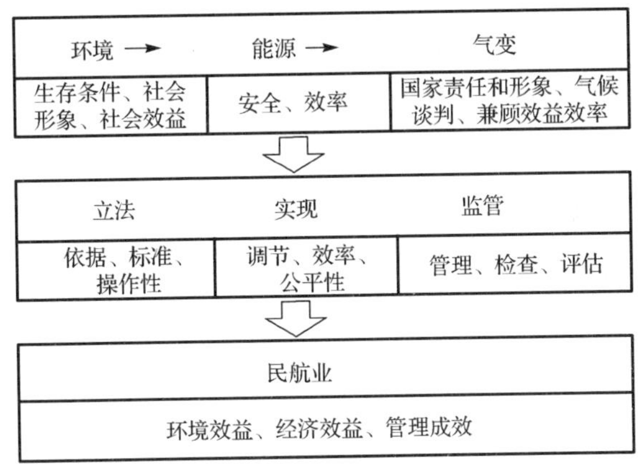

图 1-1 课题研究思路

在充分探讨美国及美国民航业节能减排的基础上，课题组大量调研我国国内机场、航空公司、空中交通管制(以下简称空管)等民航企事业单位的节能减排实践。在此基础上结合美国实施节能减排的经验、启示及我国民航业节能减排工作的特点，从行政管理、法规建设、市场机制等多个角度提出了完善我国民航业节能减排工作的建议措施，为民航相关部门确定试点方案提供思路和建议。

---

① 张兵，杨凌. 开发清洁发展机制项目的 SWOT 分析[J]. 生态经济，2009(5)：165-169.

② 许艳，李岩. 合同能源管理模式的中美比较研究[J]. 环境科学与管理，2009，34(8)：1-4.

第二章　美国民航业节能减排综述

第一节　节能减排的含义

在国外学术界，“节能减排”并非一个独立的研究名词，很少有人专门针对节能减排进行研究，只是在实践中衍生出节能、温室气体减排、绿色经济、生态经济、低碳经济、应对气候变化等名词。而关于节能减排的研究主要集中在政策法规、能源领域、环境影响评价(Environmental Impact Assessment，EIA)、环境绩效评价、全球气候变化预估等方面。

美国是世界上最大的能源消耗国和污染排放国。但作为世界头号发达国家，美国针对节能减排在法律法规体系建设、组织机构设置、科技创新、经济手段等方面有着独一无二的领先优势。

在能源环境相关政策法规方面，美国颁布了多项法律、法规、总统行政命令、指令，这些政策法规构成了美国节能减排的法律体系，是美国开展节能减排工作的重要法律依据和行动准则。经过多年的发展，美国的节能减排相关政策法规对社会生活、经济生产中造成的能源消耗与污染排放进行了严格的限制，任何违反节能减排政策法规的企业或个人都将面临巨大的社会压力与法律惩罚。一方面，美国从国家层面以立法的形式对各类工商业生产制定最低能效标准，以强制性法律法规的形式颁布实施；另一方面，政府通过财政补贴的方式鼓励企业生产、民众使用高能效的产品[①]。

在机构设置方面，美国推动节能减排工作的主要机构由能源部(Department of Energy，DOE)、环保署(Environmental Protection Agency，EPA)等政府部门，以及美国能源效率经济委员会(American Council for an Energy-Efficient Economy，ACEEE)、国家自然资源保护委员会(Natural Resources Defense Council，NRDC)等非政府部门构成。这些部门是美国节能减排政策法规颁布、实施和监督的主要部门。

在颁布一系列法律法规的同时，美国还采取了多项财政激励措施，推出了自愿性的节能标准与标识，如“能源指南标识项目”(Energy Guide)，以及美国能源部和环保署联合推行的“能源之星”(Energy Star)计划。这些项目为用户提供了相关产品的能耗性能、使用费用，以及该产品的能耗性能在同类产品中所处的水平。用

---

① 胡安彬，梁琪．世界各国低碳经济模式比较[J]．能源评论，2011(1)：38-41．

户在购买部分获得能源之星标识的产品时可以获得节能公益基金给予的现金返还。此外，美国还对具有节能减排功能的产品给予部分税收的减免。

在美国，“节能减排”概念已经渗透到方方面面，法律法规的护航和指导，市场手段的调节，激励政策的推进，专门组织机构的贯彻，共同成就了美国能源环境今日的成绩。

第二节　美国民航业节能减排现状及目标

美国是世界上最早兴办航空运输的国家之一，第一次世界大战前即着手成立航空公司，政府还开始设立专门机构来管理民航事务。20 世纪 20 年代，美国民航由商务部管理。30 年代美国颁布了《1938 年民用航空法》(Civil Aeronautics Act of 1938)，对民航的管理改由民用航空管理局(Civil Aeronautics Authority)等几个机构共同实施。美国制定《1958 年联邦航空法》(Federal Aviation Act of 1958)，并成立了新的政府机构——联邦航空局(Federal Aviation Administration，FAA)——负责主管民航事务。

时至今日，美国民航业的发展已日臻完善。不仅在航空技术上首屈一指，还在机构设置与行业可持续发展方面走在世界前列。每年，美国民用航空和军用航空所需航空燃油(简称航油)超过 200 亿美制加仑(1 美制加仑=3.78543 升)。2001—2012 年，原油的价格上涨了 262%，现在基本已经占到整个航空公司运营成本的 40%。从全球来看，目前航空业所产生的碳排放量仅为 2%，然而按照航空业当前的发展势头，在接下来的数十年内，乘坐飞机出行的人数与航班数都会保持平稳增长。根据美国联邦航空局的预测，2012 年后的十年，美国的空中流量将增加 50%；美国民航业温室气体排放在未来的几十年间仍将继续增长(图 2-1)[①]。

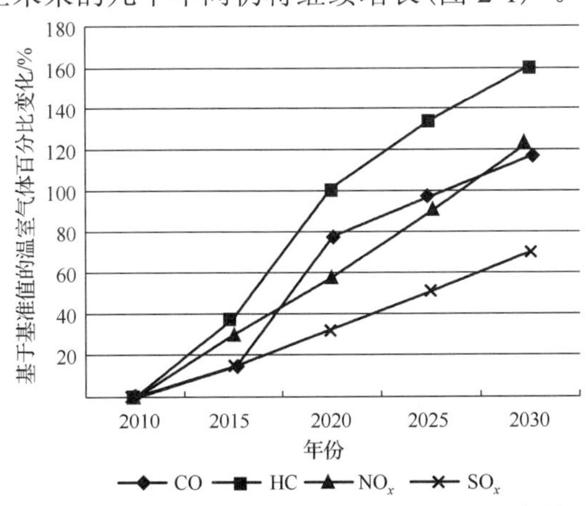

图 2-1　美国 2030 年前航空器温室气体排放趋势图

① United States Federal Aviation Administration. NextGen Environmental Management System Framework and Collaboration[R/OL]. (2013-01-28) [2016-07-08]. http://www.faa.gov/about/office_org/headquarters_offices/apl/research/environmental_policy/media/nextgen_environmental_report.pdf.

一、现状

美国民航业积极参与国际民航组织的相关活动，主要通过对机型和发动机的改进、基础设施的改善以及清洁能源特别是生物能源开发等几个方面来扮演其在应对全球气候变化中的重要角色(图 2-2)。

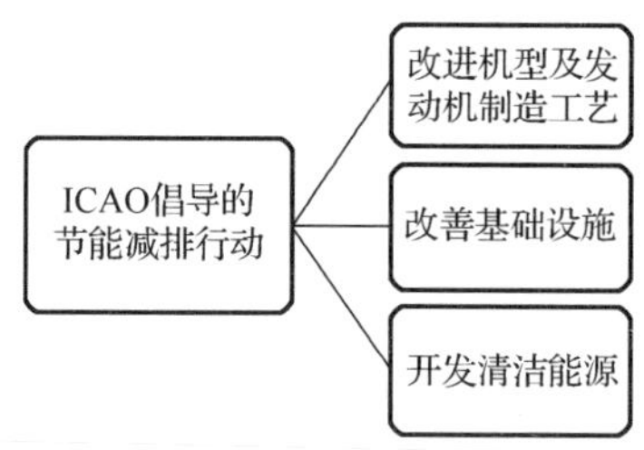

图 2-2　国际民航组织倡导的节能减排主要行动

从 20 世纪 80 年代起，美国民航业就开始全方位推行行业的绿色可持续发展。时至今日，美国民航业在各方面都已经取得巨大的进步与成就。

能够最为综合地体现美国民航业在节能减排上取得重大进展的成就毫无疑问是“新一代航空运输系统”(Next Generation Air Transportation System，NextGen，以下简称“新一代”)的研发与投入使用。“新一代”基于卫星导航、电子数据交换和自动化空中交通管理，可以提高航空运输系统的安全性，减少环境污染，降低航空业对环境的影响。“新一代”可以让更多的飞机安全地飞行更密集更直接的航线，减少延误，降低油耗和噪声，减少碳排放，对环境保护和经济发展的影响前所未有。

在“新一代”运行过程中，美国联邦航空局先后采取了一系列节能减排的活动并实施了相应计划，如“持续降低能耗、排放与噪声计划”(Continuous Low Energy, Emission and Noise，CLEEN)、“机场自愿减排计划”(Voluntary Airport Low Emission Program，VALE)、“商业航空可替代燃料计划”(Commercial Aviation Alternative Fuels Initiative，CAAFI)等。这些计划的实施，不仅进一步提高了美国民航业在技术上的国际领先水平，还直接从民航各个方面强化了节能减排意识，最重要的是使节能减排的具体行动深入行业内部，促使整个行业在能源节约与温室气体减排方面取得了显著成效。美国联邦航空局对“新一代”的运行效果进行的评估(2013 年)显示，新技术的使用不仅明显降低了航路中的能源消耗，减少了温室气体排放，还极大地缩短了滑行、起飞和进近的时间，而这些过程都是航空器温室气体排放最为集中的时段。图 2-3 中孟菲斯国际机场 2011 年和 2012 年 11～12 月飞机总滑行时间的对比直观形象地说明了这一点。

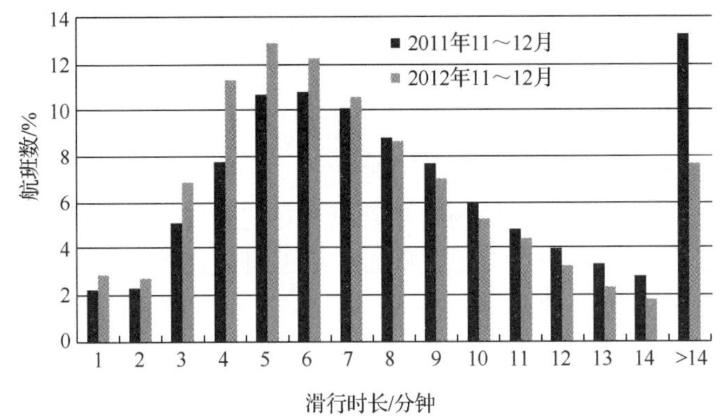

图 2-3　美国孟菲斯国际机场飞机滑行时间分布对比(2011 年、2012 年 11～12 月)①

美国民航业的航空器制造商和机务人员已经通过控制飞机机身重量和规划机舱空气循环系统来提升节能减排的效果。此外，大部分低成本航空公司已经通过减少不必要的机上用品或使用更轻型的机载设备，在确保安全的前提下减少飞机重量，从而减少飞行中的油耗，实现节省能源的同时，达到减少排放的目的。

美国各行业各领域都因国内能源与环境问题的约束而积极推行节能减排措施，美国民航业也审时度势，根据政府在节能减排方面提出的政策与要求，结合自身行业特点开展了一系列节能减排活动，采取了各种能够促进行业健康持续发展的策略与措施。在过去几十年，美国在缓解航空活动的环境影响方面取得了巨大进步。但是短期来看，航空器排放可能导致与空气质量相关的健康问题，引发各地乃至全球范围内公众的进一步担忧。长期来看，航空器排放对地球气候的潜在影响有可能成为限制行业发展和业务增长的最主要因素。若排放问题无法得到有效的管理或缓解，则成为限制国家航空系统容量和灵活性的主要因素。

二、目标

美国联邦航空局设定了多元的目标，既考虑降低航空业对能源和环境的影响，保护公众健康，又考虑实现行业的可持续增长。这种目标设定方式强化了行业节能减排的意义，提升了行业在公众心目中的形象。

(一)空气质量目标

美国民航业的空气质量目标依据国家环境空气质量标准(National Ambient Air

① United States Federal Aviation Administration. NextGen Operational Performance Assessment [R/OL]. [2016-03-13]. https://www.faa.gov/nextgen/media/NGOPA_2013.pdf.

Quality Standards，NAAQS)设定并推行。首先保护公众健康，其次保护公众福利，防止空气污染对能见度、动植物、农作物、建筑等带来的负面影响[①]。

特定污染物的排放不断引发公众对于航空业影响空气质量问题的担忧[②]。“基准污染物”(criteria pollutants)[③]的排放导致地面空气质量恶化，进而对人类卫生和健康产生了不良的影响[④]。商业航空和机场的基础设施在建设时要考虑减少氮氧化物、颗粒物、二氧化硫以及碳氢化合物(HC)的排放。铅的排放主要存在于通用航空领域，因为以活塞式发动机为动力的航空器在运行时主要使用含铅的航空汽油，而这些通用航空器的铅排放占美国国内铅排放量的50%左右。另外，美国大约30%的民用机场处在“未达标区域”(nonattainment areas)，或者“维护区域”(maintenance areas)。对于这些机场，排放问题使得扩大机场容量变得更为复杂，充满不确定性。越来越多的机场为了减少排放而使用排放量较小的地面服务车辆和地面保障设备。美国空气质量标准未来可能变得更加严格，航空业在发展的同时还将面临更大的减排压力。

(二)能源目标

国际民航组织第37届大会通过了A37-19号决议，提出了按完成的每收费吨公里所使用的燃油体积计算，在2020年之前，实现年平均燃油效率改进2%，以及在2021—2050年，实现全球年平均燃油效率改进2%的理想，美国未对这一目标提出保留意见[⑤]。

航空器发动机和机身技术的进步，加上空中交通管理技术的提升以及运行程序的改善，这些都极大地提高了航空器的燃油效率。过去20年间，航空业能源效率的提升超过了美国国内的其他交通运输方式。即便如此，提升燃油效率仍然是航空业关注的重点。目前燃油成本仍占美国各航空公司总运营成本的最大比例，而且燃油成本随着航班数量的不断增加还在上涨。因此，单纯依靠发动机或机身技术的改革来实现节能的空间已经在逐步压缩。“新一代”航行系统下的空中交通管理方式的改革可以进一步减少航班延误，实现更多的直飞航路，从而持续提升燃油效率。机场运营商则采取可持续措施节省能源，充分利用可再生能源(如太阳能、风能、地热等)，使用排放较少的地面特种车辆和地面保障设备。

另外，开发可持续替代燃料方面取得的进步，有助于进一步减少碳排放。目前

---

① 参见：美国环保署官网 http://www.epa.gov/air/criteria.html。

② Partnership for Air Transportation Noise and Emission Reduction. Aircraft Impacts on Local and Regional Air Quality in the United States [R/OL]. [2016-6-30].http://web.mit.edu/aeroastro/partner/reports/proj15/proj15finalreport.pdf.

③ 《清洁空气法》定义了六种基准污染物：臭氧、铅、氮氧化物、一氧化碳、二氧化硫以及颗粒物。

④ 包括卫生影响(如增加了死亡或发病的风险)，以及影响精神健康和幸福的影响。

⑤ 参见：International Civil Aviation Organization Assembly Resolution A37-19: Consolidated statement of continuing ICAO policies and practices related to environmental protection-Climate change。

航空活动中使用的燃油几乎都是石油资源，导致了能源供应紧张、能源安全威胁、影响空气质量和气候的化石燃料排放等一系列问题。为了应对这些问题，美国政府和航空业在不改变现有发动机、航空器、地面设施和保障设备的前提下，极力寻找可以与石油混合使用或完全取代石油的“可直接使用”(drop-in)的替代燃料(即以 0～50%的比例调和到普通燃油中进行使用)。使用植物油、糖基作物、纤维素合成的替代燃料，如果能保证燃料的可持续性，则可以极大地减少二氧化碳的排放。

(三)气候目标

美国航空业节能减排的短期目标是以 2005 年为基准，到 2020 年，实现航空业的碳中和[①]，限制航空器的二氧化碳排放对地球气候的影响；长期目标是，到 2050 年，实现航空业碳排放的净减少[②]。

整体而言，航空器排放对全球气候造成的潜在影响可能是航空业面临的最严重的环境和能源问题。航空器排放大约占美国国内二氧化碳排放总量的 3%。随着航空运输量的增长、行业的快速发展，预计未来航空器排放占温室气体排放的比例在较长一段时间内仍将会继续增长，到 2050 年可能增长至 5%左右。由于航班的绝大部分排放直接释放到对流层上层及平流层下部的区间，而此区间空气的化学成分既复杂又不稳定，公众对航空器活动产生更多的担忧。目前，对航空器排放影响的多重性和关联性，存在着不同程度的理解，其中对于二氧化碳的了解最多，甚至可以对二氧化碳排放进行量化。对于占据航空业温室气体排放最大部分的二氧化碳，无论排放源在何处，其影响都是一样的，但是航空器在高空中的排放可能造成更大的影响。另外，航空器排放的水蒸气和浮质(aerosols)[③]会导致凝迹的产生，并改变卷云的分布，同样可以影响全球气候。但是，目前对航空器凝迹的科学认识尚无法评估其对气候的影响，也无法提出恰当的应对措施。

---

① 碳中和是指到 2020 年，实现二氧化碳排放水平不高于 2005 年的排放水平。

② 这一目标由美国在联合国气候变化大会第 15 次缔约国大会上公布，并在 ICAO 第 37 届大会上由加拿大、墨西哥、美国提交的立场文件中正式提出。

③ 浮质指飘浮在地球大气层中的微小颗粒物。

第三章　美国民航业实施节能减排的机遇和挑战

民航业的快速发展，不仅方便了人们的出行，直接或间接地从各方面提升了人们的工作生活质量，还以全球最快捷的交通网的身份促进了世界贸易的交流发展，并刺激了旅游、餐饮等一系列相关行业的共同发展。每年，空中交通输送旅客数量在24亿人次以上，由此给全世界带来约3300万个工作岗位。如果用货币数字来衡量整个航空业的全球经济影响力，则这个数字为4250亿美元。若将航空业因其影响力而间接带来的经济效益(如带动旅游业的发展)也计算在内，则其全球影响力可达万亿美元①。

然而，一个行业的快速发展、经济的日益繁荣在一定程度上会以牺牲环境为代价。民航业的高速发展虽然在很大程度上促进了国内国际交流，方便了人们出行，但是毫无疑问也给全球环境带来了包括噪声污染、大气污染、水污染、固体废弃物污染等一系列的问题。在以上诸多污染中，大气污染，或者更确切地说，民航业发展带来的温室气体排放已经引起了人们的广泛关注。原因不仅在于高空飞行过程中产生的二氧化碳能够充分融入大气中，产生比地面交通更直接的温室气体排放；还在于作为交通业最为先进、对技术和安全要求最高的交通方式之一，民航业的节能减排实践可以为其他交通部门提供参考，从而改善整个交通业节能减排工作的面貌，为全球节能减排工作做出贡献。在当今低碳经济迅速发展的背景下，高度国际化的民航业要在保持其作为最安全高效的交通运输方式这一优势的同时，还要加速减少其在整个运营过程中所带来的负面影响，实现行业内外的可持续发展。

第一节　美国民航业节能减排的国际形势

1992年联合国环境与发展大会上通过的《联合国气候变化框架公约》显示，节能减排已经成为全球共同关注的问题。国际共同减排，不单单是联合国环境与发展大会上提出的书面文件，更是全球近年来一直面临的迫切现状。全球共同减少温室气体的排放、减少化石能源的使用不仅仅是由于温室气体的流动性与无疆域性，更是由于在全球经济共同发展的大背景下，各国政府已经认识到国与国之间必须联合起来，通过国际合作和多边交流，共同应对环境问题，包括世界能源需求量持续加大、现有化石能源的储备不足、新兴能源技术不成熟、温室气体排放量有增无减等问题，共同寻求解决方案。

---

① 数据来源：www.enviro.aero/biofuels。

一、全球性能源紧缺

从 20 世纪中期至今，全球性的能源紧缺一直是国际经济发展、社会进步过程中的一项重大挑战。世界人口的急剧增长、经济的高速发展使得能源的需求量逐年增加(图 3-1)，直接导致世界能源过度消耗局面的出现。

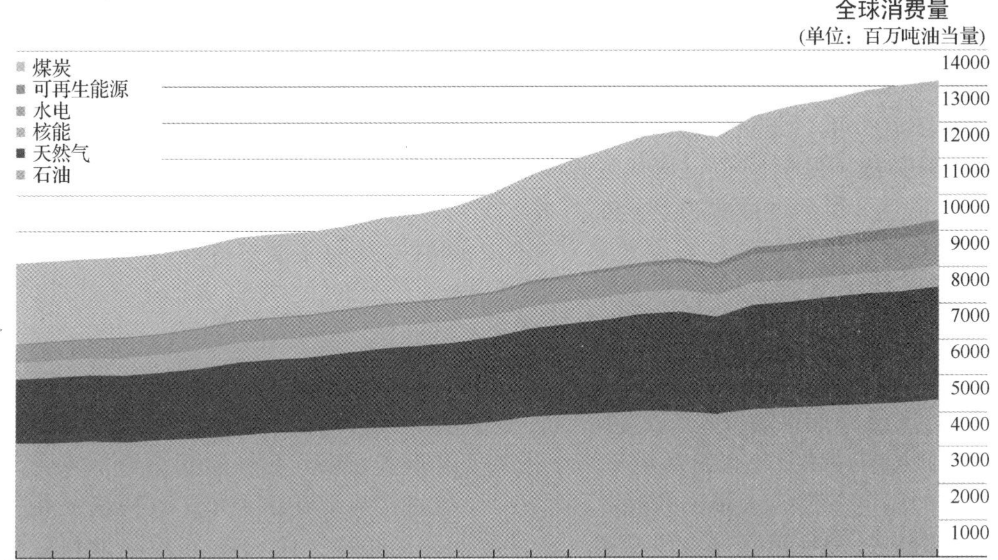

图 3-1　全球能源消耗走势图(1990—2015 年)①(见彩图)

能源的过度消耗，在初期主要表现为限制经济与社会发展的速度，如果任其发展，则后果会更加严重：社会稳定受到威胁、世界整体生活质量持续下降、民众人身安全无法得到保障等。1973 年中东战争爆发引发了第一次全球范围的能源危机，使得西方发达国家真正认识到能源安全与国家经济和社会发展的密切关联。主要发达国家纷纷将提高能源效率、减少能源消耗作为国家安全战略的手段之一，积极防止国家经济发展受到威胁。

时至今日，尽管不少发达国家已积极改善自身能源结构，努力通过技术开发或各种节能措施减少能源的消耗，但由于可再生能源或生物燃料生产成本过高，目前全球依然是以一次性不可再生能源(如煤、石油、天然气)为主。按照目前全球能源的消耗结构和进度，现阶段地球上已探明的石油储量将于 2010—2035 年消耗掉 80%；而现存的天然气仅够再使用 40～80 年；煤炭作为储量最充足的能源，也只够

① 数据来源：http://www.bp.com/content/dam/bp-country/zh_cn/Publications/StatsReview2016/BP%20Stats%20Review_2016%E4%B8%AD%E6%96%87%E7%89%88%E6%8A%A5%E5%91%8A.pdf。

再使用 200～300 年[①]。可用的能源资源急剧减少和由人口膨胀、经济发展带来的能源需求剧增之间的矛盾将日益恶化，最终将阻碍全球经济的发展，造成社会的不稳定。如果说中东战争导致了第一次能源危机的爆发，那么之后的海湾战争、伊拉克战争等越来越清晰地表明能源在大国中的重要地位。现今世界，国家之间的竞争就是综合国力的竞争，而能源实力已经成为综合国力与国家安全战略的重要组成部分，因此能源问题能否妥善解决会直接影响国际安全。

目前尽管世界各国的民航业都在积极开发新型能源，但由于资金、技术、安全等因素，整个行业至今仍然摆脱不了对化石燃料的依赖，并且这种状况还会持续若干年。飞机飞行过程中能源的高消耗依旧是国际民航业急需解决的问题，航油成本是航空公司运行过程中最大的消耗点。根据国际航协统计的数据，目前航空公司燃油成本占到运行总成本的三分之一[②]。若不能尽快拓展航空业的能源来源并降低新能源的成本和安全性，则航空业的发展必将遭遇经济及技术瓶颈。

二、碳排放总量剧增

工业革命的推进极大改变了人们的生活状况和习惯，全球经济面貌焕然一新；但与此同时，工业化也给环境带来了极大的冲击和影响。这种影响不单单体现在土地的过度开发或水资源的浪费和污染上，更直接体现在由于重工业快速发展和化石燃料过度使用而导致的温室气体排放上。1880—2012 年，全球陆地和海洋表面平均温度上升了 0.85℃（图 3-2）[③]，引发了臭氧层空洞、南北极冰盖融化、海平面上升、极端气候频发等一系列问题，给人类的生存与经济的发展带来了严峻的挑战。

《京都议定书》中对于温室气体的范围给出了明确的界定，包括二氧化碳（CO_2）、甲烷（CH_4）、一氧化二氮（N_2O）、氢氟碳化物（HFC）、全氟化碳（PFC）和六氟化硫（SF_6）。联合国政府间气候变化专门委员会的第三次气候变化科学评估指出各种温室气体对全球气候变暖的贡献比例分别为：CO_2 占 60%；CH_4 占 20%；N_2O 占 6%；CFC 和 CFC_{12} 等累计占到 14%（图 3-3）[④]。可见，全球温室气体排放中二氧化碳比例最高，对气候影响最大。要解决因温室气体排放导致的全球变暖问题，首先要解决碳排放问题。

---

① 数据来源：http://www.worldenergyoutlook.org/resources/factsheets/。

② 数据来源：国际航空运输协会官网 http://www.iata.org/pressroom/facts_figures/fact_sheets/Documents/ fuel-fact-sheet.pdf。

③ Intergovernmental Panel on Climate Change. Climate Change 2013: They Physical Science Basis [R/OL]. [2016-03-08]. http://www.climatechange2013.org/images/report/WG1AR5_ALL_ FINAL.pdf.

④ 数据来源：联合国政府间气候变化专门委员会官网 http://www.ipcc.ch/publications_and_data/publications_and_data_reports.shtml。

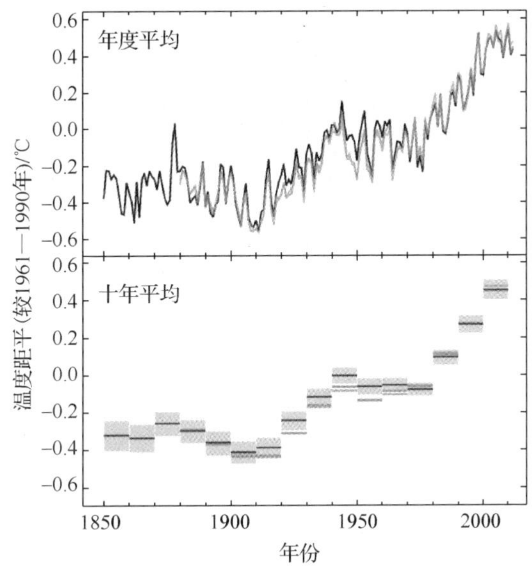

图 3-2　1850—2012 年全球气温变动曲线

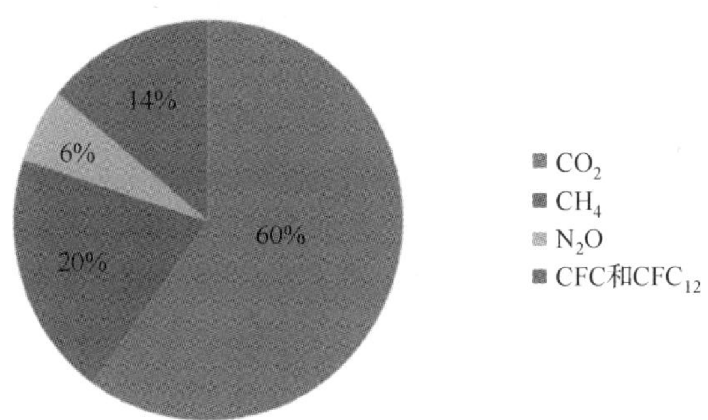

图 3-3　各种温室气体导致气候变暖的贡献度(见彩图)

在过去的十几年里，全球二氧化碳的年排放呈总体上升趋势(2009 年较 2008 年略有下降)，当前世界二氧化碳排放大国和地区依次为中国(27.3%)、美国(16.4%)、欧洲联盟(简称欧盟)(10.4%)、印度(6.6%)、俄罗斯(4.4%)以及日本(3.6%)(图 3-4)①。

尽管各国已经在努力采取措施抑制碳排放的增长，但是排放情况总体来看还是呈上升趋势(图 3-5)。碳排放量的剧增，一方面与广大发达国家的历史累积有关，另一方面与发展中国家的工业化进程相关。各行各业的快速发展，不仅从能源源头产生碳排放，还在整个行业运行过程中伴随大量的碳排放。

① BP. BP Statistic Review of World Energy 2016: Carbon Dioxide Emissions [R/OL]. [2016-09-13]. http://www.bp. com/content/dam/bp/pdf/energy-economics/statistical-review-2016/bp-statistical-review-of-world-energy-2016-co2-emissions.pdf.

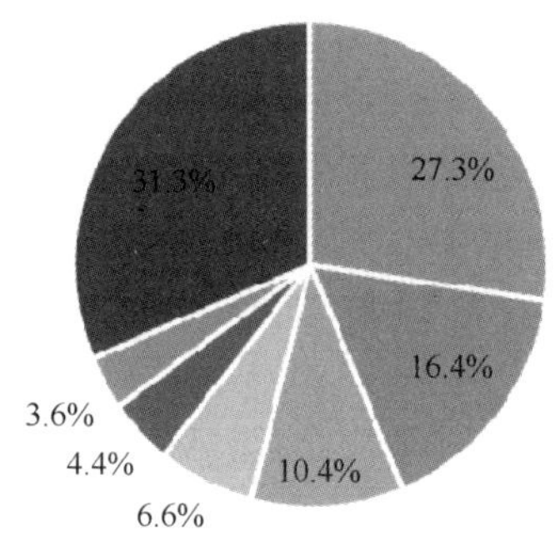

图 3-4　世界主要国家和地区二氧化碳排放情况（2015 年）（见彩图）

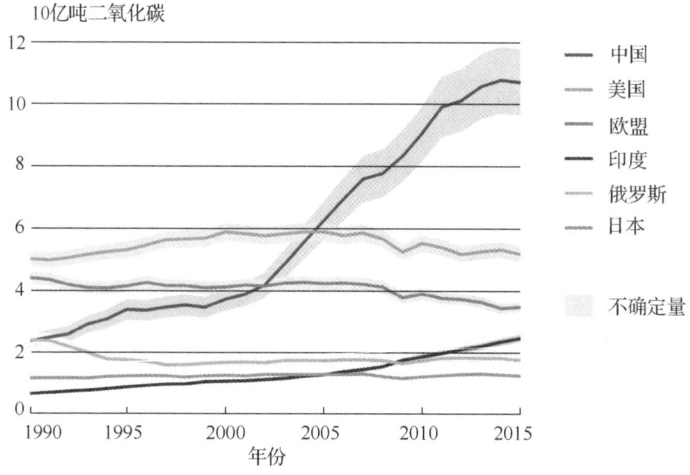

图 3-5　全球六大主要碳排放国（地区）碳排放趋势（1990—2015 年）[①]（见彩图）

从行业碳排放的角度来看，目前全球二氧化碳的排放主要集中在电力、工业和交通运输业，这几个部门的碳排放量占全球碳排放总量的 63.09%～72.96%[②]。随着全球交通运输业的快速发展，碳排放量也在急剧增加。航空业碳排放量占总排放量的比例很小。根据欧盟委员会的最新统计，航空业温室气体排放量占欧洲温室气体排放总量的 3%，其中大部分排放来自于国际航线[③]。这与航空业自身长期专注环保技术的开发创新有关。然而，随着行业的持续高速发展和技术研发的局限，如果不采取任何具有突破性的减排措施，则航空业所产生的碳排放量占比将会继续增长；并且航空器直接在空中运行所产生的碳排放会完全溶于大气中，因此，即便很小比例的碳排放，最终产生的温室效应却会十分明显。另外，航空企业碳排放量的大小

① 数据来源：欧盟全球大气研究排放数据库 http://edgar.jrc.ec.europa.eu/。

② 数据来源：美国环保署官网 http://www.epa. gov/climatechange/ghgemissions/global.html。

③ 数据来源：欧盟官网 http://ec.europa.eu/clima/policies/transport/aviation/index_en.htm。

在很大程度上反映了运营成本的高低，碳排放量越大，表明能耗越大，相应运营成本也就高。降低运营成本一直以来都是航空业近十几年来进行航空器新技术开发以及管理政策调整的最大动力，如何在降低运营成本的同时最大限度地减少由运营带来的碳排放是当前低碳经济环境下美国民航业需要继续努力的目标。

三、发达国家减排技术的先发优势

全球范围内的节能减排，不仅要求政府间在认识上和政策上达成一致，还要求各国能够依据本国具体情况在保证资金充足的前提下共同采取扎实有效的减排技术，即《京都议定书》缔约国需要拥有足够的经济实力和技术实力，并努力实现通力合作。当前，世界各国都在研究如何实施“碳封存”和“碳捕捉”，力争在 2050 年实现碳中和。不过近几年，国际节能减排的努力却屡受阻碍，进展缓慢。究其原因，主要是发达国家与发展中国家在节能减排技术上的态度不同、合作不力。尽管《联合国气候变化框架公约》提出了“共同但有区别的责任”原则来保护发展中国家，但是迫于国际社会的压力(根据欧盟碳排放趋势报告，全球碳排放总量中已经有近 40%来自于发展中国家[①])，以及在《京都议定书》中做出的承诺，不少发展中国家(包括中国、巴西、印度等)也在积极寻求与发达国家的技术合作。但是在近几年的联合国气候大会上，发达国家的态度表明他们更多地倾向于对发展中国家实行技术封锁与技术转移。

目前，在节能减排方面，发达国家采用的主要技术包括：①电力、建筑方面节能减排技术，使用节能灯取代能耗高的老式白炽灯；改善办公住房等建筑的采光条件，提高采光能源使用效率。②交通方面节能减排技术，通过改变燃料比例，减少各类型汽车尾气中碳、硫等化合物的排放；改进发动机，提高能源效率。③能源研发与节约技术，研发可再生或可替代能源，减少传统化石燃料的使用等。

一方面，在发达国家和地区中，美国和欧盟在节能减排高新技术方面的研究一直处于领先地位。针对全球减排技术上的难题，国际民航业以行业的高标准和高要求，一直发挥着领头羊的作用。过去几十年国际民航业的技术革新表明，基本上每一代航空器与上一代相比，燃油效率都会提高约 20%[②]。到 2020 年，航空公司将会投资 1.5 万亿美元用于新型飞机的研发[③]。新机型的研发不仅可以改变飞机飞行时的阻力，还可以在机身重量上加以调整，因此能够直接减少燃油消耗，从而降低温室气体的排放。而空管部门采用持续进近(Continuous Descent Approach，CDA)的着陆

① 数据来源：欧盟全球大气研究排放数据库 http://edgar.jrc.ec.europa.eu/news_docs/pbl-2013-trends-in-global-co2-emissions-2013-report-1148.pdf。

② 数据来源：国际航空运输协会官网 http://www.iata.org/whatwedo/ops-infra/Pages/fuel-efficiency.aspx。

③ 数据来源：法国航空公司官网 http://corporate.airfrance.com/fileadmin/dossiers/img_rte_fr/IATA.pdf。

方式可以将每个航班的碳排放减少 150～600 千克[①]。此外，飞行时间每减少一分钟，每个航班的二氧化碳排放量至少会减少 100 千克[②]。因此，从 2004 年起，美国、欧盟的航空公司和机场积极努力对 2000 多条航路进行优化，减少的碳排放量高达 3400 万吨[③]。

近几年，替代能源特别是生物燃料的研发成为国际社会应对能源紧缺和环境问题的焦点。目前航空业在减排过程中面临的最大技术挑战便是如何尽快研制出成本高效型航空替代燃料，并直接快速安全地替代传统燃油。据美国联邦航空局相关数据统计，随着研发的不断推进，可持续燃料的使用最终可将每吨燃油的碳排放量减少 80%[④]。但是由于成本有效性不足，加上研发技术还不成熟，发达国家同样面临技术上的瓶颈。

另一方面，发展中国家在技术上的欠缺与发达国家减排技术的相对成熟形成了鲜明的对比。如果发达国家不积极向发展中国家提供技术指导和资金支持，则他们在节能减排方面做出的贡献最终将被印度、巴西等新兴的工业国家、人口大国产生的碳排放量所抵消。此外，相同的技术，在不同地域的国家实施的效果也不尽相同。

因此，总体来说，节能减排工作在技术层面出现国际性地域分布失衡，欧美发达国家拥有技术上的绝对领先优势，但是当前也存在难于攻克的技术推广问题。另外，能源技术的牵制在很大程度上制约着发达国家民航业节能减排效果的实现。

四、国际民航业减排任务艰巨

根据联合国政府间气候变化专门委员会的数据，尽管当前整个航空业的二氧化碳排放量仅占全球所有人为温室气体排放量的 2%左右，但温室气体在高空中可以通过一系列化学和物理变化直接对气候产生影响，造成比地面同等数量的温室气体排放更为严重的气候影响。随着现代民航业的蓬勃发展以及民用航空器飞行范围的扩大，人们开始高度关注航空器排放对大气臭氧层的破坏程度。

民航业不仅在科技和效率层面是一个极为高端的行业，同时它还是一个竞争激烈、研发密集型的行业。民航业的主要特点是政策门槛低、收入利润薄、受外部冲击大，因此在其他行业所采取的应对气候变化、减少碳排放的相关政策措施无法直接引入民航业；同样，由于安全隐患的存在和影响温室气体产生的因素不同，其他

① 数据来源：国际航空运输协会官网 http://www.iata.org/pressroom/speeches/Pages/2008-10-13-01.aspx。

② 数据来源：国际航空运输协会官网 http://www.iata.org/pressroom/speeches/Pages/2007-03-29-01.aspx。

③ 数据来源：国际航空运输协会官网 http://www.iata.org/whatwedo/environment/Pages/environmental- assessment.aspx。

④ 数据来源：美国联邦航空局官网 http://www.faa.gov/about/office_org/headquarters_offices/apl/environ_policy_guidance/policy/media/Aviati›n_Greenhouse_Gas_Emissions_Reduction_Plan.pdf。

行业使用的一些节能减排新技术也不能直接应用到民航业。航空公司航空器燃料的选择和温室气体的排放主要取决于燃料种类、飞机机型、发动机种类、发动机载荷以及飞行高度等多种因素。机场运营过程中，温室气体的排放不仅在于航站楼用电，还需要考虑旅客在进出航站楼整个过程中移动源如地面车辆所造成的直接和间接温室气体排放。空管部门则需要在优先考虑安全的情况下实施管制，这是因为对飞行高度、飞行路线的限制或更改都会带来不同结果的温室气体排放。上述因素是其他行业在减排过程中不需要全面考虑或根本不会出现的，这也决定了民航业在减排过程中必定会面临重重挑战。

在这种形势下，国际民航组织第 37 届大会形成决议，提出 2012 年以后各成员国在国际民航组织的统一领导下进行全球性的行业多边合作是解决国际航空排放最有效的机制。只有将减排工作贯彻到航空业的各个供应链才能更有效地减少或限制行业的整体碳排放量。因而，整个航空业涉及的减排部门既包括航空运营人，又包括航空器制造商、燃油供应商、空管部门、机场等。其中，机场在减排方面的任务最为艰巨但意义非凡，因为机场作为窗口性单位，它所提供的服务和商品的调配会直接影响到公众对民航业的整体环境性能的评价。

综上所述，无论从国际能源消耗、全球碳排放情况还是从行业目前的减排技术等方面都可以看出，国际社会已经做出积极的反应并采取果断的行动。在这种国际减排的大趋势下，美国民航业也采取积极的措施。不过，由于各国政策、资金、技术等多方面因素的限制，全球范围内的节能减排工作还是受到不少的制约；相应地，国际民航业的减排工作也仍旧困难重重。以中国为代表的广大发展中国家的民航业在很多方面除了依据本国国情进行相应节能减排政策的制定与执行，还需要向欧美等民航发达国家学习如何通过高新技术或市场手段实现减排。航空业的节能减排需要全球民航业通力合作，克服资金技术封锁等困难，逐步实现全球航空业节能减排目标。

五、本节启示

过去几十年，随着世界人口数量的增加，能源消费剧增，能源紧缺现象日益加剧。近年来，发展中国家的进一步工业化则促使碳排放总量继续增长。为寻找新的经济增长点，保证国内政治稳定，即便之前美国一贯在国际节能减排事务中表现相对被动，事实上美国也一直在努力通过其国内的环境政策、雄厚的资金支持和先进的减排技术来实现本国绿色、低碳的目标。当前国际民航业在节能减排技术上面临着一系列地域的或经济、政策的挑战与限制，这些都在很大程度上给作为世界经济技术强国和世界能源消耗大国的美国带来压力与动力，机遇和挑战并行。

尽管美国民航业在推进节能减排工作时会直接受制于美国国内的政治与经济环

境，但是国际节能减排的大趋势和美国的对外政策也会对美国民航业的节能减排产生间接影响，起到一定的引导和促进作用。而中国作为排放大国，尽管还处在发展中国家行列，且受制于国家经济技术的发展，但是国际社会带来的压力也要求我国必须积极在国际减排中扮演重要角色。对于减排技术上的限制，中国民航业可以寻求与美国民航业的更多合作，各取所需，实现行业成本高效型和环境友好型的运营模式。

第二节　美国民航业节能减排的国内背景

节能减排由于直接涉及的是关系国计民生的能源问题与气候问题，在推行过程中必然要考虑技术、政策、资金等诸多因素。美国各届政府制定环境政策时，必然会考虑美国国家政策，评估当时国家整体经济状况。美国政府的环境政策又会影响到各行业的环境政策制定。对于美国民航业，美国国内的政治、经济、技术以及环境因素都会对行业节能减排行动的深度与广度产生影响，并且会对行业减排进程起到明显的推动或阻碍作用。

美国民航业的节能减排工作是建立在美国国内整体的环境政策基础之上的。美国政府早在 20 世纪 70 年代就已经通过了一系列有关环境保护的立法①，并在尼克松政府时期成立了环保署。但是在很长一段时间内，美国的环境政策和环保方向受到国内的政治形势②、经济状况③等的影响，环境问题更多是被当成政治策略，只有在促进政治稳定和不影响经济发展的前提下才被提出。现今美国政府推行低碳环保政策在很大程度上是美国在为遗留的环境问题买单。

一、国内环境债务累积

美国学者 Diamond 在其著作《崩溃》中就世界环境问题做出了自己的总结——当代人类面临的挑战无数，但是其中只有两个会真正毁灭人类：一个是核战争，另一个就是人类活动所造成的全球环境问题。而历史上曾存在过的几个社会消亡(如复活节岛、玛雅人、维京人等)，其根本原因就是环境恶化、资源耗竭。

① 20 世纪 70 年代，美国颁布的环境法案有：1970 年《环境质量改革法》、《美国环境教育法》；1972 年《联邦水污染控制法修正案》、《联邦灭虫剂、灭鼠剂法》、《水生哺乳动物保护法》、《噪声控制法》、《海洋管理法》；1973 年《濒危物种法》；1974 年《安全饮用水法》；1975 年《有毒物质运输法》；1976 年《有毒物质控制法》、《资源保护和恢复法》、《联邦土地和管理法》、《国家森林法》；1977 年《清洁空气和水法修订案》(资料来源：克里斯·郎革. 美国环境管理的历史与发展[M]. 廖红译. 北京：中国环境科学出版社，2006：51-152)。

② 以尼克松政府为例。多极化发展局势的存在导致美国在国际社会上的政治经济地位受到威胁，政府需要通过解决当时国内发生的一系列严重的环境事件来恢复民众对政府的信心。

③ 20 世纪七八十年代，美国的经济出现高赤字，环保政策被认为可能会对美国经济造成不必要的负担，并将最终损害美国的国际竞争力和世界领导地位(引自 Vig N J, Kraft M E. Environmental Policy in the 1990s[M]. Washington: CQ Press, 1997: 5)。

第二次世界大战之后的美国处于经济高速发展的阶段，化石燃料是当时支撑美国发展的最主要能源。汽车在美国的普及也极大地改变了美国原有的空气质量。伴随着大量固体废弃物和噪声而来的便是美国日益恶化的空气质量。整体来说，20 世纪 70 年代是美国经济高速恢复与发展的时期，同时也是美国环境状况最为糟糕的时期(图 3-6)。

图 3-6　1971 年 7 月，工业废气下俄亥俄州克利夫兰市的克拉克大街[①]

联合国开发计划署(United Nations Development Programme，UNDP)的研究表明，1850—2007 年，美国的温室气体历史累积排放量为 3391.74 亿吨，约占全球温室气体同期排放量的 28.8%[②]。从 20 世纪 80 年代以后的数据来看，美国碳排放量一直呈上升趋势，2005 年已经达到 59.57 亿吨[③]。正是由于历史上国家经济的高速发展曾给环境带来了太多的负面影响，美国政府需要在随后的发展中持续地利用行政、资金、技术等手段来偿还其欠下的环境债务。

1997 年 12 月 11 日，联合国第 3 次缔约方大会(Conference of the Parties，COP)在日本京都召开，来自 149 个国家和地区的代表通过了《京都议定书》。根据《京都议定书》，美国在 2008—2012 年需要将本国的温室气体排放量削减 7%。由于当时美国正处在经济发展的复苏时期，经济的恢复可能造成温室气体排放增加，所以美国政府对削减 7%的指标表示不满，认为会约束其发展。1998 年 11 月 12 日，时任

① 图片来源：http://www.theatlantic.com/photo/2011/11/documerica-images-of-america-in-crisis-in-the- 1970s/100190/#img03。

② 数据来源：http://www.theguardian.com/environment/2011/apr/21/countries-responsible-climate-change。

③ 数据来源：美国环保署官网 http://www.epa.gov/climatechange/science/indicators/ghg/us-ghg-emissions.html。

总统克林顿签署了《京都议定书》，但并未提交国会，因此《京都议定书》在美国并不具有法律约束力。2001 年 3 月乔治·沃克·布什（小布什）政府直接拒绝承认《京都议定书》。美国政府照旧出席每年的《联合国气候变化框架公约》下的气候大会，但是不参与有关《京都议定书》的协商和讨论。

美国在环境史上“债台高筑”的现象实质上并非美国历届政府在环境问题上无作为的表现；事实上，工业革命后之后美国历届政府为应对大量出现的环境问题以及能源问题而出台的相关政策已经清楚地表明了美国在国内环境问题上的态度。但是环境问题不能一蹴而就，历史遗留的问题不能指望一步解决。美国由经济发展带来的历史环境债务需要多任政府在保证经济健康发展的条件下逐步偿还。值得注意的是，美国等发达国家在上百年经济发展中所遭遇的环境问题在中国则是在 30 多年中以复合性、综合性和密集型等特点出现的，因此中国当前如何处理好环境问题、保持经济的健康可持续发展是政府推动经济发展、维护政治稳定和国家安全必然要考虑的要素。

随着航空运输量的继续增长，以及高空二氧化碳在温室效应中的影响越来越受到关注，再加上航空排放的无疆域性，尽管全球航空业排放目前仅占全球人为二氧化碳排放的 2%～3%，却引发了更多的关注。事实上，美国民航业并非从一开始就意识到行业发展带来的环境负面影响，而行业节能减排的相关政策也是在国家环境政策出台之后才相应出台的。1990—2005 年，美国民航业（含国内、国际航线）温室气体的排放量增加了 10%[①]，随着国际贸易、国际国内旅游数量的增加、人口数量的增长以及人们对出行方式要求的提高，美国整个民航业认识到，若不采取一定的技术和政策手段，则碳排放量还会继续上升，进而约束整个行业的发展。因此，美国民航业将节能减排纳入日常工作之中，整个行业共同努力，协同作战，减少碳排放，改善社会环境，提升行业形象。

二、国内环境政策波动

美国能够在第二次世界大战之后迅速崛起，成为政治经济超级大国，在很大程度上得益于历届政府在执政过程中所推行的经济政策。而美国国内的环境政策则从属于美国的政治经济政策。从时任总统尼克松出于当时国家环境需要，积极推动环境立法，如《国家环境政策法》，到小布什政府果断退出《京都议定书》，按照自己的节奏促进经济的快速复苏与发展，再到奥巴马政府积极推行绿色新政，大力投资可再生能源项目等一系列政府政策都明确地对外传递一个信息——美国不同时期推行的环境政策是出于美国国内经济发展的需要，也是维护美国国内政治稳定的必然（表 3-1）。

---

① 数据来源：http://www.c2es.org/docUploads/aviation-and-marine-report-2009.pdf。

表 3-1　两党环境政策主张

时间	环境政策主张	趋势	执政党(总统)
1970—1980	黄金十年：环境污染成为共识，主要防止空气水源污染，保护自然资源(出发点：治理环境公害、保护公众健康)	积极	共和党(尼克松) 民主党(卡特)
1981—1992	环境让位于美国经济	保守	共和党(里根、乔治·布什(老布什))
1993—2000	环境问题纳入国家安全的概念，通过环境问题影响其在全球的经济利益	积极	民主党(克林顿)
2001—2007	退出《京都议定书》，削减环保经费，实行贸易保护主义	保守	共和党(小布什)
2008—2015	国内：清洁能源战略 国际：加强双边多边合作，推动中美发布减排声明	积极	民主党(奥巴马)

例如，尼克松执政时期，美国在经历一段经济高速发展之后出现严重的生态危机和环境污染问题，包括石油中铅含量过高、鱼类汞中毒、鹰类受到滴滴涕(DDT)威胁等。一系列环保组织应运而生，向政府施加压力，对政府政策的制定产生了一定的影响。这一时期，美国政府积极出台了一系列法律，并设立环保署等行政机构。20 世纪 70 年代末，美国在全国范围内共设有 8000 多个大气监测站。相关检测数据表明，1979 年大气上空二氧化硫含量相比于 1964 年减少了 67%[①]。总体来说，20 世纪 70 年代的美国将环境保护作为美国社会、经济发展决策过程中的重要组成部分，基本构建了美国后续环保框架的同时，深化了美国政府在公众心中负责任大国的形象。

到了 20 世纪 80 年代，里根执政时期，由于美国经济危机的进一步加深，政府内部对于美国 70 年代推行的环保政策开始出现激烈讨论，其中最直接的一点便是指责用于污染控制的巨额投资直接影响了美国经济的发展速度，损害了工商业的利益[②]。从 70 年代开始，美国用于环境保护的开支占国民生产总值的 1%～2%[③]。哈佛大学经济研究特别基金管理委员会的研究资料表明：用于污染控制的基建投资和运行投资使得国民生产总值以每年 0.2%的速度递减[④]。因此，为保证美国国家经济发展不受影响，这一时期的环保政策必须全部接受里根政府的“成本-收益分析”来决定环境管制是否划算，措施是否得当。里根政府时期，绝大部分环保法案由于美国经济

① 井文勇，何强．当代世界环境[M]．北京：中国环境科学出版社，1989：45．

② 王昊．20 世纪 80 年代以来美国环保政策研究[D]．上海：华东师范大学，2005．

③ 梅雪芹．环境史学与环境问题[M]．北京：人民出版社，2004：188．

④ 菲利普·沙别科夫．滚滚绿色浪潮——美国的环境保护运动[M]．周律，张建发，吉武，等译．北京：中国环境科学出版社，1997：121．

经济政治状况的制约，只能在泥淖中艰难跋涉。但是“基于效率”的能源环境政策的提出在很大程度上促进了美国能源经济和环境经济的更高效发展，为后续政府环境政策的完善做出了贡献。

上述两个不同政府时期的环保政策已经充分说明美国的国家环境政策受制于美国执政党的环境态度和国家政治经济发展形势。即便在奥巴马政府时期，美国所采取的积极的环境政策也依旧受制于当时国家政治经济形势。奥巴马开始执政后，美国的经济还处于低迷期，国民对新一任政府能否恢复国家经济高速发展表示怀疑，同时也抱有期待。从 2009 年起，美国经济一直处于逐步回暖的趋势(图 3-7)，就业率也基本趋于稳定(图 3-8)。

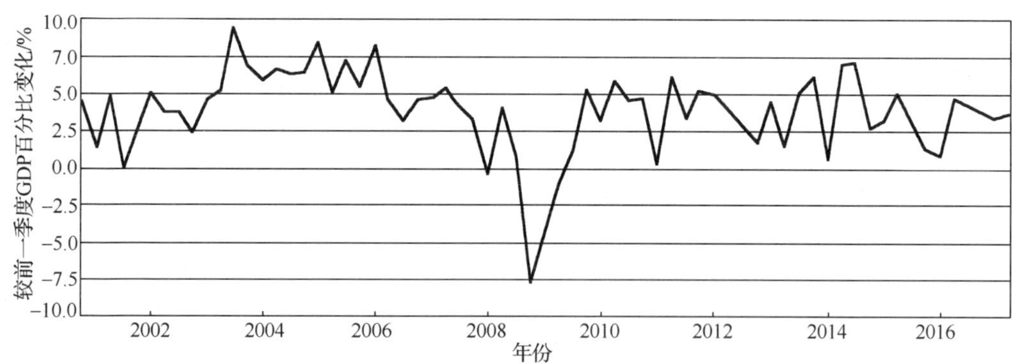

图 3-7　美国 GDP 季度变化示意图①

(从图 3-7 可以看出，美国经济在 2009 年之后得以复苏，但波动较大)

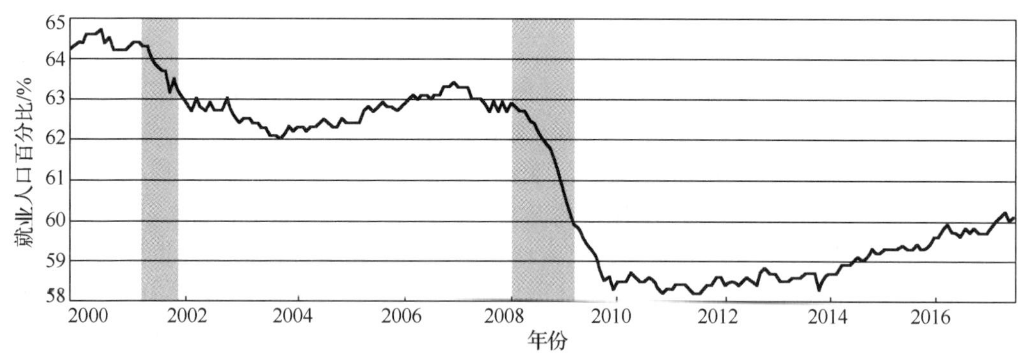

图 3-8　美国就业人口占总人口比例②

坚持绿色新政的奥巴马政府试图通过发展绿色能源、开发绿色技术等手段，推动行业发展，增加就业机会。通过《2009 年美国复苏与再投资法》(American

① 数据来源：美国经济分析局，转引自：https://fred.stlouisfed.org/series/A191RP1Q027SBEA。

② 数据来源：美国劳工统计局，转引自：https://fred.stlouisfed.org/graph/?id=EMRATIO。

Recovery and Reinvestment Act of 2009，ARRA）向清洁能源和可再生能源产业的投资，奥巴马政府在诸如研究、制造和建筑等领域创造了数百万个新工作岗位[①]。此外，奥巴马政府积极推进绿色能源环境政策。除了重塑美国经济、应对气候变化，他们还试图转变美国经济增长模式，进而增强美国的能源安全，为此美国政府提出了“能源独立”计划，目标是到 2019 年停止美国对中东和委内瑞拉的石油进口依赖，使美国在这两个地区的政策有更大的灵活性[②]。美国发展至今的环境政策是美国国际政治经济环境和美国国内政治经济政策发展到一定历史时期的必然选择。然而，不论节能政策还是减排政策，美国的环境政策直接受制于国家政策。

美国民航业经过 20 世纪 70 年代至 21 世纪初的高速发展，如今行业规模、经济效益等都基本趋于平稳。行业发展过程中产生的碳排放总量也已经初步得到控制；“新一代”的建设不仅充分表明了美国民航业减排的决心，也代表了美国民航业最新的经济发展方向——绿色、低碳、可持续发展。然而，近年由于“新一代”投入的高成本和面临的技术瓶颈，美国民航业已经在政策上出现了动摇[③]。一旦“新一代”的成本问题和技术问题进一步突显，甚至影响到整个民航业的发展，联邦航空局必然会考虑减少对“新一代”的政策投入。可以看出，不论美国政府还是美国民航业，其环境政策都是在一国或一行业经济发展到一定程度下的自觉选择，国家或行业的经济形势直接决定着其环境政策的取向。

三、近年来国内经济曲折中前进

奥巴马在大选中因其积极的环境政策而大获民心。然而，奥巴马的第一届任期正逢美国处在自大萧条以来经济最为低迷的时期，因此奥巴马的每一项政策都必须考虑民心取向以及国家经济利益。这一阶段的经济前景实际上并不被很多经济学家看好，上一届政府留下的经济问题让一些持悲观态度的人担心美国会再度陷入更深的衰退；不过也有一些经济学家期待美国经济能够在经过深度衰退之后得到强劲反弹。之后，尽管美国经济已经走出衰退，但在复苏的道路上仍然荆棘遍布，GDP 增长缓慢，呈波浪式前进。这种背景下奥巴马必然要在经济上大有作为才能重获民心。《2009 年美国复苏与再投资法》颁布之后，奥巴马带领美国走上了一条“缓慢且不均衡”[④]的复苏之路。

在美国政府的大力推行下，绿色经济、低碳经济已经为美国经济发展带来了可观的经济效益和社会效益。例如，美国田纳西州，通过充分利用风力资源，大力发展

---

① 参见：美国白宫官网 http://www.whitehouse.gov/issues/energy_and_environment/。

② 杨理堃．浅析奥巴马政府能源环境政策[J]．和平与发展，2009(6)：62-65．

③ 参见：美国政府问责局官网 http://www.gao.gov/products/GAO-13-264。

④ 余翔．当前美国经济形势及其变化趋势[J]．现代国际关系，2013(9)：32-38．

风能发电来取代传统的煤炭发电，从 2008 年至今，已累计获得经济效益为 12 亿美元；二氧化碳年减排量约为 240 万吨；年节水量为 13.21 亿美制加仑。

从田纳西州风力发展计划的效果可以看出，美国政府要解决当前经济发展的迟缓状态，可以积极推行低碳经济发展，通过新能源开发、节能减排技术的研发以及减排优惠政策的实施等促进经济发展、增加就业岗位(图 3-9)。

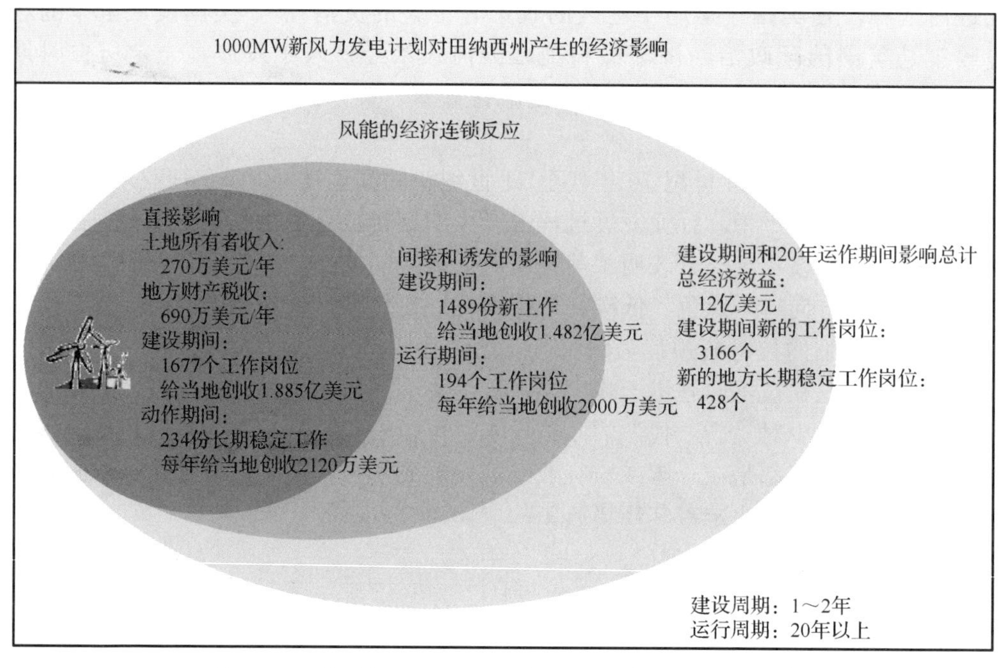

图 3-9 田纳西州 1000MW 风力发电计划及其经济影响[①]

四、本节启示

在全球气候变暖、生物多样性遭到破坏、国际能源紧缺以及新能源技术受限的大背景下，再加上美国国内经济发展缓慢、就业率持续走低以及未来的能源独立目标都表明，美国政府有必要开启新的增长模式，即发展“低碳经济”，既有助于国际环境发展，又能为国内提供经济支持和就业机会。

国际社会已经达成共识，温室气体必须稳定在一个特定水平，才能防止气候恶化[②]。研究表明，要避免气候恶化，当前全球平均地表温度的增幅必须控制在 2℃以内[③]。否

① 数据来源：美国国家可再生能源实验室官网 http://www.nrel.gov/docs/fy09osti/44915.pdf。

② 联合国气候变化框架公约 [R/OL].(2013-01-28) [2016-07-08]. http://unfccc.int/files/essential_background/onvention/background/application/pdf/unfccc_chinese.pdf.

③ 参见：欧盟官网 http://eur-lex.europa.eu/LexUriServ/ LexUriServ.do?uri=COM:2007:002:FIN:EN:HTML。

则，由温室气体造成的气候变化将严重影响到食物和水的供给，并且会改变天气状况，打破生态系统的稳定性，从而反过来直接影响国家经济。阻止上述灾难性结果的产生需要各国政府改变当前的能源体系，更换能源消耗方式，并积极采取经济、技术许可范围内的减排措施。包括美国在内的全球各国进行积极的节能减排是势在必行的，也是当前全球气候变暖，经济持续低迷背景下政府的必然选择。这一点对于处在发展中的中国，特别是对于我国民航业的发展方式与方向有着重大的启示作用。

发达国家的环境问题和能源问题是在200多年的工业化过程中逐步出现、分阶段解决的，中国则是在30多年的高速发展中集中出现的，问题的密集性和复杂性不言而喻，既不能指望一夕之间解决，又不能以牺牲经济发展为代价。近年来，为应对环境问题，我国政府采取了一系列措施。在北京2008年奥运会以及2014年年末举办的亚太经济合作组织（Asia-Pacific Economic Cooperation，APEC）会议期间，由于临时采取了多项管控措施，北京重现良好的空气质量，但是由于这些管控措施很多是临时性的，这种即时出现的蓝天一度被人们称为“奥运蓝”“APEC蓝”。在实现中国梦的进程中，人们更加渴望这样的“奥运蓝”“APEC蓝”成为生活中的常态，走出一条可持续发展的健康之路。中国在研究美国节能减排的应对措施时必须充分考量中国特殊的发展方式和具体国情，从而实现真正意义上的低碳发展和可持续发展。

第三节　美国民航业节能减排与美国政治经济及环境政策发展关系梳理

美国政府推进节能减排工作的力度与决心已经越来越明显。受此影响，民航业也必将进一步通过政策、技术、市场等手段来强化其在国际民航减排工作中的影响和地位。

一、美国国内经济及环境政策的变迁

工业革命以来，美国经济的高速发展不仅使得美国迅速成为第二次世界大战之后的政治经济超级大国，也导致美国环境在经济发展过程中经历了考验。经济发展、能源储备和环境保护之间的矛盾在历届政府中都存在。为保证国家政治稳定和经济发展，美国历届政府除了积极地在国际上建立能源外交以求保持自己的能源霸主地位，还在国内推行积极的能源政策，促进能源生产与节约。但是，由于各届政府在执政期间经济发展和国际形势的不同，加上各届政府对节能减排的理解不尽相同，所以在推行节能减排的过程中所采取的态度、政策和工具不尽相同。

(一)能源环境政策框架形成阶段(1970—1980 年)

20 世纪 70 年代初，受多极化局势发展的影响，世界经济的不稳定性加剧，当时作为世界第一大经济体的美国面临丧失其世界经济霸主地位的危险。1973 年 10 月，第四次中东战争的爆发引发石油输出国组织(Organization of Petroleum Exporting Countries，OPEC)对西方国家实行石油禁运，加剧美国的能源危机。因此该时期的美国政府毫无疑问地将战略的重点放在恢复与发展国家经济、增强军事力量、实现国家能源独立等问题上。相对于能源问题，这一时期环境问题在美国国内政策上则处于次要地位。

到了尼克松政府时期，由于前期工业化进程的快速推进，美国出现了严重的环境污染和生态危机。为保护公众健康，稳定国内政治，尼克松政府在执政初期就通过了大量环保法案。其中真正具有影响力并带来美国环保运动高潮的便是 1970 年尼克松总统签署的《国家环境政策法》，这个法案被视为美国的“环境保护的宪章”。根据法案，所有对人类环境质量有重要影响的重大联邦行动都要给出环境影响报告书(Environmental Impact Statement，EIS)，那些对环境造成严重后果或者没有提出充分有效补救措施的行动将被终止。1970 年 2 月，尼克松在国情咨文中宣称“环境时代已经到来”，20 世纪 70 年代是美国替以前还债的十年，我们要恢复清洁的水和空气[①]。尼克松在环保方面的另一项重要成就则是成立了新的环保机构——环保署，其职责是保护自然资源、控制污染并致力于改善公众健康和生活质量。历史表明，尼克松是美国历史上重要的“环境总统”，他在推动国内环境事务发展的同时，也促使美国成为 70 年代国际环境外交的先行者[②]。

然而，尼克松是一个奉行经济增长哲学的政客，在经济增长和环境保护之间，他明显倾向于前者。在经济发展顺利的时候，尼克松出于争取选票的考虑，作为权宜之计在环保问题上采取一些主动行动。但是在经济陷入危机时，尼克松就会转变立场，牺牲环境政策以服从经济发展的目标。关于这一点，最典型的例子便是 1972 年 6 月美国国会通过《国家环境政策法修正案》，将包括核电厂及高速公路建设在内的多项计划都置于《国家环境政策法》的权限之外。白宫当时极为流行的一句话就是，一个回到家面对着没电的电视、喝着热啤酒的美国人根本不会关心密西西比河中的鱼类繁殖问题，他只希望发电厂能够运转[③]。

1973 年，石油危机的爆发使得美国的能源危机意识进一步增强，美国开始重视能源问题。1973 年 11 月，尼克松总统向全美宣布了当前国家所面临的能源紧急状况并宣布实施《能源独立计划》(Energy Independence Project)。该计划的主要目标

---

① Flippen B. Nixon and the Environment[M]. Albuquerque: University of New Mexico Press, 2000: 51.

② 徐蕾．美国环境外交的历史考察(1960 年代—2008 年)[M]．长春：吉林大学出版社，2012.

③ Flippen B. Nixon and the Environment [M]. Albuquerque: University of New Mexico Press, 2000: 164.

是通过开发国内石油潜力，逐步摆脱对外国石油资源的依赖，到1980年实现美国的能源自给[①]。在《能源独立计划》中，尼克松政府明确提出减少10%航空用油的规定，同时开始为期5年、投资总额达100亿美元的能源研发项目，以期更好地使用现有能源并开发新能源[②]。尼克松政府在能源方面的一系列措施表明美国在关注能源独立的同时开始考虑能源利用问题。

相比之下，1974年继任的福特政府，无论在能源方面还是在环境方面都没能取得前任那么大的成就，但是在稳固周边关系，改善国内经济发展状况方面，福特政府起到了一定作用。

卡特执政时期，国家不仅面临一系列经济问题，还面临很多外交上面的棘手问题，但是正是在这一时期，人类活动对气候的影响被卡特政府提升到一个新的高度，他在20世纪70年代末就对能源问题给出了预见性的理解，并出台了《美国应对气候变化国家方案》[③]。然而卡特政府在积极推动环境立法的过程中，整体考虑的依然是通过环境问题这一媒介来促进国家经济的发展并维持国际外交环境的稳定。

整体来说，20世纪七八十年代，美国政府积极地采取了一系列环境政策，并重点针对酸雨等环境问题加以治理，初步形成了美国国家能源环境政策的基本框架。

与此同时，由于美国民航业放松管制以及国际贸易与旅游业快速发展，美国民航业在该时期处于一个高速发展阶段。这一时期，针对行业发展所带来的环境问题，美国联邦航空局主要采取的措施是继续制定并修改航空器噪声标准。为促进行业发展，提高行业的经济效益，美国政府和联邦航空局大力推动空中交通管制自动化技术以增强航空安全性，同时加速航空公司的审批，加快行业的发展。积极推崇市场化的美国，这一段时间对交通业的发展基本采取的是“放松管制”的措施[④]。因此，这一时期的美国民航业以行业的高速发展为主线，但是美国政府已经开始认识到航空器运行对大气会产生一定影响，并针对噪声问题采取了相应措施。

(二)能源环境政策框架完善阶段(1981—1999年)

1981年，罗纳德·里根入主白宫，成为美国第40届总统。里根执政时期，由于美国经济危机的进一步加深，美国失业率高达7.1%，通货膨胀率一度达到13.5%[⑤]。政府内部对于美国70年代推行的环保政策开始出现激烈讨论，其中最直接的一点便是指责用于污染控制的巨额投资直接影响美国经济的发展速度，损害工商业的利益[⑥]。从

① Shwadran B. Middle East Oil Crisis Since 1973 [M]. Boulder: West View Press, 1986: 91.

② 数据来源：http://www.ena.lu/address_given_richard_nixon_november_1973-02-11710。

③ 徐蕾．美国环境外交的历史考察(1960年代—2008年)[M]．长春：吉林大学出版社，2012.

④ 1978年美国民航业采取的“放松管制政策”为世界民航业提供了大量值得借鉴的经验与教训。

⑤ 数据来源：http://www.reagan.utexas.edu/archives/reference/pressketch.html。

⑥ 王昊．20世纪80年代以来美国环保政策研究[D]．上海：华东师范大学，2005.

70 年代开始，美国用于环境保护的开支占国民生产总值的 1%～2%①。哈佛大学经济研究特别基金管理委员会的研究资料表明：污染控制的基建投资和运行投资使得国民生产总值以每年 0.2%的速度递减②。因此，为保证美国国家经济发展不受影响，这一时期的环保政策必须全部接受里根政府的“成本-收益分析”来决定环境管制的价值是否得当。里根政府时期，绝大部分环保法案由于美国经济政治状况的制约，只能在泥淖中艰难跋涉。但是“成本-收益分析”的能源环境政策的提出在很大程度上促进美国能源经济和环境经济的更高效发展，1981 年里根政府取消对石油和天然气的价格管控之后，美国的石油产量急剧上升。同时为保证国内能源独立，里根政府鼓励对石油和天然气等化石燃料的开采。在能源供给的调节作用上，里根政府更强调市场的分配与优化功能，从而对能源的生产与分配做出长远的研究并实现能源的长期发展③。里根政府时期，尽管在环境政策上过于消极，但是其能源方面的政策为后续政府环境政策的完善做出了努力。

老布什上台后开始对其上一任里根政府时期的“成本-收益分析”的能源环境政策进行改革。在最初的两年，老布什急切希望采取一些比其前任更加积极的环境政策。1992 年 10 月 15 日，老布什政府批准美国成为《联合国气候变化框架公约》缔约方；同年 10 月美国国会通过了《1992 年能源政策法》(Energy Policy Act of 1992)，节约能源、提升能源使用效率、促进可再生能源使用及国际能源合作等方面的行动从法律层面得到了保障。同年老布什政府还制定了《全球气候变化国家行动方案》(National Action Plan for Global Climate Change)，为评估美国温室气体的排放情况、采取温室气体减排相关的政府行动提供了依据。

不过老布什在位期间，政府支出的高位增长，导致了巨大的财政赤字，同时出现高负债、高利率、高汇率和高贸易赤字，给经济带来了明显消极的影响，最终导致国家经济的衰退。因此，老布什政府在环境问题上分歧很大。尽管政府采取了一系列积极的环保政策，但是到 1992 年里约热内卢联合国环境与发展大会召开时，美国仍是国际环境合作的主要阻碍力量。

到了克林顿政府时期，经济发展相对较快，1990—1998 年，美国 GDP 增长了 26.7%。因此克林顿政府一改之前的保守做法，采取了积极的节能减排政策以及直接的外交活动。除了将环境外交政策作为该时期的战略重点，克林顿政府还提出了“环境综合安全”(民众健康安全、贸易安全、经济安全)的理念，并强调了节能减排工作的国际合作与多边合作机制。1993 年，克林顿政府制定了新的《气候变化行动方案》(Climate Change Action Plan)，方案要求碳排放量到 2000 年减少 1.09 亿吨，

① 梅雪芹．环境史学与环境问题[M]．北京：人民出版社，2004：188．

② 菲利普·沙别科夫．滚滚绿色浪潮——美国的环境保护运动[M]．周律，张建发，吉武，等译．北京：中国环境科学出版社，1997：121．

③ 参见：http://www.presidency.ucsb.edu/ws/?pid=44096。

恢复到1990年水平。1999年6月，克林顿发布了“提高能效管理、建设绿色政府”的政府令，要求行政部门产生的碳排放量在2010年比1990年减排30%。尽管设定了明确的减排目标，但由于美国当时正处于经济快速成长时期，温室气体的排放量节节升高，加上减排技术在具体实施过程中困难重重，所以设定的目标无法实现。虽然克林顿政府鼓励可再生能源，希望借助技术的力量减少碳排放，但实施的过程困难重重；再加上对碳排放情况的保守估计，这一时期的减排效果不甚明显。

美国民航业在进入20世纪90年代之后已经达到了发展的鼎盛时期。在这一阶段，除了关注基于安全性的空中交通管制的持续建设，联邦航空局更多地将重点放在对影响飞行安全的因素的长期研究上，如老旧飞机结构的更新及人为因素等，同时政府积极鼓励航空业进行跑道等基础设施的改善。1999年美国国会通过《面向21世纪航空投资与改革法》（Aviation Investment and Reform Act for the 21st Century），该法取消对芝加哥奥黑尔机场、纽约拉瓜迪亚机场的航班数量限制和航班时刻管制，这直接导致美国几大机场航班数量剧增，进而导致严重拥堵与航班延误。2000年4月，克林顿签署总统行政命令，要求联邦航空局成立专门提高空管系统运行效率的机构，因此，这一时期美国民航业开始在空管流量管控和减少延误上积极开展工作。虽然这一时期行业工作的出发点在于提高行业的运行效率，降低航班延误率，但是这在一定程度上对于减少碳排放、节约航空燃油等能源也起到了很大的作用。

（三）内外有别的环境政策（2000—2009年）

小布什执政时期，受“9·11”事件的影响，美国经济发展态势大不如前，发展速度缓慢，2001年美国GDP仅增长0.976%[①]，并且新保守主义因为“9·11”事件的爆发而逐渐成为小布什政府第一个任期的主导思想。小布什政府指出，如果履行《京都议定书》所规定的减排任务，则会导致工人失业、物价飞涨，会对美国经济带来负面影响；同时小布什政府表示中国、印度等发展中国家已经成为温室气体排放大国，这些国家却不需要承担减排责任，这对美国不公；此外，小布什政府认为，气候问题是否由人类活动所致，气候变化对人类生存环境的危险到底有多大都还没有明确的结论[②]。基于这几点理由，2001年3月，小布什宣布反对并放弃执行《京都议定书》，拒绝践行议定书中规定的减排目标，并将恢复国内经济发展作为战略重心，从而赢取了国内公众的信任。

尽管小布什政府出于限制国家经济发展的角度考虑并未采取积极的国际减排政策，并积极将减排任务推诿到正在经历工业化的中国、印度等发展中国家，但是在美国国内，小布什政府从提高能效的角度，提出了一系列自愿性和鼓励性的计划，包括《气候愿景伙伴计划》（Climate VISION Partnership）、《气候领袖计划》（Climate

① 数据来源：http://data.worldbank.org/indicator/NY.GDP.MKTP.KD.ZG?locations=US。

② 朱光强．2001—2010美国气候外交分析[D]．上海：华东师范大学，2011．

Leaders Program）、《温室气体自愿报告计划》（Voluntary Reporting of Greenhouse Gas Program）等。同时，小布什执政期间十分重视科学研究和技术开发，先后采取了气候变迁成因研究行动和地球变暖研究行动，提出“气候变化技术项目”（Climate Change Technology Program，CCTP，能源部牵头）、“气候变化科学项目”（Climate Change Science Program，CCSP，商务部牵头），开展技术领域多边和双边国际合作并提出了可再生能源和能源效率合作伙伴计划（Renewable Energy and Energy Efficiency Partnership，REEEP）。到这一时期，美国的能源环境政策已经突破了早期的节约能源、实现国家能源独立的单一目标，开始积极通过提高能效、研发新能源以及研究气候变化等多方面综合考量来完善国家的能源环境政策。尽管小布什政府对外实施消极的环境政策，不愿履行责任，但是对内，小布什政府采取的政策却进一步完善了国家环境政策的框架。

事实上，进入 21 世纪的美国航空业并未受到美国“9·11”事件的影响，继续加速度“疯狂”发展。然而航班量的增加带来的是航班延误的增加，2003 年 11 月，芝加哥机场航班正点到达率仅为 57%，这远低于美国联邦航空局设定的 82%的目标；起飞的正点率也仅为 67%[①]。航班延误所引发的连锁叠加延误效应影响了整个美国国家航空系统的正常运行，同时造成了严重的环境影响。2003 年 12 月，美国国会通过《世纪航空再授权法》（Century of Aviation Reauthorization Act），该法案正式对“新一代”的概念进行认可。2005 年 12 月 15 日，美国交通运输部（Department of Transportation，DOT）正式启动“新一代”计划。“新一代”是基于卫星导航、电子数据交换和自动化空中交通管理的系统，将会提高航空运输系统的安全性，并在很大程度上减少环境污染。

因此，尽管小布什执政期间温室气体排放总量并未下降，但是所取得的科研成果对于未来全球减排技术的进步还是有极大帮助的。而小布什执政期间启动的“新一代”计划，也将美国民航业向环保高效的道路上推进了一大步。

（四）绿色新政时代（2009 年至今）

奥巴马在第一届执政期间，全球金融危机加剧，同时国内经济衰退加深。但是秉承绿色新政的奥巴马，一改之前小布什政府在国际减排问题上的长期消极、被动、不作为的做法，在充分考虑国情和加强国际合作环境的基础上，积极推动国会立法来控制温室气体排放。2009 年初，美国国会通过了《2009 年美国复苏与再投资法》，提出了 7870 亿美元的一揽子经济刺激计划，截至 2012 年 1 月，美国政府通过政府投资和税收激励的方式向清洁能源领域投入了超过 900 亿美元[②]。美国于 2015 年向

① 数据来源：美国联邦航空局官网 http://www.faa.gov/about/office_org/headquarters_offices/apl/。

② 数据来源：美国能源部官网 https://energy.gov/downloads/successes-recovery-art-january-2012。

《联合国气候变化框架公约》秘书处提交了“自主贡献预案”，承诺到2025年将实现在2005年的基础上26%～28%的温室气体减排目标。可以看出，奥巴马政府积极投资清洁能源，努力通过市场手段来改进国内能源效率。

此外，奥巴马政府还将气候变化和美国能源独立联系起来，启动总量控制与交易(cap-and-trade)计划，大力推动“新一代”计划，在尽量减少延误的基础上，保证飞行安全高效。同时通过广播式自动相关监视(Automatic Dependent Surveillance-Broadcast，ADS-B)系统等航空监察新技术的使用，促进运行性能的提高，使得美国航空业继续走在世界前列。2013年6月25日，奥巴马公布了美国第一份《全国气候行动计划》(National Climate Action Plan)，计划的核心是减少温室气体排放大户——发电厂的碳排放，并加快可再生能源的发展。这份行动计划还包括：提供80亿美元作为贷款担保以支持在能效等创新技术方面的投资；允许公共土地用于发展风能和太阳能等可再生能源项目，目标是2020年前为600万家庭供电；到2030年，美国累计碳减排量至少达到30亿吨。

奥巴马的第一届任期正逢美国处在自大萧条以来最严重的经济危机之中，因此奥巴马的每一项政策都必须考虑民心取向与国家经济利益。2013年美国经济复苏，失业率也有所缓解，但是碳排放量再度上升。为此，2013年6月，美国政府发布《总统气候行动计划》(the President's Climate Action Plan)(以下简称《计划》)。总体来看，《计划》既是对奥巴马政府第一任期减缓气候变化工作的回顾与肯定，又是对第二任期应对气候变化行动做出的安排。《计划》坚持了美国绕开《联合国气候变化框架公约》和《京都议定书》以在气候变化谈判方面另起炉灶的一贯立场，改变目前全面协商一致的谈判机制，企图通过几个大国之间谈判解决问题；另外，《计划》推行利用市场机制达到减排目标，强调了环保产品的自由贸易，通过在亚太经济合作组织和世界贸易组织框架下解决问题，从而把市场机制的原则纳入气候变化领域，规避了美国等发达国家的历史责任，避而不谈对发展中国家的技术转让和资金支持等问题。

近三四十年来，美国历届政府在对待节能减排问题上政策不尽相同：从克林顿政府勉强签署《京都议定书》，无奈接受强制性量化减排目标；到小布什政府拒绝签署《京都议定书》，抛出自愿性温室气体排放强度目标；再到奥巴马政府提出自愿性的温室气体减排目标，这些所谓的“目标”实质上都与《京都议定书》规定的发达国家减排目标中的减排性质与力度都有很大差距。不过历届政府的节能减排政策都是顺应了不同时期美国政治经济发展的必然，也顺应了全球能源环境政策的大趋势。美国的节能减排政策从最初的节约能源、争取实现国家的能源独立到最终的通过调整能源结构、转变经济增长方式、积极应对气候问题这一转变是美国经济逐步演变的历史必然，是美国政府发展到一定阶段的自觉性选择。不过，由于发达国家与发展中国家在承担减排责任上一直未能达成协议，所以美国的节能减排政策在其形成与改制过程中一直受到发展中国家的影响，倾向于给发展中国家施压，让他们承担更多的义务。所以美国的节能减排政策始终带有浓厚的国内国际政治色彩。

二、民航业减排政策与国家政治经济间关系分析

由于民航业在技术、安全、资金上的高要求，所以民航业的节能减排工作不能简单复制交通行业如铁路、水运等部门。这也解释了为何政府在民航业减排过程中投入大量资金与技术以及人力、物力。表 3-2 汇总梳理了美国经济发展阶段、环境政策主导方向和民航业在环保工作中的进展三者间的对应关系，整理出美国民航业节能减排的步伐，明确民航业发展不同时期在节能减排工作中的重点。

表 3-2　美国政府不同时期环境政策下的民航业

时期	美国经济情况	美国国家环境政策	美国民航业发展情况及节能减排工作
20 世纪七八十年代（尼克松、福特、卡特、里根执政时期）	能源危机；整体经济形势“高赤字、高失业、高通胀、低增长”	环境服务于政治而始，以环境让位于经济发展而终。但出台《美国应对气候变化国家方案》，从新的层面认识到国家经济活动对气候的影响	1978 年民航业放松管制，行业获得高速发展——快速发展空中交通管制自动化技术；加速航空公司申请批准；“放松管制”加上美国民航普通服务（EAS）理念的推行导致噪声、大气污染问题严重，引起人们的广泛关注。因此民航业开始对航空器噪声标准加以修订，但是尚未明确开始航空器节能减排方面的工作
20 世纪 90 年代（老布什、克林顿执政时期）	国家经济从有所衰退到经济高速发展	老布什执政时期努力推行积极的环境政策，通过了《1992 年能源政策法》，制定了《全球气候变化国家行动方案》，对美国温室气体排放情况进行归类与评估，但是环境政策最终受到经济发展的制约。 克林顿政府提出“环境综合安全”，强调节能减排工作的国际合作与多边合作机制，制定《气候变化行动方案》，发布“建设绿色政府”的政府令，鼓励发展可再生能源	行业发展处于鼎盛时期，注重航空安全性研究与考虑，改善行业基础设施；成立专门提高空管系统运行效率机构，间接实现减少碳排放、节约航空资源的目的
2002 — 2009 年（小布什执政时期）	受“9·11”影响严重，经济态势大不如前	退出《京都议定书》，重点恢复国内经济发展。同一时期小布什政府仍然推出一些自愿性和鼓励性的计划以提高各行业的能源效率，包括《气候愿景伙伴计划》、《气候领袖计划》、《温室气体资源报告计划》等	行业的高速发展导致航班正点率下降，排放增加的同时，能耗也进一步增加。开始明确认识到行业推行节能减排工作的必要性。启动 NextGen 计划
2009 — 2016 年（奥巴马执政时期）	逐步摆脱经济衰退，国民经济稳步但未全面发展	推行“绿色新政”；《2009 年美国复苏与再投资法》：大力投资开发新能源、研究提高能效技术；通过《2009 年美国清洁能源与安全法》明确减排目标；公布《全国气候行动计划》；启动“总量控制和碳排放交易”；发布《全方位能源战略——通向可持续发展之路》	继续推进 NextGen 计划；使用 ADS-B 等航空监察新技术促进运行性能的提高，进一步减少因延误带来的碳排放；建设绿色机场；研发新能源；增加行业内部各单位间合作；培养专业性人才，成立专门节能减排管理部门

从表 3-2 可以看出，从 20 世纪 70 年代至今美国经济的发展时起时落，不同政府执政时期，都会根据国家经济政治现状执行相应的环境政策。但是整体来看，美国政府在全球共同应对气候变化的大背景下已经越来越关注提高能效、减少碳排放等方面的技术和策略；从最初的简单的保证国家经济能源安全逐渐转变为通过优化国家能源结构、发展清洁能源和提升减排技术、完善减排政策、通过市场引导来实现低碳经济的发展。美国民航业节能减排工作的进展，基本顺应了美国国家节能减排发展的大趋势，一直以强劲的势头发展“绿色民航”。民航业的节能减排政策也是根据行业发展到不同历史阶段出现的问题而逐一加以解决，从噪声控制到固体废弃物处理再到现今的节约能源、提高能效以及降低排放，整体上美国民航业在节能减排方面的工作与美国政府的政策基本一致——关注行业节能减排前景与潜力，通过技术、组织机构、市场等多方面协同作战来实现最终的节能减排。

三、本节启示

美国民航业目前在国际民航领域节能减排方面的技术已经处于领跑的位置。为尽可能降低飞机运行对环境造成的影响，美国联邦航空局研发各种新技术并出台相关政策来降低飞机在运行各阶段可能产生的噪声、大气和水污染，并对全国各机场在节能减排技术开发方面提出了指标性要求。不过，就目前整体情况来看，美国节能减排技术的快速发展建立在高资金投入的基础之上，因此，这些新技术很多受制于资金限制尚无法在其他国家推广。此外，生物能源等新能源的研发目前只能适用于对安全要求较低的行业。而像航空业这种安全要求极高的行业，尽管生物能源的使用已经处于试验阶段，但仍不能大范围使用，也不可商业化操作。因此，美国航空业在节能减排新技术的突破上还存在很大潜力与内驱力，美国航空业减排技术的路途还很漫长。

美国民航业推进节能减排工作是顺应了当前全球低碳经济发展的大趋势做出的决定。该工作的推行一方面是由于当前国际大气环境恶化、能源资源有限且全球航空业减排技术出现瓶颈，只有通过全球航空业进行通力合作才能从整体解决当前行业发展带来的正在逐步扩大的环境影响；另一方面是由于美国民航业在美国交通运输业中的地位至关重要，本行业减排工作的推行可以为国内其他行业提供直接的参考与借鉴作用，从而通过行业已经取得的技术及政策上的突破来实现全国范围内的推广作用，以促进国内经济稳定的同时保证环境安全。

鉴于中国经济发展现实，当前中国民航业在节能减排工作的推进过程中需要积极借鉴美国民航业在节能减排过程中出台的相应政策和机构设置，同时受制于经济实力和技术能力，中国民航业在节能减排工作中还需要考虑行业以及国家的经济、技术现状，从政策的角度来提升行业节能减排的空间。

第四节　本 章 小 结

当前全球气候变暖的主要原因在于人类活动造成温室气体大量排放。出于全球公众安全和生物多样性等考量，美国作为曾经碳排放量最大的发达国家毫无疑问需要承担历史责任，积极参与国际节能减排。与此同时，低碳经济已经成为新时期一国经济发展的必然选择，尽管美国历届政府对于环境政策的态度并不统一，但是基本上每一届政府都在保证国内政治经济稳定的前提下，积极努力通过立法和技术等手段推进国内能源独立、保证国家能源安全。美国经济在奥巴马政府推行的“绿色新政”的刺激下，已经逐步走出低迷状态，每年以相对稳定的比例缓慢复苏，但是由于就业率居高不下和国际减排目标的迟迟未能实现，美国政府需要在各行各业积极推行减排政策，通过新的经济发展模式增加就业，促进经济持续发展，同时保证美国政府能够在既定时间内实现其国际减排目标。

美国民航业推进节能减排工作，不仅受到国内政治、经济和能源环境现状的影响，还在很大程度上与国际航空业在节能减排工作中的投入以及全球气候变化、能源紧缺等现状有关。美国民航业节能减排工作的推进，是行业实现可持续发展的必然选择。不管从政策制定上，还是从技术研发上，美国民航业在节能减排工作中的着眼点始终是在保证安全和客流量的前提下减少由于行业运行带来的碳排放，同时提升民航业减排技术。当前美国民航业的节能减排在法律、政策和机构设置等方面已经十分完善，不少经验和做法值得我国民航业在节能减排工作中参考借鉴。但需要注意的是，美国民航业在节能减排技术上的成就基本来自于政府资金的高投入，且成效和回报期都过长，目前在美国经济发展相对缓慢的情况下，美国民航业在生物能源和“新一代”的进一步研发也面临着困境。因此，我国民航业在进一步发展的同时，需要考虑充分利用国家在政治方面的优势，完善行业减排规章制度，通过行政的、管理的手段最大限度实现行业的绿色发展。与此同时，随着国家经济日益走上稳定健康的发展道路，民航业可以积极参与碳市场，通过市场的调节来实现科学的行业减排目的。

第四章　美国实施节能减排的战略选择

在全球化的今天，一个国家的综合实力早已不仅仅体现在经济增长的指数上，还体现在解决社会、人口、环境等一系列复杂问题的能力上。而在诸多社会问题中，节能减排一直都是热门话题。作为世界第一大国的美国更是全球减排运动的先驱①。美国民航业在节能减排工作中取得的突破和进展不仅仅得益于美国国家科技的高度发展，同时也是由于政府实施的能源战略定位，在政策法规等方面采取了有力的保障。

能源是一个国家赖以生存和发展的物资基础，美国历届政府都把能源安全视为重中之重。能源安全与国家安全、经济安全、环境安全密切相关，美国作为世界上最大的石油进口国和消费国，其国际能源战略的变化对于世界能源体系会产生重大影响。而石油在美国能源结构中所占比重最大，美国交通运输业是石油消费的最大部门。交通运输使石油消费不断增长，这是美国对石油依赖的最主要原因。从 1950 年开始，美国的交通运输部门对能源的消费一直在增长。1950 年，美国交通部门(包括汽车、航空、舰船和铁路)所消耗的石油占石油消耗总量的 54%，20 世纪 70 年代该比例提高到 56%，80 年代提高到 60%，到 2001 年达到 69%②(图 4-1)。在 1982 年、2001 年和 2008 年，受油价走高的影响，石油需求有所下降，但是很快又回升③。

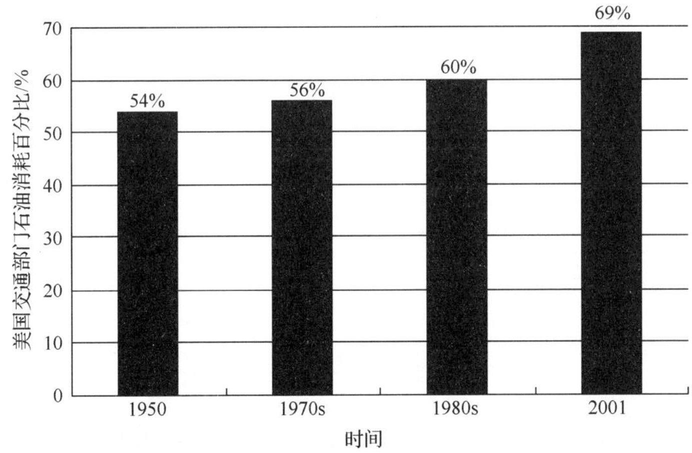

图 4-1　美国交通部门石油消耗占美国石油总消耗的比例走势②

① 丁礼．美国区域温室气体倡议制度研究及我国的借鉴[J]．资源节约与环保，2013(12)：121-122．

② Rutledge I. Addicted to Oil: America's Relentless Drive for Energy Security[M]. New York: I. B. Tauris & Co. Ltd., 2005.

③ 王波．美国石油政策研究[M]．北京：世界知识出版社，2008：64．

2012 年，美国交通运输业年能源消耗总量为 26210.6 兆英热单位(1 英热单位≈1055 焦耳)，非公路运输中能源消耗占交通运输业总能耗的 18.6%，其中航空业(包括通用航空、民航业国内和国际航线)能源消耗占比为 8%，是在非公路运输中能耗占比最高的一种交通方式(水路运输为 4.5%，管道运输为 3.8%，铁路运输为 2.3%)[①](图 4-2)。

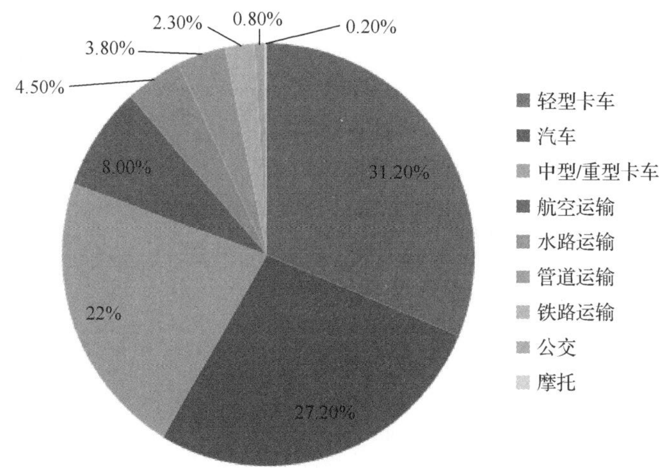

图 4-2　2012 年美国交通运输业石油消耗情况(见彩图)

在石油、水电、煤炭、天然气、核能等一系列能源中，美国历史上能源消耗量增势最快的是石油(图 4-3)。

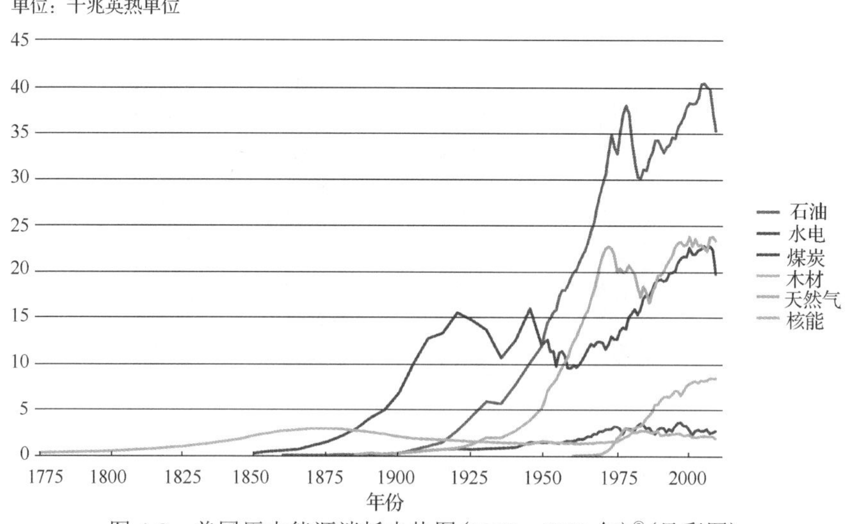

图 4-3　美国历史能源消耗走势图(1775—2009 年)[②](见彩图)

① 数据来源：美国橡树岭国家实验室交通运输分析中心官网 http://cta.ornl.gov/data/chapter2.shtml。

② 数据来源：美国能源信息署官网 http://www.eia.gov/todayinenergy/detail.cfm?id=10。

随着美国国内石油资源的日益枯竭，美国石油来源越来越依靠进口，能源安全也因此在美国国家安全的重要性不断提升，美国的国际能源战略在其全球战略中的地位也越来越重要(2012 年石油净出口国家前五的分别是沙特阿拉伯、俄罗斯、阿拉伯联合酋长国、科威特、伊拉克[①]，而这些国家大部分都处在政治和军事的敏感地带)。为维护其能源安全，进而保护国家安全和国际地位，美国政府通过制定和实施国际能源战略来实现对国家能源体系的控制与影响。

第一节　美国能源政策的历史演变

作为直接关系国家政治、经济安全的能源问题，美国历届政府都有各自的理解与阐释。不过概括起来，美国历史上所采用的国际国内能源战略手段主要包括能源外交、控制能源产地、控制能源通道、石油战略储备以及石油美元机制等。这些能源政策的实施是过去的几届政府在应对不同的国际国内政治、经济问题过程中逐渐演变而来的。下面将详细对不同总统执政时期的能源政策进行阐释与分析，并对美国自 20 世纪 70 年代至今的能源政策进行简要梳理归纳。

一、加大能源立法，提出能源独立的目标

1973 年石油危机的爆发使得尼克松政府将关注的重心由核能转向石油能源，并将能源问题正式提上美国政府的议事日程。之后连续 5 年，国会通过广泛制定各种能源类法律法规来应对能源危机，期望通过联邦政府的干预解决石油供应问题。1973 年的石油危机对美国能源政策的重要影响在于，以这次危机为起点，美国的能源政策进入“现代时期”[②]。1973 年 11 月 7 日尼克松总统向全美宣布国家当前所面临的能源紧急状况并宣布取消《曼哈顿计划》(the Manhattan Project)，同时实施《能源独立计划》，该计划的主要目标是通过开发国内石油潜力逐渐摆脱对外国石油资源的依赖，到 1980 年实现美国的能源自给[③]。

《能源独立计划》的主要内容包括：减少 10%的航空用油，减少 15%的家庭和办公室取暖用油；采用石油发电的电厂改用燃煤发电；在全国范围内实施汽车限速 50 英里/小时(1 英里=1.609344 千米)，从而每日节省 20 万桶的石油消费；把联邦资金从高速公路建设转为“公共运输系统”；加快对核能发电的审批和建设速度；实施为期 5 年的投资总额 100 亿美元的能源研究与开发项目，以更好地使用现有能源并开发新能源[④]。

---

① 数据来源：美国能源信息署官网 http://www.eia.gov/countries/index.cfm?topL=exp。

② 周琪．美国能源安全政策与美国对外战略[M]．北京：中国社会科学出版社，2012：84．

③ Shwadran B. Middle East Oil Crisis Since 1973 [M]. Boulder: West View Press, 1986: 91.

④ 参见：http://www.cvce.eu/obj/address_given_by_richard_nixon_7_november_1973-en-1158015d-8cf9-4fae-8128-0f1ee8a8d292.html。

在航油方面，由于 20 世纪 70 年代的美国民航业处在一个放松管制、高速发展的时期，1973 年美国航空业平均用油 65.6 万桶/天，但是到 1979 年用油量上升到 72.3 万桶/天，1970—1979 年，美国航空业平均用油量为 65.4 万桶/天，是所有非公路运输中石油消耗量最大的交通方式[①]，因此《能源独立计划》中减少 10%的航空用油的目标并未实现。然而这几年间，美国航空用油量占美国交通业石油总消耗量的比例确有下降(1970 年航空业石油消耗占比为 8.5%，到 1979 年这一数值为 7.6%[②])。不过由于 70 年代后期，美国联邦航空局取消航空管制，美国民航业在 70 年代末到 80 年代一直处于高速发展状态，所以航空用油量也一直处于逐步增长状态。

1973 年 12 月，尼克松总统设置联邦能源办公室(Federal Energy Office)，取代了同年 6 月份成立的能源政策办公室(Energy Policy Office)，以此加强能源管理工作。但是随着石油危机的进一步加重，尼克松总统在国会的许可下开始对私有和公共能源的需求进行控制并规定能源的生产配额，并于 1974 年 5 月 7 日签署了《1974 年联邦能源局法》(Federal Energy Administration Act of 1974)，设置联邦能源局(Federal Energy Administration，FEA)，取代了成立不到半年的联邦能源办公室。联邦能源局的主要职能包括：管理燃料分配，调控石油价格，收集并分析能源信息，制定能源独立计划与节能计划；其首要任务是通过发布“能源独立报告”来完成美国的长期能源计划(能源独立报告于 1974 年 11 月完成)[③]。

由于尼克松总统在位期间出台的独立计划未获批准，所以 1973 年底出台的《能源独立计划》基本以失败告终。“水门事件”使得尼克松总统不得不提早下课，实现能源独立的任务就落到继任的福特总统身上。福特上任后，联邦能源局一度经历组织危机，但是很快经过重组之后，联邦能源局通过为美国能源资源委员会(Energy Resources Council)提供国家能源数据和能源决策继续发挥其功能，其数据支撑保证《1975 年能源政策和能源节约法》(Energy Policy and Conservation Act of 1975)的出台。不过 1977 年卡特总统执政后，联邦能源局被撤销。

在充分考虑到前任政府在能源独立目标设定上的不科学之后，福特政府开始考虑一个相对“合理的能源自给”目标，并在 1975 年 1 月 15 日通过其上任后的第一个国情咨文宣布了为期十年的目标[④]。

(1) 到 1975 年底，石油进口量减少 100 万桶/天，到 1977 年底石油进口量减少 200 万桶/天。

(2) 到 1985 年，消除美国易受外国石油供应者造成的经济中断的脆弱性。

---

① 数据来源：美国橡树岭国家实验室交通运输分析中心官网 http://cta.ornl.gov/data/chapter1.shtml。

② 数据来源：美国橡树岭国家实验室交通运输分析中心官网 http://cta.ornl.gov/data/chapter9.shtml。

③ 参见：美国能源部官网 http://energy.gov/sites/prod/files/FEA%20History.pdf。

④ 参见：http://www.ford.utexas.edu/library/speeches/750028.htm。

(3)发展国内能源技术并开发新的能源资源，以使美国到 20 世纪末能够满足自由世界相当大一部分能源需求。

为了实现这一目标，福特总统还建议国会征收能源进口税，但遭到国会和联邦法院的反对。1975 年 12 月，福特总统签署了《1975 年能源政策和能源节约法》，不过该法案并未包括福特总统关于扩大能源供应的大部分内容。但是该法案的签署将政府对能源的价格管控延长到 1979 年，法案还授权总统逐步放开石油价格和配额控制，制定汽车燃油经济标准和战略石油储备[①]。战略石油储备是应对短期石油供应冲击(大规模减少或中断)的有效途径之一，它本身服务于国家能源安全，以保障原油的不断供给为目的，同时又具有平抑国内油价异常波动的功能。美国的石油储备分为政府战略储备和企业商业储备两种。美国政府战略石油储备规模已高居世界首位，而企业石油储备更是远超过政府储备。美国全国的石油储备相当于 150 天进口量，其中，政府储备为 53 天进口量，仅占全部储备的三分之一。

福特政府还成立了能源信息和分析办公室，即现在的能源信息署(the Energy Information Administration，EIA)[②]，推动国会在石油危机后的能源立法方面达到高峰。不过，征收能源税的企图在此期间遭到了公众的强烈反对。

二、量化节能目标，开发新能源

新能源又称可再生能源，指的是在新技术的基础上通过系统开发能够供现有生产生活所利用的可以再生的能源，如核能、太阳能、风能、生物质能、地热能等。20 世纪 70 年代的美国，由于汽车、建筑等行业的大力发展，石油、煤炭等化石能源使用量过大，这一方面不利于国家现有石油能源的独立与安全，另一方面也过度污染了国内环境。

1977 年卡特总统上台后，美国政府便将能源问题放在优先位置，积极寻求能源独立的同时，鼓励新能源的开发利用，并提出了“国家能源计划”(the National Energy Plan)，以期改变国家对石油的依赖情况。在“国家能源计划”中，卡特政府提出了六个量化目标[③]。

(1)能源需求年均增长控制在 2%以内。

(2)将石油进口从预计的 1600 万桶/天减少到不超过 600 万桶/天，约为美国能源总消耗量的 1/8。

(3)实现石油消耗量降低 10%的目标。

(4)要求 90%的美国家庭住房和其他建筑达到最低能效标准。

(5)煤产量年均增加至少 4 亿吨。

---

① 维托·斯泰格利埃诺．美国能源政策：历史、过程与博弈[M]．郑世高，刘晓青，孙旭东译．北京：石油工业出版社，2008：19．

② 负责进行能源相关信息的收集、发布以及评估与分析，为国家应对能源危机提供数据参考与支持。

③ 参见：http://www.presidency.ucsb.edu/ws/?pid=7373。

(6)在 250 万个以上的家庭中使用太阳能。

尽管卡特总统提出的“国家能源计划”与前两任政府的能源计划有不少相似之处，但是它突出了能源危机的长期性，提出能源供应来源多样化的思路，强调使用煤炭和其他可替代燃料的重要性。

1977 年 8 月，卡特总统签署了《1977 年能源部组织法》(Department of Energy Organization Act of 1977)，成立了能源部。能源部负责保证充足的能源供应和新能源技术的开发。卡特政府对能源管理的改革表明，美国正迅速进入扩大对能源生产和能源利用行驶公共权力的时代[①]。然而，1978 年第二次石油危机的到来严重打击了卡特政府。愈演愈烈的能源短缺状况使得卡特总统不得不于 1979 年 5 月向国会提交了第二个“国家能源计划”。新计划建议在节能方面的投资政府应当予以税收上的优惠，并建议建立监管体制以减少新建建筑和汽车方面的能源消费。这一时期的计划和举措为里根政府提出的能源市场化的改革奠定了基础。

三、促进能源价格市场化，扩大能源储备

里根总统上任之后，美国政府加快了取消油价管制的步伐，提出在能源部门加强市场力量的效力，把市场力量当作影响投资、生产和消费决定的指导和约束力量，并减少政府对能源市场的干预[②]。与此同时，美国的民航业在美国联邦航空局的引导下开始实施国家空域系统计划(National Airspace System Plan，NASP)，对行业的空管部门进行基础设施的改善和运行程序的升级(包括导航系统、高级自动化系统、多普勒天气雷达、微波着陆系统等)，从而在很大程度上提升了空管的效率，同时提升了航空器油耗效率，减少了二氧化碳的排放。

1981 年里根政府提出了第一个能源政策计划，这些政策基本上与卡特政府早期的政策相左，主张自然资源不受政府的日常管理，转由市场来主导。在能源战略方面，里根政府坚持六项原则[③]。

(1)主要依靠市场力量决定能源价格与能源供应的分配。

(2)尽快增加政府战略石油储备，同时消除阻碍私人公司建立自己的紧急石油储备的因素。

(3)建立在紧急情况下使用战略石油储备的标准和机制。

(4)鼓励生产商和公共事业公司重视工厂与生产设备具有使用两种燃料的能力，从而在能源短缺时容易转向使用更容易获得的能源。

---

① 周琪．美国能源安全政策与美国对外战略[M]．北京：中国社会科学出版社，2012：91．

② Council of Economic Advisers. Economic Report of the President (February 1982) [R/OL]. Washington: United States Government Printing Office, 1982: 156. [2016-06-12]. http://www.presidency.ucsb.edu/economic_reports/1982.pdf.

③ Stagliano V. A Policy of Discontent: The Making of a National Energy Strategy[M]. Tulsa: PennWell Corporation, 2001:40-50.

(5) 事先制订计划，允许国内能源生产者在能源短缺时把产量和运输提高到适度水平之上，而不受到经济上的惩罚。

(6) 在能源紧急情况下加强国际协调。

1983 年 10 月里根政府宣布了第二项能源政策，提出了合理成本下的充足能源供应的目标，并提出建立一个灵活的能源体制，它可以避免对无论国内的还是国外的任何一个单一能源供应者的过分依赖，以此来促进美国国家安全[①]。

四、重视能效提升，加大新能源研发力度

冷战结束之后，中东石油在美国的国际能源战略中的重要性并未减弱，因此 1989 年，老布什担任美国总统之后授权能源部部长，处理能源方面的混乱局面，并提出希望尽快形成一个较少依赖国外石油的政策。1990 年 8 月，老布什总统在演讲中提到美国所消费的石油几乎一半是依靠进口，如果沙特阿拉伯在敌国的控制之下，那么美国经济的独立性将受到威胁[②]。在海湾战争中，美国首次动用了战略石油储备，每天向市场投放 112 万桶原油。

1992 年两院通过了《1992 年能源政策法》，其主要内容是：提高联邦、州的公共、企业、家庭建筑的能效标准，政府资助节能和可再生能源项目的研究开发与商业化转化，通过税收和政府补贴鼓励使用节能设施或使用替代能源的设施；建立可再生能源或其他推动新技术的研发项目；把战略石油储备增加到 10 亿万桶；研究应对气候变化的原因，制定减少温室气体排放的方案等[③]。

尽管老布什一直追求尽可能减少美国对国际石油的依赖性，然而 1991 年的海湾战争表明：美国对波斯湾的石油仍具有极强的依赖性，1989 年，美国交通业石油消耗量创历史新高，平均每天消耗石油 1050.5 万桶，其中航空业石油消耗量为每天 96 万桶[④]。这种高消耗量和高进口依赖性随时可能会威胁到美国的政治安全。

五、整合应对气变与提高能效的目标

1993 年克林顿就任美国总统，在其执政的前两年，能源政策本身并非政府优先考虑的；美国能源部研究的重点也不再是如何提高国内石油生产效率或寻找国际石

---

① United States Department of Energy. The National Energy Policy Plan: A Report to the Congress Required by Title VIII of Department of Energy Organization Act (Public Law 95-91) [R/OL]. Washington: U.S. Department of Energy, 1983. [2016-06-20]. https://www.osti.gov/scitech/servlets/purl/5787570.

② Crane K, Goldthau A. Toman M, et al. Imported Oil and U.S. National Security [M/OL]. Santa Monica: Rand Corporation, 2009: 61. [2016-06-16]. http://www.rand.org/content/dam/rand/pubs/monographs/2009/RAND_MG838.pdf.

③ 数据来源：美国垦务局官网 http://www.usbr.gov/power/legislation/epa92.pdf。

④ 数据来源：美国橡树岭国家实验室交通运输分析中心官网 http://cta.ornl.gov/data/chapter1.shtml。

油供应渠道，而是如何进行节能及研究可再生能源。这一时期，美国的民航业也在积极通过高新技术的发展，大力提高行业运行效率，设置专门提高空管系统的机构，在安全高速发展的同时，提高能源使用效率，减少排放。

1993 年 10 月，为实现《联合国气候变化框架公约》提出的到 2000 年工业化国家将温室气体排放量减少到 1990 年水平的减排目标，克林顿政府提出了《应对气候变化行动计划》（the Climate Change Action Plan）。该行动计划并没有太多创新，不过其中的自愿行动计划与刺激政策在一定程度上起到了作用。

1995 年，克林顿在其发布的国家能源政策计划中做出了题为持续能源战略——为竞争经济提供清洁和安全能源的报告，在报告中提出了为实现可持续发展的总体战略目标，克林顿政府的能源政策包括三个核心战略目标①。

(1) 提高能源生产力，加强经济，改善人民生活品质。

(2) 防止污染，保护环境。

(3) 保持国家安全，减少面对不可控事件的可能性。

为使可持续能源发展取得更大成就，克林顿政府鼓励在关键领域为提高能效和燃料的可选择性进行投资，这些经济领域包括交通系统、建筑行业以及工业节能等方面，且相应地实施了一系列计划。

(一) 交通业：提高能源效率，引进替代燃料②

(1) 提高燃油效率和经济性。

(2) 发展替代燃料市场。

(3) 发展新一代交通工具。

(二) 建筑业：克服障碍加大能效投资

(1) 提高能效投资的市场效益。

(2) 开发新技术，提高建筑物的能效。

(3) 联邦政府和州政府与社区合作，共同实施鼓励提高建筑物能效的有关计划。

(4) 制定新建建筑物应满足的最低能效标准。

(三) 工业界：应用节能技术，提高产量，减少废弃物

(1) 与产业界建立伙伴关系，开发新技术。

(2) 加速节能减排技术的推广应用。

1997 年克林顿总统成功谈判并签署了《京都议定书》，表明了克林顿政府在国

---

① 化文. 美国持续能源战略[J]. 全球科技经济瞭望，1996(3)：9-13.

② 替代燃料既包括经传统化石燃料加工的液化石油气、压缩天然气等，又包括光能、太阳能、生物能等可再生能源。

际减排中的积极态度。总体来说，克林顿政府在能源方面的成就可以概括为：进行新技术投资，从而减少对进口石油的依赖，扩大国内石油储备；促进清洁能源的发展，并加速对生物能等其他可再生能源的研发；节省能源和家庭支出，采用新的家用电器能效标准①。

六、促进能源供给多样化

小布什在进行总统竞选时就决定要开启全新的美国能源安全时代，并且小布什本人也是靠石油行业起家的，这也直接解释为何小布什能够从石油和天然气行业拿到前所未有的竞选赞助。

2001 年小布什就职之后成立了能源政策制定小组(the Energy Policy Department Group)，能源部为该小组的指定支持机构。同年 5 月，小布什发布了由该小组起草的《国家能源政策》(the National Energy Policy)，新的能源政策旨在发展新的环保技术来增加能源供应并鼓励使用清洁能源与提高能效②。从 2001 年开始，美国加大风能的利用，到 2008 年，美国风能产量增加 400%，直接增加电力供给量 20%。2001—2007 年，美国太阳能产量加倍；并启动了核能 2010 计划，以减少国家对石油、煤炭等传统化石能源的依赖③。能源政策制定小组还先后提出了一系列包括增加国内石油生产、巩固西半球能源纽带、增加从里海地区的能源进口等方面的战略手段，但整体来看，小布什执政期间的手段均为重视能源生产胜过节能减排。同时恐怖主义的出现与威胁，是小布什加强能源战略储备的主要原因。

《2005 年能源政策法》(Energy Policy Act of 2005)第 102 条重新规定了减少联邦建筑能源消耗的要求。要求以 2003 年作为基准年，每年每平方英尺(1 英尺=0.3048 米)建筑能源消耗要减少 2%；到 2015 年，能源消耗减少 20%。

2007 年 1 月 24 日，小布什总统签署了第 13423 号关于加强联邦环境、能源和交通管理的总统令。总统令第 2 条设定了较《2005 年能源政策法》修正法案更具挑战性的能源消耗目标——以 2006 年为基准年，之后每年能源消耗下降 3 个百分点，并到 2015 年实现较 2003 年能耗降低 30%的目标。

2007 年 12 月 19 日，小布什总统签署《2007 年能源独立与安全法》(Energy Independence and Security Act of 2007，EISA)。该法案沿袭了第 13423 号总统令的相关目标，规定从 2008 年起，年均能源消耗较 2003 年减少 9%，到 2015 年，能源消耗较 2013 年减少 30%。

---

① The White House. President Clinton's 21st Century Approach to America's Energy Needs [R/OL]. (2000-09-23) [2016-06-17]. http://clinton4.nara.gov/WH/new/html/Tue_Oct_3_130025_2000.html.

② United States National Energy Policy Development Group. Reliable, Affordable, and Environmentally Sound Energy for America's Future [R/OL]. [2016-06-20]. http://www.energy.gov/about/timeline2001.htm.

③ 数据来源：http://georgewbush-whitehouse.archives.gov/infocus/energy/。

七、本节启示

美国的能源政策依据国家的能源状况和国际环境而定，但是 20 世纪 70 年代之后的能源危机让美国政府真正认识到国家能源现状以及能源安全问题的社会影响力。因此，从尼克松政府到小布什政府，美国历届政府在对待能源问题上，基本都围绕追求能源独立、保证能源安全这两点进行。由于不同历史时期具体国情和执政党所代表的利益不同，不同政府所使用的实现能源独立的方法不同。有的政府通过政策管控来实现能源安全，有的则通过市场运作来确保能源自给，还有的积极通过新技术、开发新能源来保证能源充足(表 4-1)。然而，由于经济的高速发展，特别是建筑业和交通业的持续快速发展，美国的能源消耗量始终处在不断上升的状态。美国民航业的能源消耗量也从 20 世纪 70 年代初的 943 亿英热单位上升到 2009 年的 2103 亿英热单位①。

表 4-1 从尼克松政府到小布什政府——美国能源政策演变及对应时期美国民航业发展情况

时期	能源政策	民航业发展状况
尼克松政府和福特政府时期	(1)尼克松政府：实施《能源独立计划》，通过节能改善国家能源危机现状，并积极发展煤炭和核能 (2)福特政府：制定《战略石油储备》，减少石油进口，通过节油和开发国内能源新技术实现能源独立	加强民航航空器运行过程中安全检查工作，并修订《联邦航空法》
卡特政府时期	鼓励新能源的开发利用，提出“国家能源计划”，降低国家能源需求，提高能效	签署《1979 年国际航空竞争法》和《1978 年航空业放松管制法》；放松航空管制，降低机场和航空公司审批标准
里根政府时期	强调能源使用的成本有效性；充分发挥市场的主导力量	美国民航业开始实施国家空域系统计划，通过基础设施和运行程序的改善与升级来减小能耗。同时美国民航业对自身航空服务的要求开始升级，强调航空安全
老布什时期	通过《1992 年能源政策法》；提高能效，加大节能补贴力度；关注能耗产生的温室气体造成的气候影响	强调航空安全，加强民航反恐；签署《1990 年机场噪声和容量法》，开始积极降噪
克林顿政府和小布什政府时期	积极推进清洁可持续能源发展，注重提高能效；减少能耗的同时，注意气候变化问题	改善机场基础设施，拓展机场面积；通过《1994 年通用航空复苏法》，签署《世纪航空再授权法》，启动“新一代”计划

不过，从表 4-1 中美国历届政府的能源政策发展趋势也可以看出，从 20 世纪 70 年代到小布什任期时，美国政府的能源政策走过一个从单纯地寻求能源独立和节

① 数据来源：美国橡树岭国家实验室交通运输分析中心官网 http://cta.ornl.gov/data/chapter9.shtml。

能到积极探索新能源、研发新技术再到将节能与应对气候变化相联系的过程。随着时间的一步步推移，当前国际社会上已经越来越强调低碳经济的发展和绿色经济政策的制定。因此，在应对气候变化、强化能源战略方面，政府必将逐渐抛弃原来的仅依靠扩大石油生产的手段来保护能源安全，转向通过新技术来提高能效，并推进清洁能源的开采与研发。

第二节　国家绿色能源战略

在奥巴马竞选期间，能源改革是他一再强调的方针，他曾表示能源改革是减缓气候变化、促进经济增长、提高美国国家安全的解决方案①。奥巴马的新能源思想是他重塑美国未来经济的关键一步。从短期来看，作为政府经济刺激计划的重要内容之一，开发利用新能源有助于促进经济的快速复苏；而从长远来看，奥巴马的新能源战略很可能是世界能源领域革命的开始，若执行得力并且在之后的政府领导下得以继续进行，则很可能会推动新型可再生能源取代传统化石能源的主导地位，从而催生绿色经济增长模式的重大改变。

因而，在奥巴马上任后，“绿色新政”或“绿色凯恩斯主义”便成为他在能源战略方面的典型特征。小布什执政期间曾指出二氧化碳排放量在2025年之前还会继续增长，因此反对设置排放上限体系。但是奥巴马将限制排放看作减少能源消耗的主要措施之一，并且将美国制造业支柱之一的汽车制造业作为减排改革的重点对象。2009年2月，奥巴马签署了《2009年美国复苏与再投资法》，提出了7870亿美元的一揽子经济刺激计划，截至2012年1月，美国政府通过政府投资和税收激励的方式向清洁能源领域投入了超过900亿美元②。这种以能源政策为核心的经济刺激方式在很短时间内就给美国的经济和能源带来了改观。随后，奥巴马发布了第13514号总统行政命令：联邦政府在环境、能源与经济效益中的领导，其主要内容如下。

(1)以2005年为基准年，到2020年每年减少2%的石油消耗(该要求适用于机动车辆总数超过20辆的所有单位与个人)。

(2)增加可再生能源的使用与生产。

(3)降低建筑能耗强度；使用低温室气体排放机动车辆，包括可替代能源车辆(Alternative Fueled Vehicles，AFV)。

(4)确保所有联邦建筑到2030年实现零净能源标准。

① 参见：http://wotnews.com.au/like/the_shape_of_obamas_energy_policy/2705725/。
② 数据来源：美国能源部官网 http://energy.gov/downloads/successer-recovery-art-january-2012。

2012 年 2 月 25 日，奥巴马总统在白宫的演讲中明确提出，过去三十多年的能源战略基本都是围绕增加石油能源供应进行的，而在当前，美国需要的是开发利用美国一切可以利用的资源，采取清洁能源战略、可持续能源战略。

在应对气候变化方面，奥巴马政府提出了以总量控制与交易机制为核心的解决思路，希望以此控制国内温室气体的排放总量。奥巴马政府同时提出了减排目标：以 1990 年为基准年，到 2050 年，温室气体排放减少 80%。

可以看出，新的“能源”政策基本构成了奥巴马执政纲领的中枢，其主要内容包括：建立全国统一电网；加大对新能源技术的投入；从 2012 年开始对美国所有企业收取“排污费”；大力推动混合动力汽车的生产与使用；推行“碳关税”。

在民航方面，美国联邦航空局在国际民航组织的协助下制定了二氧化碳的排放标准；对每加仑航油收取 4.3 美分用于支持“新一代”的基础设施建设；启动机场自愿减排计划并开发“新一代”环境管理系统。当前，美国政府正在考虑通过积极的市场政策来引导民航业进行节能减排①。

整体来看，奥巴马政府近几年由于美国国内经济问题的干扰，在能源方面采取的行动较之前有所放缓，但是其采取的能源政策以及在国际能源战略中的态度决定了今后的美国政府在制定能源战略时都无法再避开气候问题，并且将关注的重点放在清洁能源和可再生能源的开发上。

一国经济的发展和政治的安定都离不开能源，美国政府在推动能源政策时已然是按照国家战略的高度和步骤进行的。奥巴马政府在通过发展新技术、研发新能源、积极提高能效的同时，努力通过减少温室气体排放、实行碳市场的自由调节来实现节能。这种能源政策能够最大限度保证国家能源的安全，同时能够在应对气候变化方面起到很大的推动作用，不仅履行美国在《京都议定书》中的承诺，还为美国提供新的可持续的经济增长点。从尼克松政府到奥巴马政府，美国的能源政策在一步步走向健全与完善，并且在这三四十年的能源政策演变的过程中，美国政府牢牢抓住了两个关键点：一个是市场，另一个是新能源。市场的调节能够最大限度、最合理地优化能源的使用与分配；新能源的研发不仅刺激了经济、技术的发展与进步，还在积极应对气候变化问题上做出了巨大贡献。而碳市场的提出，一方面增加了能源市场的弹性，间接加大了政府对能源市场的管控；另一方面通过碳交易和碳抵消等市场手段的实施，带来了国家经济结构的转型和环境效益的提升，最终实现了国家环境与经济的共同可持续发展。

中国也在积极探索节能减排工作的开展方式，而面临的最大问题就是如何在最

---

① United States Federal Aviation Administration. United States Aviation Greenhouse Gas Emissions Reduction Plan [R/OL]. [2016-05-23]. http://www.faa.gov/about/office_org/headquarters_offices/apl/environ_policy_guidance/policy/media/Aviation_Greenhouse_Gas_Emissions_Reduction_Plan.pdf.

大限度地保证经济持续发展的情况下实现节能减排。由于中美两国国情不同，所处的经济发展阶段不同，中国在采取节能措施时只能有选择地借鉴美国政府的做法而不能直接照搬，这是因为美国等发达国家上百年发展出现的能源环境问题在中国只用了三十多年就集中爆发了，所以能源问题和环境问题的关注点与侧重点都会有所不同。

第三节 美国民航业的能源策略

根据国际民航组织第 37 届大会通过的 A37-19 号决议，作为成员国，美国需要实现“2020 年之前燃油效率年均提高 2%”的目标[①]。

为实现这一能源目标，美国民航业从技术创新和政策管理两方面入手，积极推动行业的节能减排工作。在技术创新方面，美国民航业实现了包括改进发动机、改善飞机机身、减重、优化空管系统在内的一系列技术突破。这些行业先进节能技术已经在很大程度上减少了美国民航业的碳排放，提高了航空用油的能效。但是在有限的国家资金投入和技术研发条件限制下，美国民航业目前进入了节能技术研发的瓶颈期，在短期内单纯依靠技术大幅度地提高能效的可能性较小。在此背景下，美国联邦航空局进行能源政策上的调整，通过出台相关政策、制定行业能源标准、采取资金政策激励、发挥市场机制等复合手段实现行业的能源目标。本节将简单介绍目前美国民航业所实施过的相关节能政策以及相应的能源标准(政府资金政策激励和市场机制将在第六章进行详细阐释)。

一、与美国民航相关的节能政策

1982 年，美国交通运输部和联邦航空局共同出台了第 SW1052.3 号令能源管理计划[②]，要求所有的区域航路设施负责机构及相关人员认真履行有关能源节约管理、审查及结果汇报方面的职责，确保能源节约工作落实到位。

基于《1975 年能源政策和能源节约法》和《1978 年电厂和工业燃料使用法》(Power Plant and Industrial Fuel Use Act of 1978)，1984 年 5 月 31 日，美国联邦航空局在交通运输部的支持下发布了 150/5360-11 号咨询通告：机场建筑节能，目的是促进机场建筑物的能源节约计划并指导机场进行能源评估，从而实现每年的能源消耗减少 15%～35%的目标。目前这项通告已经废止。

针对各届政府在能源环保方面做出的努力与规定，美国民航业凭借其独特

① 参见：International Civil Aviation Organization Assembly Resolution A37-19: Consolidated statement of continuing ICAO policies and practices related to environmental protection-Climate change。

② 参见：美国联邦航空局官网 http://www.faa.gov/documentlibrary/media/order/1052_3.pdf。

的行业特性和领先的技术，在美国交通运输部和联邦航空局的领导下走在美国节能减排的前列。2005 年 8 月，美国联邦航空局颁布了《联邦航空局环境管理政策》，承诺以 2005 年为基准年，到 2020 年，实现美国航空业的碳中和①，降低航空器的二氧化碳排放对全球气候的影响；到 2050 年，实现航空业碳排放的净减少②。

2013 年 8 月 23 日，按照第 13423 号总统行政命令关于加强联邦环境、能源和交通管理与第 13514 号总统行政命令联邦政府在环境、能源与经济效益中的领导行动的规定，联邦航空局联合交通运输部出台了第 1053.1B 号令联邦航空局建筑与设施的能源和水资源管理，对民航业节能及温室气体减排做出明确规定。第 1053.1B 号令除了对交通运输部在 2010 年 1 月和 6 月分别提出的航空业三类温室气体减排目标进行重申，还要求联邦航空局以 2003 年为基准年，到 2015 年底将建筑能耗降低 30%，并且必须保证所有新建建筑和修缮的大型建筑都遵守联邦有关高性能可持续建筑的建设标准。

美国联邦航空局在航空业节能减排方面表现出的强大领导力不仅确保了行业能源政策的贯彻实施，还积极推动了民航业一系列节能措施的开展，直接促进美国航空发动机技术、空管技术和新能源研发技术的大力提升。

二、美国民航业的能源标准

尽管美国在积极进行航空业节能减排的过程中研发出多种新能源，但当前航空能源的使用仍旧以航空煤油和航空汽油为主，因此在航空燃料的能源标准制定方面，鉴于行业的特殊性，设定的动力能源标准不同于地面机动车辆。本部分将针对现行的航油标准和目前正处在研究与试验中的可再生能源标准进行简单的介绍与分析。

(一) 传统航油标准和可替代航油标准

针对航空燃油质量控制有一套完善的标准，航空煤油完成生产进入供应链之后必须满足这些标准。航空煤油标准需要持续修订更新，以确保其满足当前发动机的要求，并随着煤油发动机的发展而发展。同时，航空燃料的生产商需要对出厂的航空煤油进行测试，以验证其是否满足适当的规格标准。

航空煤油的规格由标准制定组织设定，如美国试验与材料协会（American Society for Testing and Material International，ASTM International）、英国国防部等。

---

① 碳中和是指到 2020 年实现二氧化碳排放水平不高于 2005 年的排放水平。

② 这一目标由美国在 COP15 大会上公布，并在 ICAO 第 37 届大会上由加拿大、墨西哥、美国提交的立场文件中正式提出，参见工作文件“应对国际航空业温室气体排放的更宏伟、更全面的方法”。

这些组织的规格标准获得了世界各地的飞机和发动机制造商以及监管机构的认可。本部分将重点讨论美国所有商业航空燃油使用的 ASTM 标准。

美国试验与材料协会负责制定与发布美国所有航空燃料的使用标准。1921 年，美国试验与材料协会发布了第一个石油标准(ASTM D86)，该标准成为当前美国行业参考最多的燃油标准。第二个有关燃料的标准为 ASTM D445，该标准针对航油、航空器涡轮润滑剂、汽车和家用燃油、柴油及液压油等的规格做出明确规定。

目前航空燃油参照的标准为 ASTM D1655“航空机动燃料标准规范”，自 1959 年首次公布以来，一直是美国航空燃料唯一的标准，并多次依据飞机发动机性能的提升、新材料的使用和飞机设计的改进加以修订更新。ASTM D1655 号标准主要规定了美国使用最为广泛的 Jet A 号航空燃油标准及在其他国家使用颇为广泛的 Jet A1 号航空燃油标准。两种航空燃油的唯一区别在于它们的结冰点不同(前者为–40℃，后者为–47℃)。

随着民航业在燃料来源上的拓宽，业内越来越倾向于尽可能多地使用非化石燃料，因此，美国试验与材料协会于 2012 年制定了“含合成烃类航空涡轮燃料标准规范”(ASTM D7566)。该标准仅适用于可替代航空燃料。依据 ASTM D7566，所有可替代燃料都要能够与传统航空燃料按此标准规定的比例进行混合(2013 年 5 月修订后的比例为可替代燃料的含量不超过 50%)。与 ASTM D1655 号标准相比，ASTM D7566 号标准的特殊之处在于它实质上拥有两套标准：一套是燃料混合后的标准，另一套是用于混合可替代燃料的标准。目前依据该标准已通过认证的可替代燃料为通过酯类和脂肪酸类加氢(HEFA)工艺制成的燃料标准以及通过费托合成(FT)工艺生产的可替代燃料标准。当前美国试验与材料协会正在对醇制喷气燃料(alcohol-to-jet，ATJ)工艺标准进行认证。

(二)可再生燃料标准

美国《可再生燃料标准》(Renewable Fuel Standard，RFS)是由美国环保署根据《2005 年能源政策法》，本着减少石油对外依存度与交通温室气体排放、改善空气质量、提高生物燃料利用等目的而制定的强制性指令。可再生燃料标准(一期)于 2005 年开始实施，要求 2006 年生物燃料使用量至少达到 40 亿美制加仑，并逐年递增，到 2012 年其使用量达到 75 亿美制加仑。在奥巴马政府的大力推动及一系列财税优惠政策的扶持下，一期目标提前达成。2007 年底，美国环保署又根据《2007 年能源独立与安全法》修订通过可再生燃料标准(二期)(Renewable Fuel Standard Ⅱ，RFS Ⅱ)，要求到 2008 年生物燃料使用量达到 90 亿加仑，到 2022 年达到 360 亿加仑[①]。

① 数据来源：美国环保署官网 http://www.epa.gov/otaq/fuels/renewablefuels/index.htm。

下面将针对“可再生燃料标准”的实施与管理，以及一期和二期的标准差异进行分析与比较。

1．可再生燃料标准的实施与管理

美国环保署负责可再生燃料标准的实施与管理，并依据2022年燃料标准总体目标分解制定各年度的具体实施要求和工作步骤。美国环保署有权根据每年的工业、农业以及生物能产出等情况进行评估，以确定可再生燃料最低使用量。同时，基于美国能源信息署对下一年度的汽柴油消耗量的预测以及前一年度的相关政策目标的实施情况，美国环保署需要对本年度的可再生燃料标准进行调整并于每年的11月30日之前公布。表4-2是美国环保署于2013年11月15日公布的2014年可再生燃料使用量标准。

表4-2 2014年可再生燃料使用量预测（暂行）①

燃料种类	预计使用量	变化幅度
纤维素燃料（cellulosic biofuel）	1700万加仑	800万～3000万加仑
生物柴油（biomass-based diesel）	12.8亿加仑	12.8亿加仑
先进生物燃料（advanced biofuel）	22亿加仑	20亿～25.1亿加仑
完全可再生燃料（total renewable fuel）	150亿加仑	150亿～155.2亿加仑

如果有资料或者相关研究表明可再生燃料标准的实施会给各州或者地区带来显著的经济或者环境负担，美国环保署拥有修订或者停止该标准实施的权力。

可再生燃料标准（二期）要求负责汽柴油炼制、混配或进口各个环节并最终出售到美国消费市场的责任商均需达到可再生燃料混配标准。换言之，可再生燃料标准（二期）要求独立企业每年必须达到一定的可再生燃料配比责任量（Renewable Volume Obligation，RVO）。可再生燃料生产商或进口商通过美国环保署为所生产的及所进口的生物燃料申请注册可再生燃料识别码（Renewable Identification Numbers，RIN）。美国环保署则通过环保署调试交易系统（Environmental Protection Agency Moderated Transaction System，EMTS）②来追踪可再生燃料识别码的生成、交易和有效期等信息，以避免可再生燃料信息的混淆与差错的出现。汽柴油生产商、进口商、混配商等均需向美国环保署提供充分的可再生燃料识别码信息以证明他们达到了当年的可再生燃料标准的混配比例。

若企业未能达到当年可再生燃料标准的要求，则美国环保署将会根据《清洁空气法》（Clean Air Act，CAA）第205条和第211（d）条对相关企业进行罚款③。同时，

① 数据来源：美国环保署官网 http://www.epa.gov/otaq/fuels/renewablefuels/documents/420f13048.pdf。

② 参见：美国环保署官网 http://www.epa.gov/otaq/fuels/renewablefuels/epamts.htm。

③ Congressional Research Service. Renewable Fuel Standard (RFS): Overview and Issues [R/OL]. (2013-03-14) [2016-09-03]. http://www.fas.org/sgp/crs/misc/R40155.pdf.

对于通过非法手段获得可再生燃料识别码信息的企业，美国环保署也会依法采取相应处罚措施。

2．可再生燃料标准一期与二期比较

与可再生燃料标准（一期）相比，除了数据更加精确，内容更为细化，可再生燃料标准（二期）主要有以下四个方面的特点。

(1)实施范围有所扩展。《2007 年能源独立与安全法》要求可再生燃料标准（二期）不仅要实现汽油添加生物燃料，还将添加要求扩展到柴油。

(2)大幅度增加生物燃料的使用量，提高交通燃料中生物燃料混配比例，要求从 2008 年 90 亿加仑的生物燃料使用量增加到 2022 年的 360 亿加仑。

(3)首次提出了四种可再生燃料类型，并针对每一种燃料提出不同的使用量要求（要求到 2022 年，纤维素燃料、生物柴油、先进生物燃料和完全可再生燃料的使用量分别达到 160 亿加仑、10 亿加仑、210 亿加仑和 360 亿加仑）。

(4)对四种可再生燃料类型提出了温室气体最低排放要求。参照 2005 年美国燃料平均生命周期温室气体排放强度，完全可再生燃料、生物柴油、先进生物燃料和纤维素燃料的全生命周期温室气体减排量至少要达到 20%、50%、50% 和 60%。

3．可再生燃料标准（二期）的影响

美国环保署对可再生燃料标准（二期）的环境和市场影响进行了分析与预测，认为二期标准的实施将对美国能源安全、温室气体减排、农业收入等多方面产生积极的影响，这也解释了为什么美国农业部愿意在此项目上投入大笔资金。到 2022 年，要实现可再生燃料标准（二期）计划的目标，当年可再生燃料需要替代 136 亿加仑石油，约占美国交通燃料总消耗量的 7%，节省石油进口资金 415 亿美元，同时减少温室气体排放总量将达到 1.38 亿吨（相当于目前美国 2700 万辆汽车的年排放量），此外，预计农业净收入增加约 130 亿美元①。可再生燃料标准（二期）顺应了奥巴马政府积极推行环保政策的初衷，可再生能源的开发与发展，特别是可再生燃料标准的进一步实施能够增加将近 40 万个就业岗位，创造价值数十亿美元的收入。

目前，可再生燃料标准的实施的最大优点在于它并未对传统的交通燃料产业造成较大冲击，不影响传统交通燃料的继续发展与持续改革。这一点与可再生燃料标准（二期）要求按一定比例将可再生燃料与传统交通燃料混合而非完全使可再生燃料进行替代有关。

---

① United States Environmental Protection Agency. Renewable Fuel Standard Program (RFS2)-2010 and beyond [EB/OL]. (2012-12-20) [2016-01-06]. http://www.ethanolrfa.org/page/-/Sarah%20Dunham%20NEC%20Presentation.pdf?nocdn=1。

4．可再生燃料标准的调整方向

2013 年 11 月 15 日，美国环保署在其官网上发布了一则规制声明(regulatory announcement)，其中公布了 2014 年可再生燃料标准以及预计的 2015 年生物柴油的最低使用量标准。该声明意在推动可再生燃料标准能够逐年推进，即在确保可再生燃料使用量持续增加的同时实现燃料达到乙醇混合比例的可行上限。由于不断要求增加交通燃料中乙醇的含量并使混合后的燃料供给量超过当前普遍使用的乙醇混合比例为 10%的石油(一般称为 E10)供给量，所以上述要求的上限常被戏称为“混合壁垒”。这一要求对美国大多数汽柴油的生产商、进口商和混配商来说，都很难达到。与此同时，美国整体石油消耗量比 2007 年决定继续实施可再生燃料标准(二期)时所预计的要少。因此，美国环保署打算在法律允许范围内适当降低 2014 年的先进生物燃料和可再生燃料的最低使用量标准，同时建议将生物柴油的最低使用量标准保持在 2013 年水平。

该声明发布前，美国环保署先后于 2013 年 10 月 15 日和 20 日召开过两次听证会，征集了广大生产商的意见。这意味着如果该声明在《联邦纪事》上正式发布，还会有 60 天的公众意见征集期，则美国环保署最终会依据这些意见制定 2014 年可再生燃料标准的最终版。

美国可再生燃料标准的实施已经历经了 8 年的时间，这期间除了直接促进能源经济和相应研发技术的发展，还通过市场引导增加了大量就业岗位，附带刺激了工农业的共同发展。不过可再生燃料标准最大的贡献还在于可再生能源的使用不仅在一定程度上减轻了美国能源进口的依赖性，还在很大程度上减少了温室气体的排放，为奥巴马政府实现其在国际气候大会上的承诺做出了巨大贡献。

三、本节启示

能源特别是石油资源对于航空业的发展起着必不可少的作用，并且占据了行业运行很大一部分成本。因此民航业在采取相应的能源策略时，一定会关注能源的成本有效性与安全性，并在此基础上积极寻求低碳经济发展下的减排目标的实现。美国民航业不仅设置了专门的能源管理与监督机构，还遵守相关的节能法案并制定行业自身的规章，设定了明确的行业减排目标和各部门分解目标。同时，为了在保障航空安全的前提下实现积极的节能减排，美国联邦航空局制定了明确的航空业能源标准。积极政策的实施和能源标准的制定不仅保证了美国民航业节能措施的科学性、完整性与全面性，也直接保证了美国民航业在国际民航节能减排工作中的领先优势与主导地位。

目前我国民航业尽管已经依据国家相关文件积极开展了行业的节能减排工作，但是由于其目前正处在积极发展、尚未成熟的阶段，行业内部尚未形成完善的节能减排标准和有效的监管、核查机制，我国民航业在减排工作中尚处于起步阶段。接下来，我国民航业可以在保证行业持续安全和稳定发展的前提下积极完善适合我国具体国情的行业节能减排政策和监管机制，加大对新能源技术研发和推广的扶持力度。

第四节　本章小结

奥巴马政府适应国际大环境的要求，通过推行绿色能源战略，在积极拓展国家绿色能源来源的同时，大力投资节能减排项目，并充分发挥市场作用，通过改善能源效率和加大能耗监管机制、激励机制等的设置来完善国家的能源战略。从20世纪70年代至今，美国政府在不同时期，由于国家经济政治形势和执政理念的不同而采取了不同的能源战略。但是近50年的能源历史表明，美国政府的能源政策走过了一个从单纯地寻求能源独立和节能到积极探索新能源、研发新技术再到将节能与应对气候变化相联系的过程。美国政府通过法律法规的约束和规范、新技术的研发与使用以及市场机制的调节等多种手段，不断追求国家在能源安全上的稳定、能效上的提高以及环保上的达标。

不过，由于交通业的持续发展，特别是国际贸易和旅游业带来的航空业的高速发展，美国交通业在能源消耗上一直处于增长的态势①。在应对行业高能耗的问题上，美国联邦航空局不仅通过积极改善飞机机身和发动机技术来提高能效、减少排放，还通过更新国家空域系统，研发"新一代"来改善空中交通管制中种种限制流量的问题，优化航线、改变滑行方式；与此同时，行业内部通过政府的资金支持，积极研发航空可替代燃料(如美国中西部可持续燃料计划等)，并通过能源政策、排放标准和减排措施等全方位提高行业能效、降低能耗，以实现未来碳中和增长的目标。

我国民航业已经发展到一个历史的关键期，如果能够很好地处理发展与环境间的关系，则行业会沿着可持续发展的路线前进，然而如果完善的体系不能得以建立，则行业有可能会出现发展瓶颈。本书研究人员在2014年对中国民航的典型机场、航空公司及空管的18家单位进行节能减排相关工作的调研。在18家受调研单位中，仅6家机场和4家航空公司设立了节能减排专门的组织机构，并且这10家单位的节能减排机构中的工作人员基本是非专业的工作人员(见附录A和附录B)。通过对18家单位的调研，发现推动行业实施积极的节能政策和减排措施的关键是让其产生节能减排的内驱力。我国民航业在下一步节能减排政策的制定中需要充分考虑行业节能减排的内驱力，并通过明确的法律规范与监管手段来保证这一内驱力得以转化成实际行动。

---

① 1973年美国交通业石油消耗量占全国所有行业石油消耗量的比例为52.3%；2012年该比例上升到69.6%，其中美国航空业石油消耗占比8%，是交通运输业所有非公路运输中能源消耗量占比最大的部门。参见http://cta.ornl.gov/data/chapter1.shtml。

第五章　美国能源环境相关法律体系

第一节　美国能源环境法律框架

从发展演进的角度来看，美国节能减排立法经历了环境法、能源法和气候法三个阶段：环境立法历史久远，最早可以追溯至美国建国初期；能源立法始于20世纪70年代石油危机这一背景之下，历史较短；而真正意义上对气候的立法则始于奥巴马政府时期，目前尚处于起步阶段。

美国节能减排法律的发展演进里程也反映了美国在立法上对节能减排这一问题的认识：由于环境破坏，美国意识到环境法所产生的社会效益；由于能源紧缺，美国意识到能源法所产生的经济效益；而考虑到对气候立法可能带来的社会效益和经济效益，气候法也逐渐成为节能减排立法的热点和趋势。

一、环境法框架

美国环境法的发展历史可以分为三个阶段：萌芽阶段、巩固阶段和成熟阶段。萌芽阶段为1776年至20世纪20年代；巩固阶段为20世纪30～60年代；成熟阶段为20世纪70年代至今[①]。

(一)萌芽阶段(1776年至20世纪20年代)

这一历史阶段跨度较长。在这一阶段中，美国经历了从环境开发、破坏到防治保护的转变，美国的环境法经历了从无到有的重大转变。

在建国初期，随着国力的逐渐强大，美国通过战争、交易等方式获得了大量土地，国土面积由大西洋沿岸一直延伸到太平洋沿岸。在这样的历史背景下，美国举国上下的关注点在于取得土地，并通过取得土地而获取物质财富，因此无暇关注环境保护。这一时期美国的环境法主要是对土地的买卖和占有提供法律保障，以增加联邦财政收入，缓解财政压力，并起到巩固疆土的作用。

此后，受到工业革命的影响，美国的制造业得到了迅速发展。19世纪40年代，铁路开始成为美国经济增长的主导部门之一，美国经济出现高速增长的势头。随着工业革命的深入，美国的纺织业、机械制造业、服装业、橡胶业等相继取得了长足

---

① 本节对美国环境法发展的阶段划分和论述参考——尹志军. 美国环境法史论[D]. 北京：中国政法大学，2005.

发展。南北战争后，美国建立了统一的国内市场，美国的工业取得了巨大进步。随着美国的发展和进步，美国逐渐成为世界科技的中心。1870 年美国开始的以电力技术革命为代表的第二次工业革命完成。美国的电力、化学、石油等工业部门得到了迅速发展。到 1913 年，美国成为世界上最大的经济体。

然而，美国经济在这一时期的高速发展是以牺牲环境为代价的：大量的土地被开垦，大量的树木被砍伐，原始森林受到摧毁，野生动物被大量屠杀，与此同时，大量的矿产资源被开采。到 19 世纪末，美国已有 1 亿英亩(1 英亩≈4046.86 平方米)的土地因水土严重流失而遭毁坏并废弃；20 世纪初，美国的原始森林面积已经由原来的 8 亿英亩减少至不足 2 亿英亩；到 1903 年，北美野牛由最初的 3000 万头减少到 34 头；1852 年，加利福尼亚州(简称加州)煤矿的采掘率只有 50%左右，造成煤炭资源的巨大浪费[①]。

在经济发展对环境造成巨大破坏的背景之下，美国开始进行环境保护方面的立法。这一阶段的环境法主要集中在保护荒野、森林和野生动物方面。

(1)《1872 年黄石国家公园法》(Act Establishing Yellowstone National Park of 1872)。

(2)《1891 年森林保护法》(Forest Reserve Act of 1891)。

(3)《1897 年森林管理法》(Forest Management Act of 1897)。

(4)《1899 年河流与港口法》(Rivers and Harbors Act of 1899)。

(5)《1920 年矿山租赁法》(Mineral Leasing Act of 1920)。

(二)巩固阶段(20 世纪 30～60 年代)

1929 年美国爆发了历史上最为严重的经济危机，史称大萧条。经济大萧条给美国造成了巨大的灾难，但同时也给美国带来了前所未有的机遇。第二次世界大战后，美国经济快速发展，美国的能源消耗量急剧上升，制造业、化学工业等工业产生的有害气体被大量排放到空气中。这一时期，在美国的一些大城市发生了严重的空气污染事件。例如，1948 年 10 月 27 日～10 月 31 日，多诺拉发生严重的空气污染事件，造成 20 人死亡。再如，1963 年 11 月纽约发生空气逆流现象，造成 200 人死亡。这些污染事件引起了美国对环境污染，尤其是对空气和水污染的注意，刺激联邦政府介入对污染的治理。这一时期主要的环境法如下。

(1)《1948 年联邦水污染控制法》(Federal Water Pollution Control Ac of 1948)。

(2)《1954 年原子能法》(Atomic Energy Act of 1954)。

(3)《1955 年空气污染控制法》(Air Pollution Control Act of 1955)。

(4)《1964 年旷野法》(Wilderness Act of 1964)。

(5)《1965 年固体废弃物处置法》(Solid Waste Disposal Act of 1965)。

(6)《1968 年天然与景观河流法》(Wild and Scenic Rivers Act of 1968)。

---

① 李南江，范亚东．美国 19 世纪“环境顽症”的根源探析[J]．四川教育学报，2006，22(5)：28-31．

从数量上讲，这一时期的环境立法较少，且不具有开创性。但是，美国环境治理的法律从这一时代开始产生，如《1955 年空气污染控制法》、《1948 年联邦水污染控制法》等法律为后来的《清洁空气法》、《清洁水法》（Clean Water Act，CWA）等关键性法律的出台奠定了基础，在美国环境法发展中发挥了重要的历史作用。

（三）成熟阶段（20 世纪 70 年代至今）

1970 年 1 月 1 日，美国总统尼克松签署《国家环境政策法》，标志着美国的环境立法进入成熟阶段。美国的环境法在这一时期冲破了萌芽时代的束缚，以一种全新的方式开始了对国家环境的保护和治理，建立起科学系统的环境法体系，极大地改善了美国的环境质量。在成熟阶段，美国制定的环境法律法规数量巨大，其中在空气和水方面制定及修订的法律如下。

（1）《国家环境政策法》。

（2）《1970 年清洁空气法》（Clean Air Act of 1970）。

（3）《1972 年联邦水污染控制法修正案》（Federal Water Pollution Control Act Amendments of 1972）。

（4）《1974 年安全饮用水法》（Safe Drinking Water Act of 1974）。

经过这一时期的努力，美国的环境法已经非常完善，并且得到了切实的执行。美国的环境质量得到了极大的改善和提高。无论空气、水，还是有毒物质、自然资源都发生了极大的变化。节能减排法律框架中的大部分法律法规几乎都是这个时期立法通过的，节能减排法律取得的成效也大多集中在这个时期。

从数量上来说，目前美国联邦政府已经制定几十项环境法律及上千个环境保护条例，形成了一个庞杂而完善的环境法律体系。

二、能源法框架

美国在能源方面的立法始于 20 世纪 70 年代。大致来说，美国能源法的发展可以分为三个阶段：第一阶段为 1973 年出现第一次石油危机到 20 世纪 80 年代初，历经尼克松、福特和卡特三位总统；第二阶段为 20 世纪八九十年代，历经里根、老布什和克林顿三位总统；第三阶段从 21 世纪开始，历经小布什和奥巴马两位总统①。

（一）石油危机带来的能源立法

这一阶段能源立法的背景为 20 世纪 70 年代发生的两次石油危机。第一次石油危机发生在 1973 年，阿拉伯国家为了打击以色列及其支持者，将原油价格从 3 美元/桶提

① 美国能源法发展的阶段划分和论述参考——魏晓莎. 石油危机后美国能源政策制定的政治经济学研究[D]. 长春：吉林大学，2013.

高到 10.6 美元/桶，石油短缺和油价上涨导致了经济危机，对发达国家造成了严重的冲击。美国的工业生产总值下降了 14%。1979 年伊朗革命爆发，伊朗停止向石油市场输送石油长达 60 天，引发了全球第二次石油危机。油价从 1973 年的 13 美元/桶涨到 1980 年的 47 美元/桶。这次石油危机同样对美国的经济社会产生了极大的冲击。两次石油危机不仅让美国政府意识到石油资源对于美国经济发展的重要性，还意识到国家在能源方面立法的不足。作为美国这一时期能源政策出台的主要背景，两次石油危机很大程度上影响着这一时期美国的能源立法。

1．尼克松政府时期的能源立法

1973 年 10 月 6 日，中东战争爆发，美国很快陷入能源危机。11 月 12 日、13 日，美国参众两院以绝对优势通过了《1973 年纵贯阿拉斯加管道授权法》（Trans-Alaska Pipeline Authorization Act of 1973），并于当月 16 日由总统签署。

1974 年 5 月 7 日，尼克松总统签署了《1974 年联邦能源局法》，将联邦能源办公室改名为联邦能源局。

2．福特政府时期的能源立法

1974 年 10 月，美国国会通过了之前尼克松总统提出的《1974 年能源重组法》（Energy Reorganization Act of 1974），并且通过立法成立了能源开发研究局、能源资源委员会和核能管理委员会。

1975 年 10 月，美国国会通过了《1975 年能源政策和能源节约法》，福特总统于 12 月 22 日签署了这项法令。

1976 年夏，美国国会通过了《1976 年能源节约和生产法》（Energy Conservation and Production Act of 1976）。

3．卡特政府时期的能源立法

1977 年 8 月，卡特总统签署了《1977 年能源部组织法》，1977 年 10 月 1 日，美国能源部成立。

1978 年 10 月 9 日，卡特签署了《1978 年国家能源法》（National Energy Act of 1978）。这是由五个能源法案组成的一揽子计划。

（1）《1978 年公用事业监管政策法》（Public Utility Regulatory Policies Act of 1978）。

（2）《1978 年能源税收法》（Energy Tax Act of 1978）。

（3）《1978 年国家节能政策法》（National Energy Conservation Policy Act of 1978）。

（4）《1978 年电厂和工业燃料使用法》。

（5）《1978 年天然气政策法》（Natural Gas Policy Act of 1978）。

1979 年 7 月 15 日，美国国会通过了《1980 年能源安全法》（Energy Security Act of 1980）。该法涉及太阳能、地热能、可再生能源、生物能源、合成燃料等。

这一时期的三任总统都致力于应对能源危机，追求美国能源独立，并通过了一系列与能源政策有关的法案。但是，20 世纪 70 年代由于美国国内的政治原因，这一时期总统和国会冲突比较严重，每一任总统都因为国会的阻挠而没能完全实现自己的能源政策主张。

(二)市场主导型的能源政策

20 世纪八九十年代，能源价格相对稳定，这一时期美国的能源政策由市场主导。市场主导型的能源政策由里根总统提出，在老布什政府和克林顿政府时期得以延续。因此，这一阶段，美国的能源立法相对较少。

1．里根政府时期的能源立法

里根总统在整个任期内，一共向国会提交了三个国家能源计划。

1981 年 7 月，里根总统提出了第一个国家能源计划，对石油、煤炭、核能及电力等方面放松管制，意在通过市场手段调整国家的能源政策。

1983 年，里根总统提出了第二个国家能源计划，其口号是合理成本下的充足能源供应。

1985 年，里根总统提出了第三个国家能源计划，其目标是价格、供应和稳定。

2．老布什政府时期的能源立法

1992 年，老布什总统在其任内通过了《1992 年能源政策法》。该法案的目标是：保障国内资源供应的安全，维持美国经济大国的领先地位，加强生态环境保护。

3．克林顿政府时期的能源立法

克林顿总统任职期间，美国政府在能源方面最大的成就在于 1998 年签署了《京都议定书》，但并未采取任何实际行动，也未将《京都议定书》提交参议院讨论表决。

(三)以应对气候变化为导向的能源立法

尽管小布什政府宣布退出《京都议定书》，但是在“应对气候变化”这一议题成为国际热点，以及美国在气候问题受到国际和国内双重压力这一背景之下，从小布什政府时期开始，美国的能源立法进入新的历史阶段，即美国的能源立法开始转向对气候变化的关注。两次石油危机之后，美国就将能源问题提升到国家战略高度，并期望能在未来世界的经济格局和政治格局中继续扮演领导者的角色。

1．小布什政府时期能源立法

尽管在其第一任期内，小布什总统在能源立法方面没有什么突破，但是在其第二任期内《2005 年能源政策法》在参议院和众议院分别获得通过，成为美国能源政策的重大转折点。《2005 年能源政策法》的内容包括：提高能源密集型产业能效，降低联邦建筑能耗；支持发展可再生能源产业；支持可减少温室气体排放的煤炭发电技术，研究氢动力汽车，鼓励当地政府采用替代燃料和电动、混合动力汽车及超低硫燃料汽车；恢复核电，增加天然气供应。

2007 年 7 月，美国参议院提出了《2007 年低碳经济法》(Low Carbon Economy Act of 2007)，提出到 2020 年美国碳排放量减至 2006 年水平、2030 年减至 1990 年水平的碳排放总量控制目标。

2007 年 12 月，美国总统小布什签署了《2007 年能源独立与安全法》。该法的主要目的是保证美国的能源独立和能源安全，提出的措施主要集中在提高能源效率、发展可再生能源，以及鼓励节能减排技术的研发和推广上。

2．奥巴马政府时期能源立法

2009 年，奥巴马总统签署了《2009 年美国复苏与再投资法》。该法是美国为应对经济危机所进行的投资总额达到 7870 亿美元的经济刺激方案，其中的一项重要内容即是对交通业、环境保护及其他基础设施等能够提供长期经济效益的项目进行投资[①]。截至 2012 年 1 月，美国政府通过政府投资和税收激励累计向清洁能源领域投入超过 900 亿美元[②]。通过该法可以看出，美国政府对能源问题给予高度重视，且认识到节能减排在刺激经济复苏方面所起的重要作用。

2009 年 6 月，美国众议院以微弱多数票数通过了《2009 年美国清洁能源与安全法》(American Clean Energy and Security Act of 2009，ACESA)。该法案主要包括三方面内容：①建立了温室气体排放的总量控制与交易制度，设定了美国温室气体减排的目标为 2020 年温室气体排放量较 2005 年水平降低 17%，2050 年温室气体排放量较 2005 年水平降低 83%；②建立能效计划，提高建筑、照明、设施、交通运输等的能源效率；③支持碳捕捉和碳封存、清洁交通、清洁能源等技术[③]。

由于之前美国宣布退出《京都议定书》，所以众议院通过的《2009 年美国清洁能源与安全法》在美国的节能减排立法上具有里程碑式的意义，遗憾的是该法最终被搁置。2010 年，美国参议院提出了《2010 年美国能源法》(American Power Act of 2010)，将其作为《2009 年美国清洁能源与安全法》的配套法案。

---

① 参见：《2009 年美国复苏与再投资法》第 3(a)条。

② 数据来源：美国能源部官网 https://energy.gov/downloads/successes-recovery-act-january-2012。

③ United States Environmental Protection Agency. EPA Analysis of the American Clean Energy and Security Act of 2009 H. R. 2454 in the 111th Congress [EB/OL]. (2009-06-23) [2016-07-21]. https://www3.epa.gov/climatechange/Downloads/EPAactivities/HR2454_Analysis.pdf.

《2010 年美国能源法》的主要内容如下[①]。

(1) 在减排目标方面：要求美国在 2020 年将全国温室气体排放量相对于 2005 年水平至少减少 17%，2020 年至少减排 42%，2050 年至少减排 83%。

(2) 在国内能源发展方面：通过支持核能利用开发、提供项目担保贷款、提供投资赋税优惠，以及提高项目审批效率等措施，鼓励国内核电发展；对海上油气资源开发的安全性提出了更高要求，明确了沿海各州在海上油气资源开发中的收益及其用途，并赋予沿海各州否决在本周海岸线 75 英里（约 120 千米）以内开发油气资源的权力。

(3) 在煤的清洁利用发面：对燃煤电厂的温室气体排放标准做出规定，并要求联邦政府每年提供不少于 20 亿美元的资金支持碳捕获和碳封存技术的研发、示范和商业运营。

(4) 在发展可再生能源和提高能效方面：提出开展农村节能项目，并支持各州发展可再生能源和提高能效的项目，继续支持可再生能源发展市场。

(5) 在交通领域：要求加强与发展电动汽车相适应的基础设施建设，要求各州和大都会区提出交通领域温室气体减排目标和计划，建立高速公路基金以提高公路交通效率；同时要求建立清洁能源技术基金支持清洁能源技术的开发，以确保美国在先进能源技术方面的全球领先地位。

(6) 在减少温室气体污染方面：要求美国自 2013 年起全面实施全国限额与排放许可交易制度。

《2010 年美国能源法》草案一经公布便引起了整个美国和国际社会的关注。该法从减排目标的设置到具体措施的规定都体现出极高的立法水平，不过与《2009 年美国清洁能源与安全法》一样，《2010 年美国能源法》也未能摆脱被搁置的命运。

三、气候法框架

进入 21 世纪，美国的节能减排立法出现了关注气候变化的转向。例如，《2007 年低碳经济法》、《2007 年能源独立与安全法》、《2009 年美国复苏与再投资法》、《2009 年美国清洁能源与安全法》、《2010 年美国能源法》等都涉及气候问题。通过对美国气候法立法进程进行的持续跟踪研究，我们发现美国的气候立法呈现出两个重要的特点。

（一）美国节能减排相关立法的热点和趋势

我们对美国国会近年有关气候问题的提案、决议和修正案的数量进行统计，统计结果见图 5-1。可以看出，美国从第 104 届国会（1995—1996）到 114 届国会（2015—

① 高翔，牛晨．美国气候变化立法进展及启示[J]．美国研究，2010(3)：39-51．

2016)关于气候问题的提案、决议和修正案数量呈大幅上升趋势，这反映了气候问题的立法在美国受到了越来越多的关注。通过对《2007年低碳经济法》、《2007年能源独立与安全法》、《2009年美国复苏与再投资法》、《2009年美国清洁能源与安全法》、《2010年美国能源法》等法律内容进行分析，可以看出，在能源立法中气候问题逐渐成为美国节能减排立法的热点和趋势。

从图5-1中也可以看出，美国气候立法的高峰时期出现在第110届(2007—2008)和第111届(2009—2010)国会，此时的美国正处于经济危机的泥沼之中。这也在一定程度上说明美国看到应对气候问题的过程中所蕴藏的经济效益，希望通过气候立法来刺激处于危机中的经济，《2009年美国复苏与再投资法》就是一个最为典型的例子。

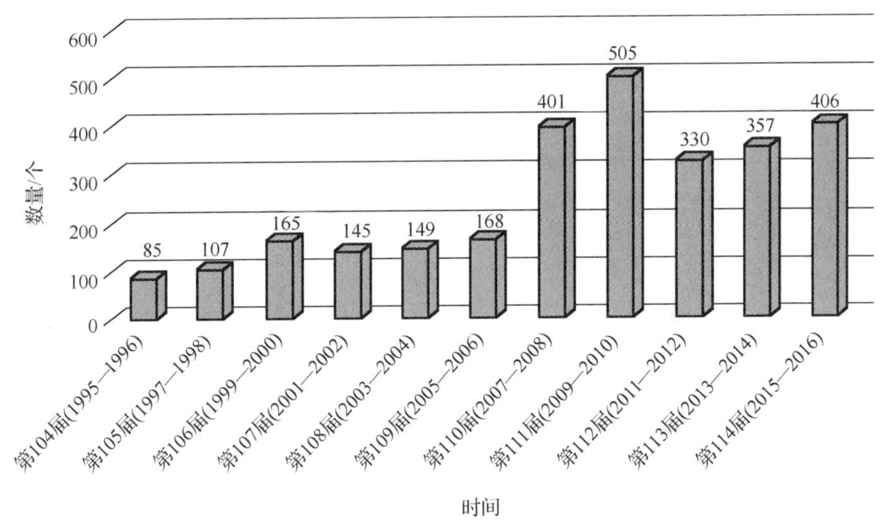

图5-1　美国第104～114届国会气候问题提案、决议和修正案数量①

(二)美国气候立法面临的阻力

从提案、决议和修正案的数量上来看，气候问题确实得到美国立法部门的重视。但是作为新生事物，美国气候问题的立法过程并不是一帆风顺的。表5-1列出了美国近年主要的气候法案。在这些法案中，只有《2009年美国复苏与再投资法》在严峻的经济形势和总统强大的行政压力下以60∶38的最低门槛通过，最终由总统签署具备法律效力。其他各项法案均在不同阶段遭遇搁置。由此可见，气候立法目前在美国遭遇到很大的阻力。究其原因，美国国内(行政机构、立法机构、企业和民众)对气候问题及其带来的经济和社会效益并未达成共识。

① 基础数据来源：美国参议院官网 http://www.senate.gov/和美国众议院官网 https://www.congress.gov。

表 5-1　美国近年主要气候法立法现状[①]

法案名称	编号	进展情况
《2010 年美国能源法》		草案
《2009 年清洁能源就业和电力法》	S.1733	提交参议院
《2009 年美国清洁能源与安全法》	H.R.2454	众议院通过
《2009 年美国复苏与再投资法》	Pub.L.111-5	总统签署
《2008 年利伯曼—华纳气候安全法》	S.3036	提交参议院
《2007 年低碳经济法》	S.1766	提交参议院
《2007 年气候管理和创新法》	S.280	提交参议院
《2005 年清洁空气规划法》	H.R.1873	提交众议院

四、本节启示

美国节能减排的立法经历了环境法、能源法和气候法三个阶段。严格意义上说，这三个阶段并不是彼此独立的。对环境保护的立法贯穿了美国节能减排立法的始终；而在经历了石油危机之后，美国节能减排法律的侧重点从环境保护转移到能源保障、能源效率和能源管理上；到了 20 世纪中后期，当气候变化成为全球性问题时，美国开始气候立法的探索。

与美国节能减排立法的发展历程相比，中国节能减排立法有如下特点。

(1) 中国节能减排立法集中在改革开放以后，历史较短，没有明显的阶段划分。中国节能减排法律的发展历程与国家的经济发展进程相一致，而非美国“环境法-能源法-气候法”的进程。自 1949 年中华人民共和国成立以来，中国的节能减排法律按照时间划分，可以分为建国初期(1949 年至 20 世纪 60 年代末)、创业时期(20 世纪 60 年代末至 70 年代末)和经济转型时期(1978 年至今)三个阶段，且主要的立法成果大多数出自第三阶段[②]。从表 5-2 可以看出，中国的主要节能减排法律均出自 1978 年之后的经济转型时期。

表 5-2　中国主要节能减排法律立法时间

法律名称	立法时间
《中华人民共和国环境保护法》	1989 年
《中华人民共和国大气污染防治法》	1987 年
《中华人民共和国水污染防治法》	1984 年
《中华人民共和国环境噪声污染防治法》	1996 年
《中华人民共和国节约能源法》	1997 年
《中华人民共和国可再生能源法》	2005 年
《中华人民共和国环境影响评价法》	2002 年

① 基础数据来源：美国参议院官网 http://www.senate.gov/和美国众议院官网 https://www.congress.gov。

② 蔡守秋．论当代中国环境法的发展特点和趋势[J/OL].(2006-06-26)[2016-07-15]. http://www.law.sdnu.edu.cn/jingpin/news/25/200676180713.htm.

(2) 中国的节能减排法律出现较晚，但随着经济快速发展，不断得到修订完善。中国现行的节能减排法律基本都制定于改革开放之后，并在近年“依法治国”的大背景下得到了修订。以《中华人民共和国环境保护法》为例，这部法律称为中国环境保护的基本法，于 1989 年 12 月 26 日由第七届全国人民代表大会(简称人大)常务委员会第十一次会议通过，并于 2014 年 4 月 24 日经第十二届全国人民代表大会常务委员会第八次会议修订，自 2015 年 1 月 1 日起实施。

(3) 中国在环境保护和能源管理方面形成了基本完善的立法格局。尽管立法时间短，但在环境保护和能源管理方面立法成绩突出。环境保护方面的主要法律有：《中华人民共和国环境保护法》、《中华人民共和国水污染防治法》、《中华人民共和国大气污染防治法》、《中华人民共和国环境噪声污染防治法》等；能源管理方面的主要法律有：《中华人民共和国节约能源法》、《中华人民共和国可再生能源法》、《中华人民共和国循环经济促进法》等(表 5-3)。

表 5-3　中国主要环境法和能源法

环境法	《中华人民共和国环境保护法》
	《中华人民共和国大气污染防治法》
	《中华人民共和国水污染防治法》
	《中华人民共和国环境噪声污染防治法》
能源法	《中华人民共和国节约能源法》
	《中华人民共和国可再生能源法》
	《中华人民共和国循环经济促进法》

(4) 中国在气候变化方面的立法相对滞后，但已意识到其重要性和紧迫性。尽管美国没有真正形成气候变化方面的立法，但《2009 年美国清洁能源与安全法》和《2010 年美国能源法》的立法过程已经说明，美国在气候立法方面走在了世界的前端。在中国，相关专家、学者和官员一直呼吁加快气候变化立法。在 2014 年天津夏季达沃斯论坛上，时任国家发改委副主任解振华透露，中国已将气候变化立法列入议事日程，且有关工作已经开始进行①。这表明中国已经开始重视气候变化方面的立法。

对比中美节能减排法律的发展和特点，两者最大的区别在于：美国的节能减排法律为适应不同的发展阶段而呈现出不同的趋势和特点，并在长期的发展中得到了不断的修订和完善；而中国在改革开放的三十余年里经济持续快速发展，同时遭遇到环境、能源和气候的多重问题，因此节能减排法律是在短时间内集中修订完成的。

长时间、分阶段的充分发展很大程度上保证了美国的节能减排法律最终取得了巨大成效。反观中国，尽管在短时间内建立起相对完整的节能减排法律体系，

① 参见：新华网 http://news.xinhuanet.com/energy/2014-09/12/c_126978899.htm?prolongation=1。

但现实状况的复杂性和多变性决定了中国节能减排法律体系的深度建设不可能是一蹴而就的。美国节能减排法律发展的经验告诉我们以下几点。

(1)节能减排的立法进度往往滞后于环境、能源和气候问题的出现，但立法的高效性是能源环境问题得以解决的先决条件。遇到问题有法可依、有法必依，这也体现了依法治国的理念。

(2)节能减排的法律体系建设不是一蹴而就的，具体到单部法律，也是需要随着实际情况的变化而不断修订的。如表 5-4 所示，美国的《清洁水法》从《1948 年联邦水污染控制法》开始，历经了多年的修订和完善。

表 5-4　美国《清洁水法》发展历程[①]

时间	名称
1948 年	《1948 年联邦水污染控制法》
1956 年	《1956 年水污染控制法》(Water Pollution Control Act of 1956)
1961 年	《联邦水污染控制法修正案》(Federal Water Pollution Control Act Amendments)
1965 年	《1965 年水质量法》(Water Quality Act of 1965)
1966 年	《1966 年清洁水恢复法》(Clean Water Restoration Act of 1966)
1970 年	《1970 年水质量改善法》(Water Quality Improvement Act of 1970)
1972 年	《1972 年联邦水污染控制法修正案》
1977 年	《1977 年清洁水法》(Clean Water Act of 1977)
1981 年	《市政污水处理工程拨款修正案》(Municipal Wastewater Treatment Construction Grants Amendments)
1987 年	《1987 年水质量法》(Water Quality Act of 1987)
2014 年	《水资源改革和发展法》(Water Resources Reform and Development Act)

(3)节能减排的立法需要一定的预见性和前瞻性。美国从小布什政府时期开始的节能减排立法已经开始关注到气候变化问题，尽管遇到一定挫折，但这也反映出美国在节能减排立法方面极具远见。

第二节　美国节能减排相关法律的特点

从第一节对美国节能减排法律发展历程的阐述来看，美国的节能减排相关立法起步早、发展快，是世界上最为先进的节能减排法律体系之一。美国的节能减排法律具有体系上的完整性、管理上的差异性和落实上的多样性。体系上的完整性是指美国节能减排法律覆盖了空气、水、噪声等各个方面，并在每一方面都具备从成文法到部门法规的完整体系。管理上的差异性是指美国节能减排法律将污染物、污染

① Congressional Research Service. Clean Water Act: A Summary of the Law [R/OL]. (2016-10-18) [2017-01-05]. https://fas.org/sgp/crs/misc/RL30030.pdf.

物排放源、排放源所在地域按照一定标准进行系统归类，并通过系统归类进行科学管理。落实上的多样性是指美国的节能减排法律采取了制定标准、推广技术手段，以及推行许可证制度等多种方式。

一、体系完整性

美国节能减排法律体系的完整性体现在：法律涉及节能减排的各个领域，且每一个领域都具备了一整套从成文法到部门法规的完整体系。以民航业为例，表 5-5 体现了美国民航业节能减排的法律体系。

表 5-5　美国民航业节能减排法律法规体系①

法律部门	成文法	法规
空气	《清洁空气法》（修正案）	《美国联邦法规》第 40 编第 9、50～53、60、61、66、67、81、82、93 部
水	《联邦水污染控制法修正案》（即《清洁水法》） 《安全饮用水法修正案》 《1980 年鱼类和野生动物协调法》	《美国联邦法规》第 40 编第 110-112、116、117、122、125、129、130、131、136、403 部
噪声	《1958 年联邦航空法》 《1968 年航空器噪声和爆音控制和降低法》 《1972 年噪声控制法》 《1979 年航空安全和噪声降低法》（修订案） 《1982 年机场和航线改善法》 《1990 年机场噪声和容量法》	《美国联邦法规》第 14 编第 150、161 部

从表 5-5 可以看出，美国民航业节能减排的法律法规涉及节能减排的各个领域，包括空气、水、噪声等与人民群众生产生活最直接相关的方面；且每个领域都涵盖了从成文法到部门规章的一整套完整的体系。

二、管理差异化

管理上的差异化是指美国节能减排法律对污染物以及污染源实行差异化管理，也是美国节能减排法律的一个重要特点。具体来说，这一特点体现在：美国节能减排法律将污染物、污染物排放源、排放源所在地域按照一定标准进行系统归类，并通过系统归类进行科学管理。

以空气质量控制为例。《清洁空气法》将空气污染物分为基准污染物和危险空气污染物（Hazardous Air Pollutants，HAP）两大类。

(1) 基准污染物：也称常见污染物，包括二氧化硫（SO_2）、颗粒物（包括 PM_{10} 和 $PM_{2.5}$）、臭氧（O_3）、氮氧化物、一氧化碳（CO）和铅（Pb）六类。

① 数据来源：美国联邦航空局第 1050.1E 号令。

(2)危险空气污染物：也称有毒污染物，是指那些已知的或被怀疑能引起癌症或其他严重影响健康(如生殖系统影响或先天缺陷)，或不利的环境影响等的污染物[①]。

对空气污染物的分类也构成了《清洁空气法》对空气质量进行差异化管理的基础。《清洁空气法》分别为基准污染物和危险空气污染物建立了“国家环境空气质量标准”和“国家危险空气污染物排放标准”(National Emission Standards for Hazardous Air Pollutants，NESHAP)。为了实现这两类标准，《清洁空气法》进一步对排放源和排放源所在地域进行进一步分类。

如图 5-2 所示，根据不同的排放主体，《清洁空气法》将排放源分为固定源(stationary source)和移动源(moving source，mobile source)两类。

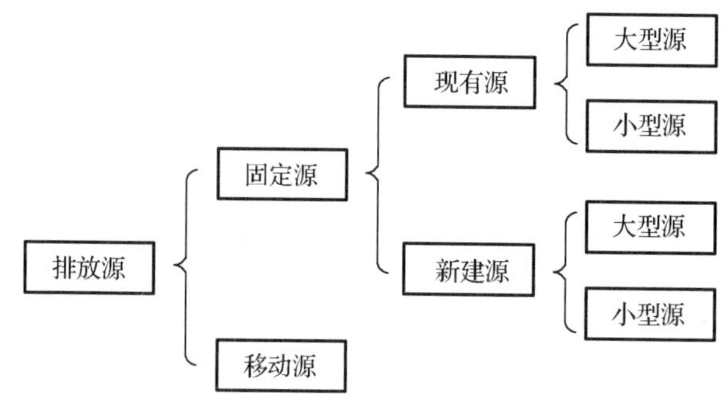

图 5-2　排放源分类示意图

(1)固定源：任何排放或可能排放任何空气污染物的建筑、结构、设备或设施[②]。

(2)移动源：与固定源相对，一般指除了固定源以外的其他排放源。

根据排放源的建设时间以及排放标准法律法规颁布时间的先后顺序，固定源又分为现有源(existing sources)和新建源(new sources)。

(1)新建源：规定性能标准的法规公布后开始建设或改建的任何固定源[③]。

(2)现有源：与新建源相对应，在规定性能的法规公布前已经建设的或改建的固定源。

而根据排放源的规模，现有源和新建源又分为大型源和小型源。

(1)大型源：每年排放或可能排放 10 吨或以上的任意危险空气污染物，或每年排放或可能排放 25 吨或以上的多种危险空气污染物的固定源或固定源群[④]。

(2)小型源：排放水平达不到大型源的排放源。

根据是否达到国家环境空气质量标准(air quality standards)，排放源所在区域分为达标区域(attainment areas)、未归类区域和未达标区域三类。

---

① 参见：美国环保署官网 http://www.epa.gov/compliance/monitoring/programs/caa/neshaps.html，危险空气污染物列表详见 http://www.epa.gov/ttn/atw/188polls.html。

② 参见：《清洁空气法》第 111(a)(3)条。

③ 参见：《清洁空气法》第 111(a)(2)条。

④ 参见：《清洁空气法》第 112(a)(1)条。

(1) 达标区域：某种污染物达到一级或二级国家环境空气质量标准的区域[①]。

(2) 未归类区域：掌握的信息无法辨明某种污染物是否达到一级或二级国家环境空气质量标准的区域[①]。

(3) 未达标区域：某种污染物未达到一级或二级国家环境空气质量标准，或导致相邻区域未达标的区域[①]。

再以水质量控制为例。为了实现差异化管理，《清洁水法》将向水域排放污染物的排放源划分为点源（point source）和非点源（nonpoint source）两大类。

(1) 点源：任何能辨别的、密闭的和分离的运送渠道，包括但不限于排放或可能排放污染物的任意管道、壕沟、沟渠、隧道、管道、水井、裂隙、集装箱、车辆、集中性动物饲养场或船舶及其他漂浮的船只[②]。

(2) 非点源：除了点源以外的其他污染源，以及人为和自然背景的污染源[③]。

三、落实多样性

美国节能减排法律落实上的多样性体现在：以标准为核心，技术手段和许可证制度并行。具体来说，为了实现节能减排的各项目标，美国的节能减排法律采取了制定标准、推广技术手段、推行许可证制度等多种方式。其中，法律制定节能减排标准或目标是目的，而技术手段和许可证制度则是实现节能减排标准或目标的手段和方式[④]。

以空气质量控制为例。《清洁空气法》分别为基准污染物和危险空气污染物建立了"国家环境空气质量标准"和"国家危险空气污染物排放标准"，并结合污染物分类和为实现这两项标准采取了相应的技术手段和许可证制度。

与此同时，针对不同的污染物类型和排放源所在地，《清洁空气法》对不同类型的排放源提出相应的技术手段，以最终符合"国家环境空气质量标准"和"国家危险空气污染物排放标准"。这些技术手段如下。

(1) 合理可得控制技术（Reasonable Available Control Technology，RACT）：某一特定污染源能够实现的最低排放限制，这一排放限制可在考虑技术和经济可行性的基础上，通过应用合理可得到的控制技术来实现[⑤]。

(2) 最大可实现控制技术（Maximum Achievable Control Technology，MACT）：为了实现以下目标所采用的措施、程序、方法、系统或技术，新建源的排放标准达到排放控制水平最好的相似排放源；现有源的排放标准达到所有现有源排放控制水

① 参见：《清洁空气法》第107(d)(1)条。

② 参见：《清洁水法》第502(12)条。

③ 参见：美国环保署官网 http://water.epa.gov/lawsregs/lawsguidance/cwa/tmdl/overviewoftmdl.cfm。

④ 白辉，褚天琦，原文杰. 美国《清洁空气法》管理固定排放源的技术手段[J]. 四川水泥，2016(9)：149-150.

⑤ Federal Register, Vol. 44, No. 181。

平排名前 12%的平均排放水平，或少于 30 个排放源的情况下达到排放控制水平排名前五的平均排放水平[1]。

(3) 最佳可得控制技术（Best Available Control Technology，BACT）：一种基于最大可实现控制程度的排放限制。这一技术考虑能源影响、环境影响和经济影响，根据每一个个案的具体情况进行决策。这一技术可以是附加的控制设备，也可以是对生产程序或方法的修改。例如，燃料清洁或处理工艺，或创新性的燃料燃烧技术。在一项排放标准的实施不可行的情况下，最佳可得控制技术也可以指设计、设备、生产实践或操作标准[2]。

(4) 最低可实现排放率（Lowest Achievable Emission Rate，LAER）：最为严格的排放限制，可通过多种排放限制措施相结合的方式来实现，如原料处理的改进、流程改进以及附加控制装置等[3]。

除了技术手段，《清洁空气法》还采取了许可证制度。例如，为了控制新建源的空气污染物排放，《清洁空气法》要求对新建源采取新建源审查许可证（New Source Review permits，NSR permits）制度。

《清洁空气法》对污染物、污染源所在区域、污染物排放标准，以及为控制污染物采取的技术手段和许可证制度（图 5-3）。

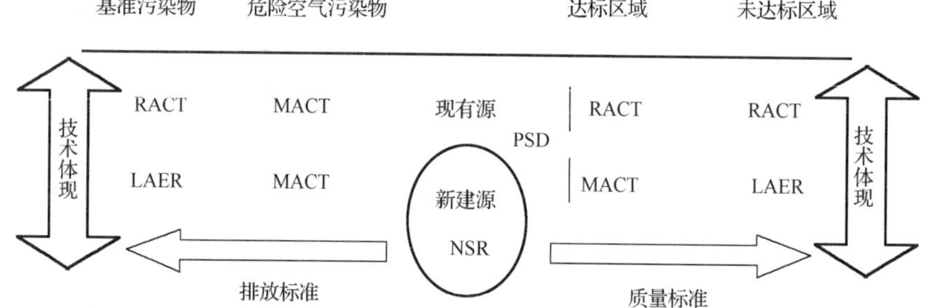

技术手段：

RACT(Reasonable Available Control Technology)：合理可得控制技术

MACT(Maximum Achievable Control Technology)：最大可实现控制技术

BACT(Best Available Control Technology)：最佳可得控制技术

LAER(Lowest Achievable Emission Rate)：最低可得排放率

许可证制度：

NSR(New Source Review)：新建源审查

PSD(Prevention of Significant Deterioration)：预防显著恶化

图 5-3　《清洁空气法》技术手段和许可证制度[4]

① 参见：美国环保署官网 https://www3.epa.gov/airtoxics/112j/guidance.pdf。

② 参见：美国环保署官网 http://www.epa.gov/NSR/psd.html#best。

③ 参见：美国环保署官网 http://www.epa.gov/nsr/naa.html。

④ 张旭，梅风乔. 美国大气污染排放标准体系特征及借鉴意义[C/OL]//全球华人科学家环境论坛论文集.(2011-09-29)[2016-08-21]. http://d.wanfangdata.com.cn/Conference/7431913.

四、本节启示

美国节能减排法律经过 200 余年的发展，具备了体系上的完整性、管理上的差异性和落实上的多样性等一系列特点。

中国的节能减排法律在三十余年的发展中取得了长足的进步。从法律体系上来讲，中国的节能减排法律体系涵盖了从法律、法规、规章到政策在内的完整体系，这是中国节能减排法律体系所取得的最大成绩。但从单部法律来看，中国的节能减排法律正在不断修订完善。以《中华人民共和国大气污染防治法》为例，在整个中国遭遇雾霾困扰之时，从官员、专家到媒体都在呼吁中国政府对 2000 年颁布的《中华人民共和国大气污染防治法》进行“改版”，尽快建立中国的《清洁空气法》①。

在这样的背景之下，2015 年 8 月 29 日，第十二届全国人民代表大会常务委员会第十六次会议对《中华人民共和国大气污染防治法》进行了修订。表 5-6 是 2000 年版《中华人民共和国大气污染防治法》和 2015 年版《中华人民共和国大气污染防治法》的框架对比。

表 5-6　2000 年版《中华人民共和国大气污染防治法》和 2015 年版《中华人民共和国大气污染防治法》内容对比②

2000 年版	2015 年版
第一章　总则	第一章　总则
	第二章　大气污染防治的标准和规划
第二章　大气污染防治的监督管理	第三章　大气污染防治的监督管理
第三章　防治燃煤产生的大气污染	第四章　大气污染防治措施 第一节　燃煤和其他能源污染防治
	第四章　大气污染防治措施 第二节　工业污染防治
第四章　防治机动车船排放污染	第四章　大气污染防治措施 第三节　机动车船等污染防治
第五章　防治废气、尘和恶臭污染	第四章　大气污染防治措施 第四节　扬尘污染防治 第五节　农业其他大气污染防治
	第五章　重点区域大气污染联合防治
	第六章　重污染天气应对
第六章　法律责任	第七章　法律责任
第七章　附则	第八章　附则

① 参见：人民网 http://lianghui.people.com.cn/2013cppcc/n/2013/0310/c357111-20738187.html；中国网 http://opinion.china.com.cn/opinion_56_62856.html。

② 数据来源：中华人民共和国环境保护部官网 http://zfs.mep.gov.cn/fl/200004/t20000429_88106.htm；全国人民代表大会官网 http://www.npc.gov.cn/npc/xinwen/2015-08/31/content_1945589.htm。

从表 5-6 可以看出，2015 年版《中华人民共和国大气污染防治法》较 2000 年版在内容上进行了大幅修订。

(1)新增了“大气污染防治的标准和规划”。2015 年版《中华人民共和国大气污染防治法》授权中华人民共和国环境保护部(以下简称“环保部”)和省级地方政府建立国家与地方的大气环境质量标准及大气污染物排放标准。2012 年环保部制定了新的更为严格的“环境空气质量标准”(GB3095—2012)，于 2016 年 1 月 1 日起正式实施。新的国标详细规定了环境空气功能分类区和质量要求、检测、数据统计的有效性规定，以及实施和监督等具体内容①。

(2)将大气污染的防治措施细化到燃煤等能源污染、工业污染、机动车船大气污染、扬尘污染，以及农业和其他大气污染多个方面。

(3)根据中国目前的空气质量实际现状，新增了“重点区域大气污染联合防治”和“重污染天气应对”内容。

作为中国版的《清洁空气法》，2015 年版《中华人民共和国大气污染防治法》与 2000 年版相比，已经对很多内容进行细化，取得巨大的进步。但不可否认的是，作为《中华人民共和国环境保护法》的下位法和大气污染防治方面的国家最高法律，2015 年版《中华人民共和国大气污染防治法》在实施过程中仍需继续制定和完善配套的细则、规章和政策。

2015 年版《中华人民共和国大气污染防治法》反映了中国节能减排法律的立法现状：不断在完善，但仍有巨大的进步空间。

第三节　美国节能减排法律取得的成效

由于美国节能减排法律具备体系上的完整性、管理上的差异性以及落实上的多样性这些特点，美国的节能减排法律取得了巨大的成效。这些成效可以概括为：极大地改善了美国的环境质量，极大地减少了美国污染物的排放，对美国以外的世界产生了深远影响。

一、环境质量极大改善

通过对节能减排法律的落实，美国的环境质量得到了极大的提高和改善。以空气质量控制为例，通过实施《清洁空气法》，美国的空气质量得到了改善。表 5-7 列出了七种主要空气污染物，一氧化碳、臭氧、铅、二氧化氮、颗粒物 PM_{10}、颗粒物 $PM_{2.5}$ 和二氧化硫，1980 年浓度、1990 年浓度和 2000 年浓度分别与 2015 年浓度相比的百分值变化。

① 参见：中华人民共和国国家标准——环境空气质量标准(GB3095—2012)。

表 5-7　空气质量百分比变化①

空气污染物种类	2015vs1980/%	2015vs1990/%	2015vs2000/%
一氧化碳（CO）	−84	−77	−60
臭氧（O_3）（8 小时）	−32	−22	−17
铅（Pb）	−99	−99	−91
二氧化氮（NO_2）（每年）	−60	−54	−44
二氧化氮（NO_2）（1 小时）	−59	−47	−31
颗粒物 PM_{10}（24 小时）	—	−39	−36
颗粒物 $PM_{2.5}$（每年）	—	—	−37
颗粒物 $PM_{2.5}$（24 小时）	—	—	−37
二氧化硫（SO_2）（1 小时）	−84	−81	−69

注：(1)“—”表示无当年数据；

(2)“−”表示空气质量的改善；

(3) 2010 年，环保署针对二氧化氮（NO_2）和二氧化硫（SO_2）制定了新的国家环境空气质量标准计算方式，即 1 小时

从表 5-7 可以看出，2015 年七种主要污染物的浓度较 2000 年、1990 年和 1980 年有显著降低，这表明《清洁空气法》的实施极大地改善了美国的整体空气质量。

二、污染物排放大幅减少

美国节能减排法律取得的另一个重大成效是极大地减少了污染物的排放。以空气控制为例，通过《清洁空气法》的实施，主要污染物的排放得到了极大的控制。表 5-8 为七种主要空气污染物，一氧化碳（CO）、铅（Pb）、氮氧化合物（NO_x）、挥发性有机化合物（VOC）、颗粒物 PM_{10}、颗粒物 $PM_{2.5}$ 和二氧化硫（SO_2），1980 年排放量、1990 年排放量和 2000 年排放量分别与 2014 年排放量相比的百分值变化。

表 5-8　空气污染物排放量百分比变化①

空气污染物种类	2014vs1980/%	2014vs1990/%	2014vs2000/%
一氧化碳（CO）	−69	−62	−46
铅（Pb）	−99	−80	−50
氮氧化合物（NO_x）	−55	−51	−45
挥发性有机化合物（VOC）	−53	−38	−16
颗粒物 PM_{10}	−58	−19	−16
颗粒物 $PM_{2.5}$	—	−25	−33
二氧化硫（SO_2）	−81	−79	−70

注：(1)“—”表示无当年数据；

(2) PM_{10} 的 1980 年排放量数值实际使用 1985 年排放量数值；

(3)“−”表示排放量减少；

(4) 排放量百分比变化的计算单位为千吨

① 数据来源：美国环保署官网 https://www.epa.gov/air-trends/air-quality-national-summary。

表 5-8 可以反映出空气污染物排放量减少的水平：与 1980 年、1990 年和 2000 年相比，2014 年主要空气污染物浓度大幅度降低，空气质量得到了根本改善。需要指出的是，1980—2014 年，针对这些污染物取得的减排成绩是在经济发展、人口增长等背景下取得的。

图 5-4 反映了美国在 1980—2015 年国内生产总值、汽车行驶里程、人口数量和能源消耗量与二氧化碳排放量及基准污染物排放总量的对比。

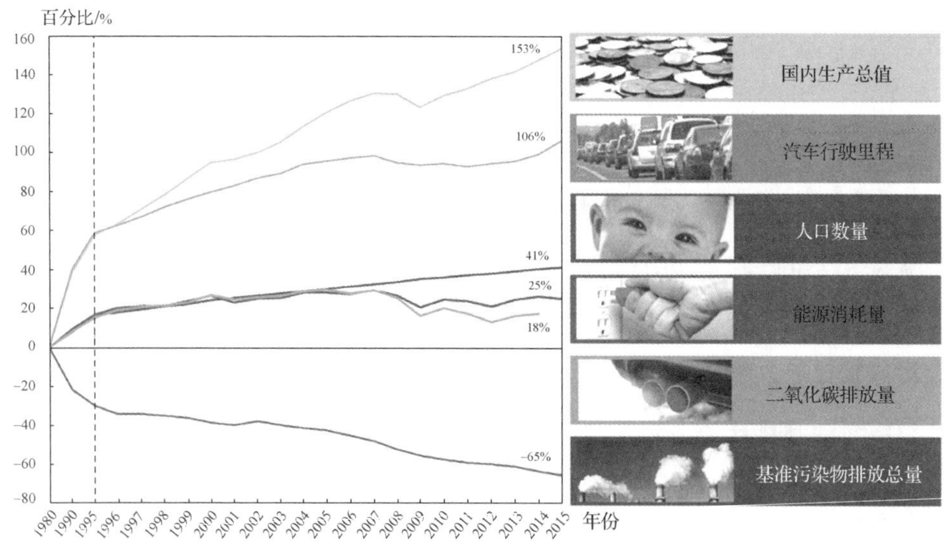

图 5-4　1980—2015 年美国主要经济指标及污染物排放量变化对照图[①]（见彩图）

从图 5-4 中可以看出，在 1980—2015 年，美国的国内生产总值增加 153%、汽车行驶里程增加 106%、人口数量增长 41%、能源消耗量增长 25%；而在这样的条件下，二氧化碳排放量只增长了 18%（2014 年数据），六种常见污染物的排放量更是减少 63%[②]。这充分说明《清洁空气法》在美国空气污染物减排方面做出的贡献。

三、对美国以外的地区产生的深远影响

美国节能减排法律法规对整个世界都产生了深远影响。例如，《国家环境政策法》在美国国内外都产生了重要的影响。它对美国的环境保护做出了重大贡献，称为"美国环境保护的宪章"。截止到 1997 年，全世界共有 80 多个国家引入了《国家环境政策法》，例如，我国制定并实施《中华人民共和国环境影响评价法》，包括世界银行在内的全球性组织也将《国家环境影响政策法》作为其环境影响评估的范本[③]。

---

① 数据来源：美国环保署官网 https://www.epa.gov/air-trends/air-quality-national-summary。

② 图 5-4 中的六种常见污染物(six common pollutants)即为国家环境空气质量标准中的六类基准污染物(criteria pollutants)。

③ 尹志军．美国环境法史[D]．北京：中国政法大学，2005．

四、本节启示

美国的节能减排法律体系取得巨大的成就，不仅是由于高超的立法水平，更是由于整个国家良好的法制环境。与美国的节能减排法律相比，中国的节能减排法律还存在一定差距，想要弥补这些差距，需要从立法、执法、司法、监督和公众参与多方面入手。具体说来，包括以下几个方面。

(1) 立法：尽管在过去的三十多年，中国的节能减排法律体系建设取得了巨大的进步，但是仍有大量的法律、法规和规章亟待出台和修订完善；除此之外，中国节能减排法律的立法内容上仍存在一些软肋，如经济、技术制度和政策偏少，实用的制度和政策偏少，不同部门和行业的制度与政策间缺乏协调；现有执法手段偏软，可操作性不强；现有的制度、政策和机制没有很好地把市场机制和政府宏观调控、执法部门的行政执法有机结合起来；信息公开的制度和机制还不健全；缺乏强有力的惩罚措施等①。

(2) 执法：目前，中国的节能减排法律还存在许多执法上的漏洞，如立法不完善，存在执法时无法可依；法律操作性不强，造成执法障碍；执法机制不健全，执法人员受地方政府的制约严重；执法缺乏群众基础；执法队伍素质不高等②。

(3) 司法：目前中国节能减排法律在司法实践中也存在一些问题，如诉讼原告主体资格受限；法庭受案范围难以突破理论和实践缺陷；法庭的管辖范围难以确定；法庭审判适用法律难点多；法官在专业知识方面有待加强等③。

(4) 监督：在监督方面，人大和中国人民政治协商会议（简称人民政协）的环境监督缺乏经常性的机制，立法的合法性审查缺乏应然性的审查受理机制，上级部门的环境督查或者挂牌督办活动往往会遇到地方保护主义势力强有力的阻挠①。

(5) 公众参与：对于节能减排法律的立法、执法、司法和监督都具有重要作用，但是现实中公众对环境影响评价听证、环境执法监督等活动的参与程度并不高。没有公众的积极参与，中国节能减排法律就不会有稳固的群众基础，也就难以在中国社会顺利实施④。

第四节　美国民航业节能减排法律体系

作为整个国家节能减排系统的部门之一，美国民航业节能减排法律与美国相对

---

① 常纪文. 中国环境法制的历史、现状和走向——中国环境法制30年之评析[J]. 昆明理工大学学报，2008，8(1)：1-9.

② 洪保麟. 新形势下我国环境执法存在的问题及对策探讨[J/OL]. (2010-10-17) [2016-05-21]. http://www.mlr.gov.cn/zljc/201010/t20101017_782927.htm.

③ 黄莎. 我国环境法庭司法实践的困境及出路[J]. 法律适用，2010(6)：68-71.

④ 丁渤海. 当代中国环境法的“实施困境”与对策研究[J]. 法制与社会，2011(11)：179-180.

完善的国家节能减排法律相统一、相一致，但同时又有其独特性。例如，机场的节能减排需遵守国内节能减排法律法规，另外，对于航空器节能减排，美国国内法律法规未做出明确规定，这种情况下通常采用国际规定或标准，如国际民航组织的规定。

根据这些法律法规，美国民航业在节能减排工作中需遵循环境影响评价制度、国家环境空气质量标准、新建源审查许可证、国家污染物排放清除系统（National Pollutant Discharge Elimination System，NPDES）许可证等相关规定。

一、美国民航业节能减排主要法律法规清单

为了保证整个国家节能减排工作的顺利进行，美国国会通过了多项法律，如前面提到的《清洁空气法》、《清洁水法》等。作为联邦层面的法律，这些法律对整个美国的节能减排工作提供着法律保障和支持。根据这些法律，美国的联邦政府部门，如环保署、能源部、交通运输部，都从各自职能出发，建立起一套与相关法律配套的法规、政策和制度，对具体行业的节能减排工作提供更深入、更具体、更直接的法律保障和支持。

就民航业节能减排而言，除了联邦层面的法律，环保署、能源部、交通运输部直至联邦航空局都制定了相关的法规规章，形成了民航业节能减排的法律法规体系。表 5-9 从空气、水和噪声三个方面列出了美国民航业节能减排法律与法规两个层面的清单。

表 5-9　美国民航业节能减排主要法律法规清单[①]

空气	法律	《清洁空气法》（修正案）
	法规	《美国联邦法规》第 40 编第 9 部：根据文书削减法的行政管理和预算局审批
		《美国联邦法规》第 40 编第 50 部：国家一级和二级环境空气质量标准
		《美国联邦法规》第 40 编第 51 部：实施计划的准备、实施和提交要求
		《美国联邦法规》第 40 编第 52 部：实施计划的批准和颁布
		《美国联邦法规》第 40 编第 53 部：环境空气监控参考及等效方法
		《美国联邦法规》第 40 编第 60 部：新建固定源性能标准
		《美国联邦法规》第 40 编第 61 部：国家危险空气污染物排放标准
		《美国联邦法规》第 40 编第 66 部：向州政府和地方政府拨款及与其合作协议的统一行政要求
		《美国联邦法规》第 40 编第 67 部：环保署对州政府违规处罚程序的批准
		《美国联邦法规》第 40 编第 81 部：以空气质量规划为目的的区域指定
		《美国联邦法规》第 40 编第 82 部：平流层臭氧的保护
		《美国联邦法规》第 40 编第 93 部：联邦行动符合州或联邦实施计划的认定

① 数据来源：美国联邦航空局第 1050.1E 号令。

续表

水	法律	《联邦水污染控制法修正案》（即《清洁水法》）
		《安全饮用水法修正案》
		《1980 年鱼类和野生动物协调法》
	法规	《美国联邦法规》第 40 编第 110 部：油类排放
		《美国联邦法规》第 40 编第 112 部：油类污染预防
		《美国联邦法规》第 40 编第 116 部：污染物质制定
		《美国联邦法规》第 40 编第 117 部：危险物质报告数量的测定
		《美国联邦法规》第 40 编第 125 部：国家污染物排放清除系统标准和规范
		《美国联邦法规》第 40 编第 129 部：有毒污染物排放标准
		《美国联邦法规》第 40 编第 130 部：水质量规划和管理
		《美国联邦法规》第 40 编第 131 部：水质量标准
		《美国联邦法规》第 40 编第 136 部：污染物分析测试程序建立指南
		《美国联邦法规》第 40 编第 403 部：现存源和新建源污染的一般预处理规定
噪声	法律	《1958 年联邦航空法》
		《1968 年航空器噪声和爆音控制和降低法》
		《1972 年噪声控制法》
		《1979 年航空安全和噪声降低法》（修订案）
		《1982 年机场和航线改善法》
		《1990 年机场噪声和容量法》
	法规	《美国联邦法规》第 14 编第 150 部：机场噪声相容性规划
		《美国联邦法规》第 14 编第 161 部：机场噪声和准入限制的通知与批准

从表 5-9 可以看出，美国民航业节能减排法律法规体系具有完整性、针对性和深入性的特点。

(1)美国民航业节能减排法律法规体系的完整性体现在：法律法规的覆盖范围全面，这种覆盖范围不仅包括空气、水、噪声等各个宏观方面，还包括每个宏观方面下的具体方面。

(2)美国民航业节能减排法律法规体系的针对性体现在：相关法律法规充分考虑到行业节能减排的具体问题和情况，并根据这个问题和情况制定出相应的规定。

(3)美国民航业节能减排法律法规体系的深入性体现在：针对具体的问题，相关法律法规提供了规范性、技术性和程序性的指导，能够对相关问题的有效解决提供法律法规上的保证。

二、美国民航业节能减排法律措施

表 5-9 列出了美国民航业最为重要的法律法规。根据这些法律法规，美国民航

业在节能减排行动中需要遵循的主要法律规定包括环境影响评价制度、国家环境空气质量标准、国家污染物排放清除系统许可证等。

(一)环境影响评价制度

美国环境政策的核心制度是环境影响评价制度。《国家环境政策法》要求所有的联邦机构对人类环境质量构成显著影响的重大联邦行动(major federal actions),如颁发许可证、使用联邦资金或开发国家土地等进行环境影响评价。

从环境影响评价制度的实质内容上看，环境影响评价制度具体涉及环评对象、环评范围、公共参与、替代方案等。从程序环节上看，其核心是编制环境影响报告书。从法定的编制程序来看，环境影响报告书主要包括项目审查、范围界定、环境影响报告书草案的准备、环境影响报告书最终文本的编制等阶段。充分征求和考虑公众意见贯穿于编制环境影响报告书的整个过程。

当联邦机构认定提议的重大联邦行动可能造成显著环境影响时，联邦机构必须编制详尽的报告——环境影响报告书。制定环境影响报告书的目的是向联邦政府决策者和公众披露提议行动(proposed action)的环境影响，以及可以消除负面影响或将负面影响最小化，或可以提高人类环境质量的替代行动(alternative actions)。《国家环境政策法》规定，所有的联邦机构在考虑做出可能对人类环境产生影响的规划和决定时，必须采用一种能够确保综合利用自然科学、社会科学及环境设计工艺的跨学科的系统方法。

1. 美国环境影响评价制度的法律基础

虽然《国家环境政策法》的核心是环境影响评价制度，但当时该立法草案原本并没有关于环境影响评价制度的内容。在美国，当一个法律条款需要更清晰的解释时，法院主要依靠立法意图。但是《国家环境政策法》中并不存在任何可辨别的意图，只存在一个含糊不清的环境目标，而这个环境目标又缺乏明确的强制执行机制。因此，《国家环境政策法》的法理主要由法官造法，即判例法形成制度，然后在环境质量委员会(Council on Environmental Quality，CEQ)的成文法规章里进行编纂和修订。

《1970 年清洁空气法》第 309 条对美国环保署审查环境影响评价的职责做出了与《国家环境政策法》相应的规定。1978 年根据《国家环境政策法》设立的美国环境质量委员会颁布了《国家环境政策法执行程序条例》(又称《环境质量委员会实施条例》)。

1)《国家环境政策法执行程序条例》

1978 年，环境质量委员会颁布了《国家环境政策法执行程序条例》。作为《国家环境政策法》的实施细则，该条例规定了一系列流程，用于指导联邦机构对提议的重大联邦行动可能导致的显著环境影响进行分析和阐述。

根据《国家环境政策法》和《环境质量委员会实施条例》的要求，联邦机构在提出立法建议和其他对人类环境有显著影响的重大联邦行动时，除必须编制详尽的环境影响报告书，还需获得对联邦行动的环境影响拥有法定管辖权或具备专业知识的联邦机构的评审意见。

所有的联邦机构已根据《环境质量委员会实施条例》的要求，制定了机构本身的《国家环境政策法》配套规章和/或指导机构内部遵守《国家环境政策法》的程序。

美国交通运输部于 1979 年 10 月 1 日发布了交通运输部第 5610.1C 号令“考虑环境影响的程序”（Procedures for Considering Environmental Impacts）。该指令是对《环境质量委员会实施条例》的补充，规定了交通运输部内部的通用程序和要求，以便各执行机构对提议行动的环境影响进行判断。

联邦航空局第 1050.1E 号令规定了联邦航空局的政策和程序，以确保联邦航空局遵守环境质量委员会制定的有关《国家环境政策法》的相关法规、交通运输部第 5610.1C 号令，以及其他相关立法和指令的要求。

联邦航空局必须遵守《国家环境政策法》以及其他适用于联邦航空局行动的相关环境法律、法规和指令规定的程序和政策。联邦航空局的决策流程必须接受公众的监督和审查，考虑任意提议行动及其替代行动对人类环境质量的影响，消除提议行动的负面影响或将其最小化，保护并提升自然资源和环境质量。联邦航空局应尽早在自身的规划流程中纳入对《国家环境政策法》及其他环境评估和专业意见的考虑。

2）有关《国家环境政策法执行程序条例》的指导文件

自《国家环境政策法》颁布后，环境质量委员会已制定了很多指导文件，协助联邦机构遵守《国家环境政策法执行程序条例》、编制高质量的《国家环境政策法》相关文件，并完善《国家环境政策法》的实施流程。

其中一个经常被提到的指导文件是 1981 年与联邦机构签署的备忘录——有关环境质量委员会制定的《国家环境政策法执行程序条例》的 40 个常见问题。该文件清晰地界定了包括替代行动、公众参与、协作机构①以及环境影响报告书的具体内容等问题。

其他适用广泛或具有针对性的环境质量委员会指导文件如下。

---

① 美国需要进行环境影响评价的联邦行动往往涉及多个行政机关，为了明确不同的职责，《国家环境政策法执行程序条例》把相关机关分为“牵头机关”(leading agency)和“协作机关”(cooperating agency)。环境影响评价由“牵头机关”主持，承担主要责任；“协作机关”指对有关联邦行动的环境影响有法定管辖权或专业知识的联邦行政机关，它们应“牵头机关”的要求确定环境影响评价的范围、提供有关的情报开发、环境分析等技术和人员的支持。

(1)关于汇报《2009 年美国复苏与再投资法》的行动和项目对于《国家环境政策法》的遵循状态及进展情况的指导文件(2009 年)。

(2)关于公众参与《国家环境政策法》的指导文件(2007 年)。

(3)关于整合《国家环境政策法》流程与环境管理体系的指导文件(2007 年)。

(4)关于对联邦行动进行累积效应分析的指导文件(2005 年)。

(5)关于《国家环境政策法》下环境的司法保护的指导文件(1997 年)。

(6)关于《国家环境政策法》下考虑累积效应的指导文件(1997 年)。

(7)关于污染预防与《国家环境政策法》关系的指导文件(1993 年)。

(8)关于《国家环境政策法执行程序条例》的指导文件(1983 年)。

3)《清洁空气法》第 309 条

1970 年颁布的《清洁空气法》是一部阻止单一环境污染媒介(environmental media)的法律，包括一个特殊条款，即第 309 条。该条款授权美国环保署对联邦机构授权建设的联邦行动及其任何重大联邦行动(非建设项目)的环境影响评价进行审查和评估，并将书面的审查结果予以公开。如果美国环保署认定有关行动的环境影响评价不符合要求，则可以将该问题提交给总统的环境质量委员会进行调解。

《清洁空气法》第 309 条赋予美国环保署的具体权利如下。

(1)公开披露对环境影响报告书的评审意见。由于《国家环境政策法》的解释条款没有关于公开披露的详细要求，国会通过起草《清洁空气法》解决了这一问题。由此赋予了美国环保署公开披露其对环境影响报告书的评论结果的职责和权利。

(2)美国环保署审查环境影响报告书的职责。第 309 条规定了美国环保署审查环境影响报告书的要求，美国环保署已制定了评估环境影响报告书草案的一系列标准，为评估环境影响报告书草案提供了一致的标准和做法。

(3)美国环保署广泛的审查“提议的联邦行动”(proposed federal action)。美国环保署署长授权联邦活动管理办公室(Office of Federal Activities，FAO)审查并评估跨区域的环境影响报告书以及其他联邦机构提议的全国性的政策，并授权 10 个区域分局[①]的局长分别审查、评估各区域所管辖的环境影响报告书。

美国环保署的联邦活动管理办公室和区域分局每年需要审查大约 500 份环境影响报告书和大约 2000 项联邦行动。如果美国环保署认定某项联邦行动的环境影响报告书不符合要求，则可以将该行动转至环境质量委员会。

(4)联邦活动管理办公室负责制定指导材料，提供有关《国家环境政策法》和《清

① 美国环保署总部位于华盛顿。由于环境监督管理的需要，美国环保署将全美 50 个州划分为 10 个区域进行管理，在每个区域设立区域分局。

洁空气法》的培训课程，促进美国环保署下属的项目办公室和其他联邦机构之间的协调。

2．节能减排与环境影响评价

1)气候变化与环境影响评价①

环境质量委员会在1997年就制定了将气候变化纳入《国家环境政策法》环境评估导则(草案)，但一直没能正式通过。2010年2月，环境质量委员会发布了修订后的导则(征求意见稿)，规定了联邦机构在进行环境评估时应何时以及如何考虑温室气体排放量和气候变化影响，其中需要考虑两点：一是提议行动和替代行动对温室气体排放的影响；二是气候变化对提议行动的影响，包括与提议行动设计、环境影响、缓解和适应措施的关系。

2)能源影响与环境影响评价②

虽然《国家环境政策法》中没有明确规定必须考虑能源效率，但是能源效率对于实现美国的环境目标至关重要。环境质量委员会在其《国家环境政策法执行程序条例》中规定，联邦机构必须考虑能源效率。第1502.16条(e)款规定，联邦机构必须分析、提交环境影响，需要讨论各种可替代和缓解措施的能源要求与节能潜力。第1502.16条(f)款规定，联邦机构必须考虑各种可替代和缓解措施的自然资源或可耗资源的使用要求与节省潜力。在衡量对环境的短期行为与维护并长期利用环境，以及与遵守环境质量委员会对使用不可恢复或不可再生资源的法规规定的关系时，必须考虑如何提高能源效率和节省能源。

案例1　明尼苏达州里奇菲尔德市诉美国联邦航空局(City of Richfield Minnesota vs. Federal Aviation Administration)③

大都市机场委员会(Metropolitan Airport Commission)负责运营明尼阿波利斯—圣保罗国际机场(Minneapolis-St. Paul International Airport)，该委员会提议修建一条滑行道并改变机场的飞行起落航线。根据该提议，机场的离港航线以及由此产生的噪声将从机场的西北方向移至机场的西南方向。作为工程的一部分，该委员会还提议实行减噪措施。根据联邦航空局和明尼苏达州交通部(Minnesota Department of Transportation)准备的环境影响报告书，联邦航空局同意了该提议。位于机场西侧的明尼苏达州里奇菲尔德市认为此案中的环境影响报告书违反了《国家环境政策法》相关规定，遂对联邦航空局的决议提起上诉。

---

① Center For Climate and Energy Solutions. Climate Change Adaptation: What Federal Agencies Are Doing [R/OL]. [2016-04-11]. https://www.c2es.org/docUploads/federal-agencies-adaptation.pdf.

② United States Environmental Protection Agency. Energy Efficiency Reference for Environmental Reviewers [R/OL]. [2016-05-07]. https://www.epa.gov/sites/production/files/2014-08/documents/energy-efficiency-reference-for-environmental-reviewers-pg.pdf.

③ 案例来源：http://caselaw.findlaw.com/us-8th-circuit/1253325.html。

里奇菲尔德市认为，该案中的环境影响报告书未能对一些因素进行充分审查，而这些因素可能阻止该项目将大量的离港航班移至机场西南方。同时，里奇菲尔德市推测，如果该工程不实施，则大都市机场委员会可能将投资于机场西南方降噪措施的资金用于机场西北方的减噪措施。如果该委员会考虑到这些因素，该项目只会将极少数的航线移至西南方向，那么该项目投资在西南方向的减噪措施将作用有限。

法官认为，该案中的环境影响报告书是否考虑里奇菲尔德市所引述的因素不是判决所考虑的因素。环境影响报告书要审查的是提议行动对环境的影响，而里奇菲尔德市未能认定该环境报告书未对该项目产生的环境影响进行审查。

里奇菲尔德市认为该案中的环境影响报告书本应对机场西北方修筑降噪设施作为提议项目备选方案的可能性进行审查。法官认为，根据《国家环境政策法》，环境影响报告书中必须对项目的“合理备选方案”(Reasonable Alternatives)进行审查，但如果备选方案不能满足项目的目的，则视为不合理①，由于里奇菲尔德市建议的备选方案不能满足该项目的目的，所以不合理。

里奇菲尔德市最后认为，本案中的环境影响报告书是联邦航空局将预先做出的决定(foreordained decision)进行的事后合理化(post-hoc rationalization)。记录显示，联邦航空局是在结束长时间的审议程序后批准了该项目，且审议程序充分征询了公共意见，因此法官对里奇菲尔德市的这一观点不予支持。

美国第八巡回上诉法院最终驳回了里奇菲尔德市的上诉，支持联邦航空局批准该项目的命令。

(二)国家环境空气质量标准

根据《清洁空气法》的授权，美国环保署针对二氧化硫、颗粒物、臭氧、二氧化氮、一氧化碳和铅六种基准污染物②制定了国家环境空气质量标准。根据保护程度的不同，国家环境空气质量标准又分为国家一级环境空气质量标准(National Primary Ambient Air Quality Standards)和国家二级环境空气质量标准(National Secondary Ambient Air Quality Standards)。前者是为了保护公众安全③，而后者是为了保护公众福利不受任何已知的或预计的与存在于环境中的空气污染物相关的负面影响④。

国家环境空气质量标准是整部《清洁空气法》的精髓所在，其他所有制度和措施都是为了达成这一标准。例如，为了实现这一标准，《清洁空气法》规定了空气质量控制区(Air Quality Control Areas)以及新建源审查许可证制度。

① 这一判断基于先前的案例裁定结论。

② 有文献将 $PM_{2.5}$ 和 PM_{10} 列为两类基准污染物(criteria pollutants)，故也有七种基准污染物(criteria pollutants)一说。

③ 《清洁空气法》第 109(b)(1)条。

④ 《清洁空气法》第 109(b)(2)条。

1. 空气质量控制区

根据是否达到国家一级环境空气质量标准或国家二级环境空气质量标准这一标准来划分，《清洁空气法》将空气质量控制区划分为以下三类：达标区域、未达标区域、未归类区域。

根据上述分类，美国部分主要机场所在地空气污染物达标状况见表 5-10。

表 5-10　美国部分主要机场空气质量情况①

机场名称	所在地*	空气质量是否达标
亚特兰大哈兹菲尔德—杰克逊国际机场	乔治尼亚州克莱顿县	未达标：$PM_{2.5}$、臭氧
洛杉矶国际机场	加利福尼亚州洛杉矶县	未达标：$PM_{2.5}$、臭氧、铅
芝加哥奥黑尔国际机场	伊利诺伊州库克县和杜庞县	未达标：臭氧、铅、二氧化硫
达拉斯—沃斯堡国际机场	德克萨斯州达拉斯县和泰伦县	未达标：臭氧
约翰肯尼迪国际机场	纽约州皇后县(昆斯县)	未达标：臭氧
丹佛国际机场	科罗拉多州丹佛县	未达标：臭氧
迈阿密国际机场	佛罗里达州迈阿密戴德县	达标
西雅图—塔科马国际机场	华盛顿州皮尔斯县	未达标：$PM_{2.5}$
麦卡伦国际机场	内华达州克拉克县	未达标：PM_{10}
明尼阿波利斯—圣保罗国际机场	明尼苏达州亨内平县	达标

*美国环保署以县(county)为单位指定各基准污染物的未达标区域

《清洁空气法》进一步将达标区域划分为三类。

(1) 一级区域(class I areas)：包括国际或国家公园、荒原，以及其他生荒地；这一类区域允许的新污染物增量相当少。

(2) 二级区域(class II areas)：第一类区域未包括的所有达标区域和未归类区域；这一类区域允许的新污染物增量适中。

(3) 三级区域(class III areas)：各州指定的用于发展的区域；这一类区域允许的新污染物增量较大，但不能超过国家环境空气质量标准。

对于一级区域，即环境空气质量高于达标区域或未归类区域的区域，《清洁空气法》提出了最为严苛的标准：能见度保护(visibility protection)②。能见度保护是对环境空气质量提出的更高的标准，因此对空气污染物的治理也提出了更高的要求。

《清洁空气法》对二级区域的管理主要采用技术手段：对新建源采用最佳可得控制技术；对现有源采用合理可得控制技术③。

---

① 基础数据来源：美国环保署网站 http://www.epa.gov/oar/oaqps/greenbk/ancl.html。

② 《清洁空气法》第 169A 条、169B 条。

③ 张旭，梅风乔. 美国大气污染排放标准体系特征及借鉴意义[C/OL]//全球华人科学家环境论坛论文集. (2011-09-29)[2016-08-21]. http://d.wanfangdata.com.cn/Conference/7431913.

在未达标区域，考虑到技术更新的成本问题，《清洁空气法》对现有源采用与达标区域一致的合理可得控制技术，而对新建源则采用最低可实现排放率[①]。

2．新建源审查许可证

新建源审查许可证制度是为了实现国家环境空气质量采取的又一个重要举措。新建源审查许可证是指排放源的所有者或运营人必须要遵守的法律文件[②]。该许可证从建筑类型、排放限制，以及运营方式等方面对排放源做出了具体规定[②]。新建源审查许可证一般由州或地方空气污染控制机构颁布[③]。

根据排放源的所在区域以及规模，新建源审查许可证共包括三种类型的许可要求，排放源需符合下列许可要求的一项或多项[③]。

(1) 在达标区域[④]，新建或改建的主要源[⑤]需获得预防显著恶化许可证（Prevention of Significant Deterioration permits，PSD permits）。

(2) 在未达标区域[⑥]，新建或改建的主要源需获得未达标区域新建源审查许可证（nonattainment New Source Review permits，nonattainment NSR permits）。

(3) 小型新建源审查许可证（minor New Source Review permits，minor NSR permits）[⑦]。

案例 2　马萨诸塞州诉美国环保署（Massachusetts vs. Environmental Protection Agency）[⑧]

在本案中，原告方马萨诸塞州主张，作为被告方的美国环保署应当将包括二氧化碳在内的四种温室气体列为空气污染物。美国环保署予以拒绝。美国环保署拒绝将二氧化碳等温室气体列为空气污染物的理由如下。

《清洁空气法》第 202(a)(1)条规定：如果美国环保署署长认为新型机动车或新型机动车设备导致了或者增加了空气污染物并且该空气污染物有可能危害公共健康或福利，那么美国环保署署长应该根据本条之规定制定相应标准，将其适用于各类型

① 张旭，梅风乔．美国大气污染排放标准体系特征及借鉴意义[C/OL]//全球华人科学家环境论坛论文集．(2011-09-29)[2016-08-21]. http://d.wanfangdata.com.cn/Conference/7431913.

② 参见：美国环保署官网http://www.epa.gov/nsr/。

③ 参见：美国环保署官网http://www.epa.gov/nsr/info.html。

④ 根据《清洁空气法》第 107 条，“达标区域”是指某种污染物达到国家一级或二级环境空气质量标准的区域。

⑤ 根据《清洁空气法》第 112 条，“主要源”是指每年排放或可能排放 10 吨或以上的任意危险空气污染物、每年排放或可能排放 25 吨或以上的多种危险空气污染物的固定源或固定源群。

⑥ 根据《清洁空气法》第 107 条，“未达标区域”是指某种污染物未达到国家一级或二级环境空气质量标准或导致相邻区域未达标的区域。

⑦ 小型源是指排放量达不到主要源水平的排放源。参见：美国环保署官网 http://iaspub.epa.gov/sor_internet/registry/termreg/searchandretrieve/termsandacronyms/search.do。

⑧ 案例来源：http://caselaw.findlaw.com/us-dc-circuit/1276330.html。

机动车或新型机动车设备所排放的空气污染物。此外，《清洁空气法》第302(g)条将第202(a)(1)条中提到的“空气污染物”定义为任何空气污染物质或这些空气污染物质的混合物，其中包括任何排放到清洁空气中的物理、化学、生物、放射性物质。据此，美国环保署始终认为二氧化碳等温室气体不属于空气污染物。

但是，联邦最高法院的多数法官认为，根据《清洁空气法》第302条的字面含义，二氧化碳等温室气体属于空气污染物，因为立法者对“空气污染物”一词的界定相对宽泛，其意图是希望该法能适用于范围较广的空气污染物。美国联邦最高法院最终不支持美国环保署对《清洁空气法》第302条中的“空气污染物”一词所进行的解释，并认为美国环保署拒绝将二氧化碳等温室气体列为空气污染物的行为属于违法行为。

(三)国家污染物排放清除系统许可证

《清洁水法》第402条规定，任何人从任意点源向美国的适航水域排放任何污染物都必须获得国家污染物排放清除系统许可证，否则该排放行为属于违法行为。从这一规定可以看出，国家污染物排放清除系统许可证制度的规范范围包含点源、污染物和适航水域三个要素①。

1. 点源

根据《清洁水法》第502(14)条，所谓点源是指任何能辨别的、密闭的和分离的运送渠道，包括但不限于排放或可能排放污染物的任意管道、壕沟、沟渠、隧道、管道、水井、分离的裂隙、集装箱、车辆、集中性动物饲养场或船舶及其他漂浮的船只。

1979年，在美国政府诉地球科学公司(United States vs. Earth Science Inc.)一案中，联邦法院认定：尽管采矿行为对适航水域造成的污染没有列入点源管理范围，但根据国会立法史，可以认定国会要求对全部范围内的可能将废物排放到国家河流、溪流、湖泊中的污染源，都必须取得《清洁水法》的许可②。通过这一判决，美国联邦法院将点源的含义进一步扩展到第502条所规定的范围之外，即没有固定排放渠道的污染源。

《清洁水法》规定了控制点源排放的国家目标，即在1985年实现点源污染物的零排放。通过国家污染物排放清除系统对点源的有效管理，尽管美国没能在1985年达到零排放的目标，但美国水质仍有了大幅度提高②。

由于认识的局限性，在1972年立法时，《清洁水法》未对当时已经存在的非点源的管理做出明确规定。所谓非点源，是指除了点源以外的其他污染源，以及人为

① 徐祥民，陈冬．NPDES：美国水污染防治法的核心[J]．科技与法律，2004(1)：100-102．

② 尹志军．美国环境法史[D]．北京：中国政法大学，2005．

和自然背景的污染源[①]。1987 年，美国国会对《清洁水法》进行修订时增加了第 319 条非点源管理项目，以解决非点源造成的污染问题。

《清洁水法》对非点源的管理也取得了巨大的成效。例如，1977 年美国农田的沉积物数量估计有 10.9 亿吨，这一数字到 1992 年下降到大约 10.1 亿吨[②]。

2．污染物

国家污染物排放清除系统许可证制度规范的污染物包括传统污染物、非传统污染物和有毒污染物三类。

(1)《清洁水法》第 304(a)(4)条根据生物需氧量、悬浮固体物、粪大肠杆菌和 pH 对传统污染物进行分类。

(2)《清洁水法》第 301(g)(1)条将氨、氯、铁、总酚等列为非传统污染物。

(3)《清洁水法》第 307(a)(1)条对有毒污染物进行规定，并在《美国联邦法规汇编》第 40 编第 401.15 条中进行详细罗列，主要包括金属和人造有机化合物[③]。

3．适航水域

根据《清洁水法》第 502(7)条，适航水域的定义并不是字面所指的能通航的水域，而是指包括领海在内的美国水域，即美国的地表水。而对地下水进行规范的权利属于各州，各州可以自主决定国家污染物排放清除系统是否适用于本州的地下水[④]。

案例 3　西雅图机场公司诉(华盛顿州)污染控制听证委员会(Port of Seattle vs. Pollution Control Hearing Board)[⑤]

1996 年，经过数年的研究和论证，普吉特湾区委员会(Puget Sound Regional Council)决定在西雅图—塔科马国际机场修建第三条跑道。西雅图机场公司制定了西雅图—塔科马国际机场的总体规划，其中包括一条长度为 8500 英尺的新跑道。新跑道将修建在米勒溪、沃克溪和得梅因溪三条溪流的流域。作为 AA 级水域，这三条溪流受到华盛顿州的最高级别保护，而第三条跑道项目将全部或部分填埋该水域的 50 块湿地。

根据《清洁水法》要求，机场公司分别向美国陆军工程兵团和华盛顿州生态部提交了《清洁水法》第 404 条许可证申请和《清洁水法》第 401 条水质认证申请。2001 年 9 月 21 日，华盛顿州生态部向西雅图机场公司的第三条跑道建设项

---

① 参见：美国环保署官网http://water.epa.gov/lawsregs/lawsguidance/cwa/tmdl/overviewoftmdl.cfm。

② 尹志军．美国环境法史[D]．北京：中国政法大学，2005．

③ 参见：美国环保署官网 http://water.epa.gov/scitech/methods/cwa/pollutants-background.cfm；有毒污染物列表详见：http://www.ecfr.gov/cgi-bin/text-idx?c=ecfr&SID=bd1b7f7d8f632c20259961d792e72b2e&rgn=div8&view=text&node=40:30.0.1.1.2.0.1.6&idno=40。

④ 徐祥民，陈冬．NPDES：美国水污染防治法的核心[J]．科技与法律，2004(1)：100-102．

⑤ 案例来源：http://caselaw.findlaw.com/wa-supreme-court/1058621.html。

目颁发了《清洁水法》第 401 条水质认证。机场社区联合会将这一认证提交给华盛顿州污染控制听证委员会。经过听证，委员会肯定了这一认证，但添加了 16 项新条件。2002 年 12 月 13 日，陆军工程兵团向机场公司颁发了《清洁水法》第 404 条许可证，其中包括华盛顿州生态部的水质认证以及听证委员会 16 项条件中的 7 项。

经华盛顿最高法院审理，法官支持华盛顿州污染控制听证委员会的结论，即西雅图—塔科马国际机场第三条跑道项目不会违反华盛顿州水质标准，对其提出的 16 项条件中的第 1～4 项、第 9 项和第 10 项、第 12～15 项，以及第 11 项部分内容予以支持，对第 5～8 项、第 16 项和第 11 项部分内容不予支持。

三、本节启示

环境影响评价制度是美国环境政策的核心制度，在美国环境法中占有特殊的地位。它使行政机构对环境价值的考虑制度化、职能化，创造了一个监督行政机构履行环保职责的外部环境和外部推动力，使环境影响评价成为行政决策程序的有机组成部分，改善了行政决策质量。它是实行环境与经济综合决策的制度保障。

对美国民航业而言，联邦航空局必须遵守《国家环境政策法》以及其他适用于联邦航空局行动的相关环境法律、法规和指令的程序与政策，在决策流程中必须考虑提议行动及其替代行动对人类环境质量的影响，避免所提议行动的负面影响或将其最小化，并接受公众的监督和审查。

我国民航业节能减排法律体系也在建设之中，这一体系包括法律、法规、规章、政策等多个层次。

(1) 法律：全国人民代表大会及其常务委员会通过的节能减排法律，如《中华人民共和国环境保护法》、《中华人民共和国大气污染防治法》、《中华人民共和国水法》等。

(2) 法规：国务院颁布的节能减排法规，如《中华人民共和国水污染防治实施细则》、《中华人民共和国水污染防治实施细则》等。

(3) 规章：国务院各部委，例如，环保部制定的节能减排规章，如《环境监察办法》、《环境行政处罚办法》、《污染源自动监控管理办法》等。

(4) 政策：相关部门，如国务院、交通部、民航局等制定的节能减排政策，如《节能减排“十二五”规划》、《大气污染防治行动计划》、《能源发展“十二五”规划》、《交通运输行业“十二五”控制温室气体排放工作方案》、《民航局关于全面开展民航行业节能减排工作的通知》等。

在国务院颁布的《“十三五”节能减排综合工作方案》（简称《工作方案》）中，民航业单位运输周转量能耗的节能指标为：在 2015 年 0.433 千克标准煤/吨公里的基础上，到 2020 年达到低于 0.415 千克标准煤/吨公里的水平。《工作方案》还明确提出了中国民航业应推进飞机辅助动力装置(Auxiliary Power Unit，APU)替代、机场地面车辆“油改电”、新能源应用等绿色民航项目实施①。

在中国民用航空局颁布的《关于加快推进节能减排工作的指导意见》(以下简称《指导意见》)中，中国民航业节能减排的目标为：到 2020 年我国民航单位产出能耗和排放(收入吨公里能耗和收入吨公里二氧化碳排放)比 2005 年下降 22%。《指导意见》还从以下几个方面提出了中国民航业节能减排的具体要求②。

(1)重点加强航空公司主营业务节能减排，包括：航空公司要将运行管理向以节能增效为目标的精细化管理模式转变；大力推进涉及飞行运行全过程的节油技术和措施的应用；加强节能减排换代性技术的应用理论研究和技术推广；加强节能减排换代性技术的应用理论研究和技术推广；提高应对国际节能减排新形势的能力。

(2)积极推进机场建设和地面服务中节能减排，包括：积极推进节能新技术在机场建设中的应用；加大机场设施设备改造和更新力度；提高机场运行管理效率，减少地面运行排放；积极争取和充分利用所在地地方政府的鼓励政策，拓宽节能减排资金渠道，积极采用合同能源管理等方式推进节能减排；积极吸收引进国内外在机场节能减排方面的有效经验，不断提高自身节能减排水平。

(3)充分发挥空管部门在行业节能减排中的支撑作用，包括：空管部门要加强军民航协调，优化空域和航路航线结构，缩短飞行距离；积极研究建立鼓励政策和长效机制，为规范临时航线使用创造良好条件；加强空管运行组织和保障能力建设；推进航行新技术应用。

(4)全面加强节能减排科学研究和人员培训，包括：大力加强节能减排关键技术等基础研究；加强专业技术队伍建设；积极开展节能减排教育培训工作。

(5)扎实推进节能减排保障体系建设，包括：建立和完善组织保障体系；建立监督考核体系；开展法规标准建设。

(6)切实加强财经政策和资金支持，包括：加大资金投入力度；建立节能减排表彰奖励机制。

(7)大力营造节能减排的良好工作氛围，包括：充分发挥舆论宣传作用，提升行业人员对节能减排工作的认识，塑造行业良好整体形象；加强宣传载体建设；发挥各级各类组织在节能减排工作中的作用。

可见，在中国整体节能减排法律的基础之上，中国民航业在法律、法规、规章和政策一系列法律体系的建设上也取得了一定成绩。尤其是《节能减排“十二五”

---

① 中华人民共和国国务院. 国务院关于印发“十三五”节能减排综合工作方案的通知[R/OL]. (2017-01-05) [2017-01-16]. http://www.gov.cn/zhengce/content/2017-01/05/content_5156789.htm.

② 中华人民共和国民用航空局. 民航局关于加快推进节能减排工作的指导意见[R/OL]. (2011-03-20) [2016-04-29]. http://www.caac.gov.cn/XXGK/XXGK/ZFGW/201601/t20160122_27583.html.

规划》（简称《规划》）为民航业设立了运输周转量能耗的节能指标，民航局《指导意见》为中国民航业设定了节能减排目标并提出了具体要求。《规划》和《指导意见》从目标和方法上为中国民航业节能减排工作提出要求，这为节能减排法律法规在民航业的落实提供了基础和条件。

第五节　本章小结

美国节能减排法律的发展经历了环境法、能源法和气候法三个阶段（表 5-11）。环保立法始于美国建国之初，见证了美国从滥用环境到保护环境的立法思路转变；20 世纪 70 年代的“石油危机”促使美国开始重视能源立法，反映了能源管理在节能减排立法中的重要性；在气候变化成为世界议题后，美国的节能减排立法出现了向气候法转变的趋势，重视更好地应对能源供应安全和应对气候变化的双重挑战。

表 5-11　美国节能减排法律发展一览表

<table>
<tr><th colspan="3">发展阶段</th><th>时代背景</th><th>主要法律或政策</th><th>产生的影响</th></tr>
<tr><td rowspan="3">环保法</td><td colspan="2">萌芽阶段
（1776 年
至
20 世纪 30 年代）</td><td>建国后，美国发展成为工业化强国，但对环境产生了破坏。环境立法经历了从无到有，从利用环境到保护环境的转变</td><td>《西部领地公共土地法》（1784 年）
《西部土地出售法令》（1785 年）
《1872 年黄石国家公园法》
《1891 年森林保护法》
《1897 年森林管理法》
《1899 年河流与港口法》
《1920 年矿山租赁法》</td><td rowspan="2">美国环境法处于初级阶段，立法水平和取得的成效有限</td></tr>
<tr><td colspan="2">巩固阶段
（20 世纪 30～
60 年代）</td><td>第二次世界大战之后美国经历了工业迅猛发展的阶段，但对环境造成了严重破坏，甚至出现了致死的环境事件。因此，联邦政府开始介入环境立法</td><td>《1948 年水污染控制法》
《1954 年原子能法》
《1955 年空气污染控制法》
《1964 年旷野法》
《1965 年固体废弃物处置法》
《1968 年天然与景观河流法》</td></tr>
<tr><td colspan="2">成熟阶段
（20 世纪 70 年代至今）</td><td>环境立法进入了科学立法的阶段，立法数量多，并且产生了积极的效果</td><td>《国家环境政策法》（1969 年）
《1970 年清洁空气法》
《1972 年联邦水污染控制法修正案》
《1974 年安全饮用水法》</td><td>根据《国家环境政策法》成立环境质量委员会；1970 年成立环保署</td></tr>
<tr><td rowspan="3">能源法</td><td rowspan="3">第一阶段</td><td>尼克松政府</td><td rowspan="3">20 世纪 70 年代爆发了两次石油危机，造成了美国的能源危机。美国的节能减排立法进入能源立法阶段，以应对能源危机、保障美国能源安全</td><td>《1973 年纵贯阿拉斯加管道建设核准法》
《1974 年联邦能源局法》</td><td rowspan="3">根据《1977 年能源部组织法》成立美国能源部；能源立法以“节能”为首要目的，而不注重“减排”</td></tr>
<tr><td>福特政府</td><td>《1974 年能源重组法》
《1975 年能源政策和能源节约法》
《1976 年能源节约和生产法》</td></tr>
<tr><td>卡特政府</td><td>《1977 年能源部组织法》
《1978 年国家能源法》
《1980 能源安全法》</td></tr>
</table>

续表

<table>
<tr><th colspan="3">发展阶段</th><th>时代背景</th><th>主要法律或政策</th><th>产生的影响</th></tr>
<tr><td rowspan="5">能源法</td><td rowspan="3">第二阶段</td><td>里根政府</td><td rowspan="3">20 世纪八九十年代，世界能源价格相对稳定，美国的能源政策主要由市场主导，因此能源立法较少</td><td>《1981 年国家能源计划》
《1983 年国家能源计划》
《1985 年国家能源计划》</td><td rowspan="3"></td></tr>
<tr><td>老布什政府</td><td>《1992 年能源政策法》</td></tr>
<tr><td>克林顿政府</td><td></td></tr>
<tr><td rowspan="2">第三阶段</td><td>小布什政府</td><td rowspan="2">气候问题成为全球热点。在气候问题上美国受到国内外的压力，能源立法开始向气候立法转变</td><td>《2005 年能源政策法》
《2007 年能源独立与安全法》
《2007 年低碳经济法》</td><td rowspan="3">“气候问题”成为美国寻求经济增长的途径，能源立法开始关注气候问题，美国节能减排立法出现新趋势</td></tr>
<tr><td>奥巴马政府</td><td>《2009 年美国复苏与再投资法》
《2009 年美国清洁能源与安全法》
《2010 年美国能源法》</td></tr>
<tr><td>气候法</td><td colspan="2"></td><td>气候问题受到美国国内外关注。美国开始对气候进行立法，这也是节能减排立法的重要方向</td><td>《2007 年低碳经济法》
《2009 年美国复苏与再投资法》
《2009 年美国清洁能源与安全法》
《2010 年美国能源法》</td></tr>
</table>

美国节能减排的法律具备体系上的完整性、管理上的差异性和落实上的多样性。体系上的完备性是指美国节能减排法律覆盖了空气、水、噪声各个方面，并在每一方面都具备从成文法到部门法规的完整体系。管理上的差异性是指美国节能减排法律将污染物、污染物排放源、排放源所在地域按照一定标准进行系统归类，并通过系统归类进行科学管理。落实上的多样性是指美国的节能减排法律采取制定标准、推广技术手段，以及推行许可证制度等多种方式。

通过对节能减排相关法律法规的制定和落实，美国的节能减排工作取得了巨大的成效。这些成效可以概括为极大地改善了美国的环境质量，极大地减少了美国污染物的排放，对美国以外的世界产生了深远影响。

美国民航业节能减排法律体系完善，根据这些法律法规，美国民航业在节能减排工作中需遵循环境影响评价制度、国家环境空气质量标准、新建源审查许可证、国家污染物排放清除系统许可证等相关规定。

美国节能减排法律体系是世界上最为完善和先进的法律体系。尽管中美两国在法律制度上有着根本的差异，但是美国节能减排法律体系中的许多长处依然对中国有着一定的借鉴意义。在中国节能减排法律体系的建设过程中，我们要不断借鉴美国的有益经验，并结合我国现实国情对其进行完善。节能减排法律体系的建设对包括民航业在内的中国节能减排事业有着不可取代的重要作用，在“依法治国”的大背景下，中国节能减排法律体系建设也将取得更大的进步（表 5-12）。

表 5-12　中国(民航业)节能减排法律、法规、规章、政策清单

	名称	发布机构
法律	《中华人民共和国环境保护法》	全国人民代表大会
	《中华人民共和国环境影响评价法》	全国人民代表大会
	《中华人民共和国节约能源法》	全国人民代表大会
	《中华人民共和国可再生能源法》	全国人民代表大会
	《中华人民共和国大气污染防治法》	全国人民代表大会
	《中华人民共和国水法》	全国人民代表大会
	《中华人民共和国水污染防治法》	全国人民代表大会
	《中华人民共和国固体废物污染环境防治法》	全国人民代表大会
	《中华人民共和国环境噪声污染防治法》	全国人民代表大会
法规	《中华人民共和国水污染防治实施细则》	国务院
	《排污费征收使用管理条例》	国务院
	《建设项目环境保护管理程序》	国务院
	《危险废物经营许可证管理办法》	国务院
	《国家突发环境事件应急预案》	国务院
	《规划环境影响评价条例》	国务院
	《消耗臭氧层物质管理条例》	国务院
规章	《消耗臭氧层物质进出口管理办法》	环保部
	《环境监察办法》	环保部
	《环境污染治理设施运营资质许可管理办法》	环保部
	《污染源自动监控设施现场监督检查办法》	环保部
	《环境行政处罚办法》	环保部
	《限期治理管理办法(试行)》	环保部
	《建设项目环境影响评价文件分级审批规定》	环保部
	《建设项目环境影响评价分类管理名录》	环保部
	《国家危险废物名录》	环保部
	《排污费征收工作稽查办法》	环保部
	《环境监测管理办法》	环保部
	《环境信息公开办法(试行)》	环保部
	《国家环境保护总局建设项目环境影响评价文件审批程序规定》	环保部
	《污染源自动监控管理办法》	环保部
	《建设项目环境影响评价资质管理办法》	环保部
	《汽车排气污染监督管理办法》	环保部
	《饮用水水源保护区污染防治管理规定》	环保部
	《全国环境监测管理条例》	环保部

续表

	名称	发布机构
政策	《节能减排"十二五"规划》	国务院
	《"十二五"节能环保产业发展规划》	国务院
	《"十二五"节能环保产业发展规划》	国务院
	《重点区域大气污染防治"十二五"规划》	国务院
	《中国的能源政策(2012)》	国务院
	《国务院关于实行最严格水资源管理制度的意见》	国务院
	《能源发展"十二五"规划》	国务院
	《关于加快发展节能环保产业的意见》	国务院
	《"十二五"循环经济发展规划》	国务院
	《大气污染防治行动计划》	国务院
	《关于发布国家环境质量标准〈环境空气质量标准〉的公告》	环保部
	《关于进一步加强环境保护信息公开工作的通知》	环保部
	《关于做好环境污染治理设施运营许可审批工作的通知》	环保部
	《关于印发"十二五"主要污染物总量减排统计、检测办法的通知》	环保部
	《环境空气颗粒物(PM_{10}和$PM_{2.5}$)连续自动检测系统技术要求及检测方法》	环保部
	《环境空气气态污染物(SO_2、NO_2、O_3、CO)连续自动检测系统技术要求及检测方法》	环保部
	《关于印发节能减排全民行动实施方案的通知》	国家发改委等
	《清洁生产评价指标体系编制通知(试行稿)》	国家发改委等
	《关于加大工作力度确保实现 2013 年节能减排目标任务的通知》	国家发改委
	《"万家企业节能低碳行动"企业名单及节能量目标》	国家发改委
	《关于印发万家企业节能目标责任考核实施方案的通知》	国家发改委
	《关于进一步加强万家企业能源利用状况报告工作的通知》	国家发改委
	《环保装备"十二五"发展规划》	工业和信息化部
	《工业节能"十二五"规划》	工业和信息化部
	《工业清洁生产推行"十二五"规划》	工业和信息化部
	《加快推进绿色循环低碳交通运输发展指导意见》	交通运输部
	《交通运输节能减排能力建设项目管理办法(试行)》	交通运输部
	《交通运输节能减排专项资金暂行管理办法》	交通运输部
	《交通运输节能减排第三方审核机构认定暂行办法》	交通运输部
	《关于进一步交通运输行业节能减排工作的意见》	交通运输部
	《2014 年交通运输行业节能减排工作要点》	交通运输部
	《公路水路交通运输节能减排"十二五"规划》	交通运输部
	《关于公路水路交通运输行业落实国务院"十二五"节能减排综合性工作方案的实施意见》	交通运输部
	《交通运输行业"十二五"控制温室气体排放工作方案》	交通运输部
	《建设低碳交通运输体系指导意见》	交通运输部
	《建设低碳交通运输体系试点工作方案》	交通运输部
	《民航行业节能减排规划》	中国民用航空局
	《关于全面开展民航行业节能减排工作的通知》	中国民用航空局
	《关于加快推进节能减排工作的指导意见》	中国民用航空局
	《民航节能减排专项资金管理暂行办法》	财政部、民航局

第六章　美国民航业节能减排的实现机制

在全球化的今天，一个国家的综合实力早已不仅仅体现在经济增长的指数上，还体现在解决社会、人口、环境等一系列复杂问题的能力上。作为世界第一大国的美国更是全球环境运动的先驱。尽管美国退出了《京都议定书》，但这并不意味着美国放弃了温室气体的减排行动。事实上通过科技创新减少排放一直是美国各时期政府最青睐的节能手段。为了鼓励企业进行自主减排，政府还出台了一系列现金补贴、基金项目以及税收优惠政策，大大提高了企业主动开展节能工作的积极性。而在市场机制减排方面，美国也通过排放交易等进行尝试。

按照对美国民航业节能减排的影响程度，本章将分别从科技创新、激励机制以及市场机制三个方面来介绍美国节能减排的实现机制，并探讨这些机制对航空业发展的影响。

第一节　科技创新

与人类所有经济活动一样，航空运输业也产生了大量的温室气体，影响着环境的变化。联合国政府间气候变化专门委员会指出，航空业制造了世界范围内人造二氧化碳排放量的 2%，预计这一比例到 2050 年将提高至 3%。航空业的二氧化碳排放仅占二氧化碳总排放的微小部分绝非偶然，这是航空业长期专注环保创新技术研究及应用的结果。飞机制造商一直努力降低航空器能耗以保持自身的竞争力。自 20 世纪 50 年代民用飞机开始运营，飞机、发动机以及其他相关零部件制造商就在众多因素的推动下不断采用最先进的技术以提高能效。美国不仅具有世界领先的飞机制造产业和技术，而且拥有堪称先进完善的航空运输系统。美国航空运输业能够一直保持全球领先地位，与其国家层面上完整的航空业科技创新体系密不可分。美国航空业科技创新体系通过联邦机构、州和地方政府，以及学术界、工业界和其他非营利组织的共同努力，以“新一代”为变革目标，以长期战略计划为统领，年度计划为指导，绩效评估计划为保障，依靠充足的人才保障、广泛的资金来源和政策指导，引导、协调并支持国内和国际航空相关产品与服务的研发及推广，促进美国航空科技创新和技术推广，从而确保一个安全、有效、环境友好型的航空运输系统，维持其在全球航空运输业的科技领先地位①。本节将从空管、航空公司、机场及制造商四个方面介绍美国民航业节能减排新技术的发展演进。

① 党亚茹，李雯静．美国航空业科技创新体系分析[J]．科技管理研究，2010(3)：175-178．

一、以“新一代”为标志的美国空管技术变革

在航空业能源消耗结构中，航空器燃油消耗量约占94%[①]。空管部门加快推进节能减排工作，不仅走空管内涵式发展道路、提高运行管理水平的必然要求，更有助于降低航空业运营成本，更好地发挥出航空业服务国家经济社会发展大局的突出作用[②]。在美国，帮助航空公司节油是空管部门的重点工作内容。美国空管部门在联邦航空局的引导下，将科技创新作为突破点，积极推进节能减排工作。

自2003年起，美国着手改革自身的航空运输系统，“新一代”应运而生，该系统覆盖了航空运营的诸多方面，其核心工作包括三个方面：①研发空中交通和机载的新技术、新装备；②改进航空器运行方式，注重航空器综合性能；③巩固以网络为中心的航空信息、气象信息在航空器飞行、空中交通运行、机场运营中的关键地位。

美国联邦航空局认为RNP、ADS-B等均属于美国“新一代”的关键技术，这些技术有助于美国航空业实现油耗和排放的减少(表6-1)。例如，RNP技术可使飞机以更精确的路线降落；CDA使得飞机在接近目的地机场时能够更长时间地保持在巡航高度[③]；ADS-B可在飞行、下降及进近阶段保证对飞机更精确地控制。在降低飞机的燃油消耗和碳排放方面，这些技术潜力巨大。“新一代”不是一个全新的系统，而是在现有基础上采用新标准、新工艺、新装备和新规范集成的航空运行子系统。在采用新的运行模式和运行体系后，该子系统将成长为“新一代”。

表6-1　美国空管部门节能减排主要技术[④]

创新技术	减排潜力	研发成本	预计投入商用时间	行业认可度
所需导航性能(Required Navigation Performance，RNP)	中等	中等	中期	高
广播式自动相关监视(ADS-B)	中等	中等	近期	高
持续进近(CDA)	中下	中等	近期	高
“新一代”的网络天气服务	中等	中等	中期	高

---

① 数据来源：2013年中美民航节能减排高层培训班课件。

② 苏玲. 发挥空管在节能减排中的支撑性作用[EB/OL]. (2012-03-07)[2016-04-23]. http://www.caacnews.com.cn/news2011/newshow.aspx?idnews=186591.

③ CDA技术已经在美国多个机场投入使用。据亚特兰大哈兹菲尔德机场的统计数据，CDA技术为每个航班带来了1300磅(1磅≈0.45千克)的年减排量。

④ United States Government Accountability Office. Aviation and Climate Change: Aircraft Emission Expected to Grow, But Technological and Operational Improvements and Government Policies Can Help Control Emissions [R/OL]. [2016-09-30]. http://www.gao.gov/new.items/d09554.pdf.

(一)背景

随着航空运输需求的不断增长以及经济环境的发展变化，美国原有的航空运输系统已不能满足要求。为了保持美国在航空运输、制造、技术及标准制定等方面的全球领先地位，也为了适应更加节约成本、节能环保的航空业发展趋势，2003 年 12 月，美国颁布了《世纪航空再授权法》。该法案计划建立一个现代化的新型航空运输系统，以满足未来航空运输在安全、效率及安保方面的需求。法案授权联邦航空局、运输部、商务部、国防部、国土安全部、白宫科技政策办公室、航空航天局(National Aeronautics and Space Administration，NASA)共七家政府机构组成联合计划发展办公室，与企业、私营业主、学术机构一起，共同开展“新一代”的研究、开发和支持工作。联合计划发展办公室由联邦航空局和国家航空航天局共同领导与管理。

联合计划发展办公室于 2004 年 12 月向美国国会提交了《新一代航空运输系统实施计划》(Next Generation Air Transportation System Implementation Plan，NGATS)。2006 年正式更名为“新一代”计划。根据计划，联合计划发展办公室每年要撰写年度进展报告，同时要对改动部分加以说明，连同预算一起上交。

(二)工作内容

开发“新一代”的目的在于保证航空安全、提高运行效率、提升运行容量、降低运行成本、提升环保性能等。“新一代”旨在建立一个更加现代化的新型航空运输体系，把用于国家防御与民用飞行的能力整合在一起，为民用、军事航空提供服务，提高航空旅行的效率、效益和安全性，并以此促进美国的经济发展。

围绕这些目标，“新一代”主要推进以下三方面的工作内容。

(1)以卫星导航、电子数据交换和自动化空中交通管理为基础，提高航空运输系统的安全性，减少环境污染。

(2)广泛使用现有技术(如全球定位系统、天气预报、数据网络和数字通信领域的新技术等)，改善航空业的运营基础。

(3)进行更加高效的航路规划，允许更多飞机在保证飞行安全的前提下，执飞更经济更直接的航线，减少延误。

运营层面和技术层面的改进相互结合，可大幅提升美国航空运输系统的运行效率。效率的提升则意味着飞机油耗、排放及噪声的降低，整个航空业对环境的负面影响也将逐步下降。

(三)核心技术

“新一代”的实现需要一系列的技术变革以及运行手段的革新来协调完成，这一过程主要涉及六项核心技术。

（1）广播式自动相关监视（ADS-B）技术。主要实施空对空监视，一般情况下，只需机载电子全球定位系统接收机、数据链收发机及天线、驾驶舱冲突信息显示器，不需要任何地面辅助设备即可完成相关功能。ADS-B 接收机与空管系统、其他飞机的 ADS-B 接收机相接，可以提供精确、实时的冲突信息。

（2）网络气象服务。网络气象服务是一项跨部门的服务，目的在于为飞机提供快速、简便、成本有效性气象信息。

（3）系统级信息管理。为基于 IT 基础架构的国家空域系统提供必需信息，实现信息共享，鼓励信息和服务的重复使用。

（4）国家空域系统网络中的语音系统。在未来的国家空域系统网络中，语音交换机的通信将为数据通信战术和战略行动规划提供支持。

（5）数据通信。这是“新一代”的关键要素。目前飞行员与空中交通管制员之间的交流以语音为主，数据通信技术的加入能够为管制员和飞行员之间提供包括图形和数据文字在内的语音及文本双通道交流方式，从而保证指示发出与接收的有效性和准确性，在确保飞行安全的同时，提高飞行效率。

（6）协同空中交通管理技术（Collaborative Air Traffic Management Technologies，CATMT）。该技术是“新一代”的核心，上述五项技术的目的均是保证 CATMT 的顺利实施。只有其他各项技术得到落实并充分发挥作用，CATMT 的开展才有可能。

（四）预期成效

（1）环境效益。通过对飞机空中运行及地面操作更精确以及更高效的追踪，“新一代”为航空公司显著地降低了油耗，也减少了飞机的排放和噪声。据联邦航空局专家预测，到 2020 年，“新一代”将帮助航空公司减少油耗共计 14.6 亿加仑，而减排量也将达到 1600 万吨①。

（2）经济效益。联邦航空局预测，2011—2030 年，仅减少航班延误一项，“新一代”就可为航空业节省 770 亿美元，而通过安全性提升、截弯取直、航班取消率降低及减排所产生的收益也将达到 290 亿美元（图 6-1）②。

---

① United States Government Accountability Office. Nextgen Air Transportation: FAA Has Made Some Progress in Mid-Term Implementation, But Ongoing Challenges Limit Expected Benefits [R/OL]. [2016-04-30]. http://www.gao.gov/assets/660/653626.pdf.

② United States Federal Aviation Administration. NextGen Bus Case 2012 [R/OL]. (2012-10-05)[2016-04-30]. http://www.faa.gov/nextgen/media/NextGen%20Bus%20Case%202012%20(2012-10-05).pdf.

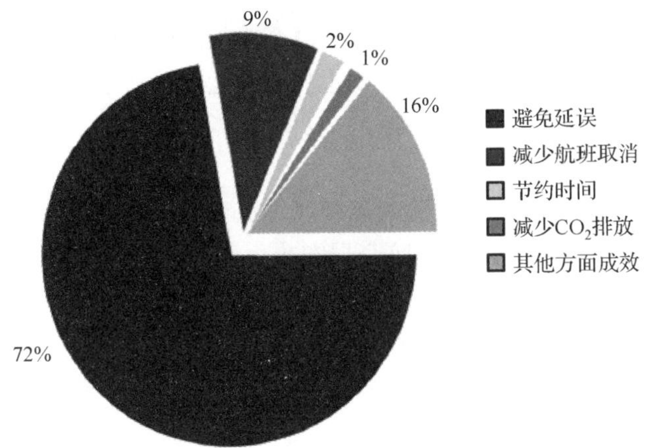

图 6-1　至 2030 年“新一代”累计效益分解(见彩图)

(3)社会效益。提升了政府公信力；适应了航空旅行未来的需求；改善了机场在社区中的形象和作用，提供了更多的就业机会。

美国“新一代”计划助力空管技术的升级，实现了飞机运行效率的提高和排放的减少(表 6-2)[①]。

表 6-2　美国“新一代”主要节能减排技术和预计减排效果

技术名称	技术描述	节能减排效果	节能减排效果预测
广播式自动相关监视(ADS-B)	取代传统雷达定位，以卫星全球定位系统进行飞行数据和相关数据的搜集与共享	2017—2035 年，预计节省燃油 4.1 亿加仑(相当于 123 万吨)，减少碳排放 400 万吨	环境效益：到 2020 年，“新一代”自启用共帮助航空公司节省燃油 14.6 亿加仑，减排量达到 1600 万吨[①] 经济效益：2011—2030 年，仅减少航班延误方面“新一代”就将为航空业节省 770 亿美元，而通过安全性提升、截弯取直、航班取消率降低及减排所产生的收益也将达到 290 亿美元[②]
航路中自动化现代化系统(En-Route Automation Modernization，ERAM)	使用卫星技术为空管部门提供更精确途径，运用 4D(含时间)轨迹运行描述，高效指挥飞机全程飞行及起降	至 2010 年底，已经在美国 20 家空管单位完成 ERAM 的安装与使用，具体效果待验证	
基于性能的导航(Performance Based Navigation，PBN)	使用卫星和系上导航设备，飞机直飞	预计每年节省燃油 410 万加仑(即 1.23 万吨)，减少碳排放 4.1 万吨	

“新一代”是美国对现有空管系统进行变革的重要举措。这是一项巨大的系统工程，能通过实时信息共享的网络技术进行自我更新和自我调整，构建一个可升级的、

① United States Government Accountability Office. Nextgen Air Transportation: FAA Has Made Some Progress in Mid-Term Implementation, But Ongoing Challenges Limit Expected Benefits [R/OL]. [2016-04-30]. http://www.gao.gov/assets/660/653626.pdf.

② United States Federal Aviation Administration. NextGen Bus Case 2012 [R/OL]. (2012-10-05)[2016-04-30]. http://www.faa.gov/nextgen/media/NextGen%20Bus%20Case%202012%20(2012-10-05).pdf.

更加灵活的航空运输系统，以满足市场需求并为未来的变革提供应对措施。“新一代”不仅是美国航空运输业的重大项目，还对世界航空运输业产生了重大影响。

（五）面临挑战

2009 年 10 月，美国交通运输部监察长 Scovel 及美国联邦审计署民航处处长 Dillingham 向美国国会坦言，联邦航空局在推行“新一代”空管系统时面临不小的挑战。由于需要对新设备进行巨额投资，各机场和航空公司对该系统的审查进展迟缓，并对其成效也持怀疑态度。Scovel 甚至表示“新一代”的成本、规划及效益都不明确。Dillingham 则认为，联邦航空局在推行“新一代”的过程中面临着企业文化和组织机构的双重挑战。

联邦航空局专家表示，虽然“新一代”计划是在航空运输压力未来可能激增的大背景下产生的，但增加美国空域容量的问题并不像之前预计的那样紧迫。联邦航空局之前曾预测，到 2014 年美国的航空旅客数量将达到 10 亿人次。但现在看来，预计到 2027 年美国的航空旅客数量才能达到这一数字。虽然一些大型机场的长期拥堵造成了全国范围内的航班延误，但目前美国的航班起降架次比 2000 年创造的峰值减少了 26%，这在一定程度上削弱了相关利益方推进“新一代”项目的动力。

按照最初的计划，美国政府和整个航空业将为“新一代”项目投资 400 亿美元，并于 2025 年之前完工。但联邦航空局的专家认为，现在看来该项目最终花费可能是预算的 3 倍，而且所需的时间也要比预计延长大约 10 年，到 2035 年才能完成。“新一代”何时能够完工以及最终将花费多少钱，联邦航空局的官员都开始对这些问题闭口不谈，而目前联邦航空局每年投入“新一代”项目的费用大约是 8 亿美元①。

二、美国航空公司节能减排技术的发展

美国各航空公司在节能减排方面，严格遵守国家相关法规，将其视为最低标准；在国家法规基础上制定出适合于本公司的具体减排策略；在实施减排策略的同时实行全面监管机制，确保落实；最后将收获的环境效益以社会责任报告的形式予以公布，而这些报告中的基础数据又将为国家、行业相关法规的制定提供支持（图 6-2）②。

下面将从环境政策、环保规划及具体措施三方面来介绍美国航空公司在节能减排领域的行动③。

---

① United States Government Accountability Office. Nextgen Air Transportation: FAA Has Made Some Progress in Mid-Term Implementation, But Ongoing Challenges Limit Expected Benefits [R/OL]. [2016-04-30]. http://www.gao.gov/assets/660/653626.pdf.

② 褚天琦，李吕华．美国航空公司的碳中和实践及其效果研究[J]．现代经济信息，2016(12)：353-354.

③ 易翔．美国各航空公司节能减排事业的发展及成效[J]．科技经济导刊，2016(24)：88.

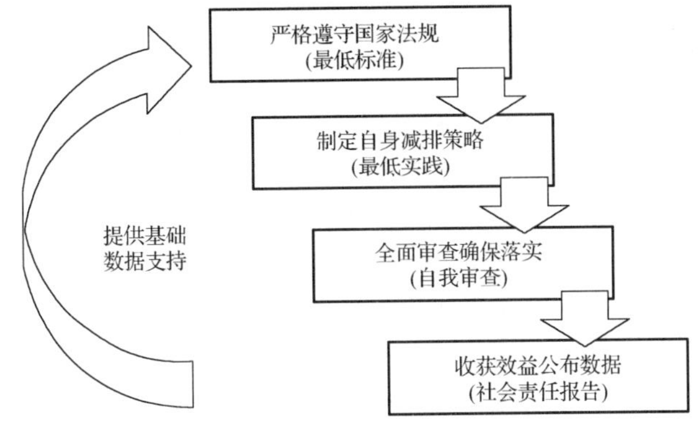

图 6-2　美国各航空公司节能减排行动模式

(一)配套的环境政策

美国国内各航空公司积极遵守现有环境法规,并将其视为环保工作的最低要求,在此基础上制定公司自己的环境政策，力争以对环境负责的最佳实践方式运营。

达美航空(Delta Air Lines，Delta)设定了公司的环境目标，在可能的情况下全面禁止污染，若无法全面禁污，则建立污染减缓项目，使环境影响最小化；要求更高效地使用自然资源；加强同外部利益相关方(包括制造商、政府及非政府组织等)的协商讨论，寻求更合理的办法减轻污染；定期向员工、顾客及利益相关方汇报环保进展，做到信息公开化、透明化。

美国航空(American Airlines，AA)在运营过程中通过可持续商业运营模式保护环境。借助机队更新、燃油智能化项目及废弃物最少化等方面的努力，公司在减少碳足迹的同时也节省了大量成本。公司还成立了一个环境指导委员会，帮助制定环保规划，审查环保进展。公司严格遵守各项现行环保法规，并将其视为最低标准。另外，公司还为员工提供系统的环保知识技能培训，仅 2012 年，培训覆盖 29000 人次，培训时间累计 38425 小时[①]。

美国联合航空(United Airlines，UA，简称美联航)是全球民航业碳减排工作成果最显著的航空公司之一。2004 年以来，公司不断尝试碳减排的各种途径，如优化飞行路线、寻找替代能源、改进清洗方案等，取得了显著效果——总共节省了 10 亿磅航空燃油。减少的碳排放量相当于种植 42.5 万公顷(1 公倾=10000 平方米)的松树林所产生的净化效果。此外，美联航将环境因素纳入商业决策的考虑范围，优化飞机和其他交通工具的燃油效率，提升员工的环保意识，与商业伙伴、供应商和政府部门共同合作，强化环保责任并寻求环境问题的解决方案[②]。

① 参见：http://www.aa.com/i18n/aboutUs/corporateResponsibility/environment/our-approach.jsp。

② 参见：http://travel.163.com/special/unitedairlinestalk/。

（二）可持续发展规划

美国的航空公司十分重视可持续发展，在执行行业减排目标的同时会设定专门的气候目标，致力于减少排放。达美航空、美国航空、美联航等几大航空公司在节能减排理念推行和实践中更是各出奇招，成绩斐然。

达美航空严格执行应对气候变化工作计划（Climate Change Work Plan），为此制定了一个可验证的温室气体排放清单，持续为行业内的减排策略提供资金和技术支持。达美航空在商业决策的过程中将应对气候变化所带来的财务影响（碳管理）考虑进来，与外部利益相关方（包括制造商、政府及非政府组织等）进行沟通并接受监督。

美国航空的"燃油智能化"项目始于2005年，当时航油价格开始上涨，美国航空不得不寻求降低燃油使用量、提高能效的新途径。"燃油智能化"项目强调全员参与，并且直观地将减排成果量化。在该项计划中，员工根据各自的工作性质提供各类节油方法，由专家进行评估，若方法得以通过，则立即投入使用。2005—2012年，"燃油智能化"项目为公司节约航空燃油共计8亿加仑，节约的燃油成本超过20亿美元。

从图6-3可以看出，项目启动的第一年（2005年）就为公司节油8400万加仑，此后节油量基本保持稳步上升的势头（除2009年受经济危机影响航班量下降，导致燃油总消耗下降，节油量也有所下滑），而到2012年，1.47亿加仑的节油量已占到公司当年燃油预算量的6%。

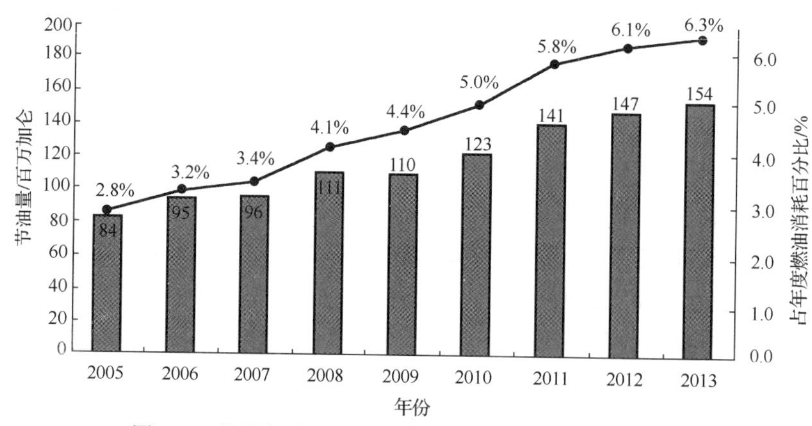

图6-3　美国航空"燃油智能化"项目节油成效一览[①]

生态天空计划（Eco-Skies）是美联航环境行动的最重要项目，主要包括以下几项内容。

（1）燃料效率和碳管理。减少燃油消耗，通过技术及工艺创新降低航空器和地面车辆的燃油用量，提高燃油效率。

① 数据来源：2013年中美民航节能减排高层培训班培训资料。

(2)替代燃料。发挥公司在行业内的领先优势，对替代燃料进行大规模投资及研发，使其更具成本效益。

(3)可持续发展及废弃物管理。努力提高公司产品及设施的可持续性，持续减少公司运营产生的废弃物。

(4)与利益相关方密切合作。与相关的股东、客户、机场、商业合作伙伴、供应商、政府以及非政府组织展开合作，明确各方环保责任并将环境保护视为商业活动的一部分①。

(三)采取的节能措施

美国各航空公司从废弃物处理、飞机改装和飞行减重、地面运行，以及维修节能等方面入手，实施精细化管理，全面降低能耗，减少排放。

从技术创新的角度来说，美国各航空公司主要采取以下几方面的新技术(表6-3)。

表6-3　美国航空公司节能减排新技术

项目类型	措施
燃油效率及碳管理方面	“燃油智能化”节油项目 加装翼尖小翼、分割弯刀式翼梢 优化飞行路线 通过技术及工艺创新降低航空器和地面车辆的燃料用量
排放减少方面	向乘客提供购买碳补偿服务或捐赠里程以购买碳补偿 碳信息披露计划
替代燃料方面	加大替代燃料的研发与推广 推出中西部航空可持续发展生物燃料举措倡议(MASBI)
可持续发展方面	提高公司产品及设施的可持续性 减少运营产生的废弃物 飞行中废弃物回收利用
飞机减重方面	按乘客数量确定机上供水量 使用轻型餐车和轻型座椅
地面运行及维修节能方面	定期清洗发动机 飞机进入机库时用牵引取代滑行 减少辅助动力装置(APU)使用 尽可能使用单发滑行
与员工及其他利益相关方合作	建立全面的综合协作网络 制订生态天空计划 与国际航空运输协会(International Air Transport Association，IATA，简称国际航协)合作，促进减排

① 参见：http://www.united.com/web/zh-CN/content/company/globalcitizenship/environment.aspx?Mobile=1&SID=4D4AADE08D6F4156AE5B495B9EB35BD5。

下面将以达美航空和美国航空为例，介绍航空公司采取的具体措施。

1．达美航空的节能手段

(1) 废弃物处理。各个站点对废弃物，尤其是危险废弃物实施严格管理，在遵守联邦政府关于废弃物处理规定的同时加强对员工正确处理有害废弃物的培训，将每个装有危险废弃物的容器贴上标签，统一管理。

(2) 饮用水管理。对输水管严格管理，蓝色为饮用水管，白色为盥洗水管；在输水管上加设节水阀门；定时进行内部检查，确保阀门及储水池状况良好。

(3) 节油措施。通过安装翼尖小翼、优化加油程序、改善操作步骤及减重等方式节省燃油。例如，公司将波音 B757-200 内的阴极射线显像管(Cathode Ray Tube，CRT) 电视屏幕替换为发光二极管(Light-Emitting Diode，LCD)，此举使得每架飞机减重 212 磅。

(4) 飞行中废弃物回收利用。该项目已经在美国国内超过 25 个机场开展，乘客使用过的铝罐、塑料器皿及报纸杂志等均得以回收利用，从 2007 年至今回收量达 600 万磅，所得费用均捐给慈善机构。

(5) 与机场合作。公司积极与各个机场合作，通过多种方式进行节能减排，如按乘客数量确定机上供水量、地面保障设备电动化以及机场废弃物回收利用等。

2．美国航空采取的节能措施

(1) 飞机改装及飞行减重。例如，安装翼尖小翼、减少饮用水槽储水量、减轻餐车重量、移除陈旧多余设备等，年节油量达 6550 万加仑。

(2) 改善飞行计划，优化航线。例如，要求签派员/飞行员根据每个航班的具体情况计算需消耗的燃油量、客运/货运同重量/平衡体系协同工作，将负载变量最小化，可行的情况下签派员规划出更直接的航线、高效执行飞行计划等，年节油量可达 6820 万加仑。

(3) 地面运行及维修节能。例如，定期清洗飞机发动机，在飞机进入机库时用牵引取代滑行，减少辅助动力装置的燃油消耗，尽可能使用单发滑行，控制飞机加油量、避免油量过多等，年节油量达 2090 万加仑。

(四) 取得的成效

经过一系列努力，美国的航空公司在节能减排方面取得了瞩目的成就。

1．达美航空

2005—2012 年，排放量降低 18.5%；仅 2012 年，飞机减排量就达 868040 吨，相当于五架波音 B747-400(达美机队中最大型飞机) 的全年排放量，2050 年减排 50%的目标有望提前实现。

2009—2012 年，燃油效率年均提高 1.7%，高于国际民航组织设定的 1.5%的目标。

2．美国航空

在美国《新闻周刊》2012 年 500 强企业排名中，美国航空连续三年在所有航空公司中名列前茅，并位列运输和物流类第二名，总体排名居第 88 位。

美国航空与波音公司一起成功开展了可降低油耗和噪声的 B737-800 生态机计划，为验证飞行提供了全新的波音 B737-800 机型。

由美国航空员工牵头的“燃油智能化”节油计划，在 2012 年节油量达到 1.47 亿加仑，使该计划自 2005 年启动以来的总节油量达到 8 亿加仑。

3．美联航

1) 能源效率和碳管理方面①

碳足迹管理和持续提高能源燃油效率对于航空公司履行以有利于环境可持续发展的方式经营业务的承诺至关重要。美联航已经投入大量资金，用于建设一支具有能源效率的现代化机队，同时开展业务和流程改进，促进燃料节约。

(1) 提升燃油效率。自 1994 年以来，公司燃油效率已经提高了 33%。2013 年，公司设定了节约 8500 多万加仑燃料（相当于少排放 82.8 万吨二氧化碳）的目标，并通过在全公司内执行多项节约燃料、改善效率等举措倡议超额完成了目标。公司拥有超过 360 架带有翼尖小翼的飞机，可将燃油效率提高 3%～5%。另外，美联航是首家使用有助于提高燃油效率的全新的分割弯刀式翼尖小翼（split scimitar）的航空公司，它与标准的翼尖小翼相比，能降低高达 2%的碳排放和噪声。

(2) 减少碳排放。首先，美联航支持采用全球性方案来解决航空业的温室气体排放问题。美联航一直努力与其他航空公司、发动机与机身制造商、燃料供应商、机场及政府合作，希望共同制定行业的集体目标。其次，美联航为乘客提供了购买碳补偿或捐赠里程的方式，以减少与航空旅行相关的碳足迹。另外，美联航自 2006 年起便参与了“碳信息披露计划”（Carbon Disclosure Project，CDP），从而成为美国首家完全参与该计划的承运人。

2) 替代燃料方面②

美联航一直致力于替代燃料的研发，同时与多家利益相关方合作，因此成为整个航空业替代燃料的领导者。自 2009 年起，美联航在生物燃料开发方面每年都有突破性进展。

(1) 2009 年。运营美国首架使用生物燃料的客机，这次飞行是由从藻类衍生的可再生喷气燃料和传统喷气燃料混合驱动的。

① 参见：http://www.united.com/web/zh-CN/content/company/globalcitizenship/environment/fuel-efficiency-and-carbon-footprint.aspx?Mobile=1&SID=4F22509F15194DDEBF2CE236A4C7CA6C。

② 参见：http://www.united.com/web/zh-CN/content/company/globalcitizenship/environment/alternative-fuels.aspx?Mobile=1&SID=4F22509F15194DDEBF2CE236A4C7CA6C。

(2) 2010 年。美国首家使用美国生物燃料和合成燃料示范飞行的航空公司。

(3) 2011 年。运营美国首架使用先进生物燃料的商业航班。

(4) 2012 年。推出中西部航空可持续发展生物燃料举措倡议(MASBI)。

(5) 2013 年。宣布将用具备成本竞争力的价格从阿尔泰航空燃料公司(AltAir Fuels)大量购买商用替代燃料，开美国之先河。

3) 产品及设施管理方面[①]

美联航采用了一套促进可持续发展的审核程序，从减重和提高能效的角度改进飞机上使用的产品。例如，用可回收环保型热饮杯来代替原先的聚苯乙烯杯，这种环保杯的主要原料为可回收塑料。

加大对世界各地高能效设备的投资。公司位于芝加哥市中心的总部获得 LEED(Leadership in Energy and Environmental Design)银牌级认证。公司还同机场密切合作，包括美联航贵宾室(United Club)和机场候机楼在内的多个场所内都安装了节能照明与机械系统。

回收并循环利用废弃物。2006—2012 年，从飞机内部及公司各机构共回收利用了 2350 万磅铝罐、纸张及塑料制品。

4) 与员工及其他利益相关方合作方面[②]

美联航拥有完善的员工网络，专门负责解决环境合规性和可持续发展问题。从全球环境事务部(Global Environmental Affairs Department) 到各大航空枢纽的生态团队以及遍布全球各地机场的维护人员和环境协调员，公司建立起全面的综合协作网络，致力于处理环境合规及可持续发展问题。

美联航于 2012 年发起了生态天空社区资助计划。根据计划，每年将拨款 50000 美元，用于资助机场社区内致力于通过植树、园艺等方式保护环境的十个非营利性组织。

美联航与美国市、州、联邦政府及国际政府组织合作，从经济、环境及社会发展等方面保证航空政策的可持续性。美联航呼吁国家和地方各级政府采取适当的环保政策，进行适当投资并积极发挥领导作用。另外，公司还与美国航空公司协会(Airlines for America，A4A)以及国际航空运输协会合作，推动航空业的节能减排。由于在环保方面的杰出表现，2013 年 8 月，《世界航空运输》杂志将美联航评选为“年度最佳生态航空公司”。

不难看出，美国各航空公司在推行节能减排时侧重点各有不同，获得突出成效的领域也不尽相同(表 6-4)。

---

① 参见：http://www.united.com/web/zh-CN/content/company/globalcitizenship/environment/sustainable-products-and-waste-management.aspx?Mobile=1&SID=4F22509F15194DDEBF2CE236A4C7CA6C。

② 参见：http://www.united.com/web/zh-CN/content/company/globalcitizenship/environment/environmental-impact-partners.aspx?Mobile=1&SID=4F22509F15194DDEBF2CE236A4C7CA6C。

表 6-4　美国主要航空公司节能减排实践及成效一览表

实践 航空公司	先进的环保理念	可持续规划	典型节能措施	成效
达美	(1)全面禁污 (2)提高能效 (3)实时汇报	(1)制定应对气候变化工作计划 (2)制定温室气体减排清单	(1)节省燃料 (2)提高能效 (3)研发替代燃料 (4)回收废弃物 (5)飞机减重 (6)地面运行及维修节能	(1)2005—2012 年，减排 18.5% (2)2009—2012 年，能效年均增长 1.7% (3)仅 2012 年，飞机减排量达 868040 吨
美国航空	(1)成立环境指导委员会 (2)加强员工培训，提升节能减排意识	“燃油智能化”项目		(1)与波音公司合作，生态机成功试飞 (2)“燃油智能化”在 2012 年节油 1.47 亿加仑，总节油量(2005～2012)达 8 亿加仑
美联航	(1)开发替代燃料 (2)多方合作 (3)提升环保意识	(1)生态天空计划 (2)碳信息披露计划		(1)自 1994 年以来，燃油效率提高了 33% (2)2012 年成为首家订购分割弯刀式翼尖小翼的航空公司(与标准翼尖小翼相比，能降低碳排放和噪声高达 2%) (3)美国首家使用生物燃油飞行的航空公司

达美航空在减排方面成效卓著，2005—2012 年，公司总排放量降低了 18.5%；美国航空通过实施“燃油智能化”项目，在降低油耗及提高油效方面取得了很大成就，自 2005 年启动以来，该项目帮助公司节省燃油高达 8 亿加仑；美联航则多管齐下，在提高能效、开发替代燃料、产品可持续管理及外部合作方面成绩不俗。需要注意的是，欧美航空业对科技创新的大量投入是建立在雄厚的资金基础之上的，且经历了很长的投资回报期，有些技术迄今仍未获收益。我国航空公司在参考借鉴美国各航空公司节能减排方面的经验时，应注重针对其优势领域进行学习和研究，并从我国国情出发，引进并发展最适合我国航空业的新型技术[①]。

三、美国机场节能减排技术的发展

机场是一个国家或城市的窗口，在机场提倡节能减排、绿色环保等理念从经济、环境和社会利益等角度考虑都是航空业推行节能减排的首要切入点。机场用于跑道灯光、航站楼照明、暖通空调以及各种地面交通运行设备等的能耗是惊人的。美国各机场无论大小，均积极推进节能减排工作，其驱动因素主要来自以下六个方面：①联邦、州及当地政府的法令；②能源价格不断飙升；③基础设施会老化；④节能意识及责任感增强；⑤航空业的经济压力；⑥机场形象的树立和旅客的期望。

① 褚天琦，易翔．欧美航空业节能减排创新管理研究[J]．中国市场，2016(36)：90-92．

美国多数机场都制定了自己的环境政策和路线图，并以此为指导，采取了相应的节能措施。本节以美国芝加哥奥黑尔国际机场、西雅图—塔科马国际机场、芝加哥中途机场为例，从环境政策、技术措施、减排成效三个角度出发，介绍美国大、中、小型机场的节能措施。

(一)积极的环境政策

美国各机场均根据自己的特点，制定了积极的环境政策[①]。

1. 芝加哥奥黑尔国际机场

作为全球最繁忙的机场及美国第四大航空枢纽，奥黑尔机场一直是芝加哥航管局(Chicago Department of Aviation，CDA)推进可持续发展规划最重要的试点机构。机场自身也以可持续发展为规划的核心，持续践行着节能环保的发展理念。2005年，芝加哥航管局开始在奥黑尔机场实施奥黑尔国际机场现代化项目(O'Hare Modernization Program，OMP)，对建筑、公路、跑道、滑行道等一系列基础设施进行升级改造，着手将该机场打造成为行业可持续发展的领头羊[②]。

2. 西雅图—塔科马国际机场

作为全美繁忙程度排名第15位的机场，一直以来，西雅图—塔科马机场都非常重视可持续发展，努力将机场运营对环境造成的影响降到最低。2009年，机场宣布实施一项为时五年的环保战略计划，为其环保愿景规划了一幅详细的路线图，同时还为其每年的环保预算和执行进度提供了框架。该环保战略计划主要包括三方面内容：①客运货运高效化；②自然资源管理合理化；③机场社区发展可持续化。环保战略计划的作用在于：确定关键的环保指标；整合现行的改善环境的行动；为持续的环保行动建立更宏伟的目标，并且为环保的各个方面制定绩效标准。

3. 芝加哥中途机场

主要负责美国国内航线的中途机场以芝加哥航管局颁布的《机场可持续发展手册》(Sustainable Airport Manual，SAM)为指导，从行政程序、可持续规划、设计及施工、运行/维修，以及特许经营商/机场租户五个方面入手，制定了全面的可持续发展规划。

(二)先进的节能技术

美国各机场以能源建筑节能、地面交通能源转换、废弃物回收处理、社区噪声控制及公共节能宣传等五方面为重点，借由联邦航空局及地方政府的多重资助，采用各类先进节能技术，积极推进节能减排行动。

---

① 易翔．美国各机场节能减排事业的开展及成效[J]．科技展望，2016(21)：273．

② 参见：绿色机场大会官网 http://airportsgoinggreen.org/about-AGG.aspx。

从表 6-5 可以看出，无论大、中、小型机场，都将新能源开发利用作为首要途径，同时配以交通改造、水资源回收、废弃物利用等多项技术。

表 6-5　美国机场节能减排主要技术一览表

节能手段 / 机场名称	能源建筑	地面交通	噪声控制	废弃物回收处理	其他方面
芝加哥奥黑尔国际机场	(1)LEED 认证的北塔台 (2)绿色屋顶 (3)可再生资源使用，包括太阳光电、太阳能热水器、太阳能吸热壁、燃料电池 (4)照明设备与建筑自动化系统整合 (5)LED 灯取代传统灯泡 (6)日光采集方案等	(1)芝加哥交通管理局蓝线地铁站改造 (2)电动车充电站	(1)宁静飞行项目 (2)机场噪声管理系统（Airport Noise Management System，ANMS） (3)社区住房隔音项目（Residential Sound Insulation Program，RSIP） (4)社区学校隔音项目（School Sound Insulation Program，SSIP）	(1)废弃物审计系统 (2)瓶装水补给站	(1)气培花园 (2)节能展览及广告等
西雅图—塔科马国际机场	(1)机场老旧照明设施更新 (2)现有照明系统改造项目 (3)配备可持续办公和休闲设施	(1)管道供油系统 (2)地面中央空调系统 (3)登机口电气化 (4)出租车能源转化 (5)地面交通设施能源转化		(1)候机楼使用分类垃圾桶 (2)合理管理建筑废物 (3)使用可降解餐具 (4)回收食用油加工为柴油	(1)工业废水和雨水处理系统 (2)湿地补偿 (3)泄漏除冰液隔离 (4)机场商户雨水排放特殊许可 (5)可阻止野生动物入内的蓄水池
芝加哥中途机场	(1)风力发电机 (2)绿色屋顶	(1)芝加哥交通管理局橙线地铁站改造 (2)租车设施改造 (3)天然气出租车项目 (4)电动车充电站等	(1)宁静飞行项目 (2)机场噪声管理系统 (3)社区住房隔音项目 (4)社区学校隔音项目	(1)废弃物审计系统 (2)瓶装水补给站	(1)针对机场内餐厅的绿色评分系统 (2)节能展示及广告

在节能减排这场战役中，机场自身的力量还略显单薄。这就需要各机场管理部门从政策指南、法律规章、技术创新及资金投入方面给予适度支持。奥黑尔国际机场及中途机场在很多方面都采取了类似或相同的节能技术。这必须要归功于芝加哥航管局。尽管管辖范围仅包括芝加哥市内的奥黑尔国际机场及中途机场，但芝加哥航管局却是全美范围内环保成效最为卓著的管理机构之一。时任局长 Andolino 表示，

“芝加哥正引领全球机场向可持续发展方向转型。我们将与合作伙伴一起，抓紧眼前的机会，减少对环境的负面影响，并确保航空业未来的发展(表 6-6)”[①]。自 1982 年起，芝加哥航管局就启动了针对机场噪声的节能项目，此后更是在两个机场内开展了多个可持续发展项目。

表 6-6　芝加哥航管局节能减排行动进程一览表

时间	项目名称
1982 年	机场社区学校隔音项目启动
1997 年	宁静飞行项目启动
2003 年	《可持续设计手册》发布 奥黑尔机场第一栋“绿色屋顶”建筑落成
2004 年	奥黑尔国际机场现代化项目理念提出
2005 年	奥黑尔国际机场现代化项目正式启动 强制建筑车辆使用含硫量极低的柴油
2006 年	绿色飞机评级系统制定
2007 年	跑道混凝土现场碾压技术投入使用
2008 年	第一座 LEED 认证的北塔台建成
2010 年	《机场可持续发展手册》发布
2011 年	首个机场气培式花园建成
2012 年	加入中西部航空可持续发展生物燃料举措倡议(MASBI) 首个电动车充电站建成
2014 年	宣布将在奥黑尔机场建设替代燃油加油站

从表 6-6 可以看出，芝加哥航管局为本地区机场的可持续发展制定了详尽的战略规划。这些战略规划主要包括以下几方面内容：①通过基础设施的节能改造来提高客运及货运效率，从而实现节约能源、改善空气质量、遏制气候变化的目的；②合理管理自然资源，包括原料的使用和回收、水资源和野生动物的保护；③推进机场社区的可持续发展，如噪声管理、环保教育和培训等。

(三)显著的环保成效

能源、废弃物、自然环境、地面交通及社区参与是美国机场开展节能行动的五大方面，而积极的节能行动也带来了显著成效，主要体现在排放及油耗降低方面。

1. 芝加哥地区机场(奥黑尔机场及中途机场)的环保成效

(1)候机楼空调系统改造减少 5%～10%的能源消耗，年均节省成本 150 万美元。

(2)奥黑尔 8 英亩的绿色屋顶在雨水管理及缓解热岛效应上发挥了巨大的作用。

(3)节水型卫生间年均节水 1.5 亿加仑，到 2015 年饮用水消耗降低 10%。

(4)瓶装水补给站年均减少废弃空瓶 10 万个。

---

① Chicago Department of Aviation. Making Our Airports Aspirational: A Sustainable Path [R/OL]. [2016-03-22]. https://glslcities.org/wp-content/uploads/2015/07/Aviation_sustainabilityplan_Chicago.pdf.

2. 西雅图—塔科马国际机场的环保成效

(1) 管道供油系统每年减排约 980 吨。

(2) 地面中央空调系统可为航空公司节约 1300 万美元的燃油成本，并减排 4 万吨。

(3) 登机口电气化年均减排量 1 万吨。

(4) 对现有照明系统的改造节约了 140 万美元电力成本，减排量达 1200 吨。

除了对节能减排新技术的开发及应用，美国各机场还设立专门机构来管理企业的节能减排工作。例如，多数机场都在其管理层中设置可持续发展经理一职，可持续发展经理投入可持续发展方面的工作时间占到全部工作时间的 50%～100%。

总体来说，在技术创新领域，美国机场主要对以下八个方面进行了大量投资及开发：①传统能源的改造；②绿色能源的开发；③建筑隔热保温；④室内外的灯光照明；⑤室内外的温度控制；⑥水资源管理；⑦废弃物处理；⑧生态政策、认证及标准等。各机场已不再满足于环保达标，而是将可持续发展的理念融入日常运行中，在降低成本的同时突显企业自身、客户及周围社区的价值取向。

四、美国民航业制造商节能减排新技术

美国拥有全球最大的飞机制造商(波音公司)及三大航空发动机制造商中的两家(通用电气公司(简称通用公司)和普拉特·惠特尼集团公司(简称普惠公司))，是世界航空制造业的最大输出国。在整个民航业推进节能减排的过程中，航空制造企业功不可没，积极研发采用最新技术和制造工艺提升产品的运行效率，减少油耗及排放。

(一)航空器制造商节能减排新技术

波音董事长、总裁兼 CEO Jim McNerney 说：“我们正在发挥波音员工的专长，设计环保性能领先的产品，研发更清洁的燃油，进一步提升全球空中交通系统的性能，尽一切努力减少航空旅行的碳足迹。”

作为全球最大的航空器制造商，波音公司一直致力于研发产品制造环节的节能新技术，并在飞机制造的各个环节降低碳排放。在波音的环保战略中，借助数字化航空提升飞机运行效率绝对是其核心理念，而通过对飞机制造技术的不断创新，波音生产的新一代机型的环保性能较以往也有大幅提高。

如图 6-4、图 6-5 和图 6-6 所示：相对于波音 B767 机型，波音 B787 梦想客机的油耗和碳排放降低了 20%，噪声足迹减少了 60%；相对于波音 B747-400 机型，波音 B747-8 的油耗及碳排放降低了 14%，噪声足迹减少了 30%；相对于波音 B737NG 机型，波音 B737MAX 的油耗和碳排放降低了 13%，噪声足迹减少了 40%。

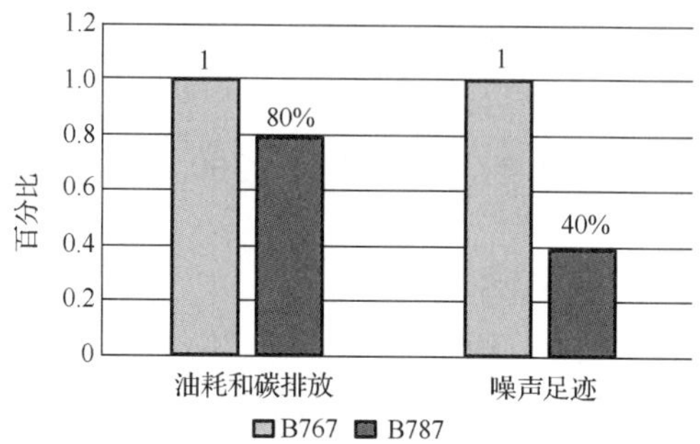

图 6-4　波音 B767 和波音 B787 的油耗、碳排放及噪声足迹对比

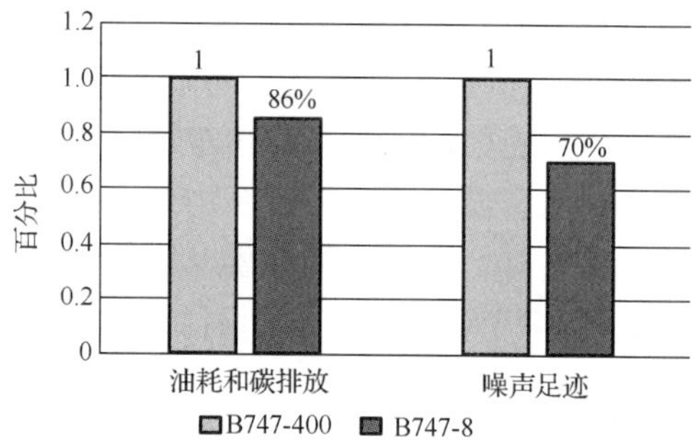

图 6-5　波音 B747-400 和波音 B747-8 的油耗、碳排放及噪声足迹对比

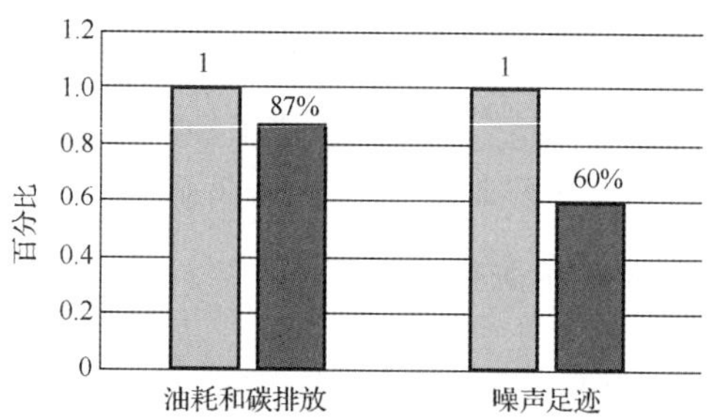

图 6-6　波音 B737NG 和波音 B747MAX 的油耗、碳排放及噪声足迹对比

表 6-7 列出的是美国航空器制造商所采用的节能减排新技术。

表 6-7　美国航空器制造商所采用的节能减排新技术①

创新技术	减排潜力	研发成本	预计投入商用时间	行业认可度
翼身融合	高	高	远期	中下
轻型复合材料	中	中	中期	高
翼尖小翼	低	低	已投入使用	高

从表 6-7 可以看出，加装翼尖小翼由于其成本较低且公众接受度高，现已被各

① United States Government Accountability Office. Aviation and Climate Change: Aircraft Emission Expected to Grow, But Technological and Operational Improvements and Government Policies Can Help Control Emissions [R/OL]. [2016-09-30]. http://www.gao.gov/new.items/d09554.pdf.

航空公司广泛使用，但其减排效果却不如翼身融合及复合材料两项技术，然而翼身融合技术由于投入高、见效慢，行业内的认可度相对不高。

(二)发动机制造商节能减排新技术

作为美国最大的航空器发动机制造商之一，普惠公司一直致力于提高发动机的科技含量，并改善其环保性能。普惠公司的创始者 Rentschler 曾说过，只有最好的发动机才能成就最好的航空器。正是制造商对先进技术的不懈追求，才使得如今的航空器发动机在效率和环保效益方面始终处于依靠地位。美国航空器发动机制造商所采用的节能减排新技术如表 6-8 所示。

表 6-8　美国航空业发动机制造商所采用的节能减排新技术①

创新技术	减排潜力	研发成本	预计投入商用时间	行业认可度
齿轮涡扇发动机	中	中	近期	高
开放式转子发动机	高	高	中期	中下
分布式推进系统	中	高	远期	高

由表 6-8 可以看出，齿轮涡扇发动机的研发成本适中，且可快速投入商用，因此得到了制造商的青睐。普惠 2008 年 7 月发布的 PW1000G 型齿轮传动涡轮风扇(简称涡扇)发动机，与之前发动机相比，可将飞机的年均油耗及碳排放各降低 15%。

五、本节启示

科技是第一生产力。纵览美国的能源政策发展史，无论执政政府对节能的态度积极与否，也无论当时美国经济形势如何，科技创新始终是美国政府解决环境问题的最主要手段。从空管部门“新一代”的出现和发展，到航空公司在降低油耗上的孜孜追求；从机场对基础设施及社区环境的改善，到各制造商为提高飞机运行效率、减排降噪所做的努力，都将先进技术的研发及应用作为节能减排的突破口。不过，美国民航业对科技创新的大量投入是建立在本国雄厚的经济基础之上的，且经历了很长的投资回报期(某些技术迄今仍未有收益)，而我国民航业仍处于高速发展阶段，加上我国现阶段的国情，在民航业科技创新上的资金投入不可能达到美国的水平。因此在进行航空科技的创新时，一定要从本国国情出发，引进并发展最适合我国民航的新型技术。例如，航空公司的一些尝试，如美国航空的“燃油智能化”项目就很适合在我国的航空公司开展。在 2014 年 7 月针对我国国内航空公司开展的调研中，

① United States Government Accountability Office. Aviation and Climate Change: Aircraft Emission Expected to Grow, But Technological and Operational Improvements and Government Policies Can Help Control Emissions [R/OL]. [2016-09-30]. http://www.gao.gov/new.items/d09554.pdf.

很多公司员工均表示对节能的积极态度，并已形成很多有利于公司节油的构想，却苦于没有实现途径。“燃油智能化”这类项目恰好能为员工提供一个展示节油构想并将其变为现实的平台。在引进外国先进技术的同时更要重视自身的技术创新，始终将科技创新作为核心竞争力，加紧节能技术的研发，早日实现向高容量、高效率、高科技航空业的转变，从航空大国发展成为航空强国。

另外，值得关注的就是美国民航业对降噪的重视。由于联邦航空局对机场周围社区住宅噪声要求严格（昼夜等效声级 LDN≤65dB），对美国机场来说，社区噪声的降低是其节能减排的一个重要方面，对社区噪声的监控，以及对社区内学校和民居的隔声改造一直是其关键工作之一。2014 年 7 月课题组对我国部分机场的调研结果显示，国内绝大多数机场并未将降噪纳入自身的节能减排战略规划，理由是机场大多远离市区，社区内居民较少，不会造成噪声污染。事实上，自 2000 年以来，首都机场周边居民就因航空噪声污染问题多次到民航局集体上访，而杭州萧山机场运营不到一年就发生社区居民因难以忍受航空噪声而闯入停机坪阻碍飞机起降的极端事件。此外，民航局与国家发改委 2008 年 12 月共同印发的《民航行业节能减排规划》也指出，解决机场噪声排放问题已经到了迫在眉睫的地步①。其实，从技术方面来看，发动机及航空器制造工艺的改进是社区降噪最主要的方式，而这种改进也能大幅度提升燃油效率并减少排放。但是由于当前我国大部分机场对噪声污染的认识程度不够，加上在发动机和航空器制造技术方面的自主性不够，我国民航业在节能减排工作中并未真正将降低噪声污染纳入考虑。在今后的节能减排工作中，我国机场和航空公司需要将这一方面纳入考虑，这既是节能减排的要求，又是提升行业和企业形象的必然要求。

第二节　激 励 机 制

环保和发展并不矛盾，通过政策创新，完全可以把环境治理打造成新的经济增长点。实施节能减排，可以带来经济效益，同时也能产生生态效益和社会效益。企业作为一个利益主体，追求的是自身经济效益的最大化，但是政府的目标是多元的，它不仅关心节能减排带来的经济效益，还要关心其带来的生态效益和社会效益，最终达到总体效益最大化。具体来说，节能减排具有公益性的特点，对相关经济主体的吸引力较弱；同时，低碳产品和设备昂贵的成本削弱了企业的市场竞争力，因此，政府需要制定并推行更多的刺激性政策措施以激励企业的节能减排行动，同时约束其经营行为，引导其在生产过程中注重节能减排，实现经济效益、生态效益和社会效益三重目标②。

① 夏梓耀，黄锡生．中国机场噪声污染防治立法问题研究[J]．北京航空航天大学学报，2011，24(4)：38-45．

② 崔秀敏．企业节能减排激励机制研究[J]．生态经济，2010(8)：46-48．

2015年，美国是世界最大石油消费国、最大天然气消费国、第三大煤炭消费国[①]。能源的过度依赖导致环境进一步恶化，美国制定了一系列激励机制来鼓励节能环保行动。这些激励机制主要包括以下六个方面[②]。

(1)探索高新技术，改变能源结构。

(2)政府提供能源管理专项拨款，推出“联邦能源管理计划”。

(3)制定行业生产节能标准和产品能耗标准。

(4)拨款资助。

(5)加大立法支持力度。

(6)税收优惠，购买节能产品可获得抵税优惠。

本节将从能源管理专项拨款、税收调节政策以及美国民航业节能减排基金项目三个方面，介绍激励机制对美国，尤其是对美国民航业节能减排的推动作用。

一、能源管理专项拨款

节能减排是建设资源节约型、环境友好型社会的必然选择，是推进经济结构调整、转变增长方式的必由之路，是突破资源环境瓶颈、实现可持续发展的根本出路。美国作为全球能源消耗第一大国，很早就将节能环保、降低排放的理念植入能源管理之中，从联邦政府到各级州政府，均出台了拨款项目，为政府机构及私营企业的节能减排措施提供资金支持。

(一)联邦政府能源管理计划

1. 实施背景

美国政府机构每年用于能源开支的费用大约为80亿美元，每年耗电540亿千瓦时，占全国电力消费总量的2%，是美国最大的能源消耗者之一。因此，能源管理成为联邦政府设施管理者所面临的巨大挑战。

为降低政府能耗、节约财政支出，美国联邦政府于1973年开始实施联邦政府能源管理计划(Federal Energy Management Program，FEMP)。实施这一计划的根本目标是通过能源效率的提升来推动可再生能源的使用并降低建筑、设备运行的能源成本，引导联邦政府各个部门更加有效地利用能源，削减政府部门的能源使用量和能源经费，降低对环境的影响。能源管理计划有助于政府机构使用最有效的办法来实施能源管理。为了节省纳税人的钱并获得更高的能源使用效率，美国政府通过立法

① 数据来源：BP. 2016年BP世界能源统计年鉴[R/OL]. [2016-09-19]. http://www.bp.com/content/dam/bp-country/zh_cn/Publications/StatsReview2016/BP%20Stats%20Review_2016%E4%B8%AD%E6%96%87%E7%89%88%E6%8A%A5%E5%91%8A.pdf.

② 张爱美，李文瑜，吴卫红，等. 我国工业企业节能减排激励与约束机制研究[J]. 生态经济，2013(12)：107-110.

和行政命令的形式将能源管理计划固定下来，作为长期有效的管理方式，其覆盖的领域包括新建建筑，建筑升级改造，设备采购、运行、管理和维护，公用事业管理，联邦车队管理，水电煤气和能源负荷管理。能源管理计划先后通过第 12902 号总统行政命令“政府设施能效和水资源保护”（EO12902：Energy Efficiency and Water Conservation at Federal Facilities）和第 13123 号总统行政命令“通过提高能源管理效率建设绿色政府”（EO13123：Greening the Government Through Efficient Energy Management）确定了联邦政府的节能目标。

（1）办公大楼能耗方面，以 1985 年为基准，单位面积能耗到 2005 年前减少 30%，到 2010 年前减少 35%。

（2）工厂和实验室能耗方面，以 1990 年为基准，单位面积能源消费量到 2005 年前减少 20%，到 2010 年前减少 25%。

（3）2000 年底前安装 2000 套太阳能系统，2010 年底前安装 20000 套。

（4）以 1990 年为基准，到 2010 年前将能源消耗产生的温室气体减少 30%。

（5）到 2005 年，2.5%的建筑用电将使用可再生能源供电。

（6）到 2010 年底，联邦政府设施的 80%实行最有效的节水管理措施。

2．主要内容

联邦能源管理计划主要涉及四项内容：为节能项目的融资提供规划方案；为节能技术的应用提供指导和帮助；对国家整体节能情况进行监管和评估，组织开展相关拓展活动；推动落实国家能源政策并对实施情况进行反馈。

1）为节能项目的融资提供规划方案

为了实现计划内的节能目标，2001—2005 年，美国联邦政府大约投资了 50 亿美元对建筑物内的陈旧设备进行维修或更换。面对巨大的资金缺口，联邦政府通过能源管理计划引入了能源服务业的节能绩效合同（Energy Saving Performance Contract，ESPC）、公用事业能源服务合同（Utility Energy Services Contracts，UESC）和节能公益事业基金。

（1）节能绩效合同。节能绩效合同是能源管理计划重要的资金来源途径，它是联邦政府与能源服务公司（Energy Service Company，ESCO）之间结成的契约关系。能源服务公司是那些为提高美国联邦政府建筑设施能效，降低运行维护费用而提供项目开发、改造、融资服务的企业。节能绩效合同帮助美国政府机构在无初始投资和国会拨款的情况下完成政府设施的节能改造，提高设施的能源效率。

（2）公用事业能源服务合同。公用事业能源服务合同的合同期一般都在 10 年以上，属于长期合同，能源服务公司可以长期获得稳定收益。据估算，1995—2005 年，合同能源管理项目通过能源服务合同获得了大约 10 亿美元的资金支持。在合同期内，能源服务公司为政府机构提供节能改造的资金、服务和产品，促进政府内部设施更高效地运行。同时，联邦政府将节约下来的能源费用的一部分支付给能源管理公司，能源管理公司也可通过努力提高自身管理水平和节能水平来获得回报。

(3) 节能公益事业基金。美国有 21 个州设有节能公益事业基金，基金由各州公益事业委员会负责管理，相关部门和单位可申请并利用该基金开展节能活动。节能公益事业基金的主要来源为电价附加费，收取标准为电价的 2%～3%，美国能源部每年也会向各州政府提供数千万美元的能源管理专项拨款。

2) 为节能技术的应用提供指导和帮助

美国橡树岭国家实验室以及其他国家实验室和技术中心一直为联邦政府能源管理计划提供技术支持，以确保建筑和建筑内用电设备的节能改造项目的实施。同时，通过课程培训、现场核查、协助制定规划以及新技术的应用指导等方式，帮助联邦政府找到最佳且最符合成本效益原则的节能、节水及可再生能源项目，协助联邦政府实现节能目标。为了让联邦政府的工作人员都能对这类项目有适当的了解，政府职员和其他相关工作人员可以参加公益事业委员会举办的高级别培训。一旦节能项目立项，委员会还会通过技术观摩等方式，提供技术上的协助。联邦政府能源管理计划的技术支持小组帮助政府采取包括设备评估、技术鉴定和项目评价在内的综合措施来促进节能。通过新技术认证程序让政府机构对新型节能技术有所了解，以便在适当的时候加以应用，从而达到节能的目的；为管理者提供有关节能、节水和新能源技术的信息，方便他们在开展节能改造项目时做出决策。

3) 对国家整体节能情况进行监管和评估，组织开展相关拓展活动

联邦能源监管委员会(Federal Energy Regulatory Commission，FERC)的另一个职责是向国会报告联邦政府节能目标的达成情况。委员会下设两个组织：联邦跨部门能源政策委员会和联邦跨部门能源管理专项小组，两个组织共同负责制定能源管理政策、挖掘客户需求、评定计划优先级以及协调联邦政府机构间的联系。另外，委员会还负责开展拓展活动，帮助政府工作人员和官员增强“提高能效可以获得巨大收益”的意识，以协助政府机构在实施节能措施时做出最有利的选择。拓展活动内容广泛，包括收集、分析政府设施能源使用的相关资料，出版刊物《联邦政府能源管理计划》，发布能源及水资源管理信息，制作相关网站，开辟热线电话，举办培训班、展览会和年会等。

4) 推动落实国家能源政策并对实施情况进行反馈

从《1992 年能源政策法》到 2008 年的《美国国家节能计划 2025》和 2009 年的美国总统第 13514 号行政命令，这些政策文件都要求联邦政府机构削减能源消费，并且规定了具体的节能目标。政府机构必须寻找有效的节能方式，并得到专业机构的指导才能完成这一目标。能源管理计划每年会针对联邦政府机构的节能成效给出一份年度报告，协调机构之间的合作，并对政府机构的能源管理做出政策性引导。主要内容包括：成立政府机构间能源管理的特别工作组，向国会和总统做年度报告，进行能源方面的政策指导、立法修订和进度跟踪等。

3．取得的成效

美国联邦政府能源管理计划产生的效果十分显著。通过能源管理计划，联邦能源管理部门已经帮助美国联邦机构逐步达成政府规定的节能目标：先是于 1993 年提前达成国家节能法案所规定的 1995 年前应节能 10%的目标；又于 1998 年提前达成能源政策法令规定的 2000 年节能 20%的目标(图 6-7)。

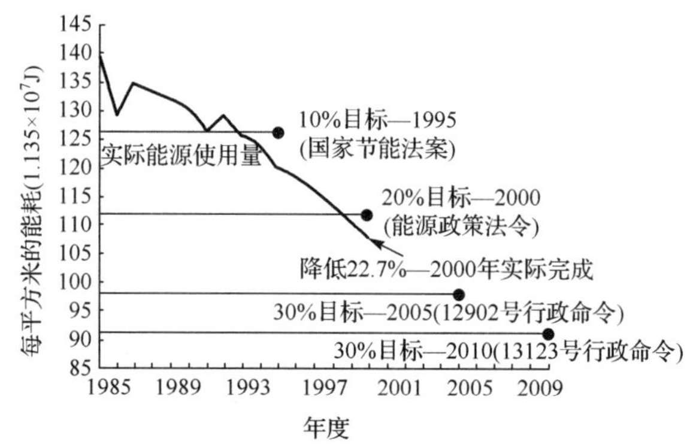

图 6-7　美国行政部门节能目标完成情况[①]

4．积累的经验

(1)政府部门重视节能环保，将节能工作当成政府的重要工作内容之一。美国 2009 年的经济刺激计划提出将政府拨款中的 168 亿美元直接用于提高能效。这些资金主要用于联邦政府机构建筑节能改造、住宅节能改造、节能项目的税收抵免等。奥巴马政府明确要求对 75%以上的联邦机构大楼进行节能改造，包括采用高效率、低能耗的供暖和制冷系统，用节能灯代替原有的普通荧光灯等，提高联邦政府部门的节能水平。

(2)以法律法规的形式将政府能源管理工作固定成为政府机构日常工作之一。《2005 年能源政策法》规定，联邦政府新建大楼至少应比现有建筑节能 30%。为此，美国能源部于 2007 年 8 月专门出台了“能源管理行动倡议”，要求所属建筑设施 5 年内实现节能 30%、节水 16%的目标，确保每年减少 9000 万美元的公用事业预算支出。2008 年美国能源部和美国环保署联合发布了《美国国家节能计划 2025》。按照计划，到 2025 年，将全美能源需求降低 50%，节约 5000 亿美元资金。

(3)政府的能源管理计划在利用市场机制解决融资问题的同时，又保障了节能技术的先进性，推动了能源体制改革。

(4)合同能源管理形成新的市场和新的经济增长点。据美国国家能源服务公司协会统计，2006 年美国的节能服务产业的产值为 36 亿美元，2008 年达到 55 亿美元。

可以看出，高科技和市场化是联邦政府能源管理计划的核心。在该计划中，美

① 胡萍．美国联邦政府能源管理项目及其启示[J]．能源经济技术，2012，24(1)：57-61．

国橡树岭国家实验室负责节能改造的技术先进性评估，确保所采用的技术代表着先进的发展方向和未来趋势。而市场化则解决了政府经费不足的问题，保证政府机构能在规定的时间内达到政府制定的节能目标。合同能源管理的模式则确保了业主、企业和政府各自的利益。整个过程中，政府起着非常重要的作用，包括制定节能计划；提供部分启动资金，更主要的是通过市场化方式融资；聘请专业的节能公司进行长期合作；规范节能的合同管理，确保各方利益①。

(二)其他能源拨款项目

除了联邦政府能源管理计划，美国各政府机构还设立了多个能源拨款项目，涉及清洁能源、传统能源效率的提升、能源存储及建筑节能等多个方面(表 6-9)。

表 6-9　美国重大能源拨款项目一览表②

项目名称	启动时间	主要内容	目标与成效
“简易地图”	2009 年 3 月 26 日	单击地图上的任意一个州便会清晰地显示出隶属该州各个获得拨款地城市名称及具体金额	共 23 个城市获得政府拨款，对居民住宅和政府办公楼进行改造，提高了能效
加州新兴清洁能源技术项目	2010 年 9 月	向超过 12 个州的清洁能源项目拨款近 1.8 亿美元	海洋波能、潮汐、洋流等可再生能源的技术和商业可行性得到开发；建筑物节能效率提高；空调更加高效节能；电机功率密度和效率得以提升
Sunshot 计划	2011 年 2 月 4 日	拨款 6 亿美元支持太阳能开发	计划在 2020 年前将太阳能光伏系统总成本降低 75%，达到每千瓦时 6 美分
地热能贷款担保项目	2011 年 2 月 24 日	拨款 2 亿美元支持地热能开发	主要聚焦在几个重点领域，包括先进钻井技术、先进完井技术、单井隔离压裂区工具、储层模拟观测工具和数据收集系统、地球物理勘探技术、地球化学与岩石流体相互作用研究等；此外，14 个州的 34 个创新项目将开发和测试新的方法来寻找地热资源，改进资源的定位、钻井和储层工程技术，帮助降低国家对化石燃料的依赖。上述项目由美国能源部能源效率和可再生能源局资助
电动汽车投资项目	2011 年 4 月 19 日	未来 3～5 年拨款超过 1.75 亿美元，加速先进汽车技术的开发和部署	在全美境内建造 14000 座免费充电站，其中包括家庭智能充电器。该项目有助于减少美国对国外石油的依赖
生物质能项目	2011 年 5 月 5 日	美国农业部和能源部向 8 个研发项目提供 4700 万美元资金来促进生物质能的研究和开发	旨在提高非粮生物质转换为化学品和先进生物燃料的经济性及转化效率，推动先进生物燃料和其他高附加值生物化学品的技术进步与工艺升级

① 胡萍．美国联邦政府能源管理项目及其启示[J]．能源经济技术，2012，24(1)：57-61．

② 数据来源：国家能源局官网 http://www.nea.gov.cn/2012-03/15/c_131468060.htm。

续表

项目名称	启动时间	主要内容	目标与成效
太阳能贷款担保项目	2011年6月14日	为2个聚光太阳能热发电项目(Concentrating Solar Power，CSP)提供约18亿美元的贷款担保	各大太阳能公司通过贷款筹集到研发资金，极大地推动了太阳能开发
洁净煤投资项目	2011年6月	总经费将超过1700万美元。此外，美国能源部投资约30万美元，在大学煤炭研究计划下遴选8个新项目，在未来36个月内进一步推进先进煤炭研究	9个项目中标，项目范围涉及碳捕捉与封存技术、气化技术、燃烧后处理方法、气体净化，以及煤制油等领域
风力发电投资项目	2011年6月28日	能源部拨款5050万美元支持风力发电研发	发展新一代风力发电机动力传动系统设计，包括风轮机、齿轮箱和发电机等。这些资助项目将有助于加速美国海上风能的部署
燃气轮机投资项目	2011年7月20日	为化石能源局大学轮机系统研究计划(UTSR)框架下遴选的10个项目提供620万美元的资金支持	开发先进技术用于新一代燃气轮机，能够使用煤基燃料和氢燃料清洁高效运行
非常规油气资源投资项目	2011年8月1日	美国能源部选择了11个研究项目，投资总额为1240万美元	旨在增加国内非常规油气生产，同时加强环境保护，重点关注页岩气，提高石油采收率
能源存储投资计划	2011年8月9日	美国能源部宣布斥资超过700万美元支持加州、华盛顿州、俄勒冈州的4个项目，促进燃料电池电动车储氢技术	实现美国在先进燃料电池技术研究领域的领导力，帮助国内汽车制造商将更多燃料电池电动车引入主流市场
提高能效项目	2011年9月9日	美国能源部选择6个技术开发项目，希望降低采用碳捕捉的煤气化一体化联合循环(Integrated Gasification Combined Cycle，IGCC)电厂的发电成本，同时保持最高的环保标准。经费支持总计1400万美元	用来提高IGCC电厂的经济效益，促进丰富的煤炭资源的利用
核电投资计划	2011年9月21日	美国能源部宣布在“核能大学研究计划”(NEUP)框架下投资超过1700万美元	为23个由大学领导的研究团队开展新一代核能技术研发和现有核能反应堆升级研发提供资助
建筑节能投资计划	2011年12月2日	总投资高达40亿美元	旨在提高政府和私营部门的建筑能效，在不影响纳税人利益的情况下减少燃料使用并增加就业。该计划提出了商用建筑到2020年节能20%的国家目标

不难看出，从能源部到各级州政府，美国在能源项目，尤其是新能源项目的开发上投入了大量人力和财力。整体来看，美国在能源项目的拨款方面主要呈现出以下三个特点。

(1)资金投入力度大。联邦、州、地方三级政府均为能源项目，特别是新能源项目的开发和推广投入了巨资，这为传统能源效率的提高以及新能源的利用提供了资金支持。

(2)项目覆盖范围广。除了为传统能源如煤炭、石油、天然气等项目提供资金用于提高能效，各类新能源如太阳能、风能、潮汐能等也都获得了大量财力支持，美国新能源开发全球领头羊的地位得到进一步巩固。

(3) 项目持续时间长。每个能源项目的周期都比较长，期间每个项目都必须接受定期评估以及监管机构的监督审查，保证项目的高效实施和目标的达成。

(三) 美国民航业能源管理政策

应对航空业面临的环境和能源挑战不能毕其功于一役；相反，需要多重的创新方案，包括技术、运行、规划和可持续性。基于航空业一贯的技术优势以及运行创新，美国联邦航空局制定了实现航空业环境和能源目标的全面的、综合的政策，同时也制定了保证政策落实的配套措施。该措施主要包括以下六个方面的内容[①]。

1. 提高科学认识和建模水平

航空业在推行“新一代”时，必须根据可靠的科学认识对行业进行环境分析、影响评估，由此制定针对系统负面影响的缓解策略。例如，要缓解居民对航空器噪声的担忧情绪，以及按照联邦政府的要求降低噪声，就必须对航空器噪声影响进行更全面、更深入的评估和分析，并提升对航空器噪声影响的认识。此外，航空业在针对不同部门制定减排政策时，必须具体问题具体分析，充分考虑行业不同排放单位之间的区别和联系，并加入成本效益分析，由此制定更全面、更合理的政策。

2. 加快空中交通管理的变革

联邦航空局指出，研发并建成先进的运行程序和基础设施有助于增强国家空域系统的运行能力、提升系统的运行效率，可以有效缓解环境影响并提高能源效率。“新一代”可以大大提升航空器在地面及空中的运行效率，有助于达成节省飞行时间和燃油成本的目标，并由此减少二氧化碳及其他能够对空气质量造成负面影响的气体的排放。“新一代”所需性能导航(Area Navigation/Required Navigation Performance，RNAV/RNP)技术可以减少飞行时间和油耗、降低排放，而优化的下降剖面则可以降低噪声、减少排放和油耗。在美国与欧洲、亚太地区的合作中，“新一代”使用的优化“停机位-停机位”(gate-to-gate)的技术和程序，已被证实可有效减少油耗和排放，并降低噪声等级。

3. 推进航空器新型技术革新

事实证明，航空器制造方面采用的新技术对降低航空业对环境的影响做出了巨大的贡献。与 20 世纪 50 年代第一代喷气飞机和发动机相比，21 世纪的新一代喷气

---

① United States Federal Aviation Administration. Aviation Environmental and Energy Policy Statement [R/OL]. [2016-08-03].http://www.faa.gov/about/office_org/headquarters_offices/apl/environ_policy_guidance/policy/media/faa_ee_policy_statement.pdf.

式飞机和发动机噪声足迹缩小了90%，燃油效率和碳排放改善约70%。美国航空业为实现严苛的环境和能源目标，不断探索航空器发动机及机身制造的关键技术。美国政府一直大力支持新的发动机技术和机身构型设计，以便为下一代航空器奠定减排基础。未来，航空器将变得更安静、更清洁，燃油效率也将大幅提高。在国家科学技术委员会主导、多部门合作的《美国航空研究和发展规划》的指导下，联邦航空局、国家航空航天局以及国防部在航空技术研究方面开展了密切合作。虽然各部门关注的领域和重点不同，例如，联邦航空局的工作重心是培育近期可用的新技术，而国家航空航天局更关注电动飞行技术的长期技术研发，但节能减排的目标始终一致。

4．促进可持续替代燃料的研发

大力研发及部署可持续替代燃料，可以改善航空业的环境绩效、能源安全和稳定性。美国航空业也对替代燃料的使用做出承诺。美国政府和航空业制定了一系列研发及使用替代燃料的举措，如“商业航空替代燃料倡议”等。

美国航空业关于替代燃料研发的近期举措包括：增加符合美国试验与材料协会国际标准组织标准审定要求的新型替代航空燃油；开展航空器使用替代燃料的飞行测试；确定替代燃料的排放特点、全生命周期内的温室气体排放量，以及可持续性。美国政府也表示将为替代燃料的大规模生产提供资金支持。

5．制定环境政策、标准和基于市场的措施

联邦航空局指出，航空业需要制定恰当的环保政策、实施环保项目并采用适当的机制，为开发先进的技术和运行模式，并将其快速应用于机队、机场和整个航空系统提供支持。“新一代”的环境管理系统包含详细具体的环境目标，并可依据《国家环境政策法》进行评估。政府和航空业界应通力合作，为环保事业和航空业可持续发展提供资金支持。纵观全球，在推动国际民航组织限制并减少国际航空活动的排放方面，美国一直发挥着主导作用，包括制定针对航空器二氧化碳排放的标准及针对发动机审定要求所实施的颗粒物排放新标准等。此外，美国政府还支持各项关于提高噪声标准的必要性、成本、技术的研究。

6．明确航空各部门的环保角色和责任

开发适合未来发展的航空运输系统是美国政府和航空业共同的责任，通过适当规划、高效研发、合理布局，确保资源得到最合理的利用。节能减排是美国运输业保持可持续发展的重要途径。作为运输业的重要组成部分，航空业各部门必须明确自身的角色和责任：联邦政府和航空管理部门负责制定国家层面的政策法规，覆盖航空器噪声和排放、航空安全、空域管理和空中交通管制，以及管控联邦政府在国家空域系统的投入；机场运营商负责管理机场，包括按照联邦政府制定的法规，规划并实施可以缓解机场运营和扩建导致的负面影响(如噪声、空气质量和水质等)的措施；机身和发动机制造商负责研发有益于减少航空环境足迹的新技术；航空承运人、航空货运商及其他航空器运营商负责制定可以提高机队环境绩效的采购决策，采用降低油耗和其他提升环境绩效的方式保障航空器的运行。所有利益相关方各司其职、高效合作，这对航空业的可持续发展起到至关重要的推动作用(表 6-10)。

表 6-10　美国航空各部门的环保角色及责任

美国民航业各部门	各部门的环保角色及责任
联邦航空局	(1)制定政策 (2)设立目标 (3)提供实现目标的必要支持(政策、资金) (4)了解机场、航空公司及空管的特殊运营环境
机场	(1)减少室内外能源消耗 (2)减少固定和非固定源的排放 (3)减少不必要浪费的水 (4)适当地减少额外的废物，将材料回收利用 (5)在设计、施工、运营时，坚持可持续发展的理念(使用中的建筑、未使用的建筑，以及空侧和陆侧的场地设施)
航空公司	(1)减少飞机排放 (2)减少燃料消耗 (3)提高航线效率 (4)减少飞机噪声 (5)对各类材料进行回收利用
空管	(1)在保证安全的前提下最大限度支持航空公司有利于节能减排的提议 (2)为新技术的应用创造运行环境

除了以上六项主要措施，美国民航业能源政策还突出强调了民用航空国际性的特征。美国致力于开发可持续的国家航空系统，目的之一就是与国际航空系统进行更广泛的无缝对接，这也为全球范围的航空系统联合发展做出了充分的准备。

此外，能源管理政策还要求航空业在实施环境及能源策略时必须考虑本行业区别于其他运输方式和产业的特点。在航空领域，安全是第一位的，因此在引进环保新技术时，安全性必须得到充分考虑和验证；航空器成本高，生命周期长，这就使得在机队中广泛推广新技术需要很长的前导时间；规划和修建机场基础设施需要投入大量的时间精力，同时也需要公众认可和巨额资金支持，这使得航空业在实现环境和能源目标时需面临比其他行业更大的挑战。不过该政策最终指出，美国航空业一如既往的创造力和创新力必将确保其能够应对这些挑战。

美国民航业的能源管理政策详细阐述了民航业应对环境和能源挑战所采取的策略和方法，强调航空业在考虑业绩增长的同时，必须实现噪声、空气质量、气候、能源和水质等多方面的环境绩效。所有利益相关方都要积极参与、持续努力，使美国在保持航空业快速发展的同时，在环保技术研发和政策推广方面继续引领全球。

二、促进节能减排的税收调节政策

世界上很多发达国家都针对节能减排进行税制设计，取得了不错的效果。通过研究一些发达国家节能减排的税收政策，将获得的经验与我国国情相结合，可帮助我国更好地实现节能减排的政策目标。研究发现，美国节能减排政策措施的着眼点基于两个方面：一是降低节能减排投资的成本以促进节能，包括折旧政策、税收减免和再投资税收政策等；二是增加能源使用成本以促进节能，包括资源税和环境税等。

美国激励节能减排的税收政策包括两个体系：一个是促进节能减排的税收制度体系。美国很注重节能减排的税收制度建设，其体系主要包括消费税、资源税和污染控制税。此外，各州政府也制定不同类型的节能减排税收制度。另一个是促进节能减排的税收优惠体系。美国联邦和各州政府除了建立推动节能减排的基本税收体系，还通过税收优惠政策鼓励企业、个人使用更多的低能耗产品，其政策措施包括：针对能源企业的减税政策、鼓励可再生资源开发利用的税收政策、加速折旧制度。联邦税收规定，投资于某些特定的控污技术可适用专门的加速折旧，以此鼓励企业投资污染的防治等。

此外，美国还推出多项鼓励性税收政策，激励企事业单位及普通民众节能减排。鼓励性税收政策是指对使用节能减排的产品或是对达到节能减排标准的生产单位实行的税收减免政策，以鼓励使用者和生产者积极采取节能减排措施。这类政策主要包括：①使用节能减排产品享受税收减免优惠。鼓励使用节能减排产品的相关税收政策，主要是指企业、单位、家庭和个人使用节能减排的产品而获得税收优惠。当前美国民众使用的产品大部分是依靠传统能源为动力产生的机械能、电子能，在产品发挥物理作用的同时也会排放出污染物，使用节能减排产品有助于减少污染物的排放，保护环境。②节能减排达标可享受减免税优惠。政府制定科学、先进的节能减排指标标准，如果使用和购买的产品达标，则可享受到税收的减免优惠。③享受协议式减免税优惠。为了鼓励节能减排，政府与重点耗能排污单位签订协议，如果达到协议标准或好于协议标准，则可享受到税收减免优惠。

（一）美国的税收调节政策

1．2009 年税收抵免政策

继环保署和能源部实施“能源之星”计划后，2009 年，联邦政府出台了一项鼓励节能消费的政策——税收抵免。根据该政策，购买指定范围的节能产品，可按产品售价的 30%抵免税收，但针对不同类型的产品还有一些具体规定。如果对存量住房进行维修改造，则享受该政策的产品范围限于门窗、绝缘体、金属或沥青屋顶、非太阳能热水器、生物质炉灶。政策有效期为 2008—2009 年，一个家庭在这两年内税收抵免总额不得超过 1500 美元。但是，如果住房配置地热泵、太阳能电池板、太阳能热水器、小型风能系统、燃料电池，则抵免额计算基数为产品售价与安装费之和，抵免总额上不封顶，而且政策有效期一直持续到 2016 年。在汽车消费方面，购买混合动力车和电池型电动车的税收抵免额限值，是将汽车自重、技术等级、节油经济性等数据导入既定公式进行计算，一个汽车制造商最多可以享受 6 万辆汽车的税收抵免政策；插入式电动车的抵免额为 2500～7500 美元。

税收抵免政策不仅惠及消费者，还可使节能产品的生产者获益。新建住宅如果超过 2004 年国际能源保护标准，则供暖制冷节能 50%以上(其中至少有 1/5 来自外墙改造)，建筑商可以抵免 2000 美元的税收。如果节省的能源只达到 30%(其中至少有 1/3 来自外墙改造)或只达到“能源之星”计划的要求，则免税额度为 1000 美元。

为了发掘节能产品的潜在用户，解决经济危机期间的民生问题，联邦政府还规定 2009 年 1 月 1 日～12 月 1 日购买首套住房享受房价的 10%、上限 8000 美元的税收抵免，享受对象是近三年内无自有产权住宅的居民，收入标准是单人年薪不超过 7.5 万美元，夫妻总年薪不超过 15 万美元，且房屋不是从配偶、父母、子女等近亲属处购得，购买后三年内不得转让。还有一些州也出台了类似政策，如肯塔基州对达不到联邦税收抵免标准的购房人给予 5000 美元的州税收抵免，但规定受益人必须在该房屋居住至少 2 年，并不得出租，否则如数补缴抵免的税款。

2．保温材料税收减免

2009 年 3 月 10 日，美国保温绝缘材料公司发布的一项声明显示：美国经济刺激一揽子计划《2009 年美国复苏与再投资法》已经将先前房屋装修的税收减免范围从 10%扩大到 30%，同时增加了住房贷款最大减免额，从 500 美元增至 1500 美元。

声明显示，个人购买或安装含有住宅保温材料、冷热保温设备、屋面及节能窗产品都可享受这项税收减免政策。这项政策专为房屋装修改造制定，适用期为 2009—2010 年。该公司同时表示，这项旨在提高能源效率的政策给有兴趣装修住宅的消费者提供了大量的财政激励。

据美国保温绝缘材料公司称，这项经济刺激方案还扩大了通过可再生能源如太阳能、风能及生物能发电的信贷额度。通过部分使用可再生能源，电网现代化建设也可享受抵免，联邦大楼装修和低收入家庭也可享受这项政策。

近年来，美国不断完善相关法律法规。《2005 年能源政策法》(规定，2006—2007 年购买节能产品，按产品售价的 10%、上限 500 美元享受税收抵免。2008 年 9 月，小布什签署了《经济稳定紧急法》，将税收抵免的比例和上限分别调整为 30%和 1500 美元，并将实施期限延长到 2009 年。2009 年 2 月，奥巴马签署了《2009 年美国复苏与再投资法》，对这项政策做了进一步完善并再次延长实施期限。这些节能消费抵免税收政策的实施产生了巨大的效应，不仅大大提高了能源效率，还拉动了 10 倍于税收抵免额的消费，对刺激美国经济复苏起到积极的推动作用[①]。

(二)美国民航业节能减排税收优惠

2004 年 8 月 13 日，美国联邦航空局第 1053.1B 号令联邦航空局建筑与设施的能源和水资源管理项目开始生效，其中第三章节能节水及能效项目(Energy and Water Conservation and Efficiency Projects)第七节融资方式(Financing Options)中的税收抵免(Tax Credits)一项规定，联邦航空局应与供应商和承包商合作，在合适的条件下利用税收激励政策。当然，联邦航空局的特定项目是否符合税收抵免的条件还需税法专家研究界定。此外，美国 2005 年 8 月公布的《2005 年能源政策法》中提出的税收抵免优惠政策将持续到 2013 年 12 月 31 日。《2005 年能源政策法》将为建筑能耗及成本至少低于业界普遍采用的美国采暖制冷与空调工程师学会制定标准百分之五十的项目提供每平方英尺 1.80 美元的税收优惠；对于位于联邦、州及地方公共用地上且符合税收抵免政策的商业建筑，可由建筑设计的主要负责人代替所有者享受这一优惠。此外，该法案还为特定燃料电池及微型涡轮发电厂的商业安装提供一项税收抵免[②]。这些优惠政策和措施都为美国民航业带来了好处，有助于机场建设和地面特种车辆电动化的开发。

三、美国民航业节能减排基金项目

作为美国民航业最高的管理机构，联邦航空局在整个行业的节能减排行动中一直发挥着领导作用，不仅大力促进新技术的推广应用，还制定了诸多节能激励政策，为全国各航空企业的减排项目提供巨额资金，大大推动了美国民航业的减排行动。组织架构方面，为了更高效、更直接地管理机场的可持续发展，联邦航空局特设了机场规划设计办公室，该办公室由机场财政部门和机场规划及环境部门组成。前者主要管理机场改进项目、旅客设施使用项目及机场资本改善计划；后者主要管理机场规划、环保及可持续项目(图 6-8)。

在可持续发展方面，机场规划设计办公室的主要业务目标如下。

(1)鼓励可持续性的实践、技术及联运模式在机场的最大化使用，主要通过制定法规、发布指南及发放联邦航空局机场改进计划基金来确保落实。

(2)确保机场在财政方面的可持续性，使其成为地区经济发展的主要贡献者。

(3)帮助机场改善与当地社区、租户、员工、使用者及其他利益相关方的关系。

① 徐进. 美国节能消费抵免税收[N]. 中国财经报，2009-07-21.

② 数据来源：美国联邦航空局第 1053.1B 号令。

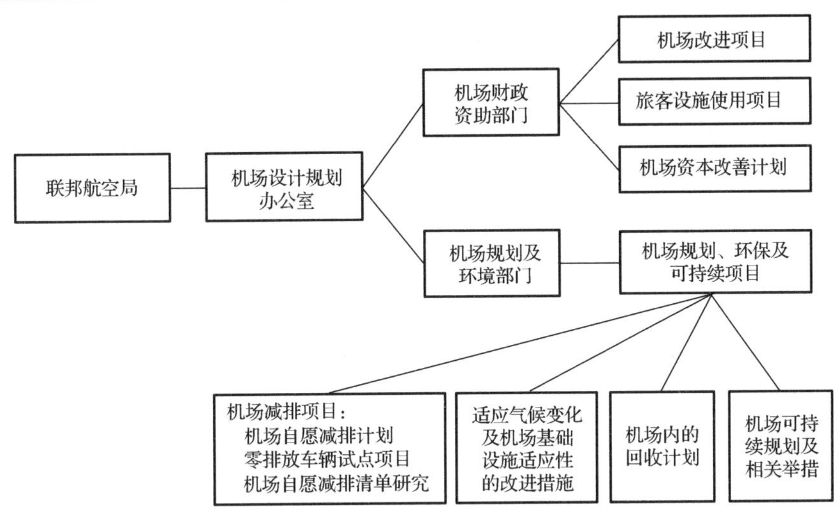

图 6-8　美国联邦航空局机场规划项目实施路径

自成立以来，机场规划设计办公室一直为机场的可持续发展提供了强大的智力及财政支持，其管理的可持续项目及举措如下。

(1) 机场减排项目：①机场自愿减排计划；②零排放车辆试点项目（Zero Emission Vehicle Program，ZEV）；③机场自愿碳排放清单的研究。

(2) 适应气候变化及机场基础设施适应性的改进措施。

(3) 机场内的回收项目。

(4) 机场可持续规划及相关举措。

而在联邦航空局机场规划设计办公室所管理的基金项目中，历史最为悠久、影响最为深远的当属机场改进计划（Airport Improvement Program，AIP）。

(一) 机场改进计划

1. 出台背景

第二次世界大战后不久，为促进机场发展，满足国家需求，联邦政府开始建立一个针对各州及当地政府的资助项目。1946 年，《联邦机场法》批准设立了联邦资助机场项目（Federal Aid Airport Program，FAAP），项目资金来源于美国国库的普通基金①。

1970 年，《机场及航线发展法》获得通过。该法案为规划基金项目（Planning Grant Program，PGP）内的机场，以及机场发展资助项目（Airport Development Aid Program，ADAP）中机场的规划提供资金。这些项目是由新建立的机场及航线信托基金提供资助的，而该基金的资金来源则是航空服务用户在机票、货运、燃油等项目上所缴纳

① 参见：美国联邦航空局官网 https://www.faa.gov/airports/aip/overview/#what_is。

的税费。1981 年 9 月 30 日，这两个项目下发放基金的授权到期。1970—1981 年，共有 8809 笔总值达 45 亿美元的资金获批投入项目中。

现行的机场改进计划是依据 1982 年的《机场及航线改进法》(公共法 97-248) 所设立的。之后历经多次修订，最近一次修订发生在 2012 年，与《联邦航空局现代化及改革法》一起获得通过。

2．主要内容

机场改进计划为公共机构(有时也为私有企业)规划及发展国家机场综合系统规划(National Plan of Integrated Airport Systems，NPIAS)内的公用机场提供资金。对于大中型枢纽机场，机场改进计划资金覆盖率可占合规成本的 75%(对于降噪项目，可达 80%)。对于规模较小的主要机场、备用机场及通用航空机场，资助覆盖率可达合规成本的 90%～95%。

3．成果成效

机场改进计划为那些旨在维护美国机场安全、容量及环境管理水平的项目提供了高达 33.5 亿美元的年度拨款。美国全国范围内的合规机场超过 3300 座，机场改进计划为商业客运、载货运行及通航活动提供了便利。

(二)机场自愿减排计划

1．主要内容

2004 年，美国联邦航空局推出了一个全国性的项目——机场自愿减排计划[①]，旨在减少所有的机场地面排放源，并帮助机场赞助商履行《清洁空气法》所规定的改善空气质量的责任。该计划资金来自于机场改进计划和旅客设施费。

美国环保署规定，凡位于美国空气质量较差地区的机场均可申请机场自愿减排计划的资金支持，用于投资清洁技术，前提是美国联邦航空局认定该投资具有成本效益。机场自愿减排计划内的项目还可从州政府得到减排额度，机场可使用这些额度来履行《清洁空气法》所规定的未来环保义务。

机场自愿减排计划鼓励并推动机场赞助商采取积极措施改进机场设施，从而改善空气质量。从低排放车辆的购买到主要基础设施的改进，该计划为各类项目提供支持，包括飞机地面空调、地面服务电动设备(如行李拖车及皮带式装载机等)的充电装置、为机场大巴及摆渡车提供服务的天然气补给站，以及候机楼的电动闸门等。

2．所获成效

美国联邦航空局自 2005 年起为清洁机场科技项目提供资金。截至 2015 年 3 月，美国联邦航空局总共补贴了 69 个机场自愿减排项目，涉及 37 个机场，总投资额达

① 参见：美国联邦航空局官网 http://www.faa.gov/airports/environmental/vale/。

1.75 亿美元，其中 1.4 亿美元为联邦政府补贴，另外 0.35 亿美元为当地的机场配套资金。通过机场自愿减排计划，机场臭氧排放量年均减少约 466 吨，相当于 26000 辆小汽车和卡车年排放量的总和。机场自愿减排计划的成效主要体现在以下六方面。

(1) 改善了机场社区的空气质量。

(2) 为环保技术的开发提供了更多资金，增加了合格项目的种类。

(3) 为美国机场节能减排行动提供了成功典范。

(4) 减少了机场和航空公司的运营成本。

(5) 有利于美国国内可替代能源的推广应用。

(6) 改善了机场与地方政府和公共机构的关系。

(三) 机场零排放车辆及基础设施项目

联邦航空局在 2012 年《联邦航空局现代化及改革法》中推出了机场零排放车辆及基础设施项目。联邦航空局向致力于研发和运行零排放车辆以及为此类车辆提供能源服务的机场提供机场改进计划基金①。被认定为零排放的车辆必须符合以下三个标准。

(1) 任何上路的轻型小车及轻型卡车，以及任何污染物排放量均为零的重型汽车。

(2) 任意操作模式及状态下排放都必须为零(按此要求混合动力发动机不合规)。

(3) 绝大多数情况下必须使用电力或者氢气作为燃料。

此外，为保障零排放车辆能源供给而修建的新基础建筑或对机场原有建筑进行的改造也属合规，包括充电站、加氢站以及现场能源供给装置等。

(四) 可持续管理计划试点项目

1. 项目简介

可持续管理计划试点项目开始于 2010 年 5 月，项目首轮共为 10 座提出申请的机场发放了项目基金。这些机场要在两年内完成获批的机场可持续改造项目。项目的主要内容包括：鼓励机场在进行可持续规划时采用更具前瞻性和整体性的方法；鼓励机场研发出一套成果可量化的综合计划，确保可持续性在机场发展中的核心地位；帮助机场在履行三重责任(经济责任、社会责任、环境责任)的同时满足运营需求；项目完成后机场需要总结经验教训并提交报告，为美国联邦航空局制定全国性项目指南提供参考。

美国联邦航空局规定每项计划必须包括以下六个要素。

(1) 一份可持续发展政策/任务说明书，明确该政策或任务将如何传达至机场员工和外部相关机构。

---

① United States Federal Aviation Administration. Zero Emissions Airport Vehicle and Infrastructure Pilot Program [R/OL]. [2016-07-30]. http://www.faa.gov/airports/environmental/zero_emissions_vehicles/media/zeroEmissionsVehiclesTechGuidance.pdf.

(2) 制定“可持续发展分类表”(如环境资源类、社会经济类等)。

(3) 对每种分类做基准评估分析，包括资源利用、污染排放清单及现有土地使用情况。

(4) 制定可测量的目标，尽可能减少机场运行对环境的影响和资源的消耗。

(5) 制定一系列可持续发展措施，帮助机场实现发展目标。

(6) 使公众一起投入可持续发展的活动中，例如，吸引当地大学和社区组织参与，将可持续发展计划传播到当地社区。

2. 美国联邦航空局在试点项目中的作用

美国联邦航空局在项目实施过程中发挥的作用主要是组织、沟通、协调和审查。具体包括以下九项职责：批准采购范围；审查、批准资助合同的最终范围；参加项目启动会议、听取阶段性进展汇报；与赞助商协作，确保美国联邦航空局目标的达成；保持与各项目总部的沟通联络；整合项目管理及运行经验，并通过网络公布给大众；在整个项目实施过程中提供专家意见和指导；管理资助的基金；基于项目成功的经验及面临的挑战及时制定并公布新政策。

3. 实施进展

截至 2012 年，首批获得项目基金的 10 座机场已基本完成各自的可持续改造项目。以美国联邦航空局西北高山辖区为例，首批参加试点的丹佛国际机场和伦顿市机场均已完成改造。鉴于各机场参与热情高涨，美国联邦航空局决定在 2012—2013 年增加资助数量。截至 2013 年底，共发放 46 笔项目基金，西北高山辖区有 5 所机构成功申请到项目基金，分别是盐湖城国际机场、科罗拉多州丹佛国际机场、西雅图—塔科马国际机场、标特机场和夏延机场/杰瑞奥尔森机场。

除了西北高山辖区，项目还惠及了美国其他地区，如在大湖区，美国联邦航空局为当地机场的可持续改造也提供了资助(表 6-11)。

表 6-11 联邦航空局大湖区机场可持续改造资金一览表[①] (货币单位：美元)

机场名称	财政年度	联邦航空局资金支持	地方资金支持	合计
奥塔加米县地区机场	2009	332154.00	17481.00	349635.00
肯特州立大学机场	2013	102600.00	11400.00	114000.00
阿克伦市—肯顿地区机场	2013	234000.00	26000.00	260000.00
代顿市—莱特兄弟机场	2013	180000.00	20000.00	200000.00
明尼阿波利斯市—圣保罗国际机场	2013	517500.00	172500.00	690000.00
总计		1366254.00	247381.00	1613635.00

不难看出，联邦航空局不仅对各大型枢纽机场提供可持续改造的基金，还积极

① 数据来源：2013 年中美民航节能减排高层培训班培训课件。

为一些小型的支线机场提供了多项基金资助。这不仅保证了节能项目的开展，改善了支线机场的运营效率，还帮助其减少了对社区环境的影响，为中小机场和支线机场实施节能减排项目提供了强大的支持。

4．项目经验

目前，可持续管理计划项目已进入第二阶段，各参与机场均把此视为提升社会价值、改善环境、增强影响力的机会，并在执行项目的过程中积累了诸多经验。这些经验可总结为以下五点。

(1)将可持续理念融入传统规划是一项挑战，需要不断调整观念。

(2)项目成功需要高级管理层的支持。

(3)机场方需确保利益相关方的地位，并让其参与整个项目的各个阶段。

(4)计划-执行-检查-处理(Plan-Do-Check-Action，PDCA)闭环式项目管理模式尤其重要。

(5)一套完备的监管体系有助于计划顺利实施，不至于沦为空谈。

5．项目前景

可持续管理计划的顺利开展使得美国联邦航空局连同各机场对节能减排的前景充满信心。按照规定，每期项目结束时，美国联邦航空局都会将所有已完成的项目公布在官网上，并将机场自身总结的经验教训纳入下一套全国性指南的开发中。例如，在2012—2014年的项目指南中，美国联邦航空局就将零排放车辆试点、机场电力能源效率提升及机场固体废弃物回收三项新内容纳入其中。而在项目的实施进程中，美国联邦航空局也会继续与行业机构合作，开发项目指南；与机场合作，为新的项目领域及资助计划提供指导；根据环境的演化及更多的可用资源，持续改进指南并且为项目提供详细指导和专家意见。

四、本节启示

美国联邦航空局为美国航空业节能减排做出了诸多贡献。一方面，美国联邦航空局帮助政府制定相关的民航能源政策、节能减排标准和激励机制；另一方面，它为各企业节能减排提供了种类繁多的基金项目。此外，它还在这些激励政策及基金项目的实施过程中发挥着监督和引导作用。有了强大的资金支持，美国各大航企才有动力、有决心在节能环保方面大量投入。只有具备系统、全面的激励政策，国家民航业的节能减排才能持续、高效地发展。

从本质上看，美国在实现低碳方面所采取的税收、信贷、法律法规等新措施，虽然客观上达到了节能减排的效果，但其主要目的在于保障自身长期能源安全，实现本国经济的可持续发展。另外，强大的公共财政为美国节能减排目标的实现提供了有力保障，包括设有专门的政府公共财政预算、建立专项基金等，其支持的重点包括技术研发、商业化示范、节能技术应用、高效节能产品推广以及节能规划的实施、政府监管和节能环保宣传教育培训等。航空业方面，作为美国民航政府管理部门，美国联邦航空局为民航业的可持续发展、保护环境，以及为实现 2020 年碳中性增长目标制定一系列提高能源效率、保护环境、减缓温室气体排放的政策、法规和标准及相关行动计划，开展了多种形式的节能减排示范、人员培训和技术开发、推广应用等活动，形成了政府机构、行业协会、各相关企业都具备推动节能减排工作管理部门的保障措施。这些激励政策和保障措施都对美国民航业产生了深远影响。

首先，提高了航空企业开展节能减排工作的积极性。先前由于昂贵的节能设备以及漫长的投资回报期，各航空企业均不愿意在节能项目上大量投入，而这些激励政策为企业提供了强有力的资金支持，使其有财力引进先进的节能设备及技术，从而实现更加雄心勃勃的减排目标。

其次，提升了航空业在本国节能减排成就和贡献中的地位。尽管相对排放量不大，但惊人的排放增速仍让航空业饱受诟病。联邦航空局和各级政府制定的多项激励政策使得航空业的减排速度位于美国各行业前列，所取得的减排成就也首屈一指。

最后，扩大了节能减排在整个行业、整个国家甚至全球的影响力。大部分节能激励政策的公布与实施详情都可在各官网查询，政府及民航各部门也积极参与到节能项目的宣贯当中，将民航业的节能理念普及到更多民众当中，影响力得到进一步扩大。

综上所述，能源管理专项拨款、基金项目及税收调节三大政策为美国民航业节能减排提供了充足的资金保障及项目支持，取得了良好的成效，这也为我国民航业节能减排激励机制的建立提供了良性参考。总体说来，我们可以得到三点启示。

(1) 建立促进节能减排的财税奖惩机制。可以实行税率与企业节能减排挂钩：对同一行业和生产同一类产品的低能耗、低排放企业实行低税率；对高能耗、高排放企业实行高税率，当其节能减排达到一定水平时，自动适用较低税率。鼓励企业开展资源循环利用和综合利用，支持节能减排重点工程、高效节能产品和节能新技术推广、节能管理能力建设及污染减排监管体系建设等。

(2) 加强节能减排的金融服务。引导金融机构信贷资金流向，加大对循环经济、环境保护及节能减排项目的信贷支持；优先做好符合节能环保条件的企业和节能环保领域企业的上市资源培育工作。建立和完善金融监督管理部门与环保等部门的信息共享机制。引导金融机构在为企业或项目提供金融服务时，把审查企业环保信息、企业环保守法情况作为重要依据。

(3) 建立健全节能减排指标体系、监测体系和考核体系。对高耗能行业制定强制性能耗限额标准，建立和完善主要用能设备的能效标准和重点用水行业的取水定额标准。建立和完善污染物排放数据网上直报系统和减排措施调度制度，对监控重点污染源实施联网在线自动监控，向社会公告重点监控企业年度污染物排放数据。将节能减排指标完成情况纳入各地经济社会发展综合评价体系，作为领导干部综合考核评价和企业负责人业绩考核的重要内容[①]。

第三节 市场机制

市场机制是通过市场竞争配置资源的方式，即资源在市场上通过自由竞争与自由交换来实现配置的机制，也是价值规律的实现形式。具体来说，它是指市场机制体内的供求、价格、竞争、风险等要素之间互相联系及作用机理。在节能减排领域，核心的资源是碳配额，碳资源的合理配置对激发企业的减排潜能起着非常重要的作用。目前，全球范围内各行业节能减排采取的市场机制主要是碳排放交易体系，同时加以碳税作为补充。不过鉴于碳税体系在美国覆盖范围极小[②]，本节将主要探讨碳交易市场在美国节能减排过程中所发挥的作用。

碳交易市场，又称碳排放权交易市场、温室气体排放权交易市场，或以碳排放权交易为实质的碳信用市场。国际碳交易市场的兴起源于两个重要的国际公约，《联合国气候变化框架公约》及其气候谈判成果《京都议定书》。在《联合国气候变化框架公约》，尤其是《京都议定书》的约束下，工业化国家统一了温室气体排放限制。在此背景下，各个国家的温室气体（碳）排放权都开始成为一种稀缺资源，因而具有商品的价值和进行交易的可能性，并最终催生出一个以二氧化碳排放权为主的碳交易市场。在碳交易市场中，二氧化碳排放权如同大豆、石油等商品一样可以自由流通，客观上增加了碳市场的流动性。之后，与核证减排量（二级市场）挂钩的期货与期权产品也相继面市，形成与碳交易市场挂钩的相关金融市场。目前，全球还未形成统一的国际排放权交易市场，而在区域市场中，由于交易商品和合同结构不同，各市场对交易的管理规则也不相同。全球主要的碳交易市场如下。

(1)欧盟排放交易体系(European Emissions Trading System，EU ETS)：2005 年 1 月 1 日启动，规模及交易量均为世界第一，成为全球碳交易市场的引擎。

(2)美国芝加哥气候交易所：成立于 2000 年，2003 年正式开始交易，全球第一家自愿减排碳交易平台，是美国经过自主研发在《京都议定书》以外建立的碳交易市场。

(3)澳大利亚新南威尔士州温室气体减排交易体系：2003 年 1 月正式启动，对州内的电力零售商和其他部门规定排放额度。对于超额的排放，则通过碳交易市场购买减排认证予以补偿。

---

① 湖北省环境保护厅．建立健全节能减排激励约束机制[N]．中国环境报，2008-08-01．

② 在美国，唯一征收碳税的地方是科罗拉多州的玻尔得市(Boulder)。该市向所有的消费者——房屋所有者和商业组织征收本市的地方碳税。玻尔得市的居民根据其用电度数来支付税费。官方声明碳税的税额计算方法如下：在电费账单基础上，每年向私人用户多收 16 美元，向机构用户多收 46 美元。

(4)英国排放交易体系：创立于 2002 年 3 月，是世界上第一个广泛的温室气体排放权交易体系，为欧盟排放交易体系的设计和实施提供了宝贵经验。

随着这几大主要碳交易市场的逐渐成熟和覆盖范围越来越广泛，全球碳交易市场得到迅速的发展和扩张，并对促进碳减排起到巨大的作用。接下来以美国国内区域性碳市场为例，同时参考其他国家地区的市场机制运行情况，探讨市场机制对美国及美国民航业节能减排的影响。

一、美国碳市场建设情况

在节能减排方面，尽管美国退出了《京都议定书》，但这并不意味着美国放弃了温室气体减排的行动。相反，美国政府一直寻求在《京都议定书》之外推进本国的节能工作。为加快实现减排目标，美国政府于 21 世纪初就开始考虑制定基于市场措施(Market Based Measures，MBM)的可能性，相继建立了包括芝加哥气候交易所、西部气候倡议、区域性温室气体倡议、中西部温室气体减排协定以及气候储备行动等在内的多个区域性碳市场。迄今，尽管尚未形成全国统一的碳市场，美国国内已有近一半的州采用过或正在采用市场化手段促进温室气体的减排①。

(一)芝加哥气候交易所

芝加哥气候交易所是美国碳减排的先行者，也是北美地区唯一一个交易 6 种温室气体(二氧化碳、甲烷、一氧化二氮、氢氟碳化物、全氟化物和六氟化硫)的综合性碳交易机构，其项目遍布欧美及亚洲地区。

1．成立背景

20 世纪 50 年代开始，发达国家迎来了环境污染的集中大爆发。当时，世界经济由战后恢复转入发展时期。西方大国竞相发展经济，工业化和城市化进程加快，经济持续高速增长。在高速增长的背后，却隐藏着环境破坏和环境污染的巨大危机。工业化与城市化的推进一方面带来了资源和原料的大量需求与消耗，另一方面使得工业生产和城市生活的大量废弃物排向土壤、河流和大气之中，最终造成环境污染的大爆发，世界环境污染危机进一步加重。作为当时全球最大经济体的美国也不例外。美国许多城市以及工业城市都发生了严重的空气污染事件，直到 20 世纪 70 年代洛杉矶仍被称为“烟雾城”，匹兹堡更是被冠以“锈带烟城”之称，美国的空气污染越来越严重。首先意识到环保重要性的是美国环保署。20 世纪 70 年代中期，美国环保署提出了“排放抵消”政策，即以一处污染源的污染物排放削减量来抵消另一处污染源的污染物排放增加量或新污染源的污染物排放量。此后又采用补偿政策，该政策在《1977 年清洁空气法修正案》中获得法律认可。补偿政策允许新建或扩建

① 丁礼．美国区域温室气体倡议制度研究及我国的借鉴[J]．资源节约与环保，2013(12)：121-122.

的污染源在未达标地区投产运营，条件是生产企业要基于现有的污染源购买足够的排污权，其目的是保证新的污染源取得排放许可证后，该地区的排污量不会高于历史水平。

1990 年美国国会通过的《1990 年清洁空气法修正案》中提出了“酸雨计划”，该计划明确规定了在电厂之间实施二氧化硫排污的总量控制与交易政策。“酸雨计划”是迄今为止尝试过的最广泛的排污权交易实践。其实施后的显著成效包括：二氧化硫排放削减量大大超过预定目标，排污许可证的市场价格远低于预期水平，这充分体现了排污权交易政策保证环境质量、降低达标费用和治理成本两大优势。通过这种方法，美国促使各企业采取措施控制排污量、改进技术、更换设施减少排污量、购买排放配额等方式，最大化控制了二氧化硫的排放。另外，随着《京都议定书》的签署生效，国际社会对基于市场措施减少温室气体排放的弹性机制达成了广泛共识。随着国际社会对气候变化问题的关注和重视，温室气体减排的要求将会越来越高，对交易的需求也会增加。尽管美国于 2001 年退出了《京都议定书》，但其对于建立符合本国特色的碳交易市场以实现减排的努力却从未停止，正是在这样的背景下，芝加哥气候交易所成立了。

2．*发展历程*

芝加哥气候交易所成立于 2000 年，2003 年开始以会员制方式运行，共有包括美国电力、杜邦、福特、摩托罗拉等公司在内的 13 家创始会员。会员最多时达到 450 多家，涉及航空、电力、环境、汽车、交通等行业，其中包括 5 家中国会员公司。气候交易所的会员分为两类：一类是来自企业、城市和其他温室气体排放的实体单位，它们必须遵守承诺的减排目标；另一类是该交易所的参与者。

2004 年，芝加哥气候交易所在欧洲建立了分支机构——欧洲气候交易所，2005 年又与印度商品交易所建立了伙伴关系，此后又在加拿大建立了蒙特利尔气候交易所。2008 年 9 月 25 日，芝加哥气候交易所与中油资产管理有限公司、天津产权交易中心合资建立的中国第一家综合性排放权交易机构——天津排放权交易所在天津滨海新区挂牌成立。芝加哥气候交易所旗下拥有芝加哥气候期货交易所、欧洲气候交易所、蒙特利尔气候交易所和天津排放权交易所等子公司，其中芝加哥气候期货交易所是由一家商品期货交易委员会指定的合约市场，也提供标准化的碳排放配额和其他环境产品。

2006 年，芝加哥气候交易所还制定了《芝加哥协定》，详细规定了建立芝加哥气候交易所的目标、覆盖范围、时间安排、可交易的气体、投资回报期等，以及注册、监测程序、交易方案等一系列可操作性强的交易细则。仅 3 年时间，交易所的碳汇交易量就达到 2.83 亿吨，占欧盟《京都议定书》气候贸易体系交易总量的 80%～90%，成为当时欧盟系统中最大的交易所，被联合国前秘书长安南称为“建立二氧化碳排放市场的成功范例”[①]。

---

① 韩鑫韬．美国碳交易市场发展的经验及启示[J]．中国金融，2010(24)：32-33．

3．交易机制

芝加哥气候交易所的交易系统由三个主要的部分组成：①交易平台。芝加哥气候交易所的交易平台是一个基于网络的市场，供芝加哥气候交易所注册用户通过网上执行交易。这个交易平台最大的特征是价格公开透明，显示了市场的秩序性和连续性。该系统还能阻止匿名交易和通过私人谈判达成的双方交易，因而也保证了公开透明性。②清算和结算平台。该平台每天从交易平台得到所有交易活动的信息，从而处理所有交易活动的信息，并把每天和每月的交易情况发送给会员。③注册系统。这是用于记录和确定会员减排量与交易的碳金融工具。

芝加哥气候交易所根据配额和交易机制进行设计与交易，其减排额度的分配是根据会员的排放基线和芝加哥气候交易所的减排时间表来确定的。加入芝加哥气候交易所的会员必须做出减排承诺，该承诺虽为自愿但具有法律约束力。如果会员减排量超过了本身的减排额度，则会员可以将超出的配额在芝加哥气候交易所交易或存进账户，反之，如果没有达到自己的承诺减排额度，则需要在市场上购买碳金融工具合约。

通过芝加哥气候交易所，会员可以对自身的可持续发展和温室气体减排做出更系统的规划，及早采取具有信用度的减排和认购补偿行动；也可以定期监测排放量，有选择地采用各种减排技术和缓解措施。通过芝加哥气候交易所的交易平台，会员可以了解碳交易市场的走向，以便为各自的企业做好全球交易的准备。这个交易平台还可以向股东、评议机构、市民、消费者和客户展示关于气候变化的战略愿景。通过这个交易平台，已达标的会员可以卖出多余减排量并获得额外利润，而未完成减排目标的会员可以通过农业碳汇等手段去弥补，但是其所购买的碳汇量的比例不能超过其目标减排量的一半。所谓碳汇是指将空气中的碳固定到土壤里，主要是通过免耕、植树、植草等方式增加土壤中的有机物含量来实现的。

例如，美国农业部内设的农业服务管理局和有意愿实施连续五年免耕的农民签订合同，帮助签约的农民在芝加哥气候交易所进行碳交易，这些农民就可以从这种保护性耕作中获益，还可以为减少温室气体的排放做出贡献。依阿华州农业服务联合会的 Martin 指出，科学研究显示，实行免耕后每年每英亩可以减少 0.17～0.35 吨碳排放，相当于每英亩 0.5～1 吨的二氧化碳，而参与碳汇交易的农民获得了每年每吨碳约 3.5 美元的收益。根据不同地块的土壤条件和气候条件，每英亩农田每年的获益也有所不同。依阿华州的农业主管部门从 2003 年开始实施碳汇并一举成功，促使他们将碳汇市场扩大到全美。

4．减排成效

根据芝加哥气候交易所的数据，自从 2003 年开始交易以来，会员总共减少碳排放 4.5 亿吨。相比之下，美国仅在 2008 年的总排放量就达到 70 亿吨。因此，芝加哥气候交易所的减排成就仅达到避免国际灾难的最低减排要求。根据芝加哥气候交易所发言人麦克拉夫林的说法，芝加哥气候交易所的相关人士从不认为芝加哥气候交易所可以替代政府的作用，而只是将其视为探索碳交易可行性的一个大规模示范工程。

5．发展困境

2010年7月，芝加哥气候交易所的母公司被亚特兰大的洲际交易所以6.22亿美元的价格收购。根据路透社的报道，新东家在收购的几周后就开始在交易所内部裁员。此外，芝加哥气候交易所还受到交易市场不完善、市场供求关系不平衡等的影响，碳市场的交易价格经常出现大幅震荡。作为以市场驱动方式解决气候变化的典范，其形势已经岌岌可危。通过对芝加哥气候交易所的组织结构及交易机制进行研究可以发现，造成当前局面的原因主要包括以下三点。

1）交易机制自身规则的缺陷

根据芝加哥气候交易所的机制，如果排放者未能达到减排目标，则可以通过其他减排行为，例如，在垃圾填埋场燃烧甲烷或者维护森林等，以此抵消超出的碳排放。然而本质上，这样的活动很难进行监测和验证。尽管芝加哥气候交易所坚持说它要求碳补偿的卖方提供由得到其许可的认证机构所发放的独立认证，通过这种方式保证碳补偿项目的可靠性，但实际上交易所在这方面一再受到批评和指责。2008年10月，《华盛顿邮报》的一篇文章指出，弗吉尼亚州一家垃圾填埋场的经营者通过出售与捕获和燃烧甲烷相关的碳补偿，获得了数万美元，而实际上垃圾填埋场在芝加哥气候交易所成立前就在这样做了。如果报道属实，则这种碳补偿行为违背交易所制定的“额外性”原则：减少的温室气体排放必须是在“一切照旧”的情境下额外减少的。

2）自愿性碳交易市场对参与者吸引力微弱

尽管具有法律约束力，但作为一项本质上自愿的交易机制，芝加哥气候交易所注定要随着强制性碳减排机制的出现而面临命运的起起落落。对很多参与者来说，从自愿性碳市场所获取的收益过于微薄，因此纷纷考虑退出。

3）美国气候变化政策的不确定性

多年来，美国环保组织和致力于环保事业的政治家一直力促建立一个中央政府层面的上限——交易体系，将其视为实现气候变化进展最具成本效益的工具。他们认为这样一个交易机制可以驾驭自由市场的力量，刺激竞争并激发创新。当包括公用事业部门在内的主要排放企业都接受这一概念时，碳交易市场的构想似乎在大步前进。然而，令他们沮丧的是，奥巴马政府对于将其立法只是进行象征性的努力。2009年，当总量控制与交易法案获得众议院批准时，前景似乎十分光明。但到了2010年夏天，随着参议院表示在国会休会之前不会通过任何气候变化立法，一切都变得黯淡起来。时至今日，一个全美范围内的排放交易体系仍未建立。

（二）西部气候倡议

1. 主要内容

西部气候倡议最初由美国西部的亚利桑那州、加利福尼亚州、新墨西哥州、俄勒冈州、华盛顿州等五个州于 2007 年发起成立，之后又吸纳了加拿大安大略省、曼尼托巴省、卑诗省和魁北克省以及墨西哥的部分州，到2009年底共有北美11个州(省)以会员或观察员身份加入其中。会员承诺到 2020 年将本地区的温室气体排放量在 2005 年基础上减少 15%。本质上，西部气候倡议旨在通过州(省)之间的联合行动来推动应对气候变化政策的制定和实施，尤其是支持采用市场化手段来有效实现减排。各成员州(省)委派代表组成委员会和秘书处执行日常的工作，西部州(省)长协会则全面负责各项目的管理工作。排放配额计算与分配委员会负责采用科学的方法为区域设置排放上限，并且在各成员间分配排放额度。

西部气候倡议采用区域性总量控制与交易机制，确立了一个明确的、强制性的温室气体排放上限，然后通过市场机制来确定最符合成本效益的方法以达成这一目标。州(省)政府规定一个或几个行业的碳排放的绝对总额，可交易的排放配额或排放许可限定在总额内。这些排放配额可以通过拍卖或免费的方式重新进行分配，各州、省或联邦政府指定相关组织机构提供排放配额以中和碳源。西部气候倡议特别强调配额是没有产权的，只是政府颁发给企业的排放许可，这些配额可以在二级市场上交易，在某些情况下也可以购买其他地方产生的减排量，但目前不接受来自《京都议定书》框架下的清洁发展机制项目产生的减排额，未来可能会允许购买其他同类型的碳排放配额产品。

2. 实施情况

西部气候倡议最具野心也最具争议的目标是建立一套以市场为基础的多部门联合参与的减排机制。2008 年 9 月和 2010 年 7 月，西部气候倡议分别发布了针对区域性总量控制与交易减排项目的详细设计的指导意见。截至 2011 年 12 月，加利福尼亚州和魁北克省已在这些意见的基础上正式通过了相关法规(西部气候倡议本身并未配备立法机构)。2012 年，区域性总量控制与交易体系的行政管理条款开始生效。区域内的所有发电厂、精炼厂及其他大型排放单位从 2013 年起必须遵循排放上限，其他温室气体排放源，如运输燃料供应商等，自 2015 年起必须加入该体系。总体说来，从设计到实施，西部气候倡议为北美地区总量控制与交易机制的构建打下了基础①。

① 参见：http://www.westernclimateinitiative.org/document-archives/general/WCI-Governors-Agreement。

2009年，受经济大衰退影响，各州预算紧缩，华盛顿州及俄勒冈州政府先后否决了本州参与西部气候倡议的法案。2011年初，亚利桑那州宣布禁止本州任何企业或机构在未经政府允许的情况下参与西部气候倡议，这意味着该州也从体系中退出。目前，包括亚利桑那州、蒙大拿州、新墨西哥州、俄勒冈州、华盛顿州及犹他州在内共六州已正式退出了西部气候倡议，仅剩加利福尼亚州连同加拿大的四个省留在其中[①]。

(三)区域性温室气体倡议

1. 主要内容

区域性温室气体倡议(the Regional Greenhouse Gas Initiative，RGGI)是美国第一个基于市场的强制性减排体系，由美国东北部及大西洋沿岸中部的10个州组成。这10个州一致认为在应对气候变化方面应采取行动的时机已经被耽搁，投资的难度和成本正变得越来越高，因此必须尽快采取行动。该倡议和西部气候倡议一样也是以州为基础成立的区域性应对气候变化合作组织，同样试图推动清洁能源经济创新以及创造绿色就业机会。但不同的是它采取了更加保守的策略，仅将电力行业列为控制排放的部门，该区域内2005年后所有装机容量超过25兆瓦的发电设施均列入排放管控单位，并为其二氧化碳排放量设定了上限，要求这些单位到2018年排放量相比于2009年减少10%。同时还为这些电力部门详细规定了各项指标，并对配额分配、履约核查、配额交易、监测报告、减排量购买等进行完整的设计，并制定碳排放配额监测体系，记录和监测各州碳减排项目的执行情况[②]。

2. 制度设计

区域性温室气体倡议也采用总量控制与交易机制，首先制定一个跨州的二氧化碳排放上限，在此基础上逐渐减少排放，直到低于上限的10%。为了让各州有足够的适应时间，倡议提供了一个缓冲期，要求第一个三年期即2014年之前各州的排放上限是固定不变的，但2015—2018年每年减少2.5%，最终达到减排目标。区域性温室气体倡议也提供了一个基于市场的碳排放权拍卖和交易体系，同样允许购买某些类型的项目所产生的碳排放配额来抵消配额不足，但其购买的碳抵消额一般不超过3.3%，而且只能局限在美国本土[③]。

此外，各州的强制减排措施是以区域性温室气体倡议中的碳减排额度为基础的，各州采取不同的措施限制发电厂的碳排放量以产生碳配额，然后将这些碳配额通过区域性温室气体倡议体系进行拍卖，接受规制的发电厂可以购买来自10个参与州的碳配额，以达到对该州碳配额的要求。通过这种方式，体系内的10个州的减排项目

---

① 参见：http://www.sustainabilityclimatechangereporter.com/2011/11/23/the-western-climate-initiative-is-dead-long-live-the-wci/。

② 数据来源：区域性温室气体倡议官网 http://www.rggi.org/。

③ 数据来源：区域性温室气体倡议官网 http://www.rggi.org/docs/Documents/2012-Investment-Report.pdf。

连接成一个协调、统一的区域性碳排放履约市场。这些州都通过拍卖方式出售排放配额，并制定了将拍卖碳配额所获资金用于投资的计划、法规和程序，以提高能源效率，支持可再生能源如太阳能、风能等技术的创新和推广，减少温室气体排放，并帮助消费者控制能源成本。

区域性温室气体倡议自身也存在缺陷，主要表现为分散、整体性差。首先，若区域性温室气体倡议获得成功，则不能仅局限于一个严格的区域市场，必须纳入全国性体系中。其次，它的目标太过保守，只纳入了电力行业。再者，该倡议的参与州虽然从中获得了巨大的金钱收益，但有许多州动用了本来应该用在能效项目中的收入去填补州政府的预算缺口和财政赤字。此外，还存在配额过度分配的问题，各州都最大限度地提高了限额，原因是任何一个州都不愿因碳成本而失去行业竞争优势，从而导致碳配额价格极低。由于碳配额的过度分配和超低价格，多数交易都以双边现货方式进行。这也暗示着参与者对配额过度分配的衍生品交易市场失去了兴趣，而且有些金融参与者已经退出。另外，伴随着经济衰退，电力需求降低，燃料来源从煤炭、石油向价格相对较低的天然气转型，而且增加了非排放源(如核能和可再生能源)的发电量，发电厂纷纷由煤炭改用天然气，降低了碳排放量。能源结构的变化而非交易体制的变化是碳排放量降低的主要原因。

3．进展情况

根据规定，区域性温室气体倡议在每年的 3 月、6 月、9 月及 12 月进行二氧化碳配额拍卖。2008 年 9 月 25 日，区域温室气体倡议通过在线拍卖的方式首次出售了 12565387 单位配额，价格为 3.07 美元/吨，拍卖总额达 38575738.09 美元，成为当时全球最大的一笔拍卖。第二笔拍卖于 2008 年 12 月 17 日举行，31505898 单位配额以 3.38 美元/吨的价格售出。2009 年 3 月 18 日，第三次拍卖落槌，此次共售出 2009 年度 31513765 单位配额，单价 3.51 美元/吨。2012 年度拍卖 2175513 单位配额，单价 3.05 美元/吨。而在当年 6 月 17 日的拍卖中，共拍出 3080 万单位配额，均价为 3.23 美元/吨，以及 2012 年度 217 万单位配额，单价为 2.06 美元/吨[①]。自首次拍卖至 2015 年 3 月 10 日，区域性温室气体倡议共进行 25 次二氧化碳拍卖，出售碳配额共计约 7 亿吨，碳拍卖价格走势如图 6-9 所示。

从图 6-9 可以看出，区域性温室气体倡议内的碳配额拍卖价格经历了大起大落。在 2008 年的首次拍卖中，每吨二氧化碳的拍卖成交价为 3.07 美元，此后经历小幅上扬，并在 2009 年 3 月 18 日的拍卖中涨至 3.51 美元的高位。然而，受经济下滑和配额供应过剩的影响，拍卖价格自 2009 年 6 月起便持续下滑，并在 2010 年 6 月 9 日的拍卖中首次跌破 2 美元大关，该颓势直到 2013 年才有所转变，美国经济复苏致

① 数据来源：区域性温室气体倡议官网 http://www.rggi.org/。

使各行业对能源的需求增加，对排放额度的需求量也相应增长。自2013年3月，碳配额拍卖价格持续飙升，并于2014年6月突破5美元，创历史新高。

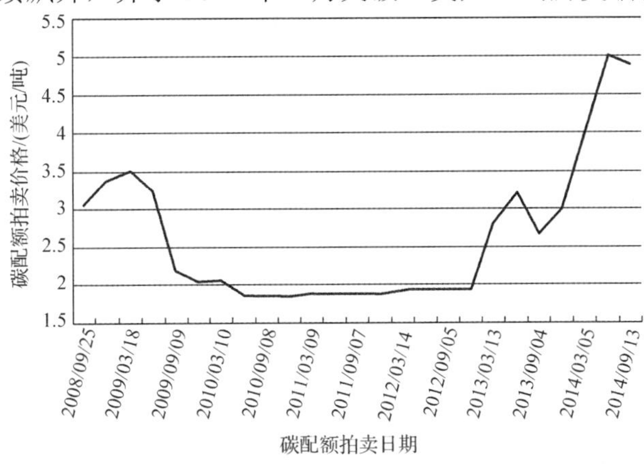

图 6-9　RGGI 内二氧化碳拍卖价格走势①

与拍卖价格一样，区域性温室气体倡议内的碳配额交易量也呈现出剧烈的波动。如图6-10所示，2008年9月～2010年6月，区域性温室气体倡议提供的排放量与实际成交量重合，并呈上升趋势，碳配额供不应求。然而在这之后，拍卖市场却经历了一段长达3年的供应过剩的窘境，以至于在2011年9月7日的拍卖中，配额成交量只有750万吨，仅为供应量(4200万吨)的六分之一，创历史交易量新低。直到2013年3月，在经济复苏影响下，各行业对排放额度的需求量逐步恢复，交易量与供应量的曲线才再次重合。不过受太阳能、风能及页岩气等新能源逐步推广的影响，能源大户对传统能源的需求也在逐步下降，预计倡议体系内的碳配额供应量还将继续下滑。

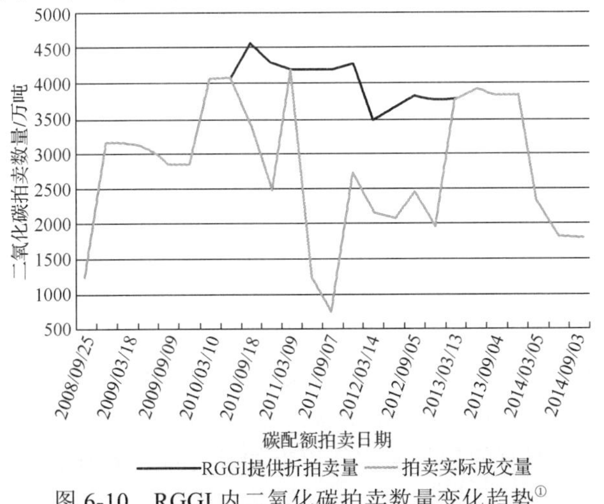

图 6-10　RGGI 内二氧化碳拍卖数量变化趋势①

① 数据来源：区域性温室气体倡议官网 http://www.rggi.org/market/co2_auctions/results/auctions-1-25。

除了碳配额的拍卖历经曲折，区域性温室气体倡议本身的发展也并非一帆风顺。2011 年 5 月 26 日，时任新泽西州州长 Christie 宣布新泽西将于 2011 年底退出该倡议，不过他同时也承诺到 2021 年将关闭燃煤电厂，并且将可再生能源发电的比例提高到 22.5%。

此外，区域性温室气体倡议为管制内发电厂设定的 2013 年度的排放上限是 1.65 亿吨，然而这些发电厂 2012 年的实际排放量仅为 9100 万吨，远低于先前预期，主要原因是经济衰退以及发电厂纷纷转向使用价格偏低的天然气。因此，2013 年 2 月，区域性温室气体倡议公布了新的排放上限：2014 年的排放限额压低至 9100 万吨，并且保持 2.5%的年减排率，直至 2020 年。到 2013 年 10 月，美国又有五个州有意加入该倡议，并同美国东北部的碳市场官员展开磋商，此举使得排放交易体系覆盖美国 30%的地区。

（四）中西部温室气体减排协定

1. 主要内容

中西部温室气体减排协定于 2007 年 11 月由美国西部 9 个州和加拿大 2 个省在美国威斯康星州共同发起成立。各参与方就三个问题达成一致：一是设立温室气体减排目标和时间表；二是设计一套多部门共同参与的基于市场的总量控制与交易体系以实现减排目标；三是开发其他减排机制或政策。协定设定的具体减排目标为到 2020 年各会员将碳排放量在 2005 基础上减少 20%，到 2050 年减少 50%。此外，参与方还成立了一个顾问团及六个特定议题工作小组，为总量控制与交易体系的发展出谋划策。

2. 实施情况

中西部温室气体减排协定承诺为每个参与方建立一个温室气体减排项目。作为项目的一部分，参与方同意设定区域性的减排目标并研发一套帮助此目标落实的多部门联合参与的上限交易机制及配套政策。项目的减排时间表按参与方先前自行设定的进度推进。此外，参与方还承诺参加一项正式的温室气体排放注册表，以确保减排行为的合规性。

同时参与方还就以下内容达成一致：各州的上限交易体系必须与其他州类似的项目对接；使过渡性失业率最小化，同时保证财政收入和工作收益最大化；减少对非参与方的排放量的泄露；允许签署协定的排放单位使用过去和当前拍卖所得的信用额度来减排；为未来全国性项目的建立进行一切可能的合作尝试。协定还为各个上限交易机制的创立及实施拟定了时间表，而各交易机制的设计已于 2010 年完成①。

2011 年后，几乎所有的最初协定签署方的领导都已卸任。目前，协定中的参与

---

① 参见：http://www.c2es.org/us-states-regions/regional-climate-initiatives/mggra。

方均未正式通过(或否决)顾问团提供的有关总量控制与交易体系的建议。中西部温室气体协定当前已处于停滞状态。

(五)气候储备行动

1．主要内容

气候储备行动于2009年正式启动，是一个基于项目的碳排放交易机制。储备行动计划制定一个可开发、可测量、可核查的温室气体减排标准，发布基于项目而产生的碳排放配额，透明地监测碳交易全过程，其目标是要建立一个覆盖整个北美的交易体系。

气候储备行动的前身是2001年在加州注册的加州气候行动注册办公室。一直以来，加州气候行动注册办公室都是一个碳排放自愿登记机构，变更为气候储备行动后，专注于开发温室气体减排标准化的协议项目，力图打造一个登记和跟踪温室气体排放抵消的体系平台。目前参与该体系的企业将近400家，在墨西哥城、纽约、华盛顿特区、旧金山等城市设立了办公室和代理处。

2．实施情况

气候储备行动的交易项目涉及四大领域：工业、交通运输、农业和林业。它将所产生的减排单位称为气候储备单位，1个气候储备单位相当于1吨二氧化碳当量。由于气候储备行动是美国第一个根据自愿碳排放标准设立的温室气体减排体系，其中的所有项目都采用了自愿碳排放标准方法学，因此气候储备行动只接受自身开发的协议项目，并不接受清洁发展机制项目产生的减排额，只是把清洁发展机制的方法学作为其协议的出发点。气候储备行动也不接受来自气候领导者项目和自愿碳排放标准所产生的减排额。

在市场方面，气候储备行动可谓用心良苦，有意地排除了可再生能源发电、绿色建筑等部门，原因在于这些部门已经采取了其他标准，无须再纳入该行动。显然美国人在将气候储备行动变为一个成熟的标准之前，并不打算激进地向外扩张。另外，气候储备行动还有其姊妹组织——气候行动注册办公室，后者主要是负责北美所有实体性的温室气体排放清单的报告和核查，并不支持温室气体减排项目的登记和跟踪①。

气候储备行动目前发展良好。截至2013年底，其净资产已达1339017美元。当前，该体系中共有 317 个账户，已注册的项目达 207 个，发行的气候储备量共计48258842吨②。

① United States Environmental Protection Agency. Carbon Offsets Markets and the Climate Action Reserve [R/OL]. [2016-03-14]. http://www.epa.gov/earth1r6/water/swc/docs/carbon_offsets_climate.pdf.

② Climate Action Reserve. Climate Action Reserve: 2013 Annual Report [R/OL]. [2016-04-06]. http://www.climateactionreserve.org/wp-content/uploads/2014/04/CAR-AnnualReport-FINAL.pdf.

(六)美国碳市场建设的启示

美国五个主要区域性碳市场的发展现状如表 6-12 所示。

表 6-12　美国主要区域性碳市场发展现状一览

美国主要区域性碳市场	发展现状
芝加哥气候交易所	交易已停止，惨淡收场
西部气候倡议	多个成员州退出，仅剩加州连同加拿大四省留在其中
区域性温室气体倡议	中途受经济衰退发展受挫，但目前进展良好
中西部温室气体减排协定	基本处于停滞状态
气候储备行动	进展良好

从上述区域性碳市场的发展历程，不难得出以下启示。

(1)仅通过自愿交易难以实现既定的减排目标，也无法保障气候安全。正如耶鲁大学著名经济学家诺德豪斯教授所言：对于依靠愿望、信任、富有责任感的公众、环境道德和内疚感来实现主要减排目标是不现实的。因此，推行基于市场的强制性减排机制，为碳定价，推行总量控制与交易机制，才能保证碳市场的正常运营，达到减排目标①。

(2)只有对减排量及碳抵消进行严格的监测和验证，才能确保碳市场安全有序的运行。由于对减排量缺少审计和验证，芝加哥气候交易所参与者的减排努力(或违规排放)无法量化，碳补偿项目的可靠性也持续降低，致使其公信力逐步丧失，参与方接连退出。

(3)航空业参与自愿碳交易仍困难重重。节能减排的社会性及公益性特征决定了其不会给参与方带来巨大的经济效益，而排放仅占全球排放总量 2%～3%的航空业对入市仍兴趣索然。各国各地区碳市场交易规则及方式的不统一使得国际性极强的航企不愿花费过多的精力参与其中。因此，建立公平、有效、规则完善的全球性碳交易体系是非常重要的。

二、其他国家地区的市场机制及对民航业节能减排的影响

《京都议定书》第 2 条第 2 款要求其附件 1 中的缔约方应分别与国际民航组织和国际海事组织一起，谋求限制或削减飞机和船舶因消耗燃油产生的《蒙特利尔议定书》中未予管制的温室气体的排放。因此，世界各主要国家和地区的航空企业纷纷寻求通过参与碳交易的方式达到行业减排的目的。在欧洲，欧盟颁布计划，自 2012 年 1 月 1 日起将全球航空业纳入欧盟排放交易体系目标是到 2012 年底，将由于飞行造成的碳排放降低到 2004—2006 年水平的 97%，从 2013 年起降低到 95%。而美国政府则对航空业是否应参与碳排放交易这一问题的立场不甚明确。一方面，美国政

① 温岩，刘长松，罗勇. 美国碳排放权交易体系评析[J]. 气候变化研究进展，2013，9(2)：144-149.

府并未完全承认《京都议定书》，并授意本国航企无须参与欧盟排放交易体系。2012年11月28日，奥巴马总统签署了一项新航空法案，要求禁止美国航空公司参与欧盟排放交易体系，以保护美国航空企业免缴欧盟碳排放税。另一方面，在2010年的国际民航组织第37届大会上，美国又表明将遵守A37-19号决议的规定，支持ICAO在制定基于市场措施的框架、尝试在全球范围内建立MBM方面所做的努力。不过，美国国内一些航空企业还是尝试通过参与区域性碳市场来减少排放。例如，作为美国碳市场先行者的芝加哥气候交易所，其会员单位就包括数个航空企业。

目前来看，通过市场机制节能减排对美国航空业的影响并不是非常明显，航空业在碳交易市场中的参与度不高，美国政府对航空业是否参与碳交易也没有明确的要求。因此通过市场机制来降低航空业碳排放的手段在美国还并非主流。而其他一些国家和地区却通过碳交易或碳税的形式在减排方面成效卓著。当然，通过碳交易降低航空业排放最著名也最富争议的体系便是欧盟排放交易体系。

(一)将民航业纳入的欧盟排放交易体系

自20世纪90年代以来，欧盟一直致力于发挥全球领导作用，对抗气候变暖。以《京都议定书》中8%的减排承诺为目标，欧盟部分成员国在1998年6月签署了一项费用分摊协议。同月，欧盟委员会发布题为《气候变化：后京都议定书的欧盟策略》的报告，提出应该在2005年前建立欧盟内部的交易体系。2003年10月13日，欧盟排放交易指令(2003/87/EC)正式生效，规定欧盟排放交易体系从2005年1月起开始交易。2005年1月1日，欧盟排放交易体系正式交易。

欧盟排放交易体系的交易机制为总量控制与交易体系，分三个阶段进行。第一阶段为2005—2007年，第二阶段为2008—2012年，第三阶段为2013—2020年(图6-11)。

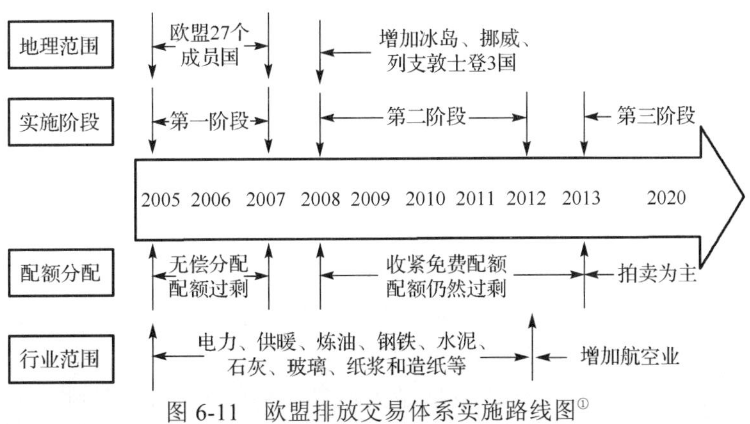

图6-11　欧盟排放交易体系实施路线图①

① 数据来源：2013年中美民航节能减排高层培训班培训课件。

从图 6-11 可以看出，在欧盟排放交易体系的第一阶段(2005—2007)，主要采取无偿的配额分配方式，这是因为欧盟将这一阶段定位为“从实践中学习”(learning-by-doing)的阶段，以此为成员国及交易企业提供实际操练机会，而欧盟自身也可根据交易出现的问题调整制度。第二交易阶段(2008—2012)与《京都议定书》第一承诺期同步，欧盟借助排放交易体系正式履行议定书中的减排承诺。自 2005 年启动以来，欧盟排放交易体系已经成为全球最大最活跃的碳排放交易体系，为其他交易体系的建立提供了蓝本。在第二阶段，欧盟排放交易体系已覆盖欧盟 27 个成员国和欧洲经济区 3 个国家，纳入交易体系的二氧化碳排放量达到欧盟总排放的 45%。

2013 年 1 月 1 日，欧盟排放交易体系迈入第三阶段，如图 6-11 所示，体系内最大的调整便是将航空业纳入了交易当中。2008 年，欧盟通过对 2003/87/EC 号指令的修订，并通过第 2008/101/EC 号指令，规定从 2012 年起，抵离欧盟成员国境内机场的所有航班都将纳入欧盟排放交易体系。原因主要有两点：一是航空业排放增速过快，排放日益显性化；二是欧盟试图从航空业入手，开始其全球扩张的第一步。

然而，欧盟的这一做法遭到包括中国、美国、印度等国家的强烈反对。欧盟的做法不仅违背“共同但有区别的责任”原则，还违背领空主权的原则，更破坏了《芝加哥公约》和《双边航空运输协定》中的税费条款。此外，该行为还将给我国民航业及相关产业带来不利的影响。举例来说，2012 年，欧盟发放给中国航空公司的免费配额约为 545 万吨，2012—2020 年每年约 515 万吨，这仅相当于 2008—2009 年实际排放的平均水平。这意味着中国航空公司购买配额的成本将逐年提高，2012—2020 年这一累计成本最高将达 180 亿美元，而这期间中国航空公司单位排放分摊的购买配额成本是欧盟航空公司的 3～6 倍。由于运输成本增加，我国商品出口的成本也将增加，而对欧盟企业的利润影响则可以忽略不计。

基于以上考量，我国民航局 2012 年 2 月 6 日向各航空公司发出指令，未经政府有关部门批准，禁止中国境内各运输航空公司参与欧盟排放交易体系，禁止各运输航空公司以此为由提高运价或增加收费项目。而俄罗斯政府与美国政府也分别于 2011 年 10 月 13 日和 10 月 24 日宣布禁止本国航空公司参与欧盟排放交易体系。在各方强大压力下，欧盟于 2012 年 11 月提出“停表”计划，暂停将航空业纳入欧盟排放交易体系。目前，“停表”计划仍在持续。

欧盟将航空业纳入欧盟排放交易体系的单边行为，对我国民航业的发展有很大的不利影响，我们可以从中得到哪些启示呢？

(1)必须意识到航空业的低碳发展是大趋势，各国必须认真对待，以促成一个全球性的解决方案。

(2)我国应积极参与全球航空解决方案的制定过程，争取更大话语权，建立有利于提高我国航空业竞争力的国际大环境。

(3)必须加大对航空业低碳发展战略的研究，为我国民航业的节能发展制定合适的战略。

(4)加快航空业节能减排技术的研发和创新，以科技为手段促进我国民航业节能减排事业的发展。

(二)全球重要减排市场机制对民航业的影响

上述已经提到，世界上很多国家或地区已经建立起具备本土特色的减排市场机制，包括碳排放交易体系及碳税，并且也有一些航空企业参与其中。具体交易体系名单及航空业参与情况见表 6-13。

表 6-13　全球各主要减排市场机制及对民航业的影响①

减排市场机制名称	对民航业的影响
欧盟排放交易体系	覆盖 30 个欧洲国家，国内及国际航空公司均参与交易
新西兰碳排放交易体系	自 2010 年起，国内运营商可选择参与交易或交税
英国航空旅客税	国内及国际运营商所有在英国起飞的航班均需缴纳
德国航空旅客税	国内及国际运营商所有在本国境内起飞的航班均需缴纳
爱尔兰航空旅行税	国内及国际运营商所有在本国境内起飞的航班均需缴纳
澳大利亚碳税	所有国内运营商均需缴纳
挪威碳税	所有国内运营商均需缴纳
奥地利碳税	国内及国际运营商所有在本国境内起飞的航班均需缴纳
巴西瓜鲁柳斯环保税	2010 年公布
韩国碳排放交易体系	自 2015 年起，国内航空业需参与交易(暂不确定)
日本碳排放交易体系	自 2008 年起航空公司可自愿参与交易
中国碳排放交易体系	2013 年已有 6 家主要航空公司参与上海碳排放试点交易

从表 6-13 可以看出，当前越来越多的国家开始尝试利用市场机制来促进航空业的减排行动，主要方式为排放交易体系和碳税。我国已经开始尝试通过碳市场来达到节能减排的效果。航空企业有必要了解碳市场的规则，积极参与中国排放权交易试点。国内一些大型航空公司如中国国际航空股份有限公司(简称国航)、中国南方航空股份有限公司(简称南航)等对参与碳市场交易的前景仍持谨慎态度。部分航空公司表示，还是希望民航局构建统一的航空业碳市场，各地航空企业应作为整体联合参与，而不是各自参与本地的碳市场(来自 2014 年国内主要航空公司调研)。而在上海，尽管中国东方航空等六家航企参与了碳交易，但东方航空也表示由于目前只参与了一年，且配额是免费发放的，仍无法给出针对前景的明确预测。

三、本节启示

2011 年 11 月 9 日，国务院下发了《“十二五”控制温室气体排放工作方案》，

① 数据来源：2013 年中美民航节能减排高层培训班培训课件。

其中明确提出开展碳排放权交易试点。根据形势发展并结合合理控制能源消费总量的要求，建立碳排放总量控制制度，开展碳排放权交易试点，制定相应法规和管理办法，研究提出温室气体排放权分配方案，逐步形成区域碳排放权交易体系。此后，国家发改委办公厅下发了《关于开展碳排放权交易试点工作的通知》(发改办气候〔2011〕2601号)，批准北京、天津、上海、重庆四大直辖市，外加湖北(武汉)、广东(广州)、深圳等七省市，开展碳排放权交易试点工作。此后，七个试点市场的建设均开始有序推进。2013年6月18日，国内首个试点碳市场在深圳启动，而上海、北京、广东、天津也分别于11月26日、11月28日、12月16日及12月26日启动了碳市场交易。五个碳交易试点控排企业2013年配额规模合计约7.3亿吨，若考虑储备配额，则配额总量高达8亿吨。2014年4月2日及6月19日，湖北及重庆碳市场也相继启动。从配额规模来看，中国已经成为仅次于欧盟的全球第二大碳市场。

另外，时任国家发改委副主任解振华在2012年9月表示"十三五"将进一步扩大试点的范围，逐步建立全国性的碳市场。当前，我国还处于碳交易的尝试及摸索阶段，对国外成熟交易市场的借鉴是非常必要的。美国目前也未形成全国性的碳市场，且各地区交易市场的情况参差不齐，加上航空业参与较少，对我国全国性碳市场的建设及民航业的参与策略参考借鉴性不大。然而，尽管各区域性碳市场暂时经营惨淡，并且全美范围内的统一碳市场仍未建立，但美国各地碳市场的产生、发展及兴衰都给我国现阶段试点碳市场的运行及未来全国统一碳市场的建立提供了研究样本。

对于民航业的节能减排，主要的经济管制手段有三个：征收排放税、强制抵消和可交易的排放许可证。目前来看，美国航空业对于这三个手段都不是十分热衷，行业各部门(航空公司、机场、制造商等)也尚未大规模参与排放交易体系或征收排放税。对我国而言，参与排放交易对民航业是否公平，如何充分考虑民航行业的特殊性，对民航业节能减排推动效果如何，这都是国家和整个行业需要思考的问题。

第四节　本 章 小 结

节能减排的大背景给美国航空业带来巨大压力。尽管航空业的碳排放还不到排放总量的3%，但由于排放增速过快，行业自身也不得不采取各类措施来推进节能减排。美国航空业节能减排的实现机制主要包括科技创新、政策激励和市场机制三种。

从本章描述不难看出，科技创新始终是美国民航业节能减排最重要的利器。激励政策对美国民航业节能减排事业的推动力仅次于科技创新，不过在美国，绝大多数优惠政策的对象都是机场，航空公司及制造商所得的激励政策则少之又少。

此外，无论碳税还是排放交易，通过市场机制促进航空业减排的手段在美国仍未成为主流。

当前，节能减排已成为全球民航业未来发展的重要约束条件。作为全球最大排放体之一的美国，从联邦航空局到各区域管理机构，均在节能减排的落实上态度积极、行为高效。整体来看，美国民航业对节能减排高度重视，各方通力合作，无论对交易机制的尝试，还是对激励政策的重视；无论对科技创新的不断追求，还是对沟通协调的坚持，都反映出美国民航业已将节能减排融入日常工作的方方面面，节能不再是提升自身形象的包装，而是已融入民航业发展的血液，成为其必不可分的成分。其中，强大的技术实力是美国推动节能减排的坚实后盾和民航产业竞争力的所在，而以市场化为基础推动民航业节能减排，则实现了发展与节能减排的平衡。

总结美国民航业节能减排的工作机制及成效，主要在于全行业对各类节能手段的积极投入，同时配套制定了相应的财政激励措施，使民航业各从业单位在节能减排工作中有合理的定位。我国民航业在开展节能工作时，必须加强合理的市场定位研究，进一步明确各方面的责、权、利，充分调动民航各个从业主体的积极性，并建立节能减排相关基金，以推动建立和完善我国民航节能减排市场机制，支持节能减排工作。

近年来，我国民航业发展迅猛，行业产业的排放也不断增加，为积极控制航空温室气体排放对大气的影响，我国民航业以提高燃油效率为目标，采取技术、运营和管理等多方面措施，克服资金短缺、技术匮乏等诸多困难，开展了大量富有成效的工作。

(1) 政策法规方面。民航局 2008 年印发了《民航行业节能减排规划(2005—2015)》及《关于全面开展民航业节能减排工作的通知》，分析了行业节能减排的现状、问题和挑战，明确了工作原则、目标和任务。2011 年，根据国内外节能减排和应对气候变化工作形势的变化，结合行业“十二五”规划编制工作，民航局发布了《关于加快推进行业节能减排工作的指导意见》。指导意见将落实工作目标分为三个阶段：2011—2012 年为夯实基础阶段，2013—2015 年为全面推进阶段，2016—2020 年为创新优化阶段，力争在每个阶段末期实现收入吨公里能耗分别比 2005 年水平下降 11%、15%和 22%。

(2) 体制方面。2008 年 8 月，民航局成立了节能减排工作领导小组、节能减排办公室，民航各级政府管理机构、企事业单位进一步明确了节能减排工作的职责和归口。

(3) 节能技术方面。全行业各航空公司、机场和空管部门积极行动，采用各类创新科技手段实施节能工作。各类机场相继完善能源计量管理，强化工作人员节能意识，改造、淘汰老旧设备，优化电网电路；各航空公司采用包括优化空域和航线航路、实施缩小飞行高度层垂直间隔(Reduced Vertical Separation Minimum，RVSM)、使用机场桥载设备代替飞机辅助动力装置、淘汰老旧机型等措施，大力推进航空节能减排工作。此外，航空生物燃料的开发和应用也是我国民航业节能减排工作的重点之一。2011 年 10 月 28 日，我国航空生物燃料首次验证试飞顺利完成，证明了航空生物燃料在我国的技术可行性，极大地推动了我国企业对航空生物燃料的研发和推广工作的积极性。

中国民用航空局2014年为中国石化1号生物航空煤油正式颁发适航商业生产许可，以餐饮废油等为原料的生物航空煤油开始成为全新的航空动力产品。据估算，全国每年可形成“地沟油”500～600 万吨，而 1 吨地沟油大约能产出 0.9 吨生物柴油。今后，“地沟油”可直接送生物柴油厂，减少回流餐桌，中国成为继美国、法国、芬兰之后第四个拥有生物航煤自主研发生产技术的国家。

但与美国相比，我国民航业在节能减排事业上的投入还显薄弱，并且缺乏系统性。而应对气候变化，推进节能减排，仍将是我国民航今后的核心工作之一。大力倡导绿色飞行、建设低碳机场、推行高效空管、发展航空可替代燃油是进一步做好未来行业节能减排工作的重要途径。

第七章　美国节能减排的管理体制

美国是一个联邦制国家，在节能减排的管理上实行的是由联邦政府制定基本政策法规以及能效排放标准，由州政府负责实施的管理体制。

联邦政府设有专门的环境保护和能源管理机构，对全国范围的节能减排进行统一的管理。美国节能环保的最高管理机构是能源部和环保署。能源部负责研究开发重大节能技术，环保署负责制定与实施水、空气和废物利用及其他与环境保护相关的全国性政策。此外，联邦各机构也都设有相应的环境保护部门，分管其业务范围内的环境保护工作。

各州也都设有环境保护和能源管理的专门机构，负责制定和执行本州的环保与节能相关的法规、政策、标准等。州政府和地方政府都设置了相应级别的能源工作委员会与环保部门，负责当地节能减排政策措施的落实。

第一节　美国环境保护管理机制

美国在节能减排方面设置了不同的管理层级，各司其职，管理既不越位又不错位。

一、美国联邦政府环境保护机构

美国联邦政府设有两个专门的环境保护机构：环境质量委员会和环保署。同时，联邦政府其他有关机构也下设有相应的环境保护部门。

(一)环境质量委员会

环境质量委员会是依据1969年的《国家环境政策法》设置的，下设在美国总统行政办公室，是总统有关环境政策问题的主要咨询机构，协助总统制定环境政策。1969年的《国家环境政策法》和《1970年环境质量改善法》(Environmental Quality Improvement Act of 1970)规定了环境质量委员会的职责：一是为总统提供环境政策方面的咨询；二是确保各联邦机构履行《国家环境政策法》的相关义务职责，帮助总统协调解决联邦机构间有关环境影响评价方面的意见分歧，协调联邦机构、州和地方政府及其他利益相关方在环境、自然资源和能源方面的事务。

根据《国家环境政策法》的规定，环境质量委员会的具体职责如下。

(1) 协助总统完成年度质量报告。

(2) 收集有关环境现状和变化趋势的数据信息，并向总统汇报。

(3) 评估政府的环境保护工作情况，向总统提出有关政策的改进建议。

(4) 指导有关环境质量和生态系统的调查、研究、分析等。

(5) 向总统汇报环境状况，每年至少一次。

(6) 记载并判断自然环境的变化，积累必要的数据资料和其他相关信息。

(7) 根据总统的要求，就政策和立法等事项进行调查研究，并给出报告和建议。

虽然环境质量委员会不负责环境法规的具体执行，但其制定的指导原则在法庭上通常具有很大的威慑力。

此外，环境质量委员会还负责监督联邦环境管理办公室(Office of the Federal Environmental Executive，OFEE)的工作。联邦环境管理办公室是根据总统行政命令成立的，是环境质量委员会下设的一个特设工作组。该办公室主要是协助联邦各机构在运行中考虑环境影响因素，致力于推动联邦政府实现可持续的环境管理。联邦环境管理办公室在实施环境管理体系、购买绿色产品、建造可持续发展的建筑、开展电子政务，以及防止废弃物产生和回收废弃物等方面，为联邦各机构实现可持续的环境管理提供帮助。

环境质量委员会也有其局限性。因其完全受制于总统，环境质量委员会作用的发挥完全取决于在任总统对环保的态度。

(二) 环保署

美国环保署成立于 1970 年，是隶属于总统的独立机构。美国环保署署长由总统提名，经国会批准生效，直接对总统负责。美国环保署的职责是保护人类健康和环境，代表联邦政府全面负责环境管理，是各项环境法案的主要执行机构。自 1970 年以来，美国环保署一直致力于营造一个更清洁、更健康的环境。美国环保署根据法律授权拥有管辖全国环境事务的权力，可以制定相关法律的实施细则，州政府不仅要遵守联邦环境立法的规定，还要遵守美国环保署制定的相关规定、规划。

1. 美国环保署的构成及主要职责

美国环保署拥有 18000 多名职员，分布在全国各地，包括华盛顿总部、10 个区域分署和 17 所实验室。所有职员都受过高等教育并接受过专业技术培训；半数以上是工程师、科学家、政策分析师，还有部分职员是律师或公共事务、财务、信息管理和计算机等方面的专家。为了加强环境刑事诉讼的力度，美国环保署还组建了一个强大的智囊网络，囊括联邦法律指定的训练有素的探员、环境鉴定科学家、律师、培训专家等各类人才，倾力支持刑事诉讼的取证与定罪工作。美国环保署在全国设有 40 多个与执法相关的地区或区域办公室，并得到设在各地的法院鉴定实验室、联邦环境执法培训中心的支持，已经成功起诉了一批违反环境法规的重大案件。

环保署包括以下 12 个部门。

(1) 署长办公室 (Office of the Administrator)。

(2) 行政和资源管理办公室 (Office of Administration and Resources Management)。

(3) 空气和辐射管理办公室 (Office of Air and Radiation)。

(4) 国际事务和部族事务办公室 (Office of International and Tribal Affairs)。

(5) 首席财务官办公室 (Office of the Chief Financial Officer)。

(6) 执法与守法监督办公室 (Office of Enforcement and Compliance Assurance)。

(7) 环境信息办公室 (Office of Environmental Information)。

(8) 法律总顾问办公室 (Office of General Counsel)。

(9) 化学物质安全和污染预防办公室 (Office of Chemical Safety and Pollution Prevention)。

(10) 研究和发展办公室 (Office of Research and Development)。

(11) 固体废弃物和应急反应办公室 (Office of Solid Waste and Emergency Response)。

(12) 水资源管理办公室 (Office of Water)。

美国环保署的设立以及内部机构的设置都有明确的法律依据。下设的 12 个部门中，除了综合性部门和保障部门，污染防治机构的设置明显与环境法规相对应。例如，《清洁空气法》、《清洁水法》、《固体废弃物处置法》、《联邦杀虫剂、杀菌剂及灭鼠剂法》(Federal Insecticide Fungicide and Rodenticide Act，FIFRA)、《有毒物品管理法》、《污染预防法》对应空气和辐射管理办公室、水资源管理办公室、固体弃废物和应急反应办公室、化学物质安全和污染预防办公室等。这些机构的职责针对性比较强，成为美国环保署实现环境保护目标的核心机构。美国环境保护行政机构的这一设置特点，既体现了以法治污、以法防污的理念，又体现了通过细化污染防治工作、保证环境目标实现的管理思路。图 7-1 所示的美国环境管理体系可以充分体现这一思路。

美国的环境管理体系并不是一个垂直的体系，州环保机构并不隶属于环保署。环保署将联邦环境法授予的大多数执法权授予各州的环保机构。环保署负责组织和指导州环保机构开展工作与环保行动，并与区域分署合作，通过市场手段和经济手段激励各州政府积极解决环境问题，尤其重视联邦对各州的项目拨款激励。

为加强执法职能，美国环保署专门设置了执法与守法监督办公室。如图 7-2 所示，执法与守法监督办公室下设守法处、管制执法处、刑事执法法庭辩论与培训处、现场补救执法处、联邦行动处、环境正义处、联邦设施执法处与规划、政策分析和宣传处、行政和人员支持资源管理处等九个部门。这九个部门的主要职责包括：帮助工业等机构部门改善守法状况；协调和评估全国有害废弃物的清理计划；根据国家环境政策法规对所有环境影响报告进行评估；制定守法监督纲要；就守法和执法的全国政策提出建议；确定国家守法和执法的侧重点；为各州和地方的执法行动提供支持①。

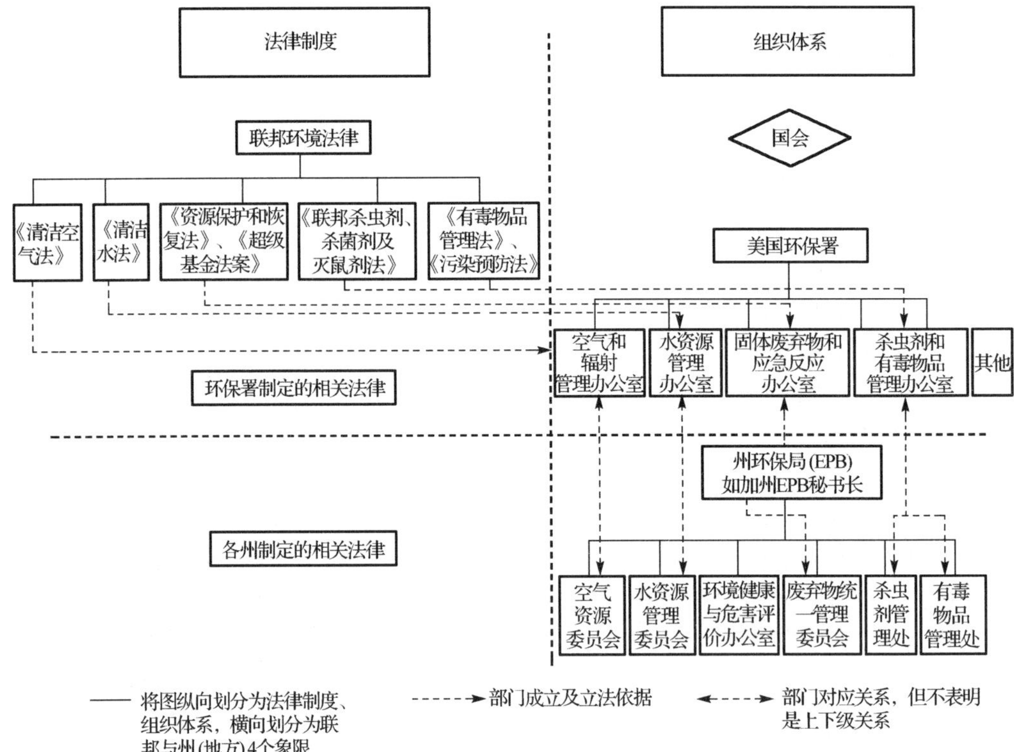

图 7-1　美国环境管理体系示意图②

美国环保署的主要职责包括根据国会颁布的环境法律制定和执行环境法规规章或标准，开展或资助环境研究及环境保护项目，加强环境教育、培养公众的环保意识和责任感。环保署在美国的环境科学研究、教育和评估方面发挥着领导作用，为州和地方政府、私人团体、个人和教育机构控制环境污染的活动提供政策指导和资金支持，协助环境质量委员会向总统提出和推荐新的环境管理政策。下面将对美国环保署的职责进行详细说明。

1) 负责法规的制定和执行

美国环保署根据国会颁布的环境法律制定和执行法规。包括研究和制定各类环境计划的国家标准，并且获得授权给州政府和美国原住民部族颁发许可证、监督法律遵守和执行情况(图 7-2)。如果发现不符合国家标准，则美国环保署可以制裁或采取其他措施协助州政府和美国原住民部族达到环境质量要求的水平。

① 参见：美国环保署官网 http://www.epa. gov/compliance/about/us.html。
② 秦虎，张建宇．以《清洁空气法》为例简析美国环境管理体系[J]．环境科学研究，2005, 18(4): 55-62．

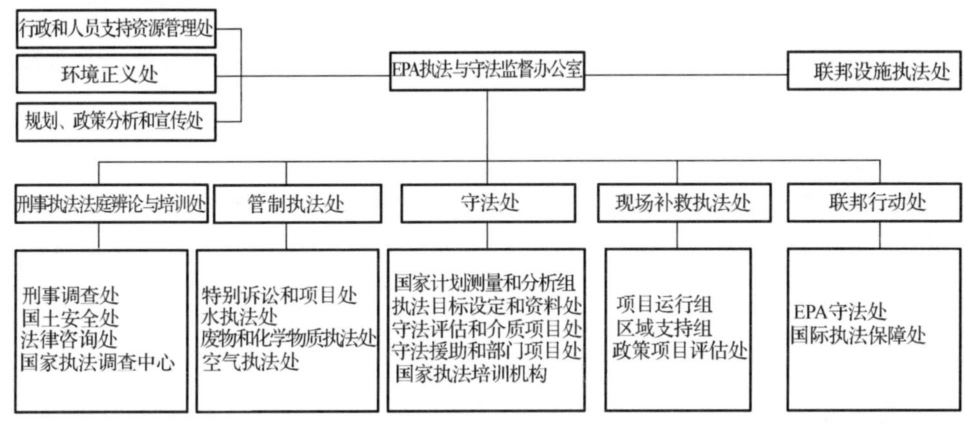

图 7-2　美国环保署执法与守法监督机构设置

2) 提供基金支持

近年来，美国环保署将国会批准预算的 40%～50%通过基金的方式直接资助给州政府的环境项目。美国环保署向州政府、非营利机构和教育机构提供基金，支持其进行高水平的研究，从而夯实国家环境问题决策的科学基础。美国环保署还资助其他项目，如州政府饮用水循环基金、州政府清洁水循环基金和褐色土地清理及再利用(轻度污染地清理及再利用)等项目。

3) 提供研究资金和资助

美国环保署支持环境教育项目，意在提高公众环境相关的意识、知识和技能，从而做出对环境质量有影响的最好决策。美国环保署还为州政府、地方政府和小企业提供有关环境融资服务和项目的信息。

4) 开展环境研究

凭借遍布全国的实验室，美国环保署致力于评估环境现状，以确定、了解和解决当前与未来的环境问题；与科学研究机构合作，包括国家机构、私人组织、学术机构，或者采用其他机构的研究成果；主导识别新出现的环境问题，提高风险评估和风险管理的科学水平。

5) 赞助自愿合作伙伴和计划

美国环保署通过总部和区域分署，连同超过一万家工厂、企业、非营利机构与州和地方政府，开展了超过 40 个自愿污染预防计划和能源节约项目。合作伙伴制定了自愿的污染管理目标，如节水节能、减少温室气体排放、大幅减少有毒物质的排放、加强固体废弃物的再利用、控制室内空气污染，以及控制农药风险等。美国环保署通过激励的方式来回报自愿合作伙伴，例如，一些重要的公众嘉奖项目，或者为其提供最新最前沿资料等奖励方式。

6）加强环境教育

美国环保署努力开展环境教育工作，培养公众的环保意识和责任感，并激发公众爱护环境的责任心。

2．美国环保署的区域分署划分

出于环境监督管理的需要，同时为保证环境目标的实现，美国环保署将全美 50 个州划分为 10 个区域，在每个区域设立分署进行管理，以此加强对州和地方政府环境保护行为的监督。各区域环保分署受美国环保署领导，代表美国环保署执行环境法律法规，实施美国环保署的各类项目，协调州与联邦政府的关系，监督各州的环境保护活动。区域环保分署一方面代表美国环保署监督州环保管理部门，另一方面通过经济手段（如项目拨款等形式）参与州一级环境保护工作。

每个区域分署的机构组成与美国环保署总部的结构相似，分署署长对美国环保署署长负责。美国环保署的 10 个区域分署格局如下。

区域 1：负责康涅狄格州、缅因州、马萨诸塞州、新罕布什尔州、罗得岛和佛蒙特州。办公室设在波士顿。

区域 2：负责新泽西州、纽约州、波多黎各和美国维尔京岛。办公室设在纽约。

区域 3：负责特拉华州、马里兰州、宾夕法尼亚州、弗吉尼亚州、西弗吉尼亚州和哥伦比亚特区。办公室设在费城。

区域 4：负责亚拉巴马州、佛罗里达州、佐治亚州、肯塔基州、密西西比州、北卡罗来纳州、南卡罗莱纳州和田纳西州。办公室设在亚特兰大。

区域 5：负责伊利诺伊州、印第安纳州、密歇根州、明尼苏达州、俄亥俄州和威斯康星州。办公室设在芝加哥。

区域 6：负责阿肯色州、路易斯安那州、新墨西哥州、俄克拉荷马州和得克萨斯州。办公室设在达拉斯。

区域 7：负责艾奥瓦州、堪萨斯州、密苏里州和内布拉斯加州。办公室设在堪萨斯城。

区域 8：负责科罗拉多州、蒙大拿州、北达科他州、南达科他州、犹他州和怀俄明州。办公室设在丹佛。

区域 9：负责亚利桑那州、加利福尼亚州、夏威夷州、内华达州和萨摩亚。办公室设在旧金山。

区域 10：负责阿拉斯加州、爱达荷州、俄勒冈州和华盛顿州。办公室设在西雅图。

区域分署的职能如下。

(1)执行环保署的项目，协助辖区内的州争取可授权项目，向环保署总部报告项目进展情况并协助项目的开发。

(2)与联邦、州、州际和地方机构以及工业部门、学术机构和其他私人组织合作，确保区域内的环境问题得到解决，联邦环境立法能够得以实施。

(3)开展有效的强制性区域计划。

(4)协助将环保技术引入辖区内各州。

(5)对各州制定的标准和实施的计划行使审批权。

(6)对区域项目进行全面科学的评价。

3．国会和政府间关系办公室

美国环保署下设的国会和政府间关系办公室主要负责联络国会、州以及地方政府。具体交涉内容包括环保署的重大项目，如大气、农药、水、废弃物等，以及政府层面的一些事务。

国会和政府间关系办公室的主要职能如下。

(1)支持研究制定和实施环保署的法律议程，包括法律提议和建议。

(2)领导环保署审议立法；调整环保署的立场和定位以及对国会的技术支持；监督所有相关的立法活动(如与环保署各项计划相关的账目、报告、法规)。

(3)指导环保署与各州间开展实施全国环境绩效合作体系(National Environmental Performance Partnership System，NEPPS)。

(4)通过与各州长、国家环境专员、市长办公室、小社区顾问委员会以及当地政府顾问委员会沟通，与国会及各州和当地政府共同管理与检查环境问题。

(5)促进环保署的优先领域与国会政策的融合。

(6)掌握并检查环保署和公众对国会信息的需求，对拥有法律参考资料和提供一般立法研究服务的法律图书馆进行维护。

(7)协调环保署出席国会听证会并负责管理相关证据。

(8)向国会报告环保署的奖项授予情况。

4．美国环保署的监督职能

监督是美国环保署的主要职能之一。监督的作用主要是认定企业是否遵守环境法律、法规、政策，并对违法行为所产生的后果进行评估，从而为执法提供证据。美国环保署的监督行动可以是常规的检查，也可以是对怀疑或已经发现有违法行为的企业进行针对性的检查和证据的收集。

美国环保署的监督包括六类具体行为：①环境监测(企业地理位置信息、周边环境信息)；②现场检查(包括观察、取样、访谈)；③深入调查(在发现违法现象时)；④企业记录数据检查；⑤针对性信息收集；⑥补救监督。通过这些监督行动，美国环保署可以获取企业守法状况的大量信息。如果通过检查发现了违法违规现象的存在，则美国环保署通常会给违法者发出违法认定通知。在违法性质不是太恶劣、没有造成永久性危害的情况下，违法者会收到一封警告信作为处理结果。通知和警告信是违法行为处理的第一步，告之违法者应立即纠正美国环保署提出的问题，尽快恢复到守法状态。美国环保署建立了专门的数据库收录违法情况和检查记录，可供公众和企业查询。

值得注意的是，美国环保署的执法处置并不以处罚为目的，而是以环境效益和处罚效果最大化为目标。美国环保署通常会采用“协议解决”的方式，与违法者协议解决违法处罚，达成处置协议。如果违法者决定实施“环境追加项目”，即违法者在“协议解决”规定的恢复到守法状态并消除不良影响之外，自愿采取另外一些环境改善措施，美国环保署会考虑适当减免对违法者的罚款。

环境执法的关键是整编监测数据，监察和评估受监管实体的活动，从而发现不符合相关监管要求和许可证条件的情况。符合性监督、评估和调查的目的是识别环境违法行为，找出需要联合其他部门优先解决的潜在环境问题。监测和报告既可以针对不同的环境介质(如空气、水或固体废弃物)，又可以针对不同的行业(如移动源、公用设施)，这些通常包含在具体的许可证要求内。基于受监管实体编制上报的数据，加上监察员的观察和证据收集，美国环保署和州政府可以发现具体的环境问题，判定是否存在违规现象。相关资料和证据还可以为最终采取强制执行措施提供依据。数据收集或检查本身的威慑力通常足以使受监管者意识到监管机构的侧重点，从而更加主动地遵守环境法规。

基于不同的环境法、污染物的属性以及受监管者的类型，美国环保署通常采取以下几种不同的守法监测方法。

自我监测/报告：多数环境法(通过发放许可证)要求受监管实体或机构监测和记录自己的守法状况，并向监管当局报告其部分或全部的跟踪结果。除了告知监管机构，受监管实体自我监测时还可以测算自己的绩效、评估其实现或持续守法的策略是否有效。

报告审查：监管机构对受监管实体上报的或收集整理的信息和数据进行审查。

全面和重点并行的检查/评估：检查/评估的形式包括全面检查/评估或实施一系列的重点检查/评估。在对受监管机构进行的初始环境符合性评估中，主要由美国环保署区域分署和州政府负责对受监管机构进行独立的环境检查。通过取样、排放测试以及其他方法，对机构的环境状况进行独立检查，判定其是否符合具体的环境规定以及当前的环境状况是否对人类健康和环境构成紧急的重大危害。

区域监测：监测受监管实体周围或一定地理范围内的环境状况。监测方法包括大气监测和遥感检测。

美国环保署在2012财年针对不同的环境法共实施了19835次强制执行检查和评估。虽然大多数检查是由州政府实施的，但由于数据报告的多样性、复杂性和其他限制因素，美国环保署无法统计各州实施年度检查的所有数据。美国国家环境委员会(Environmental Council of the States，ECOS)基于对一些州进行的调研，形成报告指出，2003 年州政府针对主要的联邦环境项目如空气、饮用水、地表水和地下水、有害废弃物和固体废弃物等共进行了 136000 次合法性检查。美国国家环境委员会报告的检查总数并不能反映州政府根据所有联邦污染控制计划实施的检查总数，例如，依据《联邦杀虫剂、杀菌剂及灭鼠剂法》实施的检查就未包括在内。根据已实施“杀虫剂补贴计划”(Pesticide Enforcement Grant Program)的各州向环保署的报告，2006—2008 年的每个财年，州、部落和领地根据《联邦杀虫剂、杀菌剂及灭鼠剂法》均实施了 9 万～10 万次检查。这些检查由各州的农业部门负责管理，并不计入环保署或国家环境委员会的统计数据。

(三)其他联邦机构的环境保护职能

美国 1969 年颁布了《国家环境政策法》，并于同年进行环境保护领域行政机构的改组和行政职能的改革。在联邦层面，政府把原来分散在很多机构的环保职能集中起来，由新设的独立行政机构——美国环保署统一行使。经过整合，初步形成了一个由美国环保署主管环境污染防治，由内政部、农业部、商务部等主管自然资源保护，由交通运输部、卫生福利部、国家原子能管理委员会等分管环境污染防治的环境管理体制(表 7-1)[①]。

表 7-1　美国联邦层面相关机构在环境保护方面的职责[②]

联邦机构	职责
内政部	美国负责资源节约的首要机构，负责保护绝大部分的国有土地和自然资源
农业部	执行《土壤和水资源保护法》、《国家森林管理法》
商务部	监控全球大气、气候和海洋；执行《海洋哺乳动物保护法》
劳工部	负责职业卫生与健康
核管理委员会	管理核电站和核废物
能源部	执行《1978 年国家能源法》、《公用事业管制法》
交通运输部	管理危险废物运输
(卫生福利部管辖的)有毒物质和疾病登记署	首要的联邦卫生机构，负责有毒废弃物的管理
(司法部管辖的)环境和自然资源局	代表美国政府处理环境和自然资源的诉讼。下设九个诉讼办公室，负责具体的诉讼。例如，环境强制执行办公室代表环保署提起民事强制执行诉讼

除了上述联邦机构，还有行政管理和预算办公室，这是美国总统行政办公室的下属机构。美国环保署与行政管理和预算办公室共同制定法律法规。实际上，环保

① 王曦. 美国环境法[M]. 武汉：武汉大学出版社，1992.

② 数据来源：http://www.nexuslearning.net/books/Holt_Env_Science/21-2.pdf。

署是与行政管理和预算办公室下设的信息与规范事务办公室直接合作的。信息与规范事务办公室负责审核所有影响经济的重要规范行动，能够影响其他联邦机构的行动，还负责提出新的法律或政策问题。也就是说，信息与规范事务办公室的主要工作是为保障环保署提出和采纳的所有法规都符合总统办公室提出的规则制定原则。这些原则包括：考虑规则制定的备选方案；提供经济激励措施以达到预期目的；分析拟议法规的成本，并分析拟议法规的利益，以确保拟议法规的利益大于成本。行政管理和预算办公室通过信息与规范事务办公室决定拟议法规是否符合总统行政办公室提出的原则。若不符合，则将拟议法规退回环保署修改，对其修改完善直到符合总统办公室提出的原则。

在当前应对气候变化的新形势下，美国专门成立了特别工作组，包括能源部、环保署、交通运输部、内务部等多个部门，各联邦机构协同作战，共同解决应对气候变化过程中出现的问题和挑战。

执法协作是环境管理中的重要工作内容。以往，诉讼案件主要是针对某一项环境单行法的违法事件。而最近几年，许多环境执法常要涉及多部法律法规，而且不仅仅是单一介质的法规，这往往超出了环保署的直接管辖范围。因此，为了整体的环境利益，环保署需要加强与相关领域的管辖机构之间的合作与协调，如内政部、农业部、核管理委员会等部门。环保署为此制定了跨介质跨部门的执法方案，成立特别工作组，通过与政府的其他机构以及州和地方政府建立、发展“伙伴关系”这一协调机制来处理跨部门管理和跨介质的环境违法案件。通常环保署会与这些机构签订谅解备忘录，达成协调管理和执法的共同协议，协调与这些组织之间的守法援助事项，共同跟踪各类援助活动，评估援助效果。

二、美国州政府及地方政府的环境管理

美国国会在制定环保法时即考虑由州政府负起重要责任。美国各州都设有州一级的环境质量委员会和环保局。州层面的环境保护机构在美国的环境保护工作中占有重要地位，大多数控制环境污染的联邦立法都授权美国环保署把实施和执行法律的权力委托给经审查合格的州一级环保机构，由州政府来执行联邦的相关要求。此外，州级环保机构和其他行政机关还可依据州内的环境保护法规享有环境管理权。州级环保机构根据有关授权拥有对违法者处以罚款的权力，以及对被管理者进行现场检查、监测、抽样、取证和索取文件资料的权力。尽管各州都设有专门的环境保护机构，但由其他机构兼管环境保护工作的情况仍然十分普遍。例如，很多州都把控制大气污染作为环保局的职责，但也有一些州是由卫生局、自然资源局或者由一个专门的委员会来承担的。再如，在水污染管理方面，大部分州都是由环保局来管辖的，但也有的州是由自然资源局或独立委员会来管辖的。例如，在特拉华州称为自然资源与环境保护局（Department of Natural Resources and

Environmental Control)，在俄勒冈州称为环境质量管理局(Department of Environmental Quality)。

美国各州的环保局并不隶属于美国环保署，而是依据州内法律独立履行职责。除非联邦法律有明文规定，州级环保局才会与美国环保署合作。各个州的环境管理机构向州政府负责，但是要接受美国环保署区域分署的监督检查。各个州的环境管理机构的工作人员由各个州自行决定。机构负责人和预算制定与联邦层面的机制相似，由州长提名、州议会审核批准生效。但是，各个州的环境管理机构的部分预算来自联邦政府所设立的国家级重大项目。各个州的环境管理机构在执行环境政策过程中出现的冲突，则由地方法院裁决。

美国各州都有自己的法律，因此各州的环境法规也有所不同。对于环境法规，要求任何一个州的各项标准在严格性上均不得低于美国国家环境标准。例如，美国环保署规定饮用水中砷含量为每升 0.05 毫克标准，美国各州可以使用每升 0.05 毫克标准或者比之更为严格的标准。

如果一个州所采用的方法和标准与美国环保署一致，则该州会获得特许地位，即该州有权使用州层面的法规管理本州的有害废弃物。除了方法和标准，该州还必须拥有足够的执法能力，以及像联邦政府所采用的公开信息的方式，如举办听证会等。不过，一个州即使在州的立法中采用与美国环保署完全一样的标准和方法，它也不能完全取代美国环保署在执法中的地位和作用。特许地位是由美国环保署认定而且每年都必须由美国环保署重新进行审核。如果美国环保署在审核过程中发现某个州在有害废弃物管理中的某些方法和标准已经无法与美国环保署最新的方法及标准保持一致，则这个州的特许地位有可能被撤销。失去了特许地位就意味着环保署将取代该州的有害废弃物管理权。即使没有撤销该州的特许地位，环保署也可以越过州政府行使权力。例如，一个小型排放单位在一个特许州内没有将排放出的有害废弃物储藏在规定的储藏器内而造成环境污染，该州又没有对这种违法行为采取有效的法律措施，环保署就可以越过州政府单独对这个污染者采取必要的法律行动。

2002—2012 年，美国环保署和州政府在采用协商机制时开始逐步要求违法者实施双方商定的“环境友善工程”，以此作为其他处罚措施的补充。为了确保能够恰当地处理每一起违法行为，环保署、州政府和法院在做出处罚和补救决定时被赋予较大裕度的裁量权。在州政府和环保署利用行政手段处理与解决的大部分违法行为中，很多案件是通过政府与违法者协商得到解决的。例如，美国环保署 2012 财年发布了 1088 个行政命令，最终做出 1780 个行政罚款决定。

州与地方环保机构的关系分为两类：一类比较简单，由州级环保机构在全州范围内直接进行环境管理，下面的各个县市根本不设立任何环境管理机构。一些比较小的州往往采取这种建制，如特拉华州、华盛顿特区等。另一类则采用“环保署-

环保署区域分署-州级环保机构”的方式，州级环保机构再派出分支机构对地方环保机构进行监督管理，即“州级环保机构-州级环保机构的派出机构-地方环保机构”。面积比较大、人口比较多的州，如加利福尼亚州、俄勒冈州等，往往采用这种建制。

环保署与州政府、当地社团、企业及环境保护者保持着伙伴关系。

三、美国环境保护运行机制

(一)联邦与州政府在环境保护方面的关系

虽然多数控污相关的联邦立法都授权环保署将执行全国性要求的权力委托给州政府，但是不同立法对州政府担任主要执行机构的资格，以及环保署决定州政府是否有资格接受委托或承担主要执行责任的规定也不尽相同。

即使联邦立法规定了可以授权，州政府也可以选择不接受某一特定的环境项目的委托，或者仅选择实施联邦立法的某一项要求。截至 2012 年 11 月，美国共有 46 个州政府获得了实施《清洁水法》第 402 条规定的全国性许可证项目的权力，但是美国环保署仅授予两个州政府按照《清洁水法》第 404 条实施湿地许可证项目的权力。

绝大部分州政府都获得授权可以执行和实施联邦立法中的一条或多条规定。州政府通常通过颁布自己的立法、发放许可证来执行全国性的立法和规章，各州制定的标准不得低于联邦立法规定的全国性标准。州政府考虑制定环境许可证的标准以及审批程序，监督、评估环境违法行为，向受管制实体和大众提供守法协助与相关信息，进行监督监察，并采取执法行动。当地政府在发放许可证和监督方面也发挥着一定的作用。例如，美国环保署将《清洁空气法》第 112 条的执行权委托给至少 3 个地方政府。但是地方政府通常负责执行州政府的要求。例如，地方政府制定许可证制度时，可以明确规定土地使用和其他方面的要求。

各州环境委员会是全国性的非营利的独立委员会，由各州和海外领地的环境专员组成。近年来，各州环境委员会促进州政府和美国环保署的协作，协助州政府和美国环保署共同制定战略规划。此外，为了促进双方在环境管理方面的协作，1995 年又成立了全国环境绩效合作体系。根据这一体系，美国环保署和州政府建立了伙伴关系，通过环境守法和强制执行，基于当地环境状况共同商定各项环境事务的优先顺序并进行处理。环境绩效合作体系覆盖的范围广泛，制定了全面的战略计划，形成的工作计划可以获得美国环保署的拨款。

对于未授权的州，美国环保署在其区域内负责实施联邦立法，但是对于联邦立法不涉及的领域，州政府可以实施自己的环境立法。对于接受授权的州，美国环保署根据立法保留采取强制措施的权利和责任，在出现违反美国环保署行政指令或达成和解协议的情况下，或者联邦政府认为州政府未能及时恰当地处理重大环境违法事件，美国环保署将采取相应的措施。另外，当违规事件涉及紧急情况或有可能对全国造成影响时，例如，公众卫生和安全存在重大安全隐患时，联邦政府将介入处理。州政府也可以申请联邦政府的介入，联邦政府主动针对州政府的强制执行或处理辖区内的违规问题采取行动。这种行为称为“联邦代为执行”(overfiling)。美国环保署认为，联邦代为执行的情况并不太常见，而且某些环境法律条款也不允许美国环保署代为执行。这些规定在污染控制立法中并非显性规定，而且只适用于具体的章节和违规情况。

综上所述，美国环境管理体系并不是一个垂直的体系，州级环保机构并不隶属于美国环保署。美国环保署与各州紧密合作、共同实施联邦环境项目。授权管理联邦项目的各州在执法时设立的许可标准不得低于联邦立法。美国环保署要与各州的环境、卫生和农业部门的官员进行合作，制定战略计划，确定优先项目，评价结果进展。

美国环保署与各州共同制定促进环境执法与守法的短期工作计划，旨在为不同的环保计划统筹分配资源。在工作计划中，美国环保署可以制定用于实现环保署环境目标的全国性环境执法与守法的倡议和活动。

美国环保署和各州均承担保护环境的责任,共同合作以解决全国性的环境问题,如创建全国环境绩效合作体系。该合作体系旨在建立一个可以充分利用合作伙伴关系的独特优势以实现最佳环境目标的环境管理体系。

美国环保署已将联邦环境法授予的大多数执法权授权至各州的环保机构。美国环保署负责组织和指导州级环境机构开展工作与环保行动，并与区域分署合作，通过市场经济手段激励各州政府积极解决环境问题，尤其重视联邦对各州的项目拨款激励。但是，美国环保署对州级环保机构的环境法执行情况享有监督权。

以保护空气为例。《清洁空气法》规定美国环保署具有统一的监督管理权限，可以在全国范围内制定和监督执行相对比较一致的管理标准。美国环保署对于州执行计划(State Implementation Plan，SIP)的审批权体现了美国环保署对州政府的控制力，为了保障这些权力，《清洁空气法》还制定了美国环保署对州政府执行不力的制裁。事实上州执行计划也就是各州根据《清洁空气法》制定的相应法规。州执行计划制定后需要经美国环保署审批。如果不能获批，则由美国环保署为该州制定更为严格的联邦执行计划(Federal Implementation Plan，FIP)，这一计划在该州的实施期限为两年，在此期间该州重新制订计划，直到该州的州执行计划获得批准。美国的这一做法反映出在环境管理中统一权力的重要性。

图 7-3 和表 7-2 形象地说明了美国民航业空气质量监管的主体和各自承担的职责。

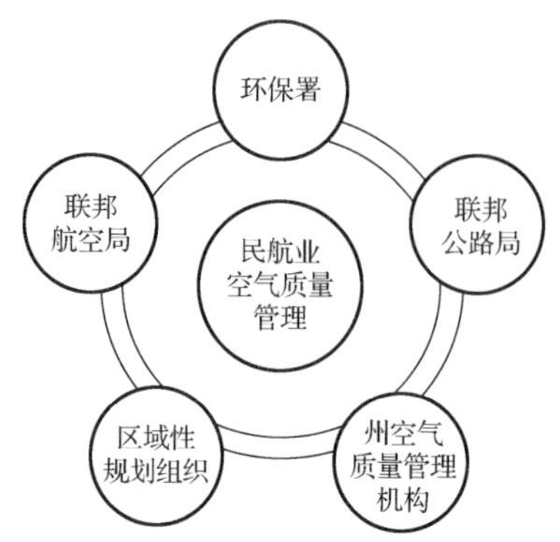

图 7-3　美国民航业空气质量监管主体

表 7-2　美国民航业空气质量监管主体的职责

监管机构	职责
环保署	制定全国的空气政策、排放标准、国家环境空气质量标准，以及审核、审批空气质量改善计划
联邦航空局	负责执行《国家环境政策法》，确保所有航空活动能够遵守《清洁空气法》的要求；与环保署共同制定航空设备和航空燃油方面的环境法规
联邦公路局	审批公路相关的项目，根据《国家环境政策法》、《清洁空气法》评估相关项目的环境影响；协助州、地方空气质量管理机构制定地方交通规划
区域性规划组织	审批空气质量改善相关的交通规划；协助地方政府制定陆上、非陆上移动排放源的排放控制战略
州空气质量管理机构	制定、实施各州范围内空气质量计划

从图 7-3 和表 7-2 可以看出，由联邦航空局负责执行《国家环境政策法》，确保所有航空活动能够遵守《清洁空气法》；联邦航空局与环保署共同制定航空设备和航空燃油方面的环境法规。联邦公路局根据公路局现有规章审批公路相关的项目，根据《国家环境政策法》和《清洁空气法》评估相关项目的环境影响；协助州、地方空气质量管理机构制定当地的交通规划；区域性规划组织和地方政府机构直接负责空气质量相关的交通规划，协助地方政府制定陆地、非陆地移动源的地方管理战略；而州层面的空气质量管理机构则负责在各州范围内推行、实施空气质量计划。

（二）美国环境执法

在环境执法方面，按执行主体不同，主要有行政执行、法院执行和公民或公众团体执行。

行政执行就是联邦或州的行政机关依照行政程序执行环境法律，其主要形式是发出通知、责令其遵守法令并处以罚款，即通知违法者的违法事实，责令其停止违法行为并处以罚款。对违法排污者，每天每项指标罚款 2.5 万美元，最高可罚至 3000

万美元。数额在13.7万美元以下的，由环保署直接实施罚款；超过这一金额的，需经法庭判决。罚款款项上缴国库。

法院执行就是法院依照司法程序对违法者进行司法审判，强迫其遵守环境法律并承担其法律责任。民事执法主要有强制令和民事罚款制裁；刑事执法主要有罚金、监禁或二者并罚。对于累犯者，按照环保法律规定加重处罚。

公民执行是指任何公民个人或公众团体都可在法院对污染者提起要求其遵守环境法的诉讼。在环境污染民事诉讼中，污染受害者可得到的法律救济主要是制止污染的强制令和追索赔偿金。公民不仅可以对污染者提起诉讼，还可以对未履行义务的环保局等行政机关提起诉讼，以此来监督和推动国家行政机关加强环境管理。

美国环保署和州政府设计了一系列的环境执法工具，用于发现并纠正环境违法行为、修复环境损害、执行具有震慑力的惩罚措施。在确保环境立法得以遵守方面，美国环保署和州政府制定了一系列应对机制，包括守法协助、行政制裁、民事制裁以及刑事制裁。每项环境立法都规定了相应的促进守法“工具包”，不同执法工具使用的密集度和其对应的违规严重程度都不尽相同。

通过提供引导和协助来预防环境违法行为或促进受监管实体遵守联邦环境立法的要求，或是针对环境违法行为采取事后严格执法，美国环保署和州政府多年来一直在均衡、结合这两种做法，力求达到最好的效果并实现最终的环保目标。

美国环保署和州政府在决定如何应对可能的违法行为时拥有相当大的灵活性。首先，通过监督、检查、公民举报或受监管实体的主动报告，可以发现潜在的违法行为。而在环境执法中，美国环保署或州政府第一步往往是发出警告信或通知相关机构其可能存在轻微的违法现象，准许其在合理的时间内进行整改，已认定存在紧急危险情况的除外。之后，美国环保署或州政府可以在各自权限范围内采取民事行政措施(此时不涉及司法程序，有时候这也可能作为第一步)，或在法庭上提出正式的民事或刑事诉讼。

无论协商解决还是法庭判决，美国环保署和州政府实施的处罚通常包括要求相关机构采取环境守法或修复环境损害(禁令救济)的必要措施，还有可能包括经济处罚(涉及刑事犯罪则需监禁)。在过去的十年间，美国环保署和州政府在采用协商机制时逐渐要求环境违法者实施双方商定的“环境改善工程”，将其作为其他处罚措施的补充。

四、本节启示

美国环保署与其他具有部分环境管理职能的政府部门之间的关系很清晰：职权划分明确，分工协调高效。

根据美国环境保护法律，联邦政府和各州政府共同承担环境管理责任。根据美国的联邦环境保护法，联邦政府授权环保署制定环境保护法规以及行政执法的权力。

美国环保署的职责是通过有效地执法以及实施各项环境保护计划，不断改善环境质量，保护公众健康。州政府也设有环境保护部门，并且也具有在相应环保领域的立法权和执法权，但州政府及其环境保护部门在立法和执法过程中所处的地位无法与美国环保署相提并论。

美国国会在制定环境法律时就考虑由州政府负起重要责任。如果一个州的计划中所采用的方法和标准与美国环保署的一致，则该州会获得授权，有权使用州层面的法规管理本州的有害废弃物。不过，一个州即使在州的立法中采用与美国环保署完全一样的标准和方法，它也不能完全取代美国环保署在执法中的角色。

美国环保署会针对在自然资源保护和污染防治治理中执行不力或对各项环保计划的实行不予配合的州，给予严厉处罚。例如，美国环保署可以依职权没收联邦政府提供给各州的修建公路资金，并有权替他们制订行动计划。另外，如果州级环保机构不能正常履行职责，则美国环保署可以直接接管代其运行。

经过多年的实践，美国这种环境保护管理体制基本可以保证环保标准既能保护公众健康，又能照顾到相关各方的利益——联邦政府与州政府的力量平衡造就了一个强有力的监督管理机制。

第二节　美国能源管理机制

美国实行的是国家高级别集中型能源管理模式，即由国家的相关主管部门对全国的能源实行集中统一管理。能源部是美国联邦政府的能源主管部门，主要负责建立和实施国家综合能源战略和政策。除了能源部，美国联邦政府内政部下属的矿产管理局、环保署、劳工部及交通运输部等其他政府部门也负有部分油气资源管理的职责。

一、联邦政府层面的能源管理机构

（一）能源部

美国尼克松政府早在 1971 年就成立了节能办公室（Office of Energy Conservation）。1977 年，美国联邦政府的能源主管部门能源部成立。能源部是美国最主要的能源政策制定及节能管理部门，其职能是负责国家能源安全、能源开发、能源资源、重大节能技术的研发和环境保护。

1．核心项目办公室

能源部核心项目办公室负责确定、开发、指导能源政策及重大项目的制定、实施和完成，确保实现能源部的战略和目标。办公室下设机构如下。

(1) 电力供应和能源可靠性办公室（Office of Electricity Delivery and Energy

Reliability)。其职责是引导国家电网的现代化建设，提升能源基础设施的安全性和可靠性，提高对能源供应中断的应对能力。

(2)能源效率和可再生能源办公室(Office of Energy Efficiency and Renewable Energy，EERE)。其职责是保证清洁、充足及经济的能源的持续供应。

(3)环境管理办公室(Office of Environmental Management)。其职责是消除核武器生产和研究遗留下来的风险与危险。

(4)化石能源办公室(Office of Fossil Energy)。其职责是确保传统化石能源中更清洁、更经济能源的持续供应。

(5)遗产管理办公室(Office of Legacy Management)。该办公室负责能源部关闭核设施之后的管理工作，确保对人类健康和环境未来的保护。

(6)核能办公室(Office of Nuclear Energy)。其职责是支持发展国家的各种核能项目。

(7)科学办公室(Office of Science)。该办公室的职责是监督能源部的所有研发项目，避免存在重复和空白；管理能源部所管辖的承担多重研究任务的国家实验室，提供进行有效基础研究和应用研究所需要的拨款与其他财务资助；提供能源部的研究目标和计划得到有效执行所需要的教育和培训活动。

其中，能源效率和可再生能源办公室是能源部最重要的部门之一，下设机构包括：①两个综合办公室，即规划预算办公室和运行管理办公室；②五个市场部门，即电力技术办公室、工业技术办公室、交通技术办公室、建筑技术和商务办公室、联邦能源管理办公室；③六个区域办公室，分设在亚特兰大、波士顿、芝加哥、丹佛、费城和西雅图。

能源效率和可再生能源办公室的机构设置与美国政府其他机构的显著不同在于该办公室设立了理事会。能源效率和可再生能源办公室理事会的职责包括：监督能源效率和可再生能源办公室计划的实施，向部长助理提供专家建议和咨询，帮助制定能源效率和可再生能源办公室的共同政策、战略和预算，就美国和全球所有与能源相关的技术、经济、政策问题向部长助理提出建议，对能源效率和可再生能源办公室的项目进行审查等。

2. 地方项目运行办公室

能源部的地方项目运行办公室的主要职责是监督相关部门对能源部所分派的工作的实施情况，从而保证实现能源部的工作计划，履行能源部的四项职能。

3. 国家实验室和技术中心

能源部向选定的国家实验室提供大量的资金投入，以确保联邦政府部门研究技术力量持续、高质量地发展。

能源部支持的国家实验室和技术中心(包括劳伦斯伯克利国家实验室等共24个实验室和中心)拥有世界一流的设备，拥有三万名科学家和工程师从事能源技术的前沿工作，为国家能源政策的制定和实施提供有力的技术支持。

4．电力市场管理机构

电力市场管理机构直属于能源部，共有四家机构。其主要职责是根据全国电力需求的特点，确保市场环境下的电力供应能够得到联邦政府的有效控制。

（二）环保署

美国实行的是国家高级别集中型能源管理模式，即由国家的相关主管部门对全国的能源实行集中统一管理。能源部是美国联邦政府的能源主管部门，主要负责制定和实施国家综合能源战略与政策。从环境保护的角度，美国环保署配合能源部的工作包括燃料替代、清洁能源、能源经济、地热能源、水力发电、可再生能源、节能、能源效率。

二、联邦能源监管委员会

美国实行政监分离的能源监管体制。联邦能源监管委员会是一个独立的能源监管机构。该委员会主席由总统提名，国会批准，任期五年。委员会共有五名委员，下设六个专业监管办公室，总计有各类专业人员 1200 名左右。

能源监管委员会的主要职责是负责依法制定联邦政府职权范围内的能源监管政策及实施监管。它主要拥有以下权力：市场准入审批、价格监管、业务申请受理；举报投诉受理；行政执法与行政处罚等。此外，该委员会还负责对监管事务进行听证和争议处理等。

联邦能源监管委员会的主要职能如下。

(1) 负责各州之间的天然气销售、运输等的统一协调工作。

(2) 负责各州之间的石油销售、运输以及电力供应销售和输配的统一协调工作。

(3) 负责审查私人、市政及州政府的水电工程，并颁发施工许可证。

(4) 负责监管天然气、石油、电力和水电相关的环保措施。

(5) 负责管理相关项目融资及法律纠纷的调解。

(6) 负责审查通过各州的(天然气、石油)管道的位置选择。

美国的能源监管权分属于联邦政府与州政府，它们在法律规定的范围内行使各自的职权。以石油天然气运输管道管理为例，美国联邦政府和州政府对石油天然气运输管道的建设与运营实行行政审批制。全美跨国和跨州石油天然气运输管道的管理都由联邦能源监管委员会承担，包括对国际和州际大中型管道建设及运营企业的经济、技术、环保能力的审查，对跨州管道建设地点的选择和放弃运营后的设施清除的审查与监督，对跨州管网运输公司制定的运输服务质量、数量标准和服务费率的审查与监督等，而完全位于一州境内的油气运输管道管理工作则由州政府负责。

三、节能领域的非政府组织

能源部大力扶持非政府性质的能源环境组织，为其提供项目资金开发培训和宣传材料。以下介绍两个主要的推动节能的国家级非政府部门。

(一)美国能源效率经济委员会

美国能源效率经济委员会成立于1980年，位于华盛顿特区，是一个非政府的节能促进部门。其活动经费的主要来源是公益基金，此外还包括其他一些基金(如能源基金)、国家实验室、联邦及州政府、非营利机构、公用事业管理机构、公司以及个人的捐助及合作经费。

美国能源效率经济委员会的主要目标是帮助制定、实施及评价美国的能源政策，提高能源效率。其节能活动的主要领域包括能源政策、建筑节能(包括家电)、工业节能、交通节能。

能源效率经济委员会的主要职责如下。

(1)对技术和政策进行深入的评估。

(2)与商家、公众及其他机构合作推动节能。

(3)组织相关会议。

(4)出版发行节能领域的书籍、会议论文集和报告。

(5)对消费者和厂商进行节能教育与培训。

(二)国家自然资源保护委员会

国家自然资源保护委员会是一个免税、非营利的非政府机构，成立于1970年，总部设在纽约，并设有三个分支机构。国家自然资源保护委员会的主要任务是保护地球及地球上的人类和动植物，提出建议措施以改进生态环境。

能源消费引发了全球应对气候变化问题和其他环境污染及能源安全问题，在此背景下推动节能、开发新能源成为美国自然资源保护委员会的一项重要任务。国家自然资源保护委员会主要在如下领域开展节能工作：交通节能、建筑节能、设备节能(包括照明、家电等)、可再生能源、节能改造。

其中，帮助节能产品、设备、建筑物等进行市场转换是委员会的一项主要工作内容。其推动节能的途径是支持强制性最低能效标准和自愿性能效标准与标识的实施。他们的合作伙伴包括生产商、设备商、建筑开发商、建筑施工单位、制定节能政策的政府官员、负责节能新技术的国家实验室和其他非政府机构。

在美国，环境方面的非政府组织有着庞大的公众群体，对美国环境立法有着绝对的影响力。例如，环境保护基金协会(Environmental Defense Fund，EDF)拥有150名全职人员，会员逾30万人，其中一半以上都是科学家、律师、经济学家等专业人士。当政府机构拒绝遵守自己的规则或规章，或者有其他违反环境法规的行为时，非政府组织起着监督的作用。对于企业行为，非政府组织的作用同样如此，对企业进行监督，敦促企业承担起比法定责任更高标准的环保责任，实施更严格的环保行为。

国会在许多法律如《清洁空气法》、《清洁水法》中，都设置了公众诉讼条款，允许公众实施环境法的权力起诉危害其环境权益的第三方。可见，非政府组织得到了法律的充分认可，在法律上处于一个强有力的位置，从而能够有效地参与本国环境治理，发挥非政府组织应起的作用。

四、本节启示

美国实行的是国家集中型能源管理模式。能源部是美国的能源主管部门，主要负责制定并实施国家综合能源战略和政策。而美国的能源监管权则分属于联邦政府与州政府，它们在法律规定的范围内行使各自职权。为了加强和规范能源监管工作，美国建立了较为完备的能源监管体系以及与能源监管相关的反垄断法律法规。能源监管法律法规健全，对能源实行依法监管是美国能源管理的一大特点。

美国的这种能源管理模式，有利于确保国家科学地制定能源发展战略和能源政策，保证国家的能源安全；有利于优化能源产业结构和能源经济结构，促进能源的有效开发和利用。

此外，非政府组织和机构在美国的节能工作中发挥着非常重要的作用，是沟通政府和市场的纽带与桥梁。非政府部门主要包括科研单位、大学、实验室，也包括一些相关的节能咨询公司。一方面，它们帮助政府制定相关的能源政策、节能标准和激励政策；另一方面，它们在能源政策和节能标准的实施过程中发挥着重要作用。例如，政府会委托它们对节能产品的性能进行抽查，产品厂家可委托它们对自己生产的产品进行性能检测，以提高产品的信誉。此外，非政府组织在节能政策和节能产品的宣传及提高人们的节能意识方面，也做了大量工作。

第三节 机构间气候变化适应特别工作组

尽管不同的州政府及地方政府在应对气候变化方面采取了很多措施，但是联邦政府在制定并实施高效、协调一致的气候变化适应策略中仍然扮演着决定性的作用。奥巴马政府认识到联邦政府在适应气候变化方面应发挥的关键作用，于 2009 年 10 月 5 日签署了第 13514 号总统行政命令[①]，要求机构间气候变化适应特别工作组

① 第 13514 号总统行政命令：联邦环境、能源与经济绩效的管理(Executive Order 13514: Federal Leadership in Environmental, Energy and Economic Performance)。

(Interagency Climate Change Adaptation Task Force，ICCATF)[①]就如何协调联邦机构的政策与实践，以及如何加强美国全国性的气候变化适应战略提出意见和建议。

一、特别工作组的成立

美国联邦政府成立机构间气候变化适应特别工作组(以下简称工作组)，意在就联邦政府如何加强政策、计划、措施以更好地应对气候变化给国家带来的影响，向美国总统提出意见与建议。工作组由环境质量委员会、科技政策办公室(Office of Science and Technology Policy)和国家海洋与大气管理局(National Oceanic and Atmospheric Administration)三个机构共同主持，拥有来自 20 多家联邦机构的代表(图 7-4)。2013 年，工作组由气候应对与恢复委员会(Council on Climate Preparedness and Resilience)所取代。

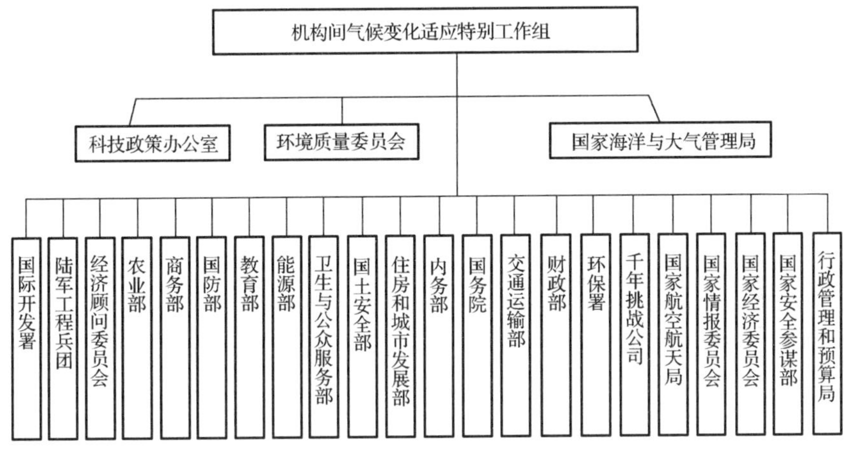

图 7-4　机构间气候变化适应特别工作组组织结构图

第 13514 号总统行政命令要求工作组在一年内由环境质量委员会主席向总统提交一份报告。2010 年 10 月 14 日，工作组发布了《机构间气候变化适应特别工作组进展报告：推进全国性气候变化适应战略的行动建议》(Progress Report of the Interagency Climate Change Adaptation Task Force：Recommended Actions in Support of a National Climate Change Adaptation Strategy)。报告向奥巴马陈述了推进全国性的适应气候变化战略的三个跨领域国家方案：国家行动计划之淡水资源管理(A National Action Plan for Managing Fresh Resources)、国家海洋政策实施计划(A National Ocean Policy Implementation Plan)与国家鱼类、野生动物和植物气候适应方案(A National Fish, Wildlife and Plants Climate Adaptation Strategy)。

① 奥巴马总统上任后不久，便于 2009 年春季成立了机构间气候变化适应特别工作组。工作组由环境质量委员会、国家海洋与大气管理局和科技政策办公室共同主持，由 20 多个联邦机构和执行分支机构组成。

2011 年 2 月 28 日，工作组发布了第二份进展报告《机构间气候变化适应特别工作组进展报告：恢复国家气候的联邦行动》(Progress Report of the Interagency Climate Change Adaptation Task Force: Federal Actions for a Climate Resilient Nation)。报告对关键领域的联邦适应行动做出更新，包括地方社区建筑的恢复、重要自然资源(如淡水资源)的保护，以及为决策者在进行气候风险管理时提供可用气候信息与应对工具等。

在工作组工作的过程中，奥巴马政府通过第 13514 号总统行政命令要求各联邦机构积极参与到应对气候变化的工作中，并努力在实施运行、制订计划和政策过程中充分考虑如何适应气候变化。各联邦机构都草拟了一份本机构适应气候变化的政策声明，并指定了专门的负责机构，就气候变化对该机构的运行和职责造成的影响进行分析，并在 2012 年 6 月之前制定了该机构的气候变化适应计划。

除了要求各联邦机构积极参与工作组的相关工作，第 13514 号总统行政命令还要求所有的联邦机构制定并执行本机构的年度可持续发展绩效战略计划(Strategic Sustainability Performance Plan，SSPP)，计划中包括本机构如何对其正常运行和履行职责过程中因气候变化带来的风险与脆弱性进行管理。

二、工作组主要机构在应对气候变化方面的举措

(一)环境质量委员会的举措

环境质量委员会是根据《国家环境政策法》的规定于 1969 年设立的，设在美国总统行政办公室下，是总统环境政策方面的顾问，也是制定环境政策的主体。环境质量委员会监督各联邦机构的活动对环境造成的影响，包括监督联邦机构执行环境影响评价的流程。

除了参与共同主持工作组，环境质量委员会于 2011 年 3 月制定了《联邦机构气候变化适应计划执行说明》，向联邦机构建议如何在其规划、运行、制定政策和项目时融入对适应气候变化的考虑。

(二)环保署的举措

应第 13514 号总统行政命令和《联邦机构气候变化适应计划执行说明》的要求，美国环保署于 2011 年 6 月发布了《环保署适应气候变化政策声明》(Environmental Protection Agency Policy Statement on Climate Change Adaption)，并于 2012 年 6 月制定并公布了《环保署气候变化适应计划》(Environmental Protection Agency Climate Change Adaptation Plan)。

代表美国环保署参与工作组的是“环保署适应气候变化规划工作小组”(Cross-EPA Work Group on Climate Change Adaptation Planning)。工作小组由美国

环保署的政策办公室[①]领导，并负责和引导美国环保署机构内部适应气候变化的工作。工作小组被授权负责制定美国环保署范围内的气候变化适应计划，在制定美国环保署计划和政策过程中充分考虑如何应对气候变化，负责将气候变化的相关信息传达给美国环保署工作人员，充分认识、积极应对气候变化对环境的影响。

基于美国最高法院在2007年就“马萨诸塞州诉美国环保署”一案做出的判决：认定二氧化碳属于空气污染物，美国环保署有权对温室气体进行监管，美国环保署于2009年12月将二氧化碳和其他五种温室气体列为大气污染物。

2012年3月27日，美国环保署首次提出了“碳污染标准法规”，即“新建发电厂的碳污染排放标准”（Carbon Pollution Standard for New Power Plants），该法规只适用于新建的化石燃料发电厂，但拟针对美国全部发电厂的碳污染排放设定一个上限。

（三）能源部的举措

应第13514号总统行政命令和《联邦机构气候变化适应计划执行说明》的要求，能源部于2011年6月发布了《能源部适应气候变化政策声明》（Department of Energy Policy Statement on Climate Change Adaption），并在2012年6月制定并公布了《能源部气候变化适应计划》（Department of Energy Climate Change Adaptation Plan）。

能源部在其内部建立了应对气候变化战略规划工作组（Climate Change Adaptation Planning Working Group），由所有下属机构的代表组成。工作组负责评估气候变化对能源部的影响，并制定能源部的气候变化适应计划。能源部常务副部长助理（Associate Deputy Secretary of Energy）在可持续发展绩效管理办公室（Sustainability Performance Office，SPO）的协助下，负责完成相应的工作。

对于能源部完成第13514号总统行政命令和其他联邦法规中有关可持续发展要求的情况，可持续发展绩效管理办公室负责监督。能源部成立可持续发展绩效管理办公室的目的是管理能源部对于可持续发展的各项工作，包括制定可持续发展绩效的长期战略计划和能源部的气候变化适应政策。

另外，能源部政策和国际事务办公室（Office of Policy and International Affairs，OPIA）负责对全球气候变化的政策和技术选择进行分析。政策和国际事务办公室下

---

① 政策办公室设在署长办公室(Office of the Administrator)下，它又包括法规政策和管理办公室(Office of Regulatory Policy and Management)、美国环境经济学中心(National Center for Environmental Economics)、战略环境管理办公室(Office of Strategic Environmental Management)、可持续社区办公室(Office of Sustainable Communities)和气候变化适应行动办公室(Climate Change Adaptation Activities)。

设的气候变化政策和技术办公室(Office of Climate Change Policy & Technology，CCP&T)负责及时分析国内和国际应对气候变化的形势，代表能源部参与机构间、政府间和国际上有关气候变化和能源的相关议题。气候变化政策和技术办公室也负责向内阁委员会及下属委员会提供技术分析和支持，而这两个委员会主要负责向相关联邦机构就气候变化政策、能源领域的科学、技术及其他变化提供战略引导。

（四）交通运输部的举措

应第 13514 号总统行政命令和《联邦机构气候变化适应计划执行说明》的要求，美国交通运输部于2011年6月公布了《交通运输部适应气候变化政策声明》(Department of Transportation Policy Statement on Climate Change Adaption)，要求交通运输部内所有的联邦机构(如联邦公路局、联邦航空局等)在制定战略规划、投资决策时，要充分考虑如何应对气候变化，并鼓励州、地区、地方的交通机构在制定决策时充分考虑如何适应气候变化。

交通运输部的政策声明要求其下属各执行机构在履行职责的过程中应始终做到以下几点。

(1)分析气候变化在多大程度上影响其使命、政策、计划和运行管理目标的完成。

(2)递交其贯彻实施气候变化适应政策所取得的年度进展报告。

(3)与负责实施气候变化适应政策的领导以及气候变化指导委员会(Center for Climate Change Steering Committee)的成员就具体的行动进行沟通协调。

(4)履行《联邦机构气候变化适应计划执行说明》的相关要求。

作为交通运输部可持续发展项目的高级官员(Senior Sustainability Officer)，部长顾问(Counselor to the Secretary)与交通运输部所属各执行机构指定的领导，在负责交通运输政策的部长助理与交通运输部气候变化和环境预测中心①的支持下，负责实施《交通运输部适应气候变化政策声明》中的相关规定。

2012 年，交通运输部发布的《交通运输部气候变化适应计划》(Department of Transportation Climate Change Adaptation Plan)(以下简称适应计划)阐述了交通运输部将努力在制定交通运输部政策、计划以及实施运行过程中全面考虑气候变化和气候多样性的影响。在执行该《适应计划》时，部长办公室和各执行机构都将起到不同的作用。

部长办公室下设的安全、能源与环境办公室(Office of Safety, Energy and

---

① 气候变化和环境预测中心(CCCEF)由美国交通运输部(DOT)于 1999 年建立，负责为交通运输部提供交通运输和气候变化方面的信息与技术支持，与交通运输部下设机构就相关的研究、政策和行动进行协调。

Environment，OSEE）负责代表交通运输部参与工作组、环境质量委员会各工作组及其他相关机构或团体的工作。

三、本节启示

工作组的工作提升了联邦政府对气候变化的认识，并加强了联邦政府应对气候变化的行动。随着联邦政府制定《联邦机构气候变化适应计划执行说明》，并要求各联邦机构进一步将适应气候变化纳入其工作、政策与规划之中，各联邦机构纷纷任命、组建了专门的部门负责适应气候变化的相关工作，并将相关要求逐级延伸至其执行分支机构，这些都有助于美国联邦政府自上而下地推进全国范围内的气候变化适应计划。

对于民航业，联邦航空局必须向交通运输部提交《联邦航空局可持续发展绩效战略计划》，协助交通运输部制定《交通运输部可持续发展绩效战略计划》。

第四节　美国联邦航空局节能减排运行机制

美国联邦航空局是美国交通运输部下属专门负责民用航空管理的机构。其前身是成立于1926年的美国商务部航空司，1958年11月成为独立的联邦机构，并于1967年划归到美国交通运输部。

一、美国联邦航空局运行机构简介

美国联邦航空局的主要任务是保障民用航空的飞行安全，促进民航事业的发展，但不直接经营民航企业。联邦航空局的机构设置按总部、地区机构和地方机构分为三级。

美国联邦航空局总部设在华盛顿，属于行政立法机构，负责制定民用航空的政策规划、颁布规章制度、处理国际民用航空事务、领导民航业各地区和地方机构的工作。

美国联邦航空局的地区机构是管理本地区民用航空业务的工作机构，负责审查、颁发本地区民用航空领域各种合格证和专业技术人员的执照，对所辖的地方机构进行技术指导和管理。美国境内共划分为九个地区，分别设有地区办事处。

地方机构则是各种不同类型的民航基层管理单位，如空中交通管制中心、飞行服务站、各种质量检查和标准审定办公室、航空保安机构等。地方机构直接承担空中交通管制工作，为飞行提供导航服务，接受各种合格证的申请，监督和检查安全质量，参与调查飞行事故和违章事件，进行飞行现场的保安管理等。

基于业务性质的不同，联邦航空局分为四个业务部门，每个业务部门都承担一定的职责。

1) 机场业务部门

负责制定机场规划，监督修建和运行情况。确保符合联邦规章的要求。

2) 空中交通组织业务部门

负责提升国家运输系统的安全和效率。空中交通组织负责管理空中交通设施，包括机场的管制塔台和终端区的雷达进近管制设备。

3) 航空安全业务部门

负责航空人员和航空器的资格审定，业务对象包括飞行员、机务人员及航空公司。

4) 商用太空运输业务部门

负责对商用空间发射设施和私用发射的装备进行审核，确保美国财产安全。

二、联邦航空局节能减排机构设置

各联邦机构都设置了相应的专门机构，确保自己制定的政策与联邦政府的政策保持一致。在联邦航空局内，政府和行业事务司(Office of Government and Industry Affairs)是联邦航空局局长的主要顾问机构，代表联邦航空局参加国会、航空业集团以及其他政府机构的相关活动；与联邦航空局其他执行机构合作，制定并审查以上相关的计划和战略；与交通运输部部长助理就政府事务进行协调，以确保联邦航空局的工作与交通运输部的政策保持一致。

(一) 联邦航空局的环境管理机构

政策、国际事务和环境事务办公室是联邦航空局的环境管理机构，引导美国航空业以环保、可持续的方式提升全球航空系统的安全水平和容量。办公室引导联邦航空局制定战略性政策和规划，与国会协调联邦航空局的再授权，负责制定航空领域内全国性的环境保护和节约能源的政策与长期规划，包括航空活动预测、经济分析、航空器噪声与排放研究和政策、环境政策、航空保险和员工安全与健康等(图 7-5)[①]。

航空政策和计划司(Office of Aviation Policy and Plans)下设预测和绩效分析处、系统和政策分析处、经济分析处以及战略规划处四个部门，负责制定政策、目标和优先工作事项、预测未来的航空技术和需求、对规章产生的经济影响进行分析。

环境和能源司(Administration of Environmental and Energy，AEE)下设 CLEEN 计划处、技术发展项目处、噪声处、排放处以及环境政策运行处，负责制定、推荐并协调环境保护和能源节约领域的全国性航空政策，包括噪声和排放等。

国际事务司(Office of International Affairs)包括 ICAO 及全球性倡议处，亚太事务处，非洲、欧洲和中东事务处，以及西半球事务处四个部门，负责联邦航空局的国际事务，协调全球标准、技术支持、培训和基础设施规划。

---

① 参见：美国联邦航空局官网 https://www.faa.gov/about/office_org/headquarters_offices/apl/。

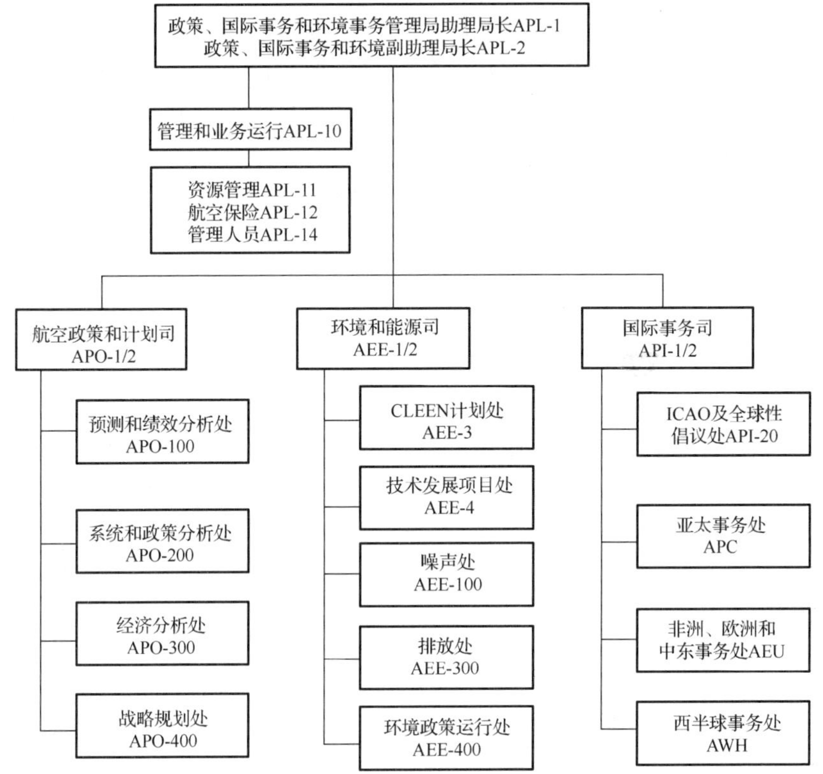

图 7-5　政策、国际事务和环境事务办公室相关机构设置①

（二）联邦航空局的环境管理体系

联邦航空局的环境管理体系包括八个组织机构，其中有两个支持中心——迈克•蒙罗尼航空中心和威廉•J•休斯技术中心；四个职能机构(Line of Business，LOB)——空中交通业务机构、机场业务机构、商业空间运输业务机构和航空安全业务机构；两个业务机构的处/室——空中交通航空系统标准处以及环境和能源司政策运行处(图 7-6)。

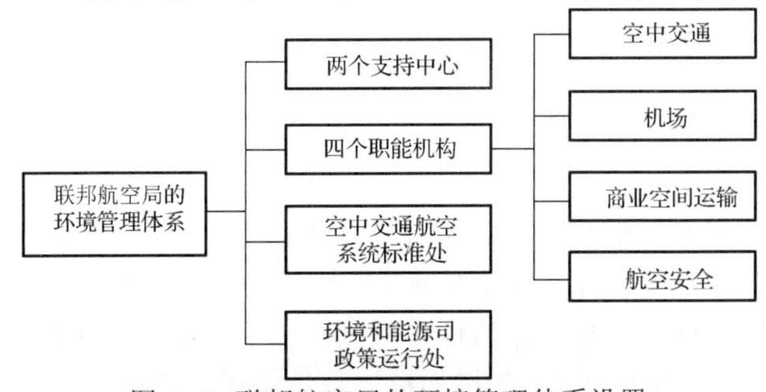

图 7-6　联邦航空局的环境管理体系设置

① 数据来源：美国联邦航空局官网 https://www.faa.gov/about/office_org/headquarters_offices/apl/media/org-chart.pdf。

美国联邦航空局指定上述八个组织机构，主要基于以下几点考虑。

首先，两个支持中心。因为在传统的环境问题方面，如废弃物的储存和处理，两个中心一直享有自主权，独立于联邦航空局其他机构。其在环境管理体系的设置和管理上也是如此，享有独立权。

其次，四个职能机构。这四个机构存在“FAA 总部—区域机构总部—处室级机构”的垂直管理体系，便于每个机构的总部办公室制定环境管理体系后，直接上传下达。

最后，基于目前的运行情况和产生环境足迹的性质，联邦航空局指定空中交通航空系统标准处作为实施环境管理体系的组织机构。

环境和能源司政策运行处的主要职责是处理美国联邦航空局在环境、能源和员工安全等方面的事务，制定相关政策、负责监督政策执行，并向联邦政府报告。政策运行处为联邦航空局制定符合第 13423 号总统行政命令要求的总体目标和阶段性目标；制定可行的环境管理机制，指导上述目标在联邦航空局内部机构的传达和管理；跟踪联邦航空局在完成这些目标时的进展情况；若有需要，则负责向环保署、联邦环境管理办公室，以及环境质量委员会提交报告。

图 7-7 体现了美国联邦航空局落实节能减排措施的整个过程。在节能减排方面，联邦航空局在细化管理对象(区分机场、空中交通、飞行标准等职能类别)的基础上，践行垂直管理(总局—地区—地方的三级管理体系)，确保环境、能源、应对气候变化、可持续发展等方面的政令、法令在行业内部得到落实。

环境和能源司是美国民航业在环境、能源、可持续发展方面最核心的机构，负责相关政策的制定和监管，并负责向交通部和相关的上级联邦机构汇报。环境和能源司根据行政命令(第 13423 号总统行政命令“关于加强联邦环境、能源和交通管理”)负责制定联邦航空局(民航业)的长期目标和短期目标；在联邦航空局内部机构制定系统的环境管理计划(Environment Management Plan，EMP)，引导各项环境目标的落实；跟踪联邦航空局各机构在完成相关目标方面的进展情况；向联邦环境管理办公室和环境质量委员会提交行业报告。环境管理体系是各联邦机构(包括交通部及其执行机构联邦航空局)落实环境目标、确保机构(内部)职能运行和各项活动都符合能源、交通和可持续发展目标具体要求的一项重要手段。

美国联邦航空局环境管理体系总负责人由环境和能源司司长兼任或由其指定人员担任，但责任不得分派。由总负责人领导环境管理体系的指导委员会，而指导委员会是由各职能部门的环境管理体系协调员共同组成的。协调员负责监督其机构内部环境管理体系的建立、实施和维护。各机构指定具体的环境管理体系负责人，负责建立、维护环境管理体系，并向领导汇报环境管理体系的运行情况，提出改进意见。

通过环境管理体系，联邦航空局确保了环保署、能源部和交通部的各项环境、能源目标在行业内部的顺利实施，最终确保了对民航业在完成环境目标时的进展情况和潜在风险的宏观把控。

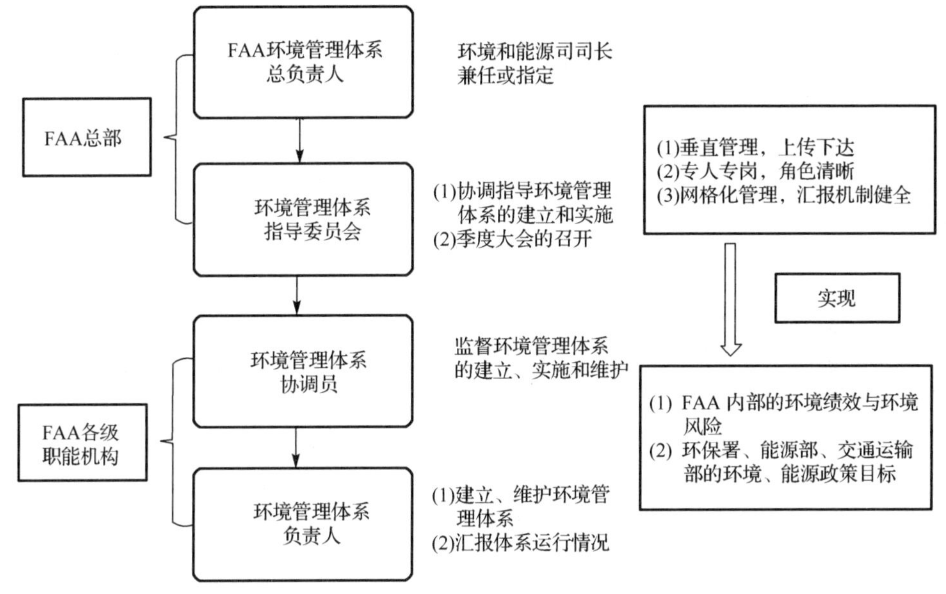

图 7-7　联邦航空局节能减排管理机制

三、本节启示

一方面，联邦航空局设置了专门的环境管理机构，专人专职；另一方面，联邦航空局内的多个部门需要协同工作，这是因为节能减排工作具有复杂性和专业性，需要从政策、运行、规划多个方面考量美国民航业的节能减排工作。我国民航主管部门也提出了加大节能减排规划执行力度，加快节能减排工作组织建设，完善管理体制和运行机制，做到节能减排工作有人做、有事做、责任到人，保障行业节能减排工作的切实推进和长期开展①。我国环境保护事业经过 30 多年的发展，目前已经建立起相对完善的环境管理政策、法规体系、环境标准体系，实施了一系列环境管理制度。但中国当前的能源环境管理体制在一定程度上难以与现阶段经济、社会发展现状相适应。环境管理体制改革仍是我国环境管理工作的当务之急。而民航业也要考虑从专门人才队伍、机构设置等方面进行完善。对美国国家层面环境管理体制和民航业节能减排管理机制进行研究并做合理借鉴，有助于我国民航业能源管理与环境保护的实践。

① 中华人民共和国民用航空局，中华人民共和国国家发展和改革委员会. 民航局、国家发展改革委关于印发《民航行业节能减排规划》的通知[R]. 北京：中国民用航空局，2008.

第五节　本 章 小 结

本章从美国环境保护管理机制、能源管理机制一个层面的两个维度对美国节能减排工作的行政管理体制进行梳理，并基于国家能源环境管理框架，分析美国联邦航空局节能减排运行机制的机构设置特点和工作开展方式。

管理机构是实现管理的组织保证。建立和完善节能减排管理体制，是建立节能减排长效机制的重要组成部分。国家层面设有完善的环境管理体制是保证一国强化环境管理、实现环境有效保护的必要条件。美国的能源环境保护管理体制机构健全，并配备完善的运行机制，责权利分明，各部门协调配合，各主体功能均得到充分发挥。

而美国完备的能源环境相关法律体系的建设又为管理组织机构落实规划、发挥职能起到保驾护航的作用。法律明确界定了节能减排管理机构的组织形式、权力范围等，可以保持机构的稳定性和连续性。管理组织机构又反过来保证了法律法规得到遵守执行。例如，美国环保署以控制技术为依据制定颁布了 50 多个行业的工业废水和城市污水排放限值指南与标准。美国的能源环境管理体系已成为贯彻《清洁水法》和《清洁空气法》最重要的政策和措施之一。

第八章　美国节能减排管理与实践对我国民航业的借鉴和启示

节能减排涉及的不是简单的生态环境问题。由于节能减排本身所蕴含的巨大经济与政治利益，加上当今全球性的节能减排会直接影响国际间的关系与合作，欧美等发达国家已经成为全球节能减排大军的先遣部队。作为全球温室气体排放大国，美国的二氧化碳排放量约占世界总排放量的四分之一。而美国由于一直以来强势的经济发展势头和雄厚的技术开发实力，毫无疑问成为国际节能减排工作中重要的一员，是研究节能减排不可忽视的国家。

放眼全球，随着世界能源绿色低碳和可持续发展的趋势，欧美等主要经济体都提出了促进能源转型的具体要求。而立足脚下，在推动能源改革的过程中，如何让我国的能源发展更好地适应世界潮流，甚至推动世界能源发展，怎样通过构建更合理的能源对外合作机制，更好地提升全球社会发展，都是值得思考的问题。

第一节　美国民航业节能减排的管理现状和发展趋势

欧美等航空发达国家在节能减排方面一直走在世界前列，超前制定相应发展政策，积极健全法律法规体系，完善各级组织机构，率先尝试市场机制，为节能减排寻求技术支撑。他们的减排政策和行动不仅直接影响着本国或地区的减排行为，还对全球减排合作产生了重大影响。

一、重视环境目标的提升，履约发展的环境责任

(一)设立具体可行的行业中长期目标

科学设立节能减排目标是国家层面节能减排工作的重中之重。制定具体可行的环境政策目标是促进绿色创新、提高绿色创新生产率、扩大绿色产品及服务市场需求的有效手段。欧美等发达国家都以各种形式设立了节能减排的国家目标，并通过立法方式对环境问题进行约束和管理。

欧盟制定的环境目标系统、严苛，采取的环境政策周全、严厉，建立了目标、政策、标准、研发创新相互促进的长效机制。20 世纪 90 年代，欧盟已经预测未来人们出行更多依靠汽车和飞机，而这会导致温室气体排放比预期要高，因此欧盟重

新考虑其运输政策，并相应改变能源体系。欧盟通过“2020 年气候和能源一揽子方案”、“2030 年气候和能源政策框架”和“2050 年低碳经济路线图”设立了不同时期的节能减排目标(表 8-1)。

表 8-1　欧盟中长期减排目标

时间＼目标	温室气体排放/%	可再生能源使用/%	能源效率/%
2020 年	−20	提升到 20	提高 20
2030 年	−40	提升到至少 27	提高至少 27
2040 年	−60	—	—
2050 年	−80	—	—

注：欧盟中长期目标均以 1990 年为基准

欧盟超前布局节能减排，积极推动环境外交，也因此争取到全球应对气候变化的领导权。

美国始终以目标为导向，以对自己最有利的方式对能源环境政策不断进行修正，其最终目标还是要实现自己的环境安全，服务于自己的全球国家战略(表 8-2)。

表 8-2　美国不同时期的减排目标

制定时间	1993 年	2009 年	2015 年
目标	《气候变化行动方案》：碳排放量到 2000 年减少 1.09 亿吨，恢复到 1990 年水平	众议院通过的《2009 年美国清洁能源与安全法》(未获参议院批准)：以 2005 年为基准，到 2020 年减排 17%，2030 减排 42%，2050 年减排 83%	以 2005 年为基准，到 2025 年减排 26%～28%

具体到行业，美国航空业节能减排的短期目标是以 2005 年为基准，到 2020 年，实现航空业的碳中和，限制航空器的二氧化碳排放对地球气候的影响；长期目标是，到 2050 年，实现航空业碳排放的净减少。

2010 年，日本众议院通过了《全球气候变暖对策基本法》，提出了日本的温室气体减排目标：到 2020 年实现在 1990 年基础上减排 25%；到 2050 年减排 80%。但日本提出了实现 2020 年目标的前提条件，即所有主要国家就构筑公平且具有实效性的应对气候变化国际框架和设立积极的减排目标达成一致。

发达国家重视环境目标的作用，谋求在世界环境事务中的地位，通过设置强度目标和总量目标，突出环境问题，发挥环保倒逼经济转型发展的作用，从而实现自身的环境安全和可持续增长。

(二)加强企业环境责任感

企业环境责任是企业社会责任的一方面。一般认为企业除了对投资者负有法律责任，还对环境、员工、消费者、社区等利益相关方承担相应的责任，尤其是企业损害环境需承担的法律责任。政府需要对企业环境责任做出规定，要求企业自愿地将环境责任和社会责任与企业的商业经营相结合。而国家层面制定的环境保护责任和措施则成为企业环境责任的基准，明确规定这是对企业最低限度的要求。

美国联邦航空局要求国内航空公司严格遵守国家相关法规，将其视为最低标准；在国家法规基础上各公司制定出适用的具体减排策略；在实施减排策略的同时实行全面监管机制；航空公司将获得的环境效益以社会责任报告的形式予以公布，而这些报告中的基础数据又将为国家、行业相关法规和标准的制定提供支持。

美国国内各航空公司积极遵守现有环境法规，并将其视为环保工作最低要求，在此基础上制定公司层面的环境政策，力争以对环境负责的最佳实践方式运营。

在政府的推动下，航空企业将环境因素纳入商业决策的考虑范围，优化飞机和其他地面交通工具的燃油效率，提升员工的环保意识，与商业伙伴、供应商和政府部门共同合作，重视环保责任并寻求环境问题的解决方案。

政府强化企业节能减排的责任，要求企业在满足可持续发展的情况下履行环境义务，对环境和社会产生积极的影响，加强对能源的管理。在重视节能减排和低碳经济的大环境中，基于国家强制措施、企业经济利益和社会形象的考虑，航空企业不再满足于环保达标，而是将可持续发展的理念融入日常运行中，在降低成本的同时突显企业自身的价值取向。

(三)提升公众参与节能减排的意识

立法过程加强公众参与和监督。发达国家大多通过立法等强制性措施保证公众参与环境事务的权利，为公众参与节能减排提供了良好的社会氛围。

美国的《清洁空气法》、《清洁水法》、《濒危物种法》中直接设置了公众诉讼条款，允许公众实施环境法的权利起诉危害环境权益的第三方。美国通过《国家环境政策法》设置了环境影响评价制度，并列出了详细方案确保公众参与的权利。

美国的环境政策除了依法规范或促进企业在环境方面的作为，还通过环境审计、信息公开等手段，保障公众的知情权，引发公众对企业的关注和期望，从而起到监督作用。

生产生活中加强公众参与，激发公众/员工主动性。在国家政策的积极引导下，企业积极采取可持续发展的商业运营模式保护环境。美国航空公司为员工提供了系统的环保知识技能培训。以 2012 年为例，当年美国航空公司的培训覆盖 29000 人次，培训时间总计 38425 小时。公司推出的燃油智能化项目强调全员参与，群策群力。员工根据各自的工作性质提供各类节油方法，由专家论证，若方法得到认可，则立即投入使用。此举极大地激发员工的主动性和参与热情，2005—2012 年，美国航空公司通过燃油智能化项目节约 20 亿美元的燃油成本。

亚洲国家也开始通过一系列激励手段提升公众参与节能减排的热情。2009 年韩国开始实施针对国民个人的自愿减排政策。按照家庭、商户等使用的水、电、气和取暖等产生的温室气体实际减少量发放碳积分，每减少 10 克二氧化碳兑换 1 个积分点。由政府提供现金、交通卡、购物券等形式的奖励，鼓励国民参与减排。

政府鼓励公众参与，公众通过监督、直接参与等形式，监督节能减排过程，亲身感受节能减排效果，既是监督者，又是参与者、贡献者和受益者。

(四)重视并鼓励环境非政府组织的参与和监督

发达国家普遍重视非政府组织在环境事务中发挥的重要作用。环境非政府组织主要包括科研机构、大学、实验室，以及一些节能咨询机构。在美国，这类机构在法律上处于一个强有力的位置，能够有效地参与本国环境治理，在保护自然资源、提高国民环保意识、影响国家环境政策、促进国际环境合作、监督和评估法律法规的执行方面都发挥着重要的作用。由于在人才资源方面的优势，非政府组织的技术力量十分雄厚。政府部门委托非政府组织实施项目，既可以提高效率，又可以减少财政支出。

在美国，至少 39 个州拥有地方性的环境非政府组织。美国法律赋予环境非政府组织享受税收优惠的权利，包括公司所得税、销售税、财产税等。美国能源部大力扶持非政府性质的能源环境组织(如美国能源效率经济委员会、国家自然资源保护委员会、美国环保协会、“十家集团”等)，为其提供资金开发培训项目、制作宣传材料。

美国政府认可并肯定非政府组织在环境保护中的重要作用，近年来出台了一系列促进非政府组织活动的计划，并对符合规定的组织给予财政资助。美国企业环境责任的履行，也离不开环保组织等非政府组织的推动。

从表 8-3 可以看出，非政府组织在能源政策和节能标准的实施过程中也发挥着重要作用。此外，他们在节能政策和节能产品的宣传及提高国民的节能意识方面也做了大量的工作，推动经济生产向环境友好型发展。

表 8-3　环境非政府组织的分类及其主张

类型	代表	行动	案例
综合型	绿色和平组织	关注全球生态，反对无约束的发展	促使戴尔、宏碁与联想三大电脑公司承诺逐步停止在产品中使用有毒化学品原料
联合型	气候行动网络	敦促国家承担责任，制定温室气体减排目标	联合多个环境非政府组织参加《京都议定书》谈判

续表

类型	代表	行动	案例
倡议型	美国塞拉俱乐部	提倡对风能、太阳能和其他可再生能源的投资，以及重组能源市场来鼓励创新、创造绿色产业。由多领域的科学家组成	联合司法观察组织按照《联邦咨询委员会法》起诉前副总统切尼，指责其在能源政策上有所隐瞒
正义型	美国地球之友	通过诉讼完善环境法律	地球之友诉兰得洛环境服务公司案
项目型	美国可持续发展社区协会	承担政府项目，推动企业的可持续发展和环保进程	广东环境伙伴计划

注：实际上，很多非政府组织兼具多种类型的特点

非政府组织凭借其在技术上的优势和在舆论上的引导，对政府职能起到重要的补充作用，是沟通政府和市场的纽带和桥梁。

二、加强顶层立法工作，推进行业节能减排进程

(一)科学立法，纵向多层次，横向多部门

科学完善的顶层立法是国家节能减排工作的基础。世界各国应对气候变化及节能减排立法模式主要包括以欧盟为代表的“分散型”立法、以美国为代表的“融合型”立法和以日本为代表的“综合型”立法。表 8-4 充分体现了科学完善立法模式的基本要素：纵向多层次，横向多部门。

表 8-4　典型立法模式、特点及代表

<table>
<tr><th>类型</th><th>特点</th><th colspan="3">代表</th></tr>
<tr><td rowspan="3">分散型</td><td rowspan="3">将应对气候变化及节能减排相关的事务分散规定到各个法律之中，形成了“开放式协调+正式立法”的治理模式</td><td colspan="3">欧盟</td></tr>
<tr><td>一级立法</td><td>二级立法</td><td>三级立法</td></tr>
<tr><td>基础性条约：《罗马条约》、单一欧洲法、欧洲联盟条约等</td><td>条例、指令：对成员国具有普遍约束力
决定：产生直接的法律效力</td><td>欧盟发布的环境行动计划、可持续发展战略、绿皮书、白皮书等</td></tr>
<tr><td rowspan="3">融合型</td><td rowspan="3">将应对气候变化及节能减排法律融合到综合性的法律之中，这种立法模式具备体系完备、管理差异化和落实多样性的特点</td><td colspan="3">美国</td></tr>
<tr><td>环境</td><td>能源</td><td>气候</td></tr>
<tr><td>《国家环境政策法》、《清洁空气法》等</td><td>《能源政策法》、《2009年美国复苏与再投资法》、《2010年美国能源法》等</td><td>《2007 年低碳经济法》、《2009 年美国清洁能源与安全法》等</td></tr>
</table>

续表

<table>
<tr><th>类型</th><th>特点</th><th colspan="3">代表</th></tr>
<tr><td rowspan="3">综合型</td><td rowspan="3">将应对气候变化及节能减排的相关事务规定在一个综合性的专门法之中</td><td colspan="3">日本</td></tr>
<tr><td>核心法律</td><td>辅助——环境</td><td>辅助——能源</td></tr>
<tr><td>《全球气候变暖对策推进法》</td><td>《环境基本法》、《环境省设置法》</td><td>《能源基本政策法》、《能源合理利用法》、《促进新能源利用特别措施法》</td></tr>
</table>

“分散型”立法是将应对气候变化及节能减排相关的事务分散规定到各个法律之中，形成了“开放式协调+正式立法”的治理模式。它的基本内涵是在提案阶段以类似开放式协调的方法邀请广大的利益相关方参与政策提案的草拟，在这个过程中使各方观点都得到充分的表达和辩论；在此基础上进入传统的共同决策过程，以正式、具有法律约束力的立法形式出台。

“融合型”立法是将应对气候变化及节能减排法律融合到综合性的法律之中，这种立法模式具备体系完备、管理差异化和落实多样性的特点。美国能源环境相关的法律法规整体质量较高，包括几十部法律和数千部配套法规规章，是这一类型立法的典型代表。

“综合型”立法是将应对气候变化及节能减排的相关事务规定在一个综合性的专门法之中，例如，日本以《全球气候变暖对策推进法》为核心，以保护环境和能源利用相关法律为辅助。韩国则以《绿色增长基本法》为基本法，制定或完善与绿色增长相关的其他立法时，遵循该法的目的和基本理念。大韩航空有四个部门(总部、航空业务、维修与工程以及餐饮中心)获得了ISO 14001国际环保标准认证。大韩航空努力使用环保资源，回收浪费资源，遵守环境法规并优先防范对环境有害的物质，以此防止环境污染。

尽管不同的国家采用了不同的立法模式进行节能减排的顶层立法，但是可以看出，能源问题依然是各国在应对气候变化及节能减排立法方面考虑的关键因素，气候立法则可以看作能源立法的延续和发展。

(二)严格执法，加强监督，确保法律法规的有效性

环境是典型的公共产品，保护环境是政府的一项基本职责。环境发展对经济发展势必会有影响，需要政府严格执法，确保法律的落实。

美国《清洁空气法》规定美国环保署拥有统一的监督管理权限，美国环保署可以制定国家层面的管理标准并监督执行。各州政府不仅要遵守联邦环境立法的规定，还要遵守美国环保署制定的相关规定、规划。

作为整个国家节能减排系统的部门之一，美国民航业的节能减排需要遵守美国国家法律，但同时又有其独特性。联邦航空局负责执行《国家环境政策法》，确保所

有航空活动能够符合《清洁空气法》的要求，并与美国环保署共同制定航空设备和航空燃油方面的环境法规。例如，机场的节能减排需遵守国内节能减排法律法规，如环境影响评价制度、国家环境空气质量标准、新建源审查许可证、国家污染物排放清除系统许可证等规定。然而对于航空器节能减排，美国国内法律法规并没有做出明确规定，这种情况下通常采用国际规定或国际标准，如国际民航组织的规定。

美国的做法反映出在环境管理中统一权力的重要性。而环境执法的关键是整编监测数据、监察和评估受监管实体的活动，从而发现不符合相关监管要求和许可证条件的情况。通过多种监督手段并用，为执法提供有力证据，加强执法的规范化和可操作性，科学设定罚款数额，提高环境执法的有效性。执法处置并不以处罚为目的，而是以环境效益和处罚效果最大化为目标。

三、加强行业综合管理，创新管理机制

（一）完善组织结构，构建科学的环境管理体系

为了更好地协调、统筹政府各部门的节能减排工作，美国在节能减排管理方面建立了完备的组织结构。

美国联邦政府成立了工作组，针对联邦政府如何加强政策和规划方面的措施以及更好地应对气候变化给国家带来的影响，向美国总统提供意见与建议。

具体到航空层面，美国联邦航空局负责环境管理的专门机构是政策、国际事务和环境办公室，主要工作包括引导局方制定战略性政策与规划，并负责制定航空领域全国性的环境保护和节能政策以及长期规划。其中，环境和能源司下设 CLEEN 计划处技术发展项目处、噪声处、排放处以及环境政策运行处，负责制定、推荐以及协调在环境保护和能源节约领域的全国性航空政策。

通过环境管理体系，联邦航空局确保了环保署、能源部和交通运输部的各项环境、能源目标在行业内的达成，最终实现了对民航业在完成环境目标时的进展情况和潜在风险的宏观把控。

国家层面的特别工作组提高了政府对气候变化的认识，加强了政府应对气候变化的行动，有助于政府自上而下推进全国范围内的应对气候变化工作计划。节能减排是一项综合性的工作，就民航业而言，涉及机场、航空公司、空管等不同领域，以及发展规划、政策法规制定落实、财政支持、国际合作等各个方面，科学的环境管理体系可以保障节能减排工作的统筹协调。

（二）完善节能减排标准计量体系，有力支撑相关工作开展

目前，民航节能减排领域的标准，国际上主要有国际民航组织（ICAO）、国际航空运输协会（IATA）和美国联邦航空局（FAA）等编制的一些准则或要求，对航空噪

声、飞机二氧化碳排放、可替代燃油、涡轮发动机燃油排放的排出物等进行管理。美国针对气候谈判和碳市场的最新动态，以及节能减排新技术的发展，不断更新和制定相关标准。

例如，美国环保署依据《清洁空气法》的授权，为二氧化硫、颗粒物(PM_{10} 和 $PM_{2.5}$)、臭氧、二氧化氮、一氧化碳和铅六种基准污染物制定了国家环境空气质量标准(NAAQS)。美国民航业的空气质量目标依据 NAAQS 制定而成。需要注意的是，NAAQS 本身并不是用于实际操作的具体标准，而是规定了美国整个联邦境内的空气污染物的排放上限。真正具有可操作性的标准和要求，是美国各州、各行业按照空气质量相关法律法规，根据各自实际情况制定而成的。

美国联邦航空局基于政府在节能减排相关法律法规中的具体规定，通过与其他机构如国际航空运输协会等进行项目合作，研究并制定行业内节能减排能耗及排放标准等。美国试验与材料协会负责制定和发布美国所有航空燃料的使用标准，该协会不仅制定了严格的航油标准，还制定了可再生燃料的使用标准，这在很大程度上为美国民航业节能减排工作提供了明确的参考值。这些标准使得美国民航业在节能减排工作中有全面的章法可依，有明确的目标可循。

面对日益严峻的环境问题和气候谈判形势，国家对企业的节能降耗提出了更高的要求，行业节能减排标准计量体系显得尤为重要。完善标准计量体系，对于减少能耗、保护环境、降低成本、提升效益具有十分重要的意义。

(三)制定行业能源环境政策，明确行业节能减排着力点

美国制定了实现行业环境目标和能源目标的综合性政策，详细规定了行业应对环境和能源挑战所需的策略与方法，同时制定了确保政策执行的配套措施。

美国联邦航空局推出的能源政策包括提高科学认识和建模水平，强化空中交通管理改革，推进航空器新型技术革新，加快可持续替代燃料的研发，开发环保政策、标准和市场化措施，明确航空各部门的环保角色及责任六个方面。清晰的政策目标使行业内的各单位明确了节能减排的目标和方向、研发重点、自身的环保责任，各单位各司其职，高效合作，这对航空业的可持续发展起着至关重要的作用。

民航业制定环境目标和能源政策还要强调民用航空的国际性特征，在实施环境及能源策略时必须考虑本行业区别于其他运输方式和产业的特点。美国的能源政策就强调航空业在考虑业绩增长的同时，必须实现噪声、空气质量、气候、能源和水质等多方面的环境绩效。基于此，所有利益相关方必须积极参与、紧密合作，确保美国在航空业环保技术研发和政策推广方面引领全球。

(四)健全激励机制和融资机制，保障节能技术的先进性

节能减排具有公益性的特点，对相关经济主体的吸引力较为薄弱；而低碳产品

和设备高昂的成本削弱了企业的市场竞争力。面对巨大的资金缺口，发达国家会为节能项目提供融资或激励机制，包括节能绩效合同、合同能源管理项目、公益事业基金、节能减排专项基金等，拓展资金来源，提升能源管理水平，提高设施的能源效率。

1995—2005 年，美国的合同能源管理项目获得了大约 10 亿美元的资金支持。合同能源管理形成了新的市场和新的经济增长点。据美国国家能源服务公司协会统计，2006 年美国的节能服务产业的产值为 36 亿美元，2008 年达到 55 亿美元。各类能源管理项目在利用市场机制解决了融资问题的同时，又保障了节能技术的先进性。可以说科技创新和市场化是能源管理项目的核心。为了保证项目实施的效果，联邦航空局会始终保持与各项目负责人的联络沟通，跟踪项目进度；在整个项目实施过程中，提供专家意见和指导；整合项目管理及运行经验，加强交流，并通过网络公布给大众。

值得注意的是，在美国民航业绝大多数激励政策和基金项目的受益者都是机场，这是因为机场具有典型的公共属性，与周围社区的关系非常紧密。相比而言，航空公司和制造商则是完全市场化的主体，为了维护市场竞争的公平性，政府和民航管理部门不会为他们提供过多的激励政策。

可见，政府需要制定并推行刺激性措施以激励企业的节能行动，同时约束其经营行为，引导其在生产过程中注重节能减排。只有具备系统全面的激励政策和融资机制，切实提升节能管理水平，提高能源利用效率，从而提高经济效益，实现竞争力的提升，最终实现经济效益、生态效益和社会效益三重目标。

(五)推动企业建设能源管理体系，促进精细化管理

能源管理体系建设是将过程分析方法、系统工程原理和 PDCA 闭环式管理理念引入企业能源管理，建立覆盖企业能源利用全过程的管理体系，对强化结构节能与技术节能、促进企业构建长效节能机制具有重要意义。

碳足迹管理和持续提高能源效率对于航空公司履行以有利于环境可持续发展的方式经营业务的承诺至关重要。美联航投入了大量资金，用于建设一支具有能源效率的现代化机队，同时实施业务和流程改进，促进燃料节约。达美航空严格执行应对气候变化的工作计划，为此制定了一个可验证的温室气体排放清单，持续为行业内的减排策略提供资金及技术支持。

航空公司从废弃物处理、飞机改装和飞行减重、地面运行，以及维修节能等方面入手，全面降低能耗，减少排放。具体措施包括：降低机载重量(如使用塑料瓶代替玻璃瓶，使用铝制货运容器)、飞行员部分训练使用模拟机代替、将飞机停在阴凉处减少空调的使用、检测每日燃油消耗得出最优燃油携带率等。2004 年以来，美联航不断尝试各种减排途径，如优化飞行路线、寻找替代能源、改进清洗方案等，共

节省了 10 亿磅航空燃油。达美航空实行的飞行中废弃物回收利用项目已经在美国国内超过 25 个机场开展，乘客使用过的铝罐、塑料器皿以及报纸杂志等均得以回收利用，2007—2013 年回收量达 600 万磅，所得费用均捐给慈善机构。

航空发达国家以节能技改和规范管理为主要手段，以节能增效、可持续发展为目标，促进航空企业全面梳理与能耗相关的环节和工作流程，管理精细化，能耗数据透明化，最终实现能源使用的全面控制。

四、采用市场化措施，优化行业资源资金配置

目前，全球范围内各行业节能减排采取的市场机制主要是碳排放交易体系，同时加以碳税作为补充。很多国家或地区已经建立起具备本土特色的减排市场机制，并有一些航空企业参与其中。

（一）效率显著的控污手段——排放交易体系

《京都议定书》规定各缔约国可针对碳排放配额进行交易，碳交易市场应运而生。碳排放权交易机制主要分为两类：基于配额的总量控制与交易机制（CTS），以及基于项目的基准和信用交易机制（BCS）。总体来看，国际碳交易市场以配额为主体，以项目交易为补充。

目前国际上绝大多数采用基于配额的总量控制与交易机制，由管理者分配配额，参与者根据需求来进行排放配额的买卖。排放交易体系主要包括强制性和自愿性两种模式。其实质是以市场机制解决或弱化资源配置中的价格扭曲，实现经济可持续发展。基于配额的市场又可以细分为强制碳交易市场和自愿碳交易市场。

尽管尚未形成全国统一的碳市场，但美国国内已有近一半的州采用过或正在采用市场化手段促进温室气体的减排。美国芝加哥气候交易所和日本碳排放交易体系都是自愿性交易体系的典型代表。前者已于 2010 年被美国亚特兰大洲际交易所（Intercontinental Exchange，ICE）收购，后者从 2010 年起转型——地区级的强制性总量控制与交易体系（东京总量控制与交易体系）启动，成为亚洲首个实施总量控制的碳交易体系。强制性交易体系方面，韩国是亚洲第一个将排放交易体系纳入法律体系的国家。欧盟排放交易体系则是当前全球最大的强制性排放交易体系，也是目前覆盖国家和行业最多的交易体系。2006 年 12 月 20 日，欧盟委员会采纳了将欧盟排放交易体系纳入航空业的建议。2008 年 11 月 19 日，欧盟理事会通过第 2008/101/EC 号指令（Directive2008/101/EC）正式将航空业纳入欧盟排放交易体系。该指令规定，自 2012 年 1 月 1 日起，凡是进出欧盟以及在欧盟内部航线飞行的航空公司（包括外国航空公司）都将被纳入碳排放交易体系中。所有进出欧盟及在欧盟领域内飞行的航空公司都要在 2009 年 8 月 31 日前向欧盟提交准确的碳排放数据，否则将

无法获得免费的排放配额，因为欧盟分配给各航空公司的配额将以它们各自提交的数据作为依据和减排基准线。欧盟要求各航空公司在 2010 之前检测其吨公里数及碳排放量，并在 2011 年 3 月 31 日之前提交第一份监测报告。为了减少航空承运人的管理负担，欧盟成员国应当对其管辖的航空承运人负责。所以各成员国有权对其所管辖的航空公司的实际排放和交易情况进行监控，有权对违反规定和要求的承运人采取罚款、扣留或拍卖航空器、航线禁飞等处罚措施。不过，由于受到国际社会及航空业内的普遍质疑与抵制，欧盟将航空业纳入欧盟排放交易体系的做法迫于压力暂时中止，欧盟宣称进一步行动将依据全球航空减排协议的制定进程而定。图 8-1 列出了欧盟将航空业纳入欧盟排放交易体系的主要时间节点。

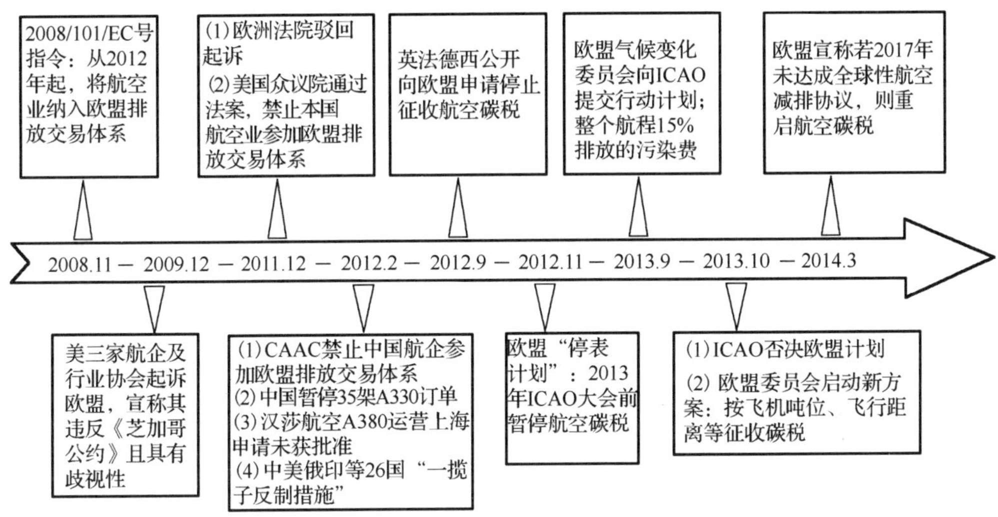

图 8-1 欧盟将航空业纳入欧盟排放交易体系的主要时间节点

航空业方面，日本两大航空公司(日本航空公司(简称日本航空，JAL)和全日本空输株式会社(简称全日空，ANA))都加入了自愿性碳排放交易体系，而美联航自 2006 年起便参与了碳信息披露计划，成为美国首家完全参与该计划的航空承运人。从实施效果来看，自愿性排放交易体系在一定程度上可以实现减排，但高能耗企业与大型企业并不是市场参与主体(如日本排放交易体系)，仅通过自愿交易难以实现既定的减排目标(芝加哥气候交易所的表现即为证明)。不过在碳交易初期，政策及市场的不确定性会增加参与企业的顾虑，影响交易积极性。自愿性碳交易有助于企业了解交易规则，积累交易经验。在市场成熟后，应向以总量控制与交易为特征的强制性减排机制过渡，并对减排量及碳抵消进行严格监控和验证，确保碳市场安全有序的运行。设置排放上限以保证碳排放的稀缺性是碳市场的本质使然。表 8-5 反映了全球主要碳市场的运行情况和航空业的参与情况。

表 8-5　全球主要碳市场的运行情况及航空业参与情况

市场手段	覆盖地区	交易性质	参与行业	发展现状	航空业参与情况
欧盟排放交易体系	欧盟所有成员国	总量控制与交易（强制性）	电力、供暖、炼油、钢铁、水泥、石灰、玻璃、纸浆、造纸、航空	前两阶段配额过剩严重，价格超跌	2012 年将航空业纳入，招致各国强烈反对，目前停表计划仍在继续
美国芝加哥气候交易所	全美范围，同时在欧洲及中国设立交易所	自愿性交易	会员企业来自电力、环境、汽车、交通、航空	到 2010 年已名存实亡，同年被 ICE 收购	会员单位包括数家航空企业
美国区域性温室气体倡议	美国东北地区 10 州	总量控制与交易（强制性）	电力（所有区域内 2500 万瓦以上的矿物燃料火电厂）	一度受经济衰退影响发展受挫，目前进展良好	无航空业参与
日本排放交易体系	全日范围所有企业自愿参加	2008—2010 年为自愿性交易；2010 年后东京开始总量控制与交易	制造、餐饮、服务、化学、航空	进展良好	日本航空、全日空参与
韩国排放交易体系	韩国全国范围	总量控制与交易（强制性）	石化、钢铁、电力、航空	2015 年 1 月 12 日启动，目前进展良好，有望成为世界第二大碳市场	5 家主要航空公司、仁川机场被纳入

但是，要求航空业参与自愿性碳交易困难重重。节能减排的社会性及公益性特征决定了其短期内不会给参与方带来巨大的经济效益，导致排放仅占全球排放总量的 2%～3%的航空业对入市兴趣索然。各国各地区碳市场交易规则及方式的不统一使得国际性极强的航空企业不愿花费过多的精力参与其中。因此，建立公平、有效、规则完善的碳交易体系是非常重要的。

（二）备受争议的碳税

环境税费政策的创新思路是通过税费调整价格，从而影响生产消费行为。其作用有两个：一是抑制碳排放量；二是增加政府税收，发展低碳经济。

美国联邦航空局经过数十年节能减排的实践，目前美国民航业已经明确了节能减排具体分工：政府负责减排工作的政策推动，最终的节能目标则由市场通过油价、碳交易、碳税等进行自由调控。

欧盟涉及航空的环境税主要包括英国的航空旅客税、德国的航空生态税、奥地利的离港税以及一些国家的航空噪声税。现有的多数研究证明，目前欧盟涉及航空的税收对于环境效益的提升作用有限，能源税收在非同质化的交通领域并不能明显起到提高能效并减少排放的目的。航空企业增加的成本大都转给旅客，不可能触痛航空企业开展减排；如果真正触痛企业，则更多的是降低有关企业的国际竞争力，导致航空运输产业发展的迟滞。

碳税政策无论在国内还是在国外都饱受争议，但主流意见还是支持碳税的征收。2013 年，包括八位诺贝尔奖得主在内的著名经济学家集体致信奥巴马，敦促他支持航空碳税。他们认为，碳税简单透明易实施，而且不太容易受那些争取较高排放上限指标的行业的影响。

五、推动技术研发和创新，开拓节能减排潜力空间

(一) 重视研发环保机型

国际民航业从 20 世纪 70 年代就已经开始考虑从飞机改进方面减少行业对环境的影响。目前国际民航业已经研发出一系列有助于环保机型研发的新技术（包括发动机技术、机身技术的升级改造），其中部分已经投入行业运营，并取得了良好的成效。此外，还有一些技术预计在未来十年内会投入使用。民航发动机、机身技术研发情况参见表 8-6 和表 8-7。

表 8-6　主要发动机技术和推荐级别[①]

发动机节能减排新技术	项目预计实施时间	节能率	当前技术开发级别	计划可用年份
齿轮传动涡扇发动机（系统结构）	2020 年前	10%～15%	7	2016
高级涡扇发动机（系统结构）	2020 年前	10%～15%	7	2016
反向旋转螺旋桨（系统结构）	2020 年后	15%～20%	3	2023
开式转子发动机/无涵道风扇发动机（系统结构）	2020 年后	15%～20%	5	2019
新型发动机核心概念（二代）	2030 年后	25%～30%	2	2026
嵌入分布式多扇叶发动机（二代）	2030 年后	<1%	2	2026
组件升级	2020 年前	2%～6%	8	2013
无扇毂	2020 年前	2%～4%	7	2016
高涵道比扇叶	2020 年前	2%～6%	7	2016
可变扇叶喷嘴	2020 年后	1%～2%	7	2016
可变分流技术	2020 年后	1%～2%	5	2020
超压缩式低排放燃烧室	2020 年后	1%～2%	5	2020
高级燃烧室	2020 年前	5%～10%	8	2013

① 基础数据来源：国际民航组织官网 http://www.icao.int/。

续表

发动机节能减排新技术	项目预计实施时间	节能率	当前技术开发级别	计划可用年份
环状叶片概念	2030 年后	1%～3%	3	2023
整体叶盘结构概念	2020 年后	1%～3%	7	2016
可变 V 型槽喷口	2020 年后	<1%	5	2020
深嵌式发动机	2020 年后	1%～3%	5	2020
减轻短舱重量	2020 年前	1%～3%	7	2016
自变性循环周期数	2030 年后	5%～15%	2	2030
脉冲爆震发动机	2030 年后	5%～15%	2	2030
边界层吸入性进气口	2020 年后	1%～3%	3	2023
多种复合材料(二代)	2020 年后	10%～15%	3	2023
适应性/积极空气流量控制	2020 年后	10%～20%	2	2026

注：表中的“当前技术开发级别”分为“1～10”十个等级，等级越高表明技术投入使用的成熟度越高

表 8-7　机身节能减排技术和推荐级别①

机身节能减排新技术	项目预计实施时间	节能率	当前技术开发级别	计划可用年份
斜拉翼	2020 年后	10%～15%	2	2028
混合机翼	2020 年后	10%～25%	4	2026
高效巡航短距起降	2020 年后	< 1%	3	2027
可变形机体	2020 年后	5%～10%	3	2027
无起落架式飞机	2030 年后	10%～20%	1	2032
翼刀	更新	1%～3%	9	2012
融合式小翼/鲨鳍小翼	更新	3%～6%	9	2012
斜削式小翼	更新	3%～6%	9	2012
分割弯刀式小翼	更新	2%～6%	7	2022
螺旋式小翼	2020 年后	2%～6%	7	2022
高升力/低噪声装置	2020 年后	1%～3%	4	2026
可变弯度后缘机翼	2020 年前	1%～2%	9	2012
下垂式扰流板	2020 年前	1%～2%	9	2012
无铰链襟翼	2030 年后	1%～2%	3	2027
减阻涂层	更新	< 1%	9	2012
湍流减阻条纹沟槽	更新	1%	8	2015

① 基础数据来源：国际民航组织官网 http://www.icao.int/。

续表

机身节能减排新技术	项目预计实施时间	节能率	当前技术开发级别	计划可用年份
机体喷涂	更新	1%	9	2012
复合材料的主承力结构	2020 年前	1%～3%	9	2012
智能机翼技术	2020 年后	1%～5%	6	2023
可变形机翼	2030 年后	2%～8%	5	2024
客舱照明大功率 LED 灯	更新	< 0.5%	9	2012
机载娱乐设施(无线/光纤)	更新	< 0.5%	9	2012
轻重量客舱装饰	更新	1%～5%	9	2012
无窗设计	2020 年后	5%～7%	4	2026
锂电池辅助电源	2020 年后	< 1%	5	2024
高效燃气涡轮辅助动力装置	2020 年后	1%～3%	7	2022
质子交换膜燃料电池	2020 年后	1%～5%	6	2023
固体氧化燃料电池	2020 年后	1%～5%	5	2024
固体酸燃料电池	2030 年后	1%～5%	2	2028
前轮驱动器	2020 年前	1%～2%	8	2015
无杆牵引车	更新	1%～4%	7	2022
可调节式起落架	2020 年前	1%～3%	8	2015
先进电传操纵	2020 年前	1%～3%	8	2015
光传操纵系统	2020 年后	1%～3%	6	2023
无线飞行操作系统	2020 年后	1%～3%	5	2024
多电飞机结构	2020 年前	1%～5%	8	2015

当前航空发达国家已在环保型飞机的研发上投入了大量的资金和专业技术人员，并取得了可观的环境效益。例如，普惠公司目前在提升发动机涵道比方面的技术能够为使用该机型发动机的航空公司实现年均 15%的能耗节约。

燃效的提高能够直接减少飞机运行过程中燃油的消耗，从而实现温室气体排放量的降低。当前国际民航业关键的环保机型研发尚处于初级阶段，不少新型技术在投入商业运作前还需要很长时间的实验和验证。

(二)优化空管运行理念与技术

国际民航组织在 2013—2028 年全球空中导航计划中指出，更新更有效的空中通信、导航及监控系统的研发与使用将会成为减少民航业燃油消耗及避免不必要排放的有效手段。为保证行业碳中和目标的实现，全球民航业积极推动诸如“欧洲单一天空空管研究”（SESAR）、美国“新一代”等项目，加强空管技术的研发，实现飞机运行效率的提高和排放的减少。表 8-8 列出了空管研究的主要技术，其预计减排效果，如表 6-2 所示。

表 8-8　SESAR 项目中主要节能减排技术和预计减排效果

项目编号	项目名称	预计节能减排效果
Project 4.07.03	使用基于性能的导航减少航路中航空器间隔	到 2020 年平均每个航班减少 10%的碳排放，节省 10%的航油
Project 05.07.04	空管部门全面实施精准区域导航	
Project 9.1	航空初始 4D 运行轨迹管理	
Project 9.10	垂直引导进近	
Project 9.39	持续攀升巡航	

美国联邦航空局推出的空中交通管理组织以能效为基础，通过明确具体的任务，建立合理的目标，降低成本并改进能效，以确保行业运行的安全、高效。国际航空货运协会指出，每减少 1 分钟航班运行时间，一年将会减少 480 万吨碳排放。可见，推动空管部门通过减少航空器运行时间和距离间隔、缩短航路、精准定位、强化航路信息分享平台建设等技术手段实现行业高效运行将是国际民航业进一步提升行业节能减排空间与潜力的一项重要措施。

（三）鼓励研发可替代燃料

石油价格从 20 世纪末每桶不到 20 美元，上涨到 2005 年的每桶 55 美元，迫使美国立法者通过了《能源政策法》。这项获得共和党和民主党大力支持的立法引导燃油分销商开始将越来越多的乙醇混合到汽油产品中。到 2007 年，为了应对油价进一步上涨到每桶 70 美元，美国国会通过了《2007 年能源独立与安全法》，法案对乙醇汽油混合目标做出了更严格的硬性规定，并提高在美国销售的汽车所用燃油的经济性标准。这些法案成为 2004—2014 年美国出台一系列法律和政府法规的一部分，目的在于促进能源节约，减少对价格日益上涨的进口石油的需求。与此同时，汽油、柴油和航空燃料成本飞涨，航空公司必须降低油耗、控制成本。航空公司开始调整自己的航线，并减少飞机上多余的重量。自 2005 年起，美国燃料节约量已相当于世界上最大的石油出口国沙特阿拉伯的全部出口量。

使用可替代燃料是全球民航业控制温室气体排放量的又一个重要技术手段。国际民航组织航空环境保护委员会（ICAO CAEP）进行的国际航空减少二氧化碳净排放量措施的贡献度趋势预测表明，通过飞机技术和运行措施的改进实现的长期碳排放量减少的效果不及可替代燃料和市场化手段产生的效果明显（图 8-2）。

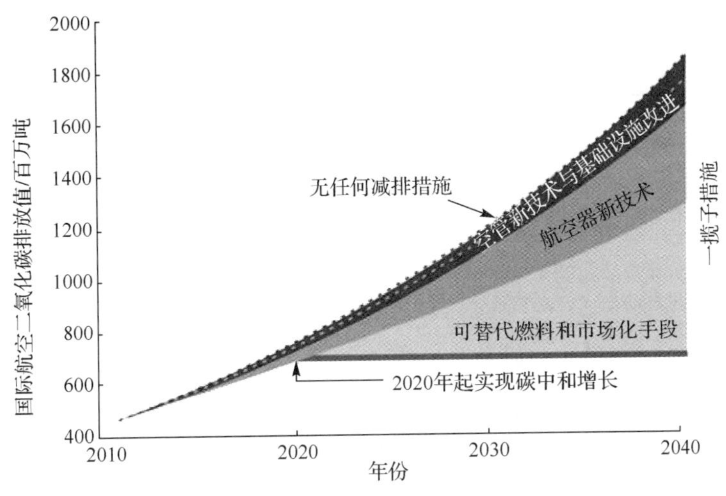

图 8-2　各类措施对国际航空二氧化碳减排的贡献

美国环保署预测，如果可再生燃料标准(二期)计划实施顺利，到 2022 年可再生燃料将替代 136 亿加仑石油，约占美国交通燃料总消耗量的 7%，节省石油进口资金 415 亿美元，减少温室气体排放量将达到 1.38 亿吨。

新能源技术的研发不仅极大减少行业对现有化石燃料的依存度，还可以大幅减少温室气体的排放，实现能源的清洁发展。可替代燃料的生产与研发将成为促进民航业节能减排的持续动力。

(四)通过改建或优化，倡导绿色机场

作为窗口单位，机场的节能减排工作担负的不仅是行业的经济利益和社会服务形象的树立，还需要通过其有利的条件进行减排理念的宣贯，树立减排工作的典范。全球很多大型机场在节能减排工作中进行投入不仅是出于经济驱动，还有社会道德观念的驱动。技术手段的推行是机场取得高效减排效益的最快捷手段，更是机场实现长期绿色发展的必要措施。

1. 机场建筑

在机场建筑节能技术方面，日本机场、美国芝加哥的几个主要机场以及墨西哥城机场的实践堪称典范(表 8-9)。

表 8-9　典型机场建筑节能减排技术及效果

国家	主要技术	具体措施	环境效益
日本	建筑能源管理系统	结合楼宇技术和能源管理，综合管理不同时间段采集的温度、湿度、氧气、二氧化碳含量等信息，达到自动控制动力中心空调或者新风输送的目的；通过 PDCA 循环，使建筑能耗降到最经济的标准	东京羽田机场通过采用这些建筑内节能技术，目前综合能耗已经下降 34%

续表

国家	主要技术	具体措施	环境效益
日本	热电联产系统	一方面使用天然气发电产生的电能，另一方面利用汽轮发电机做功产生的蒸汽为机场建筑供热，即同时生产电、热的过程	东京羽田机场通过采用这些建筑内节能技术，目前综合能耗已经下降34%
	其他技术	low-e 双层玻璃、百叶窗、电梯感应控制、地板送风等	
美国	建筑隔热保温技术；室内自动光控和温控技术	根据机场建筑标准（AC 150/5370-10）、LEED 认证及绿色屋顶计划等实现建筑物内电能消耗的最大限度降低	芝加哥的几个主要机场通过采用建筑节能新技术，每年减少 5%～10%的能源消耗
墨西哥城	新型建筑材料，单一建筑体和太阳能发电	特殊材质建成的单一建筑体屋顶能够充分使用自然光，持续进行新风输送，并充分收集雨水；同时利用新型材质强度高的特点，加装太阳能板	新型建筑材料的使用和单一建筑体使墨西哥城的机场建筑能耗降低一半；太阳能板可产生峰值功率为 50 兆瓦的电能①

2．地面新能源车辆

在车队管理的节能减排技术方面，机场主要从液压天然气、混合动力和全电动车等新能源的使用方面入手。

美国联邦航空局于 2000 年启动的内部低排放机场车辆试点计划将机场内燃油车辆改为电动或液压天然气车辆。经过 18 个月的技术研发和 5 年的机场试点工作，目前已经取得了良好的经济和环境效益。试点机场共增加地面新能源车辆 507 辆，建设地面充电桩和加气站 354 个，实现污染物全生命周期内碳排放 7.96 万吨。

绿色机场的构建，尽管没有统一的国际标准或定义，但是以节约能源和保护环境为出发点的机场绿色技术研发是评判绿色机场的一大标准。通过建筑节能技术和机场新能源车辆技术的升级与应用，国际上很多大中型机场已经走上了发展绿色机场的道路。

提升环境业绩，技术是关键。节能减排技术涉及内容广泛，技术性能各有差异。在航空领域，安全是第一位的，因此在引进环保新技术时，安全性必须得到充分验证；航空器成本高，生命周期长，这使得在机队中广泛推广新技术需要很长的前导时间；规划和修建机场基础设施需要花费大量的精力，同时还需要公众的支持和巨额资金的支持，这使得航空业在实现环境和能源目标时将面临比其他行业更大的挑战与困难。

只有设立合理的且具有法律效力的目标，国家才能进行节能减排规划，并推进具体的节能减排措施。发达国家的节能减排工作注重目标和方法的关系，政府设立节能减排目标，并通过采取行之有效的措施来实现这些目标。在实现这些目标的过

① 参见：http://www.airport-business.com/2013/06/the-new-technologies-set-to-revolutionise-the-airport-journey/。

程中，企业的节能减排行动和民众对节能减排的广泛参与起着重要的作用。航空业是一个综合性极强的行业，其中不仅包括各航空公司、机场、制造商及空管部门，还覆盖了诸多非政府组织、社区、客户、政府、监管方、创新企业及各类投资商。在节能减排方面，美国民航业形成了政府主导、企业主体、公众参与的格局，并遵循从利益交汇处出发-通力合作-风险/收益共享的工作模式，在推动节能减排的同时也确保各方利益。

第二节　对我国民航业节能减排的借鉴和启示

一、我国民航业节能减排的环境分析

近年来，航空排放已成为国内外关注的焦点，欧美等航空制造业强国不断推出新技术和产品，作为呼应，欧美在国际民航组织等国际多边场合不断推出有关环保问题的新议程，为其推销技术和产品提供必要的政策保障。国际民航组织第 37 届、第 38 届大会设定的提高燃效、实现碳中性增长的目标促使国际民航业综合采用四大支柱策略(技术、运行、基础设施、市场)来全面推进行业节能减排。

随着我国步入经济发展“新常态”，全面深化改革的推进和“一带一路”战略的实施，民航业将迎来新的发展机遇，行业节能减排工作也将面临新的发展形势和外部环境。整体上看，国际气候谈判形势日趋复杂、我国民航业排放日趋显性化、国内空域更为紧张、高铁等快速发展形成的竞争、油价持续低位等形势都将对行业节能减排工作形成较大压力。

2013 年起国家公布了一系列强制政策，包括《大气污染防治行动计划》、《能源行业大气污染治理方案》等，这些政策都将带来技术进步和能源效率的提升。2014 年 11 月在北京发布的《中美气候变化联合声明》宣布，我国计划在 2030 年左右达到二氧化碳排放峰值，并将非化石能源在一次能源中的比例提升到 20%，这对节能减排提出了新的挑战。2015 年 3 月，中国社会科学出版社发布的《世界能源中国展望(2014—2015)》预测，我国可再生能源的需求占比在 2020 年后可超越石油，承诺的碳排放目标能提前实现。非化石能源的发展是结构优化的重要体现。

十八届三中全会首次将碳市场建设列入日程，明确提出建立全国碳排放权交易试点，这是一个史无前例的决定。2011 年 10 启动全国碳市场试点，选择北京、天津、上海、重庆、湖北、广东、深圳开展了交易试点。这些工作都为全国碳市场的建设奠定了基础。建立全国碳市场是中央改革领导小组重点工作任务之一，为推动建立全国碳交易市场，国家发改委在 2014 年 12 月正式发布了《碳排放权交易管理暂行办法》(国家发改委第 17 号令)，进一步明确了全国碳市场建立的主要思路和管理体系，拟在七省市试点的基础上，逐步建立全国统一碳市场。

国家发改委明确指出，在新的发展阶段，生态文明建设地位更加突出，经济新常态为环资工作注入了新动力，但资源环境问题仍然是制约我国发展的硬约束，环资工作本身也面临许多新挑战。

我国能源结构中，石油天然气份额虽然只占20%左右，却具有极为特殊的政治意义和战略意义，是国家现代化必须具备的基本战略条件。在某种意义上，其战略重要性甚至超过了煤炭。其一，石油及天然气是关乎国民经济命脉的战略性能源；其二，石油及天然气是关乎军事国防和民生需求最重要的战略性能源；其三，历史上形成了中国石油天然气生产与消费的地缘性不平衡局面，使中国能源安全被天然地赋予了战略脆弱性。而能源，特别是石油资源对于航空业的发展起着必不可少的作用，并且占据了行业运行的很大一部分成本。因此民航业在实施对应的能源策略时，必然会注意能源的成本有效性与安全性，并在此基础上积极寻求低碳经济发展下的减排目标的实现。

二、对我国民航业节能减排的启示

（一）加强合作，采用国际主义视野看待节能减排

无论科学界还是公众都认可这一结论：近百年来，地球一直经历着以全球变暖为主要特征的变化，这一变化的主要原因是人类活动使得大气中温室气体浓度显著增加。2014 年在利马举行的联合国气候变化大会上，来自 195 个国家和地区的约一万名代表希望起草一份减少全球温室气体排放量的具体量化协议，并于 2015 年 12 月在巴黎气候大会上签署，并计划最终于 2020 年生效。

如前所述，气候变化并非一个简单的环境问题，它还对国际安全、和平与发展构成威胁，并对全球经济与未来繁荣产生深远的影响[①]。这一点全球已经达成共识。当前，世界各国都在分析自然灾害带来的不断上升的经济成本，130 个国家为 2015 年 3 月在日本仙台召开的会议编制了“2015 年后减少灾害风险框架”。气候科学家预测，如果不控制碳排放，则到 21 世纪 80 年代气温上升的幅度可能达到 4℃。这种气温变化是在未来很短一段时间内出现的,地球上的生命将会发生根本性的变化。气候变化及其影响的全球性，决定了任何国家都无力单独解决气候变化问题，应对气候变化需要国际社会的共同努力。

国际主义视野意味着要统筹国际国内两个大局。气候变化问题本质上源于发展过程，其解决方案也必然在于转变发展模式，创新发展路径。国内需要转变经济增长方式，调整能源结构；国际则要引进国际人才、技术、资本等要素，开拓国际市

① United Kingdoms Department of Trade and Industry. Meeting the Energy Challenge: A White Paper on Energy [R/OL]. (2007-05-23) [2016-06-11]. https://www.gov.uk/government/uploads/system/uploads/attachment_data/file/243268/7124.pdf.

场，积极发挥在应对气候变化中的作用，争取主动权。欧美等发达国家，本身已经是应对气候变化的先导者和创新者，仍在不断改变自己的管理模式和经济模式，使其成为可持续的、有竞争力的增长引擎，迎合低碳未来的需要。

在全球视野下，我国已经成为世界上最大的污染者，并在全球范围造成巨大的环境影响，我国的环境问题面临严峻的挑战。我国的环境问题已不再是国内问题。在发展过程中要了解国际社会对我国环境问题的立场和观点，脱离国际背景则无法看清一个国家的发展。在充分了解国内现状和国际舆情的基础上，以建设者的姿态积极开展应对气候变化和节能减排的工作。而在此过程中，需要大力推进国际合作，加强跨国投资、贸易、技术、信息、人员往来等。例如，波音公司与中国商用飞机有限责任公司(简称中国商飞)合作建立的中美航空生物燃料示范项目 2014 年正式投入运营，预计每年可以将 18 亿升(5 亿加仑)废弃食用油转化为生物燃料。

环境问题已经是各国无法回避的共同问题，解决环境问题需要各国共同的行动和努力。节能减排则是从源头上解决环境问题的举措。而民航业因其高度国际性的特点，更要注重时代背景和国际环境，大力推进国际合作。

(二)实行对内严格、对外负责的气候政策

美国气候政策呈现出“外松内紧”的特点。2009 年在《联合国气候变化框架公约》第 15 次缔约方大会(COP15)上，美国承诺 2020 年温室气体排放量在 2005 年的基础上减少 17%，仅相当于在 1990 年的基础上减少 4%，远低于国际社会的预期。在 2010 年的 COP16 和 2011 年的 COP17 上，美国要求印度和中国等新兴经济体做出减排承诺，否则不会考虑强制减排政策。而到了 2012 年的 COP18，已退出《京都议定书》的美国更是联合其他发达国家一起淡化历史排放责任。

然而在美国国内，情况却大相径庭。2009 年，美国众议院通过了《2009 年美国清洁能源与安全法》，该法案涵盖了清洁能源、能源效率、温室气体减排、热带雨林排放抵消各个方面，并就应对气候变化提出了减少温室气体的总体目标。之后的《2010 年美国能源法》为美国设定了清晰的温室气体减排目标，并力求保障美国的能源安全与独立，促进国内清洁能源技术的发展，减少温室气体排放并促进就业。

可以看出，在对外气候政策上，美国采取了较为保守的态度，不愿承担历史排放责任，也不愿设定宏伟的减排目标，以消极的态度为自身留出减排余地，而在国内则推行积极环境能源政策，寻找新的经济增长点(表 8-10)。

表 8-10　美国近年气候政策摘要

气候政策分类	气候政策特点	具体表现
国际气候政策	参与较为积极 淡化自身责任	2009 年 COP15，承诺 2020 年温室气体排放量在 2005 年的基础上减排 17%，远低于国际预期
		2010 年 COP16 和 2011 年 COP17 上，要求中国和印度等新兴经济体做出减排承诺，否则不考虑强制减排
		2012 年 COP18 上，不承认《京都议定书》，淡化历史责任
国内气候政策	态度积极 行动高效	《2009 年美国清洁能源与安全法》推出多项气候保护政策，并设定减排总体目标
		《2010 年美国能源法》设定国内减排目标：到 2020 年至少减排 42%；2050 年为 83%

概括起来，美国的气候政策可以归纳为对内态度积极，对外淡化责任。早在 2001 年 3 月，美国就宣布退出了《京都议定书》，其结果就是欧盟填补了气候变化领域的软权力真空，欧盟掌握了全球气候问题的领导权。而在 2007 年底澳大利亚宣布签署《京都议定书》之后，美国在发达国家中受到孤立。再加上 2008 年的国际金融危机令美国在世界上的形象进一步受损，美国面临着来自世界范围内的批评和指责。为了改善美国的形象，重新确立美国的世界领导力的支柱，奥巴马政府将注意力集中到气候变化问题上，希望重振美国在世界上的国际地位和话语权。

与发达国家经过长期摸索，边发展边治理的情况不同，我国环境问题是在 30 多年的高速发展中集中出现的，民航业的高速发展时间更短。我国的能源环境问题呈现出复合性、综合性、密集性的特点。因此，在处理国内气候问题时，可根据具体情况选择性借鉴美国的模式。美国国内的环境政策严苛，只有国内环境问题得到解决，在国际气候谈判时才会更具信心。而我国民航业的节能减排需要契合国家的政策形势，在具体实施过程中要先抓主要矛盾，找到减排潜力最大的领域，先开展试点，由点及面，逐渐铺开。在对外气候政策上，需汲取美国的教训，积极参与国际气候谈判，在团结发展中国家的同时积极与发达国家进行沟通对话，找到利益共同点，积极谋求合作，争取气候谈判的主动权。2014 年 11 月 12 日中国与美国发表的《中美气候变化联合声明》就是追求发展中国家与发达国家共赢的一个极好例证。这次声明首次明确了中美的减排目标和时间表，即使中美两国未来实施低碳发展的国家战略高度契合，又能对全球温室气体减排产生实质性的推动作用，同时还能对其他国家产生强大的示范效应。

(三)完善法律体系，提高立法质量，加大执法力度

美国节能减排工作各环节均体现了强烈的法治精神。法律为节能减排工作的开展提供了依据和指导，同时保证了各项规则及规定的可操作性。

美国的能源环境立法经历了长期的发展，形成了完备的法律法规体系。美国的

环境立法始于《1899年河流与港口法》。1970年，美国颁布《国家环境政策法》，这部称为美国环境保护宪章的法律标志着美国环境立法进入全新阶段。

美国节能减排相关的法律法规整体质量较高，包括几十部法律和数千部法规规章。相关法律主要集中在《美国法典》第42篇“公共健康和福利”中，包括第55章《国家环境政策法》、第85章《清洁空气法》、第65章《噪声控制法》、第82章《固体废弃物处置法》、第77章《能源政策与节约法》、第84章《1977年能源部组织法》、第134章《1992年能源政策法》、第149章《2005年能源政策法》、第152章《2007年能源独立与安全法》，以及第33篇“航行与适航水域”第26章《清洁水法》，总共几十部。与节能减排法律相配套的则是由各级政府部门制定的法规，主要法规如下。

(1)《美国联邦法规汇编》(Code of Federal Regulations，CFR)第40编“环境保护”中收录的由环保署、司法部、环境质量委员会等制定的法规33卷、6章，共计1000余部①。

(2)《美国联邦法规汇编》第10编“能源”中收录的由能源部、核能监管委员会等制定的法规4卷、7章，共计1000余部②。

(3)《美国联邦法规汇编》第18编“电力和水资源保护”中收录的由能源部、联邦能源监管委员会等制定的法规2卷、5章，共计近1000部。

(4)《美国联邦法规汇编》第33编“航行与适航水域”、第43编“国内公共土地”、第50编“野生动物和渔业”部分涉及节能减排法规。

近年来，美国的节能减排立法开始关注气候问题，国会关于气候问题的提案、议案、修正案等数量不断增加，从过去每届不足百项到近年的400多项。

美国的节能减排法律整体质量较高。以《清洁空气法》为例，《清洁空气法》为治理空气质量提供了严格的标准，并提供了实现标准的手段，包括技术手段和许可证制度等，保证了法律的落实。在落实法律的过程中，通过严格的执法和广泛的公众参与，确保法律真正发挥应有的作用。

我国的能源环境法律建设真正开始于改革开放之后。在短短的几十年，我国建立起由《中华人民共和国环境保护法》、《中华人民共和国大气污染防治法》、《中华人民共和国水污染防治法》、《中华人民共和国环境噪声污染防治法》、《中华人民共和国节约能源法》、《中华人民共和国可再生能源法》、《中华人民共和国循环经济促进法》等一系列法律构成的节能减排法律体系。但不可否认的是，中国的节能减排立法仍存在一些问题，包括体系内法律关系不顺、立法水平不高、执法存在困难等问题。

(1)体系内法律关系不顺。我国于2015年开始实施新的《中华人民共和国环境

① 参见：http://www.ecfr.gov/cgi-bin/text-idx?tpl=/ecfrbrowse/Title40/40tab_02.tpl。

② 参见：http://www.ecfr.gov/cgi-bin/text-idx?tpl=/ecfrbrowse/Title10/10tab_02.tpl。

保护法》(以下简称《环保法》)。这部称为“史上最严”的《环保法》规定对违法行为按日计罚，且不设上限。但遗憾的是，新《环保法》并没有明确其“基本法”地位，而其不设上限的处罚方式与《中华人民共和国大气污染防治法》、《中华人民共和国水污染防治法》等法律存在冲突①，因此可能会对执法造成困扰。我国需明确新《环保法》的地位，使其与美国《国家环境政策法》一样，成为真正意义上的基本法。

(2)立法水平不高。例如，新《环保法》第五十八条规定社会组织可以就环境事件提起公益诉讼，尽管公民仍未获得环境诉讼的主体资格，对社会组织的松绑已经在环境诉讼方面取得了巨大的进步，但现实情况是，该项规定的立法配套措施并没有跟上，新《环保法》出台一个月，全国范围内的公益诉讼仅立案三起②。

(3)执法存在困难。首先，从机构的地位来看，环保部门的机构地位呈现“倒金字塔”结构，即中央和省级环保部门权力较为强大，专业化色彩突出，高级研究人才较多。相比之下，市、县一级环保部门的力量明显要薄弱得多。其次，环保部门的执法力量也呈现“倒金字塔”形，中央和省级执法力量雄厚，而市、县、乡级的执法力量则较薄弱。最后，环保部门自身也存在很多问题。其既当“运动员”又当“裁判员”的情况也时常存在③。

因此，只有不断完善节能减排法律体系、提高立法质量，并加大执法力度，才能真正做到十一届三中全会提出的“有法可依、有法必依、执法必严、违法必究”的依法治国十六字方针。

(四)树立行业节能减排新理念

节能减排是一项综合性工作，既要考虑节能，又要考虑减排。美国民航业的节能减排既关注航油、煤炭、电力等的节约，又关注二氧化碳、废气、废水、噪声等造成的环境或气候影响。例如，美国联邦航空局颁布的1050.1E号行政指令就依据《国家环境政策法》从空气质量、水质量、噪声、固体废弃物、海岸资源、农田、湿地、漫滩、动植物、历史文化资源等多个方面提出了环境影响方面的政策和程序要求。美国联邦航空局制定的“机场行动环境指南”也从这些方面对机场行动提出了要求。

与美国相比，中国民航业节能减排更强调节能，以及由节能所带来的减排效果。民航局在“民航行业节能减排规划”中提出，中国民航业节能减排的工作重点为节约航油。中国民航业应拓展对节能减排概念的认识，充分考虑空气、水、噪声、废

① 井媛媛. 中美日环保法“共性”与个性比较[J/OL].(2014-05-15)[2016-07-09]. http://news.h2o-china.com/html/014/05/127686_1.shtml.

② 参见：http://legal.people.com.cn/n/2015/0202/c42510-26489312.html。

③ 参见：http://www.rmzxb.com.cn/zszq/tj/2015/04/08/478523.shtml。

弃物等的排放及其对社区环境的影响，既实现由节能带来的经济效益，又满足由减排带来的环境效益和社会效益。

（五）理顺经济增长和碳排放的关系

过去30年全球范围内的自然灾害已导致超过250万人丧生，经济损失达到近4万亿美元。死亡人数中四分之三以上是在发展中国家，其中低收入国家占将近一半。世界银行的报告显示，如果地球温度升高2℃，则巴西的大豆和小麦产量将下降50%～70%。在中东和北非地区，热浪现象的大幅增加以及偏暖的平均温度将使当地本已经稀缺的水资源雪上加霜，同时将严重危及粮食安全。如果气温升高1.5～2℃，则粮食产量最多将减少30%；如果气温升高3～4℃，则粮食产量将减少60%。资源紧张还会增加地区冲突的风险。图8-3显示了不同情境下气温的上升幅度。

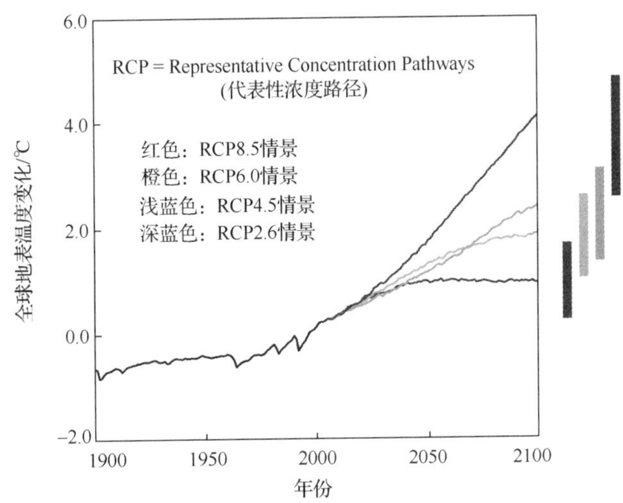

图8-3　IPCC不同RCP情景的全球地表温度变化预测①（见彩图）

气候变化对发展和减贫造成了极大的风险，而减排的行动不应以牺牲经济发展为代价。想要消除极度贫困、减少不均等和保障贫困人口获得资源，任何应对气候变化的计划就不能以牺牲经济增长为代价。

反之，经济增长不能以巨大的排放为代价，也不能以牺牲环境和资源为代价。几乎每个国家都遭遇过经济发展、资源利用和环境保护之间的失衡。历史上美国曾背负的沉重环境债务及之后为偿还“债务”付出的代价和努力就是活生生的例子。我国也已走到环境和发展的十字路口。

① Intergovernmental Panel on Climate Change. Climate Change 2013: They Physical Science Basis [R/OL]. [2016-03-08]. http://www.climatechange2013.org/images/report/WG1AR5_ALL_FINAL.pdf.

1978—2007 年，我国国内生产总值和进出口总额占全球比例由 1%和不足 1%上升到 5%以上和 8%，成为世界第三大、亚洲第一大进口市场。这在世界经济史上是一个了不起的奇迹。但在创造这个奇迹的同时中国也面临巨大的环境压力。根据国际能源署的数据，2007 年中国化石能源燃烧排放的二氧化碳排放总量达到 60.3 亿吨，超出美国 2.6 亿吨，比欧盟 27 国的排放总量高出三分之一，占全球总量的 20.8%。中国在总量上已成为二氧化碳排放大国。世界银行估计，中国的环境成本相当于中国国民生产总值的 3%～15%。

从图 8-4 可以看出，在我国，碳排放集中出现在近 30 多年的高速发展中，属于爆发式增长。2014 年 11 月，中美两国元首在北京发布联合声明，中国首次承诺 2030 年左右达到碳排放峰值。我们需要让经济增长与碳排放脱钩，需要探究节能减排的约束条件和动力基础，并在不损害经济发展的前提下进一步挖掘减排的潜力。我国的温室气体减排将是长期稳定的政策，是未来政策制度设计的主线。

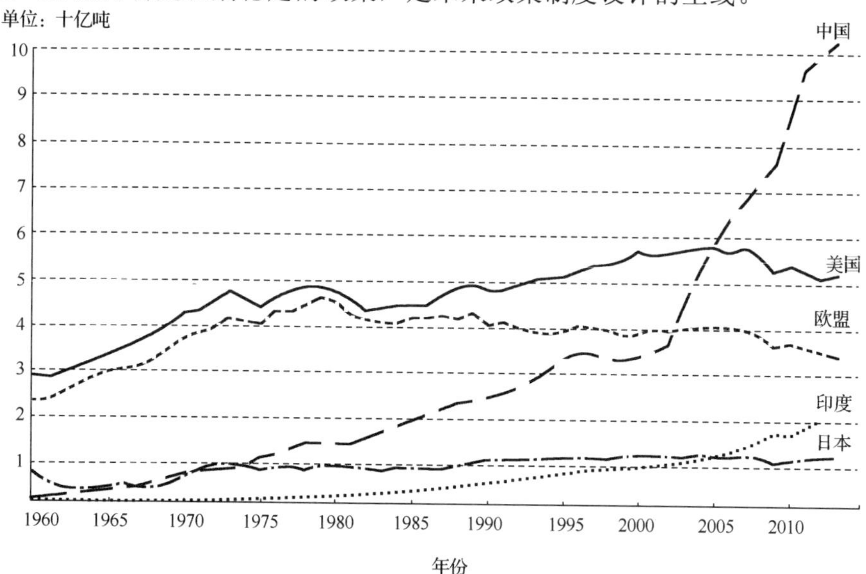

图 8-4　1960—2013 年世界主要国家和地区二氧化碳排放量走势①

（六）实现民航管理部门工作重心由节能向减排的转移

20 世纪 70 年代起，美国政府放松对民航发展的管制导致美国民航业高速发展，从而对环境造成了噪声、大气、水污染等负面影响。对于这些因发展产生的负面影响，美国联邦航空局通过将政府政策与市场机制相结合，通过由政府推动节能减排政策、标准的制定，由市场促进能源资源的自由分配的方式来最终实现行业总

① 数据来源：世界银行官网 http://data.worldbank.org/indicator/EN.ATM.CO2E.KT。

体的节能减排。通过过去几十年美国联邦航空局节能减排措施的落实，到目前美国民航业已经明确节能减排具体分工，由政府进行具体减排工作的政策推动，而最终的节能目标则由市场通过油价、碳交易、碳税等进行自由调控。

现阶段我国经济的发展已经逐步进入“新常态”阶段，市场的资源调节作用已经越来越明显。各生产类行业在未来的十几年里将保持减速发展的态势，但是由于行业发展的巨大惯性、国民生活水平的提高及国际交流沟通发展势头的持续强劲，我国民航业在很长一段时间内还将处于快速发展阶段，面临的环境问题也将进一步扩大。在这种背景下，我国民航业可以充分利用市场化手段，效仿美国将市场化手段运用到节能减排工作中，让行业内各单位充分利用碳市场来调节各自能源消耗量，减少政府的调控工作，将政府工作重心转移到减排标准的制定和减排技术的推动上。

（七）完善组织结构、提升职能部门级别

美国政府在节能减排管理方面建立了完善的组织结构。在联邦政府层面，为了更好地统筹协调各政府部门的节能减排工作，美国联邦政府成立了工作组，就联邦政府加强政策及计划的制订为美国总统提供意见与建议，以更好地应对气候变化给国家带来的影响。工作组由环境质量委员会、科技政策办公室和国家海洋与大气管理局三个机构共同主持，拥有国际开发署、内务部、财政部、农业部、环保署、能源部、交通运输部、国家航空航天局等 20 多家联邦机构的代表，见图 7-4。

具体到联邦航空局层面，美国联邦航空局的环境管理机构为政策、国际事务和环境办公室，该办公室引导联邦航空局制定战略性政策与规划，并负责制定航空领域内全国性的环境保护和节能政策以及长期规划。其中，环境和能源司下设 CLEEN 计划处技术发展项目处、噪声处、排放处以及环境政策运行处，负责制定、推荐并协调在环境保护和能源节约领域的全国性航空政策，包括噪声和排放等，见图 7-5。

与此同时，为保证节能减排具体工作的落实，联邦航空局制定了一套完整的从总部到各职能机构的节能减排管理体系，见图 7-7。

通过环境管理体系，联邦航空局确保了环保署、能源部和交通运输部的各项环境、能源目标在行业内部的顺利实施，最终确保了对民航业在完成环境目标时的进展情况和潜在风险的宏观把控。

中国政府在节能减排领导机构的设置方面已经取得了巨大的进展。中央政府层面，国务院于 2007 年成立了国家应对气候变化及节能减排工作领导小组（组织架构如图 8-5 所示），主要任务包括：研究制定国家应对气候变化的重大战略、方针和对策，统一部署应对气候变化工作，研究审议国际合作和谈判方案，协调解决应对气候变化工作中的重大问题；组织贯彻落实国务院有关节能减排工作的方针政策，统

一部署节能减排工作，研究审议重大政策建议，协调解决工作中的重大问题①。李克强总理担任领导小组组长；张高丽副总理和杨洁篪国务委员为副组长；成员包括国务院副秘书长、外交部部长、发改委主任、教育部部长、科学技术部（简称科技部）部长、工业和信息化部部长、民政部部长、财政部部长、国土资源部部长、环境保护部部长、住房和城乡建设部部长、交通运输部部长、水利部部长、农业部部长、商务部部长、卫生和计划生育委员会（简称卫计委）主任、国务院国有资产监督管理委员会（简称国资委）主任、国家税务总局局长、国家质量监督检验防疫总局（简称质检总局）局长、国家统计局局长、林业局局长、国家机关事务管理局（简称国管局）局长、国务院法制办公室（简称法制办）副主任、中国科学院院长、气象局局长、国家能源局局长、国家海洋局局长、国家铁路局局长、民航局局长、发改委副主任等 30 多位省部级领导②。从成员构成可以看出，小组基本涵盖了涉及应对气候变化和节能减排工作的政府部级及副部级机构。

部委层面，以发改委为例。发改委成立了应对气候变化司，负责多项国家层面的应对气候变化和节能减排工作，例如，牵头拟订我国应对气候变化重大战略、规划和重大政策；组织拟定、更新并实施应对气候变化国家方案；牵头承担国家履行《联合国气候变化框架公约》相关工作；负责国家温室气体排放清单编制工作；承担国家应对气候变化及节能减排工作领导小组有关应对气候变化方面的具体工作等。应对气候变化司下设综合处、战略研究和规划处、国内政策和履约处、国际政策和谈判处，以及对外合作处五个处级机构③。

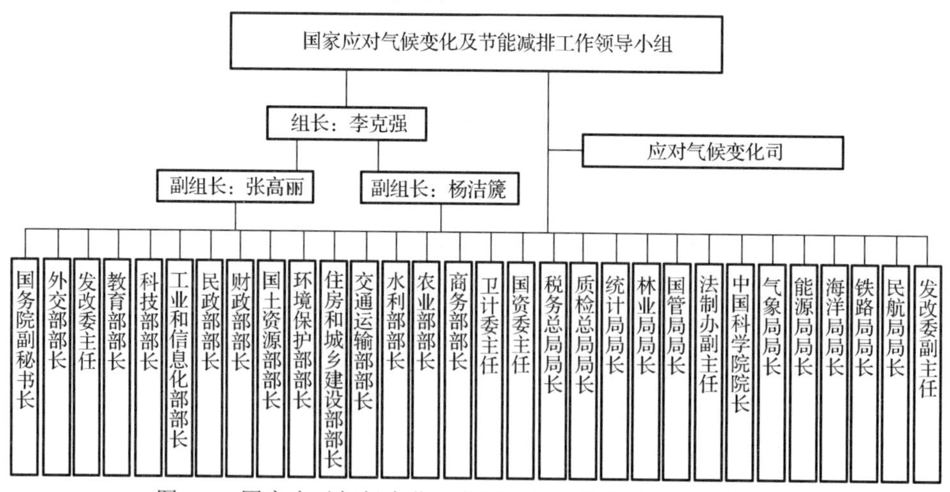

图 8-5　国家应对气候变化及节能减排工作领导小组组织架构

① 中华人民共和国国务院. 国务院关于成立国家应对气候变化及节能减排工作领导小组的通知［R/OL］. (2007-06-12)［2016-03-20］. http://www.gov.cn/gongbao/content/2007/content_686012.htm.

② 数据来源：中华人民共和国国家发展和改革委员会官网 http://qhs.ndrc.gov.cn/ldxz/。

③ 参见：中华人民共和国国家发展和改革委员会官网 http://qhs.ndrc.gov.cn/jgsz/。

地方政府层面，以广东省为例。广东省政府成立了省应对气候变化及节能减排工作领导小组，由省长任组长、常务副省长和副省长任副组长、成员包括涉及应对气候变化及节能减排工作的各厅局级单位负责人[①]。

美国政府成立了工作组，中国政府设立了国家应对气候变化及节能减排工作领导小组，可以看出，节能减排工作是一项综合性的工作。就民航业而言，节能减排工作涉及机场、航空公司、空管等不同领域，以及发展规划、政策法规制定落实、财政支持、国际合作等各个方面。民航局成立民航局节能减排工作领导小组，并在发展计划司下设立了节能减排办公室。作者认为，民航局应进一步健全民航局节能减排工作领导小组的组织结构，与中央对接，成立民航局应对气候变化及节能减排工作领导小组。考虑到国家应对气候变化及节能减排工作领导小组的规格之高(由总理亲自担任组长，由一位政治局常委级的副总理和一位国务委员任副组长)，为与中央对接，民航局应对气候变化及节能减排工作领导小组应由局长担任组长、副局长担任副组长，并将发展规划司、综合司、航空安全办公室、政策法规司、财务司、人事科教司、国际司、运输司、飞行标准司、航空器适航审定司、机场司、空管行业管理办公室、空中交通管理局、民航院校和民航科研院所等涉及节能减排工作各环节的单位包括在内，发挥好中国民航业节能减排的领导、统筹、协调工作，并明确由节能减排办公室承担领导小组的具体工作(图 8-6)。

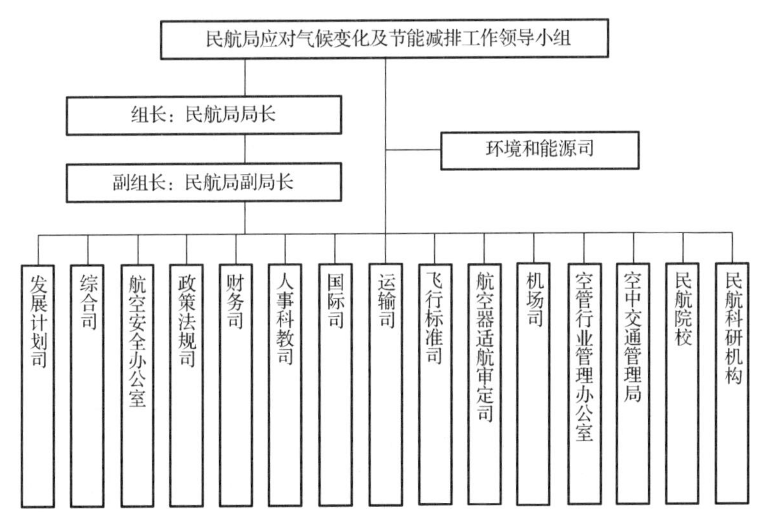

图 8-6　民航局应对气候变化及节能减排工作领导小组组织架构(课题组建议)

美国联邦航空局设立了专门的环境和能源司，中国国家发展和改革委员会设立了专门的应对气候变化司，可以看出，节能减排和应对气候变化工作需要有高级别的专

① 参见：广东省人民政府官网 http://zwgk.gd.gov.cn/006939748/201408/t20140807_540942.html。

门机构负责。课题组认为，将节能减排办公室设置为独立部门，并提高其行政级别，例如，设立环境和能源司，在承担民航局应对气候变化及节能减排工作领导小组具体工作的同时，负责整个民航局的节能减排工作。提高节能减排办公室的行政级别后，可进行具体机构和专业人员的补充，形成完善、高效、专业的节能减排行业领导机构。

（八）完善行业节能减排标准

美国联邦航空局基于政府节能减排相关法律法规的具体规定，通过与其他机构如 IATA 等展开节能减排方面的项目合作，研究并制定行业内节能减排能耗及排放标准等内容。首先，在能源政策方面，根据 ICAO 决议提高燃油效率[①]。其次，美国试验与材料协会负责制定与发布美国所有航空燃料的使用标准，该协会不仅制定了严格的航油标准，还制定了可再生燃料的使用标准，这些都在很大程度上给美国民航业节能减排工作带来了直观明确的参考值。另外，根据《清洁空气法》的授权，美国环保署针对二氧化硫（SO_2）、颗粒物（PM_{10} 和 $PM_{2.5}$）、臭氧（O_3）、二氧化氮（NO_2）、一氧化碳（CO）和铅（Pb）六种基准污染物制定了国家环境空气质量标准。这些标准使美国民航业在节能减排工作中有全面的章法可依，有明确的目标可循。

在我国，尽管国家在环境保护和能源管理方面的法律体系已经形成了基本完善的格局，但是在气候方面的立法相对滞后，具体针对能源和排放的标准体系并未建立。我国民航业节能减排工作的实施已经进入全面推进阶段，然而行业内针对节能减排工作的监管体系仍然缺失。我国民航业可借鉴美国在标准和规范制定方面的做法，针对我国的实际国情，制定切实可行的行业节能减排标准或参考标准，以便行业内各单位能够有据可循，有法可依。整体来说，提高能源利用效率、减少行业碳排放是当前民航业需要实现的节能减排目标，而建立完善的体制机制和减排标准则是我国民航业实现目标的根本保障与重要支撑。

（九）认清行业现状，选择性借鉴节能减排实现机制

美国航空业节能减排的实现机制主要包括科技创新、政策激励和市场机制三种。其中科技创新始终是美国民航业节能减排最重要的利器，具体来说，航空公司的关注点是提高运营效率及研发可持续航空燃料；机场的焦点在于改善基础设施、建筑节能及降低噪声；空管则将“新一代”作为突破口，通过优化航线、截弯取直等措施，连同 CDA、ADS-B 等技术帮助航空公司节能减排；航空制造商关注的领域则是各类先进的航空器及发动机制造技术和工艺。激励政策对美国民航业节能减排事业的推动力仅次于科技创新，不过在美国绝大多数优惠政策的对象都是机场，航空

① 参见：International Civil Aviation Organization Assembly Resolution A37-19: Consolidated statement of continuing ICAO policies and practices related to environmental protection-Climate change。

公司和制造商得到的激励政策很少，这是由企业不同的性质决定的。机场的公共属性显著，同周围社区的关系又非常紧密，因此节能减排的需求就更为强烈。而航空公司和制造商是完全市场化的主体，为了维护市场竞争的公平性，政府及民航管理部门不会提供过多的激励政策。此外，无论碳税还是排放交易，通过市场机制促进航空业减排的手段在美国仍未成为主流。

我国民航业在借鉴美国节能减排的实现机制时，必须从自身实际出发，根据自身条件和存在的困难制定出最适合自身的策略。科技创新在民航节能减排中的作用无可替代，但由于我国各航空公司机队的机龄较轻，多数飞机在开始服役时已配备了较为先进的节能减排技术；而我国无论在飞机制造还是发动机制造方面均落后于西方先进水平，制造 C919 之前的百座大中型飞机及发动机均需进口。民航节能减排技术对外依存度太高，短期内自主创新能力弱的局面仍难以改变。因此在科技层面应更多关注先进制造技术的研发和高新科研人才的培养。从激励政策来看，作为美国民航业的最高管理机构，联邦航空局采用的 PDCA 项目管理模式值得借鉴。在项目开展进程中，联邦航空局不断与行业机构合作，开发项目指南；与机场合作，为新的项目领域和资助计划提供资源；根据环境变化和新增资源，不断更新指南并为项目提供指导和专家意见。每批项目结束，美国联邦航空局都会将所有已完成的项目公布在官网上，并将机场自身总结的经验教训纳入下一套全国性指南的开发当中[①]。这种管理模式有助于项目的高效执行，其检查机制为项目切实开展提供了保障，回顾机制有利于后续项目运行过程中的趋利避害。

美国联邦航空局不仅为各大型枢纽机场提供用于持续改造的基金，还积极为一些小型的支线机场提供多项基金，保证其节能项目的开展，这不仅改善了支线机场的运营效率，也大大减少了对社区环境的影响，更提升了联邦航空局的环保形象。作者在对我国航空公司及机场的实地调研中发现，规模较小或位置较偏远的航空公司和机场对节能减排往往热情更高,但获得项目扶持或优惠政策的机会更少。因此我国民航管理部门在发放节能减排资金以及扶持该类项目时，可给予中小型航空公司或机场更多政策及资金扶持，不是把关注点都放在大型航空公司及机场上。

市场机制方面，由于自愿性特征，美国碳市场既难以实现既定减排目标，又无法保障气候安全，美国航空业也对入市兴趣索然。因此在节能减排市场机制方面，我国应更多借鉴欧盟总量控制与交易的模式，并通过对减排量及碳抵消进行严格的监控和验证，来保证碳市场安全有序的运营。

---

① 例如，在 2012—2014 年的项目指南中，联邦航空局就将零排放车辆试点、机场电力能源效率提升，以及机场固体废弃物回收三项新内容纳入其中。

（十）提升空管部门在国家节能减排工作中的作用

尽管美国空管部门同我国空管系统一样同属国家政府系统的一个组织机构，但是在运行过程中两国的空管系统却持有不同的理念：美国联邦航空局推出的空中交通管理组织（Air Traffic Organization，ATO）以能效为基础，通过确定明确的任务、建立合理的目标、降低成本、提高效率来确保行业运行的安全与高效。随着近十几年美国民航业节能减排技术的进步，美国空管部门积极采用新技术，通过研发“新一代”来充分发挥部门在整个行业中节能减排的作用。但是我国的空管系统却是以安全为核心工作目标，在保证运行安全的前提下适当考虑提高能效，因此当前我国空管系统的节能减排工作仅是副产品。

长期以来，我国节能减排面临着经济发展和结构调整带来的压力以及减排空间有限、节能减排措施效果亟须提高的问题，深层次原因主要包括：一是可用空域资源有限，民航业发展规模不断扩大，空管保障能力不足，空域紧张将进一步加剧；二是可持续发展理念在民航行业有待树立，减排主体参与主动性不够，需正确协调安全、发展、减排的关系；三是管理水平不高，行业管理体制机制、企业经营管理、节能减排项目管理等需要完善和加强；四是人力资源短缺，行业节能减排组织架构不健全，人员配备不足，节能减排从业人员的专业知识认知欠缺。

目前我国的空管部门由于技术以及人员配备等，在节能减排工作中的潜力受制于理念和技术仍未能得到充分发挥。今后几年乃至十几年内，我国民航业进一步推动节能减排的主要领域将会是空管部门。可以通过进一步推进空管部门在行业节能减排工作中的作用，加大对行业专业技术人员的节能减排理念培训、增加对空管方面节能减排技术投入等手段实现行业节能减排潜力的进一步挖掘。

专 题 研 究

专题一　奥巴马政府应对气候变化政策概述

美国作为世界经济霸主与政治霸主，其一举一动均备受关注。近年来全球在环境保护问题上的交流日益加强，以及美国往届政府在环境外交政策方面的阴晴不定，因而自奥巴马于2009年宣誓就职后，政府环保政策的一举一动毫无疑问地成为众人注视的焦点。自上任以来，奥巴马在能源、环境和应对气候变化方面都进行重大的政策调整。2013年6月25日，奥巴马政府公布了美国第一份《全国气候行动计划》，该行动计划的出台不仅表明了奥巴马在减少碳排放方面的个人决心，还表明如何适应气候变化已成为美国联邦政府考虑和制定节能减排战略的主要内容，这一点是奥巴马政府与之前几届政府在环境政策上明显不同的地方。

一、奥巴马政府适应气候变化的政策、态度

在环境政策制定上，之前的小布什政府将重点放在能源问题上，而在国际应对气候变化问题上长期消极被动。奥巴马上台以来，鉴于国际合作基础上的政策考量，改变了小布什政府的做法：在国内积极实施节能减排，不断赢得掌声；但是在国际减排的具体行动中，却只能用"雷声大，雨点小"来形容。

(一)国内节能减排——态度积极、行动高效

在国内，奥巴马政府积极推动国会立法来控制温室气体排放。例如，在2009年初，国会批准的《2009年美国复苏与再投资法》规定，7870亿美元的刺激计划中有910亿美元将用于开发清洁能源、提高能效以及保护环境。2009年6月底美国众议院通过的《2009年美国清洁能源与安全法》[①]明确了美国的减排目标：温室气体排放量以2005年为基准，到2020年和2030年分别减排17%和42%，到2050年减排83%。这一系列法规都可以看出奥巴马政府在积极采取投资清洁能源、推动能源与气候市场化等措施来改进国内能源效应，从而减少温室气体的排放。

---

① 《2009年美国清洁能源与安全法》未能在参议院获得通过，2010年参议院提出的与之相匹配的《2010年美国能源法》，也遭到搁置。

此外，在全美境内，奥巴马政府还将气候变化和美国能源独立相联系，启动总量控制与交易体系，并大力发展新一代能源技术。2013 年 6 月 25 日，奥巴马政府公布了《全国气候行动计划》，其核心是减少温室气体排放大户——发电厂的碳排放，并进一步推动可再生能源的发展。

(二) 国际节能减排——积极参与、淡化责任

尽管奥巴马政府在态度与实际行动上与之前的政府相比有了明显的转变，并使得美国的节能减排工作逐步取得不小的成效：不但污染治理成效显著，还加速了可持续能源的转型与工业化进程。但是，尽管奥巴马政府在国际协同减排问题上较以往政府在态度上更加积极，然而实际成果甚微。其中最能直接揭示问题的便是奥巴马在四次气候大会中的表现。

(1) 2009 年 12 月在丹麦哥本哈根召开的第 15 次缔约方大会(COP15)上，美国承诺 2020 年温室气体排放量在 2005 年的基础上减少 17%，仅相当于在 1990 年的基础上减少 4%，远低于国际社会预期。

(2) 2010 年和 2011 年先后在墨西哥坎昆和南非德班召开的第 16 次缔约方大会(COP16)和第 17 次缔约方大会(COP17)上，美国要求印度和中国等新兴经济体做出减排承诺，否则美国不会考虑强制减排。

(3) 2012 年在卡塔尔多哈举行的第 18 次缔约方大会(COP18)上，从未承认过《京都议定书》有效，也不会在第二承诺期下有所承诺的美国，在本次会议中同其他发达国家相同，淡化其历史责任并明显倾向于“共同但有区别的责任”原则。

奥巴马政府在积极改善国家经济状况的同时，在应对气候变化方面做出努力的主要原因包括：①推动节能减排和新能源政策可以改变美国经济结构和经济增长方式，从而实质性地促进深陷经济危机的美国经济稳步复苏。上任就面临美国深陷经济危机的奥巴马，在实行任意政策时都必须考虑其国内经济的稳定，从而赢得民心与选票。②气候的变化会直接威胁到国家安全。③气候变化问题处理的好坏会直接影响到美国在世界政治中的领导地位，通过近几年召开的几次联合国气候大会可以看出，美国的领导效应明显低于欧盟。④联合国大会提出的国际减排“共同但有区别的责任”的原则以及要求发达国家无条件对发展中以及较落后国家进行无偿技术支持对美国无益。

因此，美国在节能减排问题上的国际态度与本国一贯奉行的经济与政治政策有关，与由谁执政关系不甚紧密；但是，国内节能减排政策实施的积极与否直接与国内政治经济稳定相关联。

二、奥巴马政府适应气候变化的相关立法

奥巴马执政之后，除了积极实施以上一系列政策，还积极推动国会立法。

但在 2010 年中期选举之后，民主党在众议院丧失了多数席位，在参议院中的席位也下降到 60 席以下；而且在 2012 年的大选之后，这种局面没有改观。因而在第二任期上奥巴马很难再推动国会立法。目前美国关于气候的立法主要有《2009 年美国清洁能源与安全法》和《2010 年美国能源法》。

（一）《2009 年美国清洁能源与安全法》

2009 年 6 月，美国众议院以 219∶212 的票数通过了《2009 年美国清洁能源与安全法》，该法案包括清洁能源、能源效率、减少温室气体排放、热带雨林减排抵消等方面，并就应对气候变化提出了减少温室气体的总体目标。

（二）《2010 年美国能源法》

《2010 年美国能源法》是众议院通过的《2009 年美国清洁能源与安全法》提交参议院审议后，参议院提出的最新匹配法案。其目的是保障美国的能源安全与独立，促进国内清洁能源技术发展，减少温室气体排放和促进就业。该法对温室气体减排设定的目标与美国根据《哥本哈根协定》(Copenhagen Accord)要求向《联合国气候变化框架公约》秘书处提交的减排目标一致，承诺美国全国温室气体到 2020 年在 2005 年基础上减排 17%，2030 年减排 42%，2050 年减排 83%。

在减少温室气体污染方面，《2010 年美国能源法》要求美国自 2013 年起全面实施全国总量控制与交易制度。该制度要求在 2008 年或以后某一年排放大于等于 2.5 万吨二氧化碳当量温室气体，或生产、进口和销售大于等于 2.5 万吨二氧化碳当量温室气体物质的实体，以及向上述实体供电的部门，按规定向国家温室气体登记簿报告其温室气体排放量或相关信息。其中，电力、制造业和交通部门，以及温室气体物质进口和销售商、二氧化碳地质封存点是受管制的排放实体。

三、小结

通过以上奥巴马自执政以来在应对气候变化上的一系列政策、法律可以看出，奥巴马政府在其首个任期推行的“一揽子绿色刺激”或“绿色凯恩斯主义”的确具有很强的行动性与近期效果。作为在世界上推行节能减排工作的领导者之一，美国政府在应对气候变化、发展低碳经济的工作中顺应了世界经济环境发展的大趋势，是全球应对气候变化、转变经济增长方式发展的必然选择。

专题二　美国政府关注气候变化的原因剖析

由于美国国内经济危机进一步加深，再加上民主党在国会中的席位有所减少，奥巴马在第二任期内再不可能如他在第一任期内那般大手笔投入绿色资金进行改革。因此，国内外在分析或猜测奥巴马政府未来应对气候变化的走向时，通常会直接将其与前几届政府进行比较，从而得出奥巴马政府也会为了国家经济的发展而放弃节能减排、放弃应对气候变化这样的观点。

但是，通过仔细分析，我们发现：在可预见的时间里，美国政府是不可能放弃对气候变化的关注的，并且在以后经济条件与科技条件允许的情况下，美国定会继续强化对气候变化的关注。本专题即从经济、国家安全以及国际政治地位三个角度对这一论点进行分析。

一、经济的角度

从未来经济发展方向的角度来看，美国政府未来将会继续关注气候变化。其原因在于：适度的节能减排和鼓励新能源等一系列应对气候变化的措施可以在很大程度上改变美国处于低迷状态的经济形势、更新国家经济结构，从而切实促进当下美国经济的稳步复苏。

由于在应对气候变化的过程中有大量的工作需要相应地展开，所以美国会形成一个全新的经济增长模式。

(1) 美国大规模地直接投资清洁能源、提高能源效率等技术。奥巴马于 2009 年刚上任就通过国会批准了总额达 910 亿美元的投资，用于清洁能源开发、能效的提高和环境保护等方面。尽管第二任期后经济上不再允许大规模直接投资，但是前期的投资可以在很长一段时间内给美国带来大规模的经济变革与兴盛。

(2) 奥巴马政府在积极推动国会进行相应的环境立法的同时，积极鼓励私人投资清洁能源和改进能效，并培育出相关的市场，通过市场的税收和自愿减排等机制加速绿色经济的发展。例如，美国环保署依据政府要求制定了更为严格的汽车排放标准；同时奥巴马政府也提出以市场为基础明确碳排放上限的机制。从某种意义上可以说美国当前经济的复苏和美国未来国际经济实力的雄厚与否直接依赖于新能源的开发与利用。

二、国家安全的角度

早在 20 世纪 70 年代能源危机爆发之时，美国政府已经清醒地认识到能源的战略性作用及其在国家安全中的核心角色。随着全球经济的进一步发展，低碳环境已经成为新时代经济发展的出发点和原动力。应对气候变化成效的高低将会直接影响到国家能源与经济态势，因而气候的变化与美国国家安全之间的关系日益紧密。作为一种安全威胁，气候变化具有不可逆转的扩散性与致命性的特点。

(一) 气候变化会对美国和全球其他国家直接造成环境与人体健康威胁

气候变化可以在极短的时间内造成地球表面极为显著的破坏，并且这种破坏具有全球性和不可修复性。此外，根据《清洁空气法》，造成气候变化的温室气体将严重危害到公共健康和福利。

科学分析证明气候变化会通过多种途径影响人类的健康：气候变暖会加速传染病传播速度和范围，持续高温会影响人体心脏和呼吸系统，紫外线辐射增强会引发皮肤类疾病、白内障、角膜炎等[①]。

美国环保署发表的气候污染所造成危害的相关研究表明，已证实会对人体健康直接造成伤害的温室气体包括二氧化碳（CO_2）、甲烷（CH_4）、一氧化二硫（S_2O）、氢氟碳化物（HFC）、全氟化碳（PFC）以及六氟化硫（SF_6）。同时美国环保署在最近一项名为《关于全球气候变化对于全美地区空气质量影响的评估：气候变化对地面臭氧影响的综合效应》的学术研究中提出，气候变化将会导致地面臭氧（臭氧在地面时是有害污染物）浓度的升高。另外，气候变化可导致的危害还包括（但不限于）：更严重的旱灾、暴雨、洪水灾害；更为频繁的热浪和野火；海平面加速上升；更为强烈的暴风雪；使水资源、农业、野生动物和生态系统处于危机之中。

（二）气候变化会直接影响美国与其他国家之间的关系，引发国际争端

全球变暖将会加剧国与国之间关系的紧张程度，北冰洋海道争夺及海洋划界纷争便是这一紧张局面出现的直接体现。北冰洋冰盖融化带来了美国、俄罗斯、加拿大、挪威和丹麦对管辖北冰洋区域可航行的北海道之争，也引发了他们对北冰洋底所蕴藏的大量石油、天然气及重要矿石资源的争夺。

实质上，美国对气候变化的认识，经历了从单纯的环境问题到复杂的经济问题再到本质上是安全问题的过程，从而使得气候变化的地位在政策层面也经历了从边缘向中心移动的过程[②]。加上气候变化是有史以来人类所经历的所有事情里相对来说最具威胁性的事情之一，因而美国的决策者以及学者和分析家普遍认为气候变化是有关 21 世纪国家安全的核心议题。美国政府在看待气候变化这一问题上基本已确立了以国家安全为行动重心的理念。

三、国际政治地位的角度

鉴于当前气候变化问题的国际关注程度及其对国际安全影响的威慑力，是否关注气候变化并积极应对会关系到美国能否稳固其在世界政治中的领导地位。

2009 年 5 月《外交政策》杂志的问卷调查显示，美国的众多国际关系学者普遍认为，美国早就应该在全球气候条约谈判中发挥领导作用。环境是当今美国面临的

① 吴珂．气候变化对人体健康的影响[J]．医药前沿，2012(22)：69-70．

② 李海东．从边缘到中心：美国气候变化政策的演变[J]．美国研究，2009(2)：20-35．

最大威胁，并将是今后 10 年美国面临的最重要的外交政策挑战。正是由于气候变化是未来一个时期国际政治的核心问题，美国在世界事务中的领导地位在很大程度上将会取决于其在气候变化问题上的立场。

美国前任总统小布什在气候问题上的消极应对态度早已使得美国的全球影响力备受打击，并造成了现今奥巴马政府在全球气候谈判中受制于欧盟的被动局面。向来重视世界事务领导权的美国人已经认识到此问题的严重性和紧迫性，因此现任的和以后的美国历届政府将会极力扭转现实，努力将气候变化当作美国环境外交政策的焦点，依此确定美国宏观外交进程，进而掌握作为全球核心议题的气候变化问题的主导权，重新确立其在国际事务中的政治领导地位。

四、小结

气候变化问题对于美国已经是一个极为敏感却又不能回避的话题。基于上述几点原因，美国政府在当前以及在未来都会积极地应对气候变化问题。无论国际气候谈判的形势会有何进展或变化，美国稳定其世界政治领袖地位的决心不会变，美国政府促进国内经济稳步发展的政策不会变，美国人民保全自身利益的想法不会改变。因此，可以确定美国政府会一直竭力关注并积极在政治上、经济上、法律上以及科技上采取措施，来应对气候变化的相关问题。

专题三　美国《清洁空气法》的演进

《清洁空气法》是美国最为重要的环境法之一，尤其在空气污染物治理方面更是起着举足轻重的作用，为美国空气质量的改善做出了巨大的贡献。本部分即对《清洁空气法》进行简要概述，通过对其发展历程、基本框架和主要内容，以及取得的成效三个方面的说明，希望以此构建对《清洁空气法》的基本认识。

一、《清洁空气法》发展历程

《清洁空气法》被认为是美国最为复杂的成文法之一。就其演进过程而言，《清洁空气法》是经过一个多世纪的反复加工修改而形成的一个法律部门。仅就联邦层面的立法而言，它是从《1955 年空气污染控制法》(Air Pollution Control Act of 1955) 到《1963 年清洁空气法》(Clean Air Act of 1963)、《1967 年空气质量法》(Air Quality Act of 1967)，再到《1970 年清洁空气法》(Clean Air Act of 1970) 以及后来的《1977 年清洁空气法修正案》(Clean Air Act Amendments of 1977)、《1990 年清洁空气法修正案》(Clean Air Act Amendments of 1990) 等多次修正而逐步完善起来的一个法律规范体系①。

① 梁睿．美国清洁空气法研究[D]．青岛：中国海洋大学，2010．

为了进一步了解《清洁空气法》的发展演进，这一部分将对《清洁空气法》各阶段的标志性成果进行罗列①。

1.《1955 年空气污染控制法》

(1)第一部联邦层面上控制空气污染的立法。

(2)联邦政府在空气污染方面的职责是对研究和技术提供资助。

2.《1963 年清洁空气法》

(1)授权开展国家计划以应对与空气污染相关的环境问题。

(2)授权进行技术研究以减少空气污染。

3.《1967 年空气质量法》

(1)授权涉及州际空气污染物转移的空气污染问题的执行程序。

(2)授权推广空气污染的研究活动。

4.《1970 年清洁空气法》②

(1)授权建立国家环境空气质量标准。

(2)要求各州建立州实施计划以实现国家环境空气质量标准。

(3)授权为新建或改建固定源建立新建源性能标准(New Source Performance Standards，NSPS)。

(4)授权建立国家危险空气污染物排放标准。

(5)增加美国环保署的执法权。

(6)授权控制机动车辆排放。

5.《1977 年清洁空气法修正案》③

(1)授权与预防显著恶化(Prevention of Significant Deterioration，PSD)相关的条款。

(2)授权与未达标区国家环境空气质量标准相关的条款。

6.《1990 年清洁空气法修正案》④

(1)授权进行酸性沉积物控制计划。

---

① 参见：美国环保署官网 http://www.epa.gov/air/caa/amendments.html。

② 《1963 年清洁空气法》是美国历史上第一部名为《清洁空气法》的法律，因此《1970 年清洁空气法》有时被认为是对《1963 年清洁空气法》的修订，在一些文献中被称为《1970 年清洁空气法修正案》。事实上，《1970 年清洁空气法》与之前的空气污染控制法律相比，已有了本质性变化，相对独立，且 1977 年和 1990 年的修正案是对《1970 年清洁空气法》的修订。

③ 一些文献将《1977 年清洁空气法修正案》称为“1977 Amendments to the Clean Air Act of 1970”。

④ 一些文献将《1990 年清洁空气法修正案》称为“1990 Amendments to the Clean Air Act of 1970”。

(2)授权一项计划，对包括《1970 年清洁空气法》中国家危险空气污染物排放标准规范的污染物在内的 189 项有毒污染物进行管理。

(3)制定许可证计划(permit program)的要求。

(4)扩展并修改与未达标区域国家环境空气质量标准相关的条款。

(5)扩展并修改环保署的执法权。

(6)建立一项计划，分步骤停止对破坏臭氧层的化学物质的使用。

二、《清洁空气法》基本框架和主要内容

现行的《清洁空气法》成文法共包括七章内容①。

(1)空气污染防治(Air Pollution Prevention and Control)(第一章)。

(2)移动源排放标准(Emission Standards for Moving Sources)(第二章)。

(3)总则(General Provisions)(第三章)。

(4)噪声污染(Noise Pollution)(第四章)。

(5)酸性沉积物控制(Acid Deposition Control)(第四章(A))②。

(6)许可证(Permits)(第五章)。

(7)平流层臭氧保护(Stratospheric Ozone Protection)(第六章)。

(一)空气污染防治(第一章)

这一章是《清洁空气法》中法条最多、内容最为复杂的一章，共包括三部(part)：A 部，空气质量与排放限值(Part A——Air Quality and Emission Limitations)；C 部，空气质量显著危害预防(Part C——Prevention of Significant Deterioration of Air Quality)；D 部，未达标区域计划要求(Part D——Plan Requirements for Nonattainment Areas)，共计 167 条(section)③。

根据梁睿对《清洁空气法》所进行的精要概括，这一章烦琐的法条和内容可以用以下三个基本原则进行阐述：国家环境空气质量标准原则、州政府独立实施原则，以及新建源控制原则④。

1. 国家环境空气质量标准原则

国家环境空气质量标准原则是指：联邦政府为空气质量制定相应标准，各州和地区制定具体实施方案以实现联邦政府制定的标准。

---

① 单独发布时，《清洁空气法》包括七个 titles；而在编入《美国法典》时，《清洁空气法》共包括七个 subchapters。为方便读者起见，本专题介绍和使用《清洁空气法》时使用中国法律编写习惯，将 title 或 subchapter 译为“章”。

② 这一章为 1990 CAAA 新加入章节，序号上仍使用第四章。为了与前一章进行区分，标记为“第四章(A)”。

③ “B 部：臭氧层保护(Part B-Ozone Protection)”在 1990 年修订时被移除。

④ 梁睿. 美国清洁空气法研究[D]. 青岛：中国海洋大学，2010.

根据《清洁空气法》的授权，美国环保署针对六种基准污染物制定了国家环境空气质量标准。根据不同的保护程度，国家环境空气质量标准又分为国家一级环境空气质量标准和国家二级环境空气质量标准。前者是为了保护公众安全①，而后者是为了保护公众福利不受任何已知的或预计的与存在于环境中的空气污染物相关的负面影响②。

需要指出的是，国家环境空气质量标准是整部《清洁空气法》的精髓所在，其他所有制度和措施都是为了实现这一标准。

2．州政府独立实施原则

州政府独立实施原则是指：各州政府根据国家环境空气质量标准，在其管辖区域内独立行使对空气质量的监管职责。

为了确保各州更好地执行州政府独立实施原则，环保署在美国境内设立了空气质量控制区，其中包括247个州内控制区和63个州际控制区。州内控制区由本州自行管理，而州际控制区由州际间成立的联合委员会管理。

根据《清洁空气法》，这310个空气质量控制区可以分为达标区域、未达标区域和未归类区域三种类型。达标区域是指某种污染物达到一级或二级国家环境空气质量标准的区域③；未达标区域是指某种污染物未达到一级或二级国家环境空气质量标准，或导致相邻区域未达标的区域④；未归类区域是指根据掌握的信息无法辨明某种污染物是否达到一级或二级国家环境空气质量标准的区域⑤。为了保证各空气质量控制区中的空气污染物能够达到国家环境空气质量标准，《清洁空气法》规定，各州应提交州实施计划，该计划应规定州内各空气质量控制区(或州际控制区的州内部分)对国家空气质量标准的实施、维护和执行⑥。

---

① 《清洁空气法》第109(b)(1)条：“National primary ambient air quality standards … are requisite to protect the public health”。

② 《清洁空气法》第109(b)(2)条：“Any national secondary ambient air quality standard … is requisite to protect the public welfare from any known or anticipated adverse effects associated with the presence of such air pollutant in the ambient air”。

③ 《清洁空气法》第107(d)(1)条：“attainment, any area that meets the national primary or secondary ambient air quality standard for the pollutant”。

④ 《清洁空气法》第107(d)(1)条：“nonattainment, any area that does not meet (or that contributes to ambient air quality in a nearby area that does not meet) the national primary or secondary ambient air quality standard for the pollutant”。

⑤ 《清洁空气法》第107(d)(1)条：“unclassifiable, any area that cannot be classified on the basis of available information as meeting or not meeting the national primary or secondary ambient air quality standard for the pollutant”。

⑥ 《清洁空气法》第110(a)(1)条：“Each State shall … submit … a plan, which provides for implementation, maintenance, and enforcement of such primary / secondary standard in each air quality control region (or portion thereof) within such State”。

3．新建源控制原则

新建源控制原则是指：在新建一项固定源或对原有的固定源进行改建时，该新建或改建项目必须首先进行新建源审查(New Source Review，NSR)，并报环境监管机构备案；在获取许可证之后，方可施工，以确保项目能够达到国家环境空气质量标准。

固定源是指任何排放或可能排放任何空气污染物的建筑、结构、设备或设施①。新建源是指规定性能标准的法规公布后开始建设或改建的任何固定源②。

新建源审查许可证制度的意义在于，其标志着《清洁空气法》对空气污染已经由末端治理转向重在预防，由被动治理转向主动治理。

(二)移动源排放标准(第二章)

移动源是与固定源相对的概念，主要包括三类：①可供驾驶的交通工具，如汽车、卡车、公共汽车；②飞行器；③并非用于交通而附有发动机的其他设备，如起重机和其他建设施工设备、拖拉机、除草机、电锯、可移动式马达发动机、摩托艇、轮船、铲车、机车运输设备等③。

《清洁空气法》对移动源和固定源的排放设置了平行且独立的标准。为了增强对移动源管理的有效性，《清洁空气法》分类设置了轻型汽车管理项目、重型汽车管理项目和非陆上交通使用发动机管理项目。除此之外，《清洁空气法》第 211 条对机动车燃料进行专门规定。

(三)总则(第三章)

与一般成文法的编写习惯不同，《清洁空气法》未将总则这一章置于最前位置，而是安排到第三章。作为整个《清洁空气法》的总则，这一章介绍了该法的一般性要求。例如，规定了美国环保署作为《清洁空气法》执行、监管部门的权限；对法律条文中常见名词进行解释。

(四)噪声污染(第四章)

这一章篇幅非常简短，只包括三条。其中，第 402(a)条要求美国环保署建立噪声减控办公室(Office of Noise Abatement and Control)，并通过该办公室对噪声及其对公众健康和福利的影响进行全面的调查和研究④。

---

① 《清洁空气法》第 111(a)(3)条："The term'stationary source'stationary sourcing, structure, facility, or installation which emits or may emit any air pollutant"。

② 《清洁空气法》第 111(a)(2)条："The term'new source1(a)(2)'any stationary source, the construction and modification of which is commenced after the publication of regulations prescribing a standard of performance"。

③ 梁睿．美国清洁空气法研究[D]．青岛：中国海洋大学，2010.

④ 《清洁空气法》第 402(a)条："The Administrator shall establish within the Environmental Protection Agency an Office of Noise Abatement and Control, and shall carry out through such Office a full and complete investigation and study of noise and its effect on the public health and welfare"。

(五)酸性沉积物控制(第四章(A))

《清洁空气法》中酸性沉积物是指二氧化硫和氮氧化物。第 401(b)条直接说明了二氧化硫和氮氧化物的减排目标：二氧化硫的年排放量较 1980 年排放水平减少一千万吨；氮氧化物的年排放量较 1980 年排放水平减少大约二百万吨[①]。

对于二氧化硫的管理，《清洁空气法》创造性地提出了配额制度(allowance program)，并允许企业将配额进行交易。对于氮氧化物的管理，《清洁空气法》主要采取技术手段，如要求企业采用低氮氧化物燃烧技术(low NO_x burner technology)。

(六)许可证(第五章)

《清洁空气法》要求新建或改建的主要固定源(major stationary source，或称主要源)在施工前获得许可证。主要源(major source)是指每年排放或可能排放 10 吨或以上的任意危险空气污染物，或每年排放或可能排放 25 吨或以上的多种危险空气污染物的固定源或固定源群[②]。《清洁空气法》规定，许可证制度由各州进行，并上交美国环保署，由环保署决定是否批准。许可证中需包括排放空气污染物类型、排放量等。

(七)平流层臭氧保护(第六章)

对于臭氧层的保护，《清洁空气法》采取了将臭氧层破坏物质分类，并分阶段限制的措施。《清洁空气法》第 602 条将臭氧层破坏物质分为两类：一类物质(class I substances)包括氯氟烃(chlorofluorocarbons，CFC)、卤化烃(halon)、甲基氯仿(methyl chloroform)和四氯化碳(carbon tetrachloride)；二类物质(class II substances)包括氢氯氟烷烃(hydrochlorofluorocarbons，HCFC)。按照规定要求，美国环保署应在 2000 年 1 月 1 日前全面禁止一类物质的生产和使用；在 2030 年 1 月 1 日前全面禁止二类物质的生产和使用。

三、《清洁空气法》取得的成效

自《清洁空气法》实施以来，取得了巨大的成效。本书从空气质量和空气污染物排放两个方面对《清洁空气法》在美国取得的成绩进行分析。

---

① 《清洁空气法》第 401(b)条："…section 401(in annual emissions of sulfur dioxide of ten million tons from 1980 emission level, and, … of nitrogen oxides emissions of approximately two million tons from 1980 level."。

② 《清洁空气法》第 112(a)(1)条："The term 'major source' means any stationary source or group of stationary sources … emits or has the potential to emit … 10 tons per year or more of any hazardous air pollutant or 25 tons per year or more of any combination of hazardous air pollutants"。

1．空气质量改善

《清洁空气法》在空气质量改善方面取得的成效可以通过表 1 进行说明。表 1 为七种主要空气污染物：一氧化碳、臭氧、铅、二氧化氮、颗粒物 PM_{10}、颗粒物 $PM_{2.5}$ 和二氧化硫，1980 年浓度、1990 年浓度和 2000 年浓度分别与 2013 年浓度相比的百分值变化。

表 1　空气质量百分比变化①

空气污染物种类	2013 与 1980/%	2013 与 1990/%	2013 与 2000/%
一氧化碳（CO）	−84	−76	−59
臭氧（O_3）（8 小时）	−33	−23	−18
铅（Pb）	−92	−87	−60
二氧化氮（NO_2）（每年）	−58	−50	−40
二氧化氮（NO_2）（1 小时）	−60	−46	−29
颗粒物 PM_{10}（24 小时）	—	−34	−30
颗粒物 $PM_{2.5}$（每年）	—	—	−34
颗粒物 $PM_{2.5}$（24 小时）	—	—	−37
二氧化硫（SO_2）（1 小时）	−81	−76	−62

注：（1）“—”表示无当年数据；

（2）“−”表示空气质量的改善；

（3）2010 年，美国环保署针对二氧化氮（NO_2）和二氧化硫（SO_2）制定了新的国家环境空气质量标准计算方式，即 1 小时

2．污染物排放减少

《清洁空气法》在污染物排放改善方面取得的成效可以通过表 2 进行说明。表 2 为七种主要空气污染物：一氧化碳、铅、氮氧化合物（NO_x）、挥发性有机化合物（VOC）、颗粒物 PM_{10}、颗粒物 $PM_{2.5}$ 与二氧化硫 1980 年排放量、1990 年排放量和 2000 年排放量分别与 2013 年排放量相比的百分值变化。

表 2　空气污染物排放量百分比变化②

空气污染物种类	2013 与 1980/%	2013 与 1990/%	2013 与 2000/%
一氧化碳（CO）	−67	−59	−42
铅（Pb）	−99	−80	−50
氮氧化合物（NO_x）	−52	−48	−41
挥发性有机化合物（VOC）	−53	−39	−18

① 数据来源：美国环保署官网 http://www.epa.gov/airtrends/aqtrends.html#comparison。

② 数据来源：美国环保署官网 http://www.epa.gov/airtrends/aqtrends.html#comparison。

续表

空气污染物种类	2013 与 1980/%	2013 与 1990/%	2013 与 2000/%
PM_{10}	−50	−20	−17
$PM_{2.5}$	—	−24	−32
二氧化硫(SO_2)	−81	−78	−69

注：(1)“—”表示无当年数据；

(2) PM_{10} 的 1980 年排放量数值实际使用 1985 年排放量数值；

(3)“−”表示排放量减少；

(4) 排放量百分比变化的计算单位为千吨

表 2 可以反映出空气污染物排放量减少的水平：与 1980 年、1990 年和 2000 年相比，2013 年主要空气污染物浓度大幅度降低，空气质量得到根本改善。需要指出的是，1980—2013 年，这些污染物取得的减排成绩是在经济发展、人口增长等背景下取得的。

专题四　美国联邦航空局的环境影响评价制度

《国家环境政策法》所规定的环境影响评价制度适用于评估联邦行动对人类环境的影响，包括噪声、社会经济、土地利用、空气质量以及水质量。联邦航空局已根据环境质量委员会实施条例的要求，制定了指导机构内部遵守《国家环境政策法》程序的指导文件——联邦航空局第 1050.1E 号令。

在联邦航空局第 1050.1E 号令中，第二章阐述了《国家环境政策法》的流程。联邦行动的具体领域和潜在影响不同，需要遵守的《国家环境政策法》程序也不相同。第三章阐述了无须编制环境评估书(Environment Assessment，EA)或环境影响报告书的联邦航空局行动类型，称为不存在特殊状况的豁免类别(Categorical Exclusions，CE)。第四章和第五章规定了编制环境评估书或环境影响报告书的流程，这些程序适用于无法确定对人类环境能否产生显著影响的联邦航空局行动。附件 A，环境影响类型分析针对每一环境影响类型，阐述了相应的法律和法规要求以及具备专业知识或法定管辖权的机构清单。

本专题对联邦航空局遵守《国家环境政策法》环境影响评价的主要步骤以及环境影响评价对联邦航空局行动的适用性做了如下介绍。

一、联邦航空局环境影响评价制度的主要步骤

《国家环境政策法》环境影响评价的三个主要阶段是豁免类别、环境评估书和环境影响报告书(图 1)。

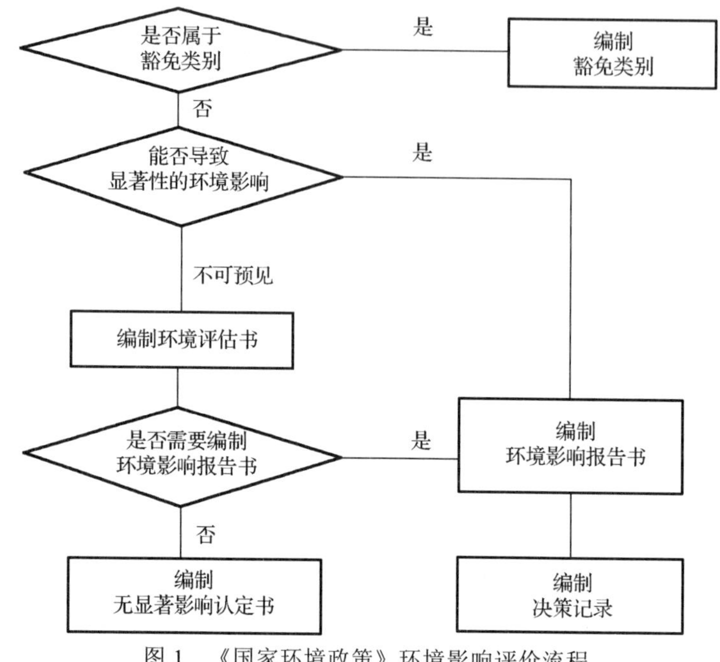

图 1　《国家环境政策》环境影响评价流程

（一）豁免类别

提议行动不会独立地造成显著性环境影响，也不会与其他相关项目共同造成累积性环境影响，所以对于此类提议行动，无须制定环境评估书和环境影响报告书，但当此类行动存在特殊状况时[①]，情况则例外。豁免类别一般由各主管机构自行拟定，联邦航空局根据以往经验确定了机构内部属于豁免类别的行动类型。

（二）环境评估书

环境评估书是一份用于描述提议行动的预期环境影响的简明文件，用于判断提议行动或其替代行动是否对人类环境构成显著影响。根据环境评估书，如果联邦航空局相关负责人[②]判定提议行动不会对人类环境构成显著影响，则该负责人必须编制无显著影响认定书(Finding of No Significant Impact，FONSI)，并由联邦航空局审批人[③]签字批准。无显著影响认定书一般包括在环境评估书里面，但也可能是包括环境评估书摘要的单独文档。

如果联邦航空局相关负责人判定提议行动将会对人类环境构成显著影响，并且缓解

① 见下面对“特殊状况”(extraordinary circumstances)的详细介绍。

② 此处“联邦航空局相关负责人”(responsible FAA official)是指，负责提供指导和参与制定《国家环境政策法》文件、审查相关文件，并负责相关文件的范围和内容的 FAA 官员。

③ 此处“联邦航空局审批人”(FAA approving official)是指，有权批准无显著影响认定书和环境影响报告书的 FAA 官员。

措施无法将显著的环境影响降低至相应的阈值水平或以下，联邦航空局相关负责人应在《联邦纪要》(Federal Register)中发布准备编制环境影响报告书的意向通知(Notice of Intent，NOI)，并启动环境影响报告书流程。同样，如果该负责人预计提议行动可能会对人类环境构成显著影响，则可以省去环境评估书这一步骤而直接编制环境影响报告书。

(三)环境影响报告书

环境影响报告书是一份根据《国家环境政策法》相关要求撰写的文件，旨在向机构决策者①和公众披露有关提议行动及其合理的替代行动的显著性环境影响信息，内容应当翔实公正。

对于豁免类别行动的申请，需要联邦航空局负责人根据相关条款审查提议行动是否存在特殊状况，并判断该行动是否属于豁免类别行动。

豁免类别包括以下行动。

(1)行政性/一般性行动(administrative/general action)：行政性或一般性行为/行动。

(2)合格审定相关行动(certification)：有关颁发合格证或遵守合格审定大纲的行动。

(3)设备和设施(equipment and instrumentation)相关行动：与运行和安全必需的设备或设施的安装、维修或改造相关的行动。

(4)工程选址、施工和维护(facility siting, construction, and maintenance)相关行动：与小型的土地、基础设施、建筑、结构或设备的征用、维修、替换、维护或改造相关的行动。

(5)程序性行动(procedural action)：与空域以及空中交通程序的制定、修改或推广相关的行动。

(6)监管性行动(regulatory action)：遵守或豁免监管性项目或要求的行动。

下述情况不属于豁免类别。

(1)对受《1966年美国国家历史保护法》(National Historic Preservation Act of 1966)保护的文化资源有负面影响。

(2)对受《1966年美国交通运输部法》(Department of Transportation Act of 1966)第4(f)条规定保护的财产有负面影响。

(3)对联邦、部落、州或地方性的自然、生态或景观资源(如《濒危物种法》(Endangered Species Act)中联邦认定的或提议的濒危、受威胁或候选物种，或指定的或提议的重要栖息地)，或对受《鱼类和野生生物协调法》(Fish and Wildlife Coordination Act)保护的资源造成影响。

① 机构决策者(decision maker)，是指有权批准决策记录或其他正式决策文件的FAA官员。

(4) 导致社区分裂或解散，或者打乱有序的发展，或者扰乱工程项目所在的社区已制定的计划或目标。

(5) 导致地面交通的拥堵。

(6) 对噪声敏感地区的噪声等级有影响。

(7) 对空气质量有影响，或违反《1990 年清洁空气法修正案》规定的地方、州、部落或联邦空气质量标准。

(8) 对水质量、单(唯)一源含水层、公共水输送系统有影响，或者对《清洁水法》和《安全饮用水法》设定的州或部落的水质量标准有影响。

(9) 对人类环境质量造成的影响的理解很有可能存在巨大争议。争议表示对提议行动的规模、属性或影响存在巨大争议；对有关提议行动将导致环境危害的风险水平的理解上，存在合理分歧时，则对于该行动的影响的认识存在巨大争议。

(10) 提议行动的环境影响可能与联邦、州、部落或地方立法产生冲突。

(11) 可能直接、间接或累积地对人类环境产生显著影响，包括但不限于对居住区或商业地产的运营产生显著的灯光影响，可能对周围土地的光环境产生显著影响，可能受危险品污染，或可能导致上述污染的行动。

如果提议行动属于豁免类别的类型，并且不存在特殊情况，则联邦航空局无须再进行其他环境评价而直接执行该提议行动。对于需要进行《国家环境政策法》环境评价的提议行动，当豁免类别不适用时，则必须编制环境评估书或环境影响报告书。

如上所述，环境评估书的目的是判断提议行动或其替代行动能否对人类环境构成显著影响。如果联邦航空局已决定编制环境影响报告书，则可以省去环境评估书这一步骤。如果针对提议行动的环境评估书表明，该提议行动将不会导致显著的环境影响，联邦航空局相关负责人则需要制定无显著影响认定书。无显著影响认定书记录联邦航空局判定该提议行动不会造成潜在的显著环境影响的理由。无显著影响认定书并不代表联邦航空局执行该提议行动的正式决定。编制无显著影响认定书之后还需要制定正式的决策文件，即决策记录或无显著影响认定书/决策记录。鉴于联邦航空局在批准执行提议行动时往往采用其他形式，如颁发法规、执照或批准书，所以制定正式的决策文件并非强制性规定。但如果联邦航空局认定需要编制无显著影响认定书/决策记录，则除了记录其他必要的环境评估结果，还需要包含无显著影响认定书，将无显著影响认定书和其他评估结果记录在提议行动的档案文件内。如果提议行动包含缓解措施以避免、消除或降低预期的环境危害，那么在编制无显著影响认定书时必须包含有关缓解措施的信息。

如果环境评估书表明提议行动的环境影响将超出受影响环境资源的显著性阈值，或者缓解措施无法将显著的环境影响降低至相应的阈值水平或以下，则联邦航空局必须制定环境影响报告书。环境影响报告书必须提供针对提议行动和其替代行动更为详尽的评估，包括无行动替代方案。当联邦航空局预计可能造成显著的环境影响时，无须制定环境评估书而直接制定环境影响报告书。美国环保署在《联邦纪要》上公布环境影响报告书最终文本的 30 天内，联邦航空局需要发布决策记录。决策记录应载明联邦航空局同意提议行动的官方决定，并记录任何缓解措施和监控措施。

接到申请批准或实施的材料时，联邦航空局将要求申请人①进行环境分析。联邦航空局负责人要求申请人或利益相关方提供足够的环境信息和分析，以确保提议行动的环境分析符合联邦航空局第 1050.1E 号令的要求。如果没收到申请人的必要信息或环境研究②，则联邦航空局负责人将建议推迟最终批复的时间。收到必要信息或环境研究之后，联邦航空局负责人将确定是否具备进入下一步骤所需的充分材料。确保材料充分后，联邦航空局将要求申请人编制环境评估书。

环境影响报告书流程，如图 2 所示。

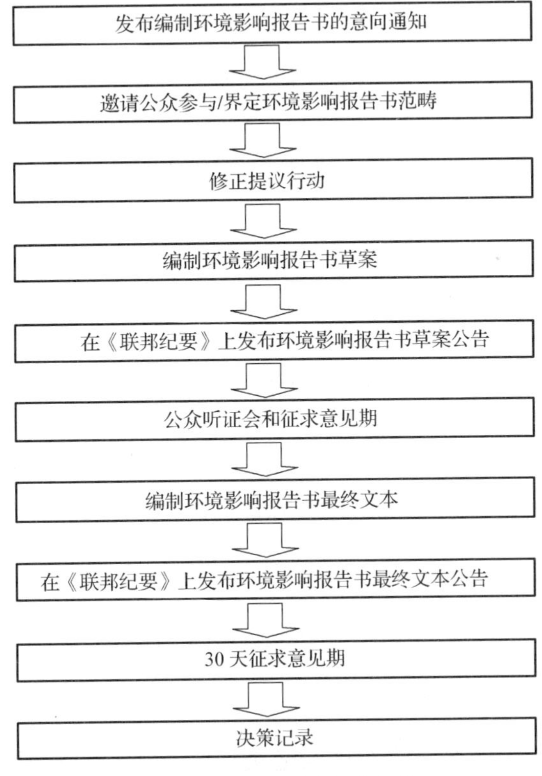

图 2　环境影响报告书流程

① 此处“申请人”是指，需要联邦航空局批准其重大联邦行动的个人、实体、组织或政府机构，如机场赞助商、航空公司或商业发射执照的申请人等。

② 此处“环境研究”(environmental studies)是指通过调查潜在的环境影响，以确定需要进行的环境评价类型。

二、环境影响评价制度的适用范围

联邦航空局第 1050.1E 号令和环境质量委员会发布的《国家环境政策法执行程序条例》(NEPA Implementing Regulations)适用于由联邦航空局直接负责执行的行动，以及由非联邦机构执行的、需要联邦航空局颁发执照或授予项目批准的行动。联邦航空局第 1050.1E 号令规定的要求适用于但不限于，州和地方政府机构向联邦航空局申请的、需要其批准的所有拨款、贷款、合同、租赁、建设、研究活动、规章制定和执法活动、合格证、执照、许可证以及联邦航空局的立法提议。

以下内容为《国家环境政策法》环境影响评价流程对联邦航空局行动的适用性。

(一)咨询行动(advisory actions)

一部分联邦行动的性质属于咨询性质。此类行动在《国家环境政策法》框架下并非重大联邦行动(major federal actions)，所以联邦航空局在执行此类联邦行动时，无须申请豁免类别，也无须编制环境评估书或环境影响报告书。对于咨询性的联邦行动，如果联邦航空局明确地知道或预计采取的后续行动需要遵守《国家环境政策法》流程，那么联邦航空局必须在咨询行动中注明这一点。

咨询行动包括如下。

(1)必须遵循《美国联邦法规汇编》(CFR)14 编 77 部《导航空域内障碍物的相关规定》(Objects Affecting Navigable Airspace)的行动。

(2)必须遵循《美国联邦法规汇编》14 编 57 部《机场、标识和灯光的建立、改造、启用或停用建议的通知》(Notice of Construction, Alteration, Activation, and Deactivation of Airports，and Marking and Lighting Recommendations)的行动。157 部规章适用于机场、直升机机坪和直升机机场。

(3)必须按照联邦航空局第 7400.2 号令应对空域相关问题的程序(Procedures for Handling Airspace Matters)标识警报和警戒区的行动。

(二)紧急行动(emergency actions)

对于全国性的紧急情况、灾难或与之类似的重大紧急状况，《美国联邦法规汇编》(CFR)40 编第 1506.11 条授权环境质量委员会对可能导致显著环境影响的联邦行动制定遵守《国家环境政策法》的替代性要求，但并非豁免性规定。可以缩短流转的时间，或者如果紧急情况所需，则可以简化环境影响报告书的制定和流转流程。联邦航空局局长必须制定或委托制定替代性要求。相应的联邦航空局官员需要咨询 AEE(AEE-200)[①]以及 AGC(AGC-600)[②]，确保全国范围内采取一致的评估方法。联邦航空局负责人应就遵循《国家环境政策法》的替代性要求向环境质量委员会咨询。

(三)必须遵守《国家环境政策法》环境影响评价制度的 FAA 行动

除非环境质量委员会的《国家环境政策法执行程序条例》有特殊规定，联邦航空局官员执行的所有正式行动必须遵守《国家环境政策法》环境影响评价，但与联邦航空局行动相关的国会立法明确禁止进行环境影响评价的情况除外。遵守《国家环境政策法》环境影响评价的联邦行动包括需要联邦航空局批准的拨款、贷款、合同、租赁、建设、研究活动、规章制定和执法行动、合格证、执照、许可证、行动计划，以及联邦航空局的立法提议。

(四)无须遵守《国家环境政策法》环境影响评价制度的 FAA 行动

(1)司法或行政执法(如《联邦法规汇编》14 编 13 部调查与强制执行程序(Investigative and Enforcement Procedures)，以及与《联邦法规汇编》14 编 16 部有关联邦资助机场的执法程序实施规则(Rules of Practice for 1050.1E Federally-assisted Airport Enforcement Proceedings)等规章相关的其他行政行为。

(2)针对必须遵循《国家环境政策法》环境影响评价的行动，与申请豁免类别，或与编制、批准环境评估书、无显著影响认定书、环境影响报告书或决策记录相关的行政行为。

三、小结

通过编制环境影响报告书/决策记录或环境评估书/无显著性影响评估，可以记录联邦航空局是否遵守《国家环境政策法》和其他环境法规，以及是否使用跨学科的系统方法对所有相关环境问题进行全面评估。

联邦航空局通过制定用于指导机构内部遵守《国家环境政策法》程序的指导文件——联邦航空局第 1050.1E 号令，清晰地界定了联邦航空局行动需要遵守的环境影响评价流程，以及环境影响评价适用的评价对象。

① 环境和能源司(AEE)；环境、能源和员工安全办公室(Environment, Energy and Employee Safety Division，AEE-200)。

② 法律顾问办公室(Office of the Chief Counsel，AGC)；机场和环境法律办公室(Airport and Environmental Law Division，AGC-600)。

专题五　美国的国家环境空气质量标准

《清洁空气法》对排放源进行分类管理，即将排放源划分为固定源和移动源，并采取不同的体系分别进行管理。固定源是指任何排放或可能排放任何空气污染物的建筑、结构、设备或设施①；而移动源则是指交通工具、航空器，以及并非用于交通而附有发动机的其他设备②。

《清洁空气法》第 108 条授权美国环保署为危害公共健康和福利的空气污染物设立国家环境空气质量标准。根据这一授权，美国环保署为最为常见的空气污染物设立了国家环境空气质量标准，这些空气污染物称为基准污染物。

《清洁空气法》第 109 条则进一步要求美国环保署为基准污染物分别设立更为详尽的国家一级环境空气质量标准和国家二级环境空气质量标准。

本专题主要关注美国的国家环境空气质量标准和标准涉及的六种基准污染物。

一、国家环境空气质量标准

国家环境空气质量标准是指：空气质量标准由联邦政府制定，各州和地区应制定具体实施方案以实现联邦政府的标准②。具体来说，环境是指建筑物以外的区域③；空气质量标准是空气中污染物的最大含量要求④。

需要注意的是，国家环境空气质量标准本身并不是用于实际操作的具体标准，而是规定了美国整个联邦内的空气污染物质的排放上限；真正具有可操作性的标准和要求，是各州按照相关空气质量法律法规，并根据自身情况来制定的。

(一) 国家一级环境空气质量标准

根据《清洁空气法》第 109(b)(1)条，国家一级环境空气质量标准是指，为保护公共健康所制定的国家领地附近空气范围内的空气质量要求，且这一要求应当足够严格，甚至超出一般良好空气质量的要求。

国家一级环境空气质量标准是非常严格的质量标准。在实际操作中，美国环保署通常把这一标准提高到污染物质完全不会对所有人，包括最敏感人群(如哮喘、肺气肿等患者)，造成任何程度的影响。尽管这样严格甚至苛刻的标准引起了一些

---

① 《清洁空气法》第 111(a)(3)条。

② 梁睿．美国清洁空气法研究[D]．青岛：中国海洋大学，2010.

③ 美国环保署将排放源分为：移动源、固定源和室内源，参见：http://www.epa.gov/ttn/atw/pollsour.html。国家环境空气质量标准是针对固定源设立的标准。

④ 尹志军．美国环境法史论[D]．北京：中国政法大学，2005.

工业企业的强烈不满，但美国的立法机构和司法机构都对这样的标准采取了支持的态度。

尽管国家一级环境空气质量标准获得了立法、执法、司法的全面支持，但是这样的规定不计成本，也在一定程度上不具有可行性，因此标准中的一些目标在法定期限内无法实现。但无论如何，作为风险预防政策，这样超出一般要求的标准仍然值得我国学习。

(二)国家二级环境空气质量标准

根据《清洁空气法》第 109(b)(2)条，国家二级环境空气质量标准是指，为保护公共福利不受特定空气污染物质所产生的危害以及潜在危害，所做出的国家领地附近空气范围内的空气质量要求。

一般认为,《清洁空气法》设定国家二级环境空气质量标准的目的在于进一步加强空气环境的保护，但在实际操作中，美国环保署却未能让这一标准发挥应有的作用。在对臭氧、空气污染微粒、一氧化氮、铅等污染物质的监管中，美国环保署设定了与国家一级环境空气质量标准完全一致的国家二级环境空气质量标准，而一氧化碳则完全没有设立国家二级环境空气质量标准，这使得二级标准完全流于形式。

国家环境空气质量标准是《清洁空气法》的精华所在，是整部法律最为基本和最为重要的原则。《清洁空气法》中提出的州实施计划、空气质量控制区、预防显著恶化等措施方法的根本目的都是实现国家环境空气质量标准。

二、基准污染物

(一)基准污染物项目

美国的国家环境空气质量标准自 1971 年首次设定以来，已经经历了 11 次修改。经过这么多次的修改，国家环境空气质量标准包含的基准污染物也发生了一些变化[①]。

1971 年首次设立的国家环境空气质量标准中，基准污染物包括：一氧化碳(CO)、二氧化硫(SO_2)、总悬浮颗粒物(TSP)、光化学氧化剂(以 O_3 计)、氢碳化合物(HC)，之后，增加了铅(Pb)、颗粒物(粒径小于等于 10μm，PM_{10})和颗粒物(粒径小于等于 2.5μm，$PM_{2.5}$)，取消了总悬浮颗粒物(TSP)和氢碳化合物(HC)，并将光化学氧化剂的指标调整为臭氧(O_3)。因此，当前美国的国家环境空气质量标准中的基准污染物项目包括六种：二氧化硫(SO_2)、颗粒物(包括 PM_{10} 和 $PM_{2.5}$)、臭氧(O_3)、二氧化氮(NO_2)、一氧化碳(CO)和铅(Pb)。

---

① 王占山，车飞，任春，等. 美国环境空气质量标准制修订历程[J]. 环境工程技术学报，2013，3(3)：240-246.

(二)基准污染物标准

美国环保署为六种基准污染物设立了国家环境空气质量标准，具体标准如表 3 所示。

表 3　基准污染物及其国家环境空气质量标准[①]

<table>
<tr><th colspan="2">污染物(引用的最新法律)</th><th>一级/二级</th><th>平均时间</th><th>浓度限值</th><th>达标统计要求</th></tr>
<tr><td colspan="2" rowspan="2">一氧化碳
76 FR 54294，2011 年 8 月 31 日</td><td rowspan="2">一级</td><td>8 小时</td><td>9 ppm</td><td rowspan="2">每年不得超过一次</td></tr>
<tr><td>1 小时</td><td>35 ppm</td></tr>
<tr><td colspan="2">铅
73 FR 66964，2008 年 11 月 12 日</td><td>一级
二级</td><td>平均三个月滑动</td><td>0.15 $\mu g/m^3$</td><td>不得超过</td></tr>
<tr><td colspan="2" rowspan="2">二氧化氮
75 FR 6474，2010 年 2 月 9 日
61 FR 52852，1996 年 10 月 8 日</td><td>一级</td><td>1 小时</td><td>100 ppb</td><td>第 98 百分位数，三年平均</td></tr>
<tr><td>一级
二级</td><td>每年</td><td>53 ppb</td><td>年算数平均</td></tr>
<tr><td colspan="2">臭氧
73 FR 16436，2008 年 3 月 27 日</td><td>一级
二级</td><td>8 小时</td><td>0.075 ppm</td><td>一年中日最大 8 小时平均浓度第四高值的三年平均值</td></tr>
<tr><td rowspan="4">颗粒物
2012 年 12 月 14 日</td><td rowspan="3">$PM_{2.5}$</td><td>一级</td><td>每年</td><td>12 $\mu g/m^3$</td><td>年算数平均值，三年平均</td></tr>
<tr><td>二级</td><td>每年</td><td>15 $\mu g/m^3$</td><td>年算数平均值，三年平均</td></tr>
<tr><td>一级
二级</td><td>24 小时</td><td>35 $\mu g/m^3$</td><td>第 98 百分位数</td></tr>
<tr><td>PM_{10}</td><td>一级
二级</td><td>24 小时</td><td>150 $\mu g/m^3$</td><td>每年不得超过三年平均值一次</td></tr>
<tr><td colspan="2" rowspan="2">二氧化硫
75 FR 35520，2010 年 6 月 22 日
38 FR 25678，1973 年 9 月 14 日</td><td>一级</td><td>1 小时</td><td>75 ppb</td><td>每日 1 小时最大浓度的第 99 百分位数，三年平均</td></tr>
<tr><td>二级</td><td>3 小时</td><td>0.5 ppm</td><td>每年不得超过一次</td></tr>
</table>

注：(1) ppm (parts per million)：体积浓度，即一百万体积空气中所含污染物的体积数；
(2) ppb (parts per billion)：体积浓度，即十亿体积空气中所含污染物的体积数；
(3) $\mu g/m^3$ (micrograms per cubic meter)：微克每立方米

(三)作为空气污染物的温室气体

《清洁空气法》并没有将包括二氧化碳在内的温室气体列为污染物，且温室气体是否为污染物一直在美国存在巨大争议，直至著名的马萨诸塞州(Massachusetts)诉美国环保署[②]。

---

① 数据来源：美国环保署官网 http://www.epa.gov/air/criteria.html。

② 唐双娥．美国关于温室气体为“空气污染物”的争论及对我国的启示[J]．中国环境管理干部学院学报，2011，21(4)：1-4.

2003 年 1 月 30 日，马萨诸塞等州提出起诉美国环保署，宣布其意图是迫使美国环保署根据《清洁空气法》第 108 条将二氧化碳列为基准污染物。但美国环保署于 2003 年 8 月拒绝了这一请求。2007 年，美国最高法院的 9 名大法官以 5 票对 4 票通过决议，认定二氧化碳为空气污染物。2009 年 12 月 7 日，美国环保署正式宣布将二氧化碳和其他 5 种温室气体一同列为对公众产生威胁的污染物。

尽管没有对二氧化碳等温室气体的排放设立国家标准，但美国环保署将温室气体列为污染物的做法在致力于温室气体减排方面已经是巨大的进步，值得其他世界各国借鉴。

三、国家危险空气污染物排放标准

危险空气污染物是指《清洁空气法》第 112(b)条中所列举的空气污染物[①]。具体来说，危险空气污染物是指那些已知的或被怀疑的能够引起癌症或其他严重健康影响(如生殖系统影响或先天缺陷)，或造成不利的环境影响的污染物[②]。

从来源看，危险空气污染物主要来自大型源和区域源的排放[③]。

(1)大型源是指每年排放 10 吨任意一种危险空气污染物，或每年排放 25 吨多种危险空气污染物的排放源。这些排放源可能通过设备泄漏，在材料转运过程中，或通过排气管或通风口释放出危险空气污染物。

(2)区域源是指每年排放少于 10 吨任意一种危险空气污染物，或每年排放少于 25 吨多种危险空气污染物的排放源[④]。尽管单个区域源的排放量较小，但总体排放量，尤其位于人口密集区的多个区域源的总体排放量仍然值得关注。

基准污染物主要由美国环保署制定控制标准不同，危险空气污染物的控制标准是由国会在《1990 年清洁空气法修正案》中提出的，体现了国会对美国环保署迟迟未能出台排放标准的不满。《1990 年清洁空气法修正案》的国家危险空气污染物排放标准比《1970 年清洁空气法》的标准更为严格，总共设定了 189 种[⑤]危险空气污染物[⑥]。

四、小结

根据《清洁空气法》的授权，美国环保署对二氧化硫、颗粒物(包括 PM_{10} 和

① 《清洁空气法》第 114(a)(6)条。

② 参见：美国环保署官网 http://www.epa.gov/compliance/monitoring/programs/caa/neshaps.html。

③ 参见：美国环保署官网 http://www.epa.gov/ttn/atw/pollsour.html。

④ 在一些文件资料中，“区域源”，即达不到“大型源”排放水平的排放源，也称为“小型源”。

⑤ 《1990 年清洁空气法修正案》共设定了 189 种危险空气污染物，但这一名单经过 1991 年和 2005 年两次修订，现在的危险空气污染物共 187 种，具体名单见 http://www.epa.gov/ttn/atw/188polls.html。

⑥ 秦虎，张建宇．以《清洁空气法》为例简析美国环境管理体系[J]．环境科学研究，2005，18(4)：55-62．

$PM_{2.5}$)、臭氧、二氧化氮、一氧化碳和铅六种最为常见的空气污染物设立了国家标准。六种污染物即为基准污染物，而这一国家标准即是国家环境空气质量标准，且在具体操作中，国家环境空气质量标准又具体细化为国家一级环境空气质量标准和国家二级环境空气质量标准。

对六种基准污染物以外的空气污染物，尤其是有毒污染物，《清洁空气法》也提出了相应的标准，这就是国家危险空气污染物排放标准。

专题六　美国《清洁空气法》中的空气质量控制区概念

《清洁空气法》提出了空气质量控制区这一概念。以是否符合国家环境空气质量标准为基准，空气质量控制区又可以划分为达标区域和未达标区域。本部分重点关注美国对空气质量控制区的分类，以及基于此分类对达标区域和未达标区域进行的差异化管理。

一、空气质量控制区分类

从地域上划分，空气质量控制区由以下三类区域组成①。

(1)在 1970 年 12 月 31 日前按照《1967 年清洁空气法》所设立的空气质量控制区。

(2)美国环保署和各州政府共同认定的各州内的以及跨州界的空气质量控制区。

(3)除上述两类区域以外的其他区域。

按照这样的划分标准，目前美国共设立了 247 个州内控制区和 63 个州际控制区。根据是否达到国家一级环境空气质量标准或国家二级环境空气质量标准来划分，这些空气质量控制区可以分为达标区域、未达标区域和未归类区域。

这样划分的意义在于，美国环保署对达标区域和未达标区域能够差异化管理，从而提高了管理效率。

二、达标区域管理

美国环保署对达标区域的管理主要通过预防显著恶化计划进行。《清洁空气法》第 160～169 条对预防空气质量显著恶化提出了要求。这一计划反映了这样的原则：即使在实现国家环境空气质量标准的情况下，空气质量优于这一标准的地区仍应被保护，不出现严重的新污染②。

① 梁睿. 美国清洁空气法研究[D]. 青岛：中国海洋大学，2010.

② Congressional Research Service. Clean Air Act: A Summary of the Act and Its Major Requirements [R/OL]. (2011-01-06) [2016-10-13]. https://fas.org/sgp/crs/misc/RL30853.pdf.

对符合国家环境空气质量标准的区域，即达标区域，《清洁空气法》再次进行分类，并进行差异化管理。《清洁空气法》将这些空气质量优于国家环境空气质量标准的地区划分为一级区域、二级区域和三级区域。

（一）一级区域管理

对于一级区域，即环境空气质量高于达标区域或未归类区域的区域，《清洁空气法》提出了更加严苛的标准——能见度保护[①]。能见度保护是以美感为标准的高层次保护，是对清洁空气的较高标准的要求，对空气污染物的治理也提出了更高的要求[②]。

由于影响能见度的主要污染物是空气中的颗粒物，为了实现能见度保护的要求，美国环保署提出了区域性雾霾管理项目（Regional Haze Program）。这一管理项目要求各州和各联邦机构共同致力于改善 156 个国家公园和荒野地区[③]的能见度，并要求各州协同美国环保署、国家公园管理局（National Park Service）、美国渔业和野生动物管理局（U.S. Fish and Wildlife Service）、林业管理局（Forest Service）以及其他有关各方，发展并实施空气质量保护计划，以减少影响能见度的污染[④]。

（二）二级区域管理

为了实现国家环境空气质量标准，美国对二级区域的管理主要采用技术手段：对新建源采用最佳可得控制技术；对现有源采用合理可得控制技术[⑤]。

三、未达标区域管理

目前美国环保署已经根据六种基准污染物的不同国家环境空气质量标准设立了 12 种不达标区域[⑥]。

（1）1 小时臭氧未达标区域。

（2）8 小时臭氧未达标区域（2008 年标准）。

（3）8 小时臭氧未达标区域（1997 年标准）。

（4）一氧化碳未达标区域。

---

① 《清洁空气法》第 169A 条、169B 条(Sections 169A and 169B)。

② 梁睿. 美国清洁空气法研究[D]. 青岛：中国海洋大学，2010.

③ 156 个国家公园和荒野详细名录见 http://www.epa.gov/visibility/class1.html。

④ 参见：美国环保署官网 http://www.epa.gov/visibility/program.html。

⑤ 张旭，梅风乔. 美国大气污染排放标准体系特征及借鉴意义[C/OL]//全球华人科学家环境论坛论文集. (2011-09-29)[2016-08-21]. http://d.wanfangdata.com.cn/Conference/7431913.

⑥ 参见：美国环保署官网 http://www.epa.gov/oaqps001/greenbk/multipol.html。

(5)二氧化氮未达标区域。

(6)二氧化硫未达标区域(2010年标准)。

(7)二氧化硫未达标区域(1971年标准)。

(8)PM_{10}未达标区域。

(9)$PM_{2.5}$未达标区域(2006年标准)。

(10)$PM_{2.5}$未达标区域(1997年标准)。

(11)铅未达标区域(2008年标准)。

(12)铅未达标区域(1978年标准)。

在这些未达标区域中，1小时臭氧未达标区域自2005年6月25日起被移除；二氧化氮未达标区域自1998年9月22日起被重新指定为维护区域；所有一氧化碳未达标区域自2010年9月27日起被重新指定为维护区域[①]。

维护区域是指曾经被列为不达标区域，但现在已经持续符合国家环境空气质量标准，由美国环保署将未达标区域重新指定为具有维护方案的达标区域[②]。

在未达标区域，考虑到技术更新的成本问题，对现有源采用与达标区域一致的合理可得控制技术，而对新建源则采用最低可实现排放率[③]。

最低可实现排放率是最为严格的排放限制，可通过多种排放限制措施相结合的方式来实现，如原料处理的改进、流程改进，以及附加控制装置等[④]。

四、小结

设立空气质量控制区并对其进行分类，是《清洁空气法》为实现国家环境空气质量标准而采取的主要措施之一。

对于符合国家环境空气质量标准的区域，即达标区域，《清洁空气法》进行再次分类，并采取了不同的管理方式：对一类区域实施区域性雾霾管理项目以实现能见度保护；对二类区域主要采取技术手段，即对新建源采用最佳可得控制技术，而对现有源采用合理可得控制技术。

对于不符合国家环境空气质量标准的区域，即未达标区域，《清洁空气法》同样采取了技术手段，即对现有源采取合理可得控制技术，而对新建源则采用最低可实现排放率。

---

① 数据截至2013年12月5日，参见http://www.epa.gov/oaqps001/greenbk/popexp.html。

② 参见：http://www.deq.state.or.us/aq/planning/maintenance.htm。

③ 张旭，梅风乔. 美国大气污染排放标准体系特征及借鉴意义[C/OL]//全球华人科学家环境论坛论文集. (2011-09-29)[2016-08-21]. http://d.wanfangdata.com.cn/Conference/7431913.

④ 参见：美国环保署官网http://www.epa.gov/nsr/naa.html。

专题七　美国《清洁空气法》中的新建源审查许可证

根据《清洁空气法》，美国对现有源(existing sources)和新建源[①]实施差异化管理。这种差异化管理体现在：美国国会在《1977 年清洁空气法修正案》中专门为新建源设立了新建源审查制度。本专题关注该制度的核心——新建源审查许可证及其三种具体类型，即预防显著恶化许可证、未达标区域新建源审查许可证，以及小型新建源审查许可证[②]。

一、新建源审查许可证

新建源审查是指排放空气污染物的固定源在开始施工前需取得许可证。因此，新建源审查也称为施工许可(construction permitting)或施工前许可(preconstruction permitting)[③]。

具体来说，新建源审查许可证是指排放源的所有者或运营人必须要遵守的法律文件[④]。该许可证从建筑类型，排放限制，以及运营方式等方面对排放源做出具体规定[④]。新建源审查许可证一般由州或地方空气污染控制机构颁布[③]。

作为施工许可，新建源审查的重要目的如下[④]。

(1)确保新建或改建的工厂、工业锅炉和发电厂增加的设施不会造成空气质量的严重恶化。在空气质量不良的区域，新建源审查可以保证新的污染物排放不减缓空气质量的改善进程；而在空气质量良好的区域，尤其是国家公园等未开发区域，新建源审查可保证新的污染物排放不造成空气质量的严重恶化。

(2)向生活在任意大型新建或改建工业排放源周围的居民保证，排放源会尽可能清洁，并在工业发展的同时改善空气质量。

二、新建源审查许可证类型

根据排放源的所在区域以及规模，新建源审查许可证共包括三种类型的许可要求，排放源需符合下列许可要求的一项或多项[③]。

(1)在达标区域[⑤]，新建或改建的主要源[⑥]需获得预防显著恶化许可证。

---

① 根据《清洁空气法》第 111 条，新建源是指规定性能标准的法规公布后开始建设或改建的任何固定源。

② 白辉，原文杰，褚天琦. 美国《清洁空气法》中的新建源审查许可证[J]. 读天下，2016(17)：349-350.

③ 参见：美国环保署官网 http://www.epa.gov/nsr/info.html。

④ 参见：美国环保署官网 http://www.epa.gov/nsr/。

⑤ 根据《清洁空气法》第 107 条，达标区域是指某种污染物达到国家一级或二级环境空气质量标准的区域。

⑥ 根据《清洁空气法》第 112 条，大型源是指每年排放或可能排放 10 吨或以上的任意危险空气污染物，或每年排放或可能排放 25 吨或以上的多种危险空气污染物的固定源或固定源群。

(2)在未达标区域[①]，新建或改建的主要源需获得未达标区域新建源审查许可证。

(3)小型新建源审查许可证[②]。

(一)预防显著恶化许可证

预防显著恶化许可证适用于达标区域或未归类区域[③]，即符合国家环境空气质量标准的区域中新建或改建的主要源，其具体要求包括[④]：最佳可得控制技术；空气质量分析(air quality analysis)；额外影响分析(additional impact analysis)；公众参与(public involvement)。

1. 最佳可得控制技术

最佳可得控制技术是指一种基于最大可实现控制程度的排放限制。这一技术考虑能源影响、环境影响和经济影响，根据每一个个案具体情况进行决策。这一技术可以是附加的控制设备，也可以是对生产程序或方法的修改。例如，燃料清洁或处理工艺，或创新性的燃料燃烧技术。在一项排放标准的实施不可行的情况下，最佳可得控制技术也可以指设计、设备、生产实践或操作标准[⑤]。

2. 空气质量分析

空气质量分析通常包括以下几点[⑥]。

(1)对当前空气质量的评估，包括环境监测数据以及空气质量扩散模型(dispersion modeling)结果。

(2)使用扩散模型对许可证申请者的拟建项目以及该项目未来发展导致的环境浓度(ambient concentrations)进行的预测。

3. 额外影响分析

额外影响分析则对以下影响进行评估：受审查的新建源或改建源所排放的任意受监管污染物的增长，以及污染源导致的所在地住宅数量增长对空气、土地的地表和水体、植被以及能见度产生影响。

---

① 根据《清洁空气法》第 107 条，未达标区域是指某种污染物未达到国家一级或二级环境空气质量标准或导致相邻区域未达标的区域。

② 小型源是指排放量达不到大型源水平的排放源。参见：http://iaspub.epa.gov/sor_internet/ egistry/termreg/searchandretrieve/termsandacronyms/search.do。

③ 根据《清洁空气法》第 107 条，未归类区域是指根据掌握的信息无法辨明某种污染物是否达到国家一级或二级环境空气质量标准的区域。

④ 参见：美国环保署官网 http://www.epa.gov/nsr/psd.html#air。

⑤ 参见：美国环保署官网 http://www.epa.gov/NSR/psd.html#best。

⑥ 参见：美国环保署官网 http://www.epa.gov/nsr/psd.html#add。

4. 公众参与

公众可以通过以下三种方式参与新建源审查[①]。

(1) 对新建源审查许可证做出评价。

(2) 对提议的美国环保署新建源审查规章,或对批准州或地方新建源审查规章的美国环保署行动做出评价。

(3) 对不遵守许可证的排放源采取行动,如将发现的情况向许可证颁发机构或美国环保署举报。

(二) 未达标区域新建源审查许可证

未达标区域新建源审查许可证适用于未达标区域,即在不符合国家环境空气质量标准的区域中新建或改建的主要源,其具体要求包括[②]:最低可实现排放率、排放抵消、公众参与。

1. 最低可实现排放率

最低可实现排放率是最为严格的排放限制,可通过多种排放限制措施相结合的方式来实现,如原料处理的改进、流程改进以及附加控制装置等[②]。

2. 排放抵消

排放抵消是指排放量的减少。为了实现排放抵消,位于拟建排放源附近的现有源必须做到以下几点[②]。

(1) 抵消新建或改建源的排放增长部分。

(2) 提供空气质量净效益(net air quality benefit)。

要求抵消排放的一个主要目的是在保证工业增长的情况下使未达标区域逐渐实现国家环境空气质量标准。

(三) 小型新建源审查许可证

小型新建源审查许可证针对不需要申请预防显著恶化许可证或未达标区域新建源审查许可证的小型源。小型新建源审查许可证的目的在于:在达标区域或维护区域,预防排放源的建设妨碍国家环境空气质量标准的达标或维护;或在未达标区域,预防排放源的建设违反控制策略。除此之外,小型新建源审查许可证通常包括限制排放源排放量的许可条件,以避免排放源申请预防显著恶化许可证或不达标区域新建源许可。只要符合最低要求,各州可以自行决定小型新建源审查许可证管理项目的要求[③]。

---

① 参见:美国环保署官网 http://www.epa.gov/nsr/public.html#enforcement。

② 参见:美国环保署官网 http://www.epa.gov/nsr/naa.html。

③ 参见:美国环保署官网 http://www.epa.gov/nsr/minor.html。

三、小结

根据所在区域以及规模，排放源在新建或改建前需向州或地方空气质量控制机构申请不同形式的许可证：位于达标区域或维护区域的主要源需申请预防显著恶化许可证；位于未达标区域的主要源需申请未达标区域新建源审查许可证；任何区域内的小型源需申请小型新建源审查许可证。通过这样的管理方式，位于各类区域内的各种新建或改建源都能以最有效的方式达到《清洁空气法》的要求，即实现国家环境空气质量标准。

专题八 美国《清洁水法》综述

美国对水污染控制的立法始于《1899 年河流与港口法》，距今已有 100 余年的历史。1972 年，美国国会通过了《1972 年联邦水污染控制法修正案》，即人们熟知的《清洁水法》[①]。《清洁水法》开创了美国水污染治理的新局面，为美国水污染治理做出重要贡献。本专题将对《清洁水法》进行简要概述，并介绍《清洁水法》中最终的两个概念：国家污染物排放清除系统和日最大负荷总量（Total Maximum Daily Loads，TMDL）。

一、《清洁水法》概述

《清洁水法》是美国水污染防治方面最重要的成文法，立法始于《1948 年联邦水污染控制法》，距今已有 60 多年的历史。事实上，《清洁水法》不仅是一部成文法，还是美国联邦水污染防治法律体系的统称。《清洁水法》及其主要修正案见表 4。

表 4 《清洁水法》及其主要修正案列表[②]

立法年份	法律名称
1948	《1948 年联邦水污染控制法》
1956	《1956 年水污染控制法》
1961	《联邦水污染控制法修正案》
1965	《1965 年水质量法》
1966	《1966 年清洁水恢复法》

① 根据《NPDES：美国水污染防治法的核心》，《清洁水法》实际上是《1972 年联邦水污染控制法》在 1977 年的一个修正案，该修正案构成了现行的水污染防治法律的基础。

② Congressional Research Service. Clean Water Act: A Summary of the Law [R/OL]. (2016-10-18) [2017-01-05]. https://fas.org/sgp/crs/misc/RL30030.pdf.

续表

立法年份	法律名称
1970	《1970年水质量改善法》
1972	《1972年联邦水污染控制法修正案》
1977	《1977年清洁水法》
1981	《市政污水处理工程拨款修正案》
1987	《1987年水质量法》
2014	《水资源改革和发展法》

《清洁水法》成文法共包括六编。

(1)研究及相关项目(Research and Related Programs)(第一编)。

(2)处理设施建设拨款(Grants for Construction of Treatment Works)(第二编)。

(3)标准及执行(Standards and Enforcement)(第三编)。

(4)许可证及特许(Permits and Licenses)(第四编)。

(5)总则(General Provisions)(第五编)。

(6)州水污染控制周转资金(State Water Pollution Control Revolving Funds)[①](第六编)。

整个《清洁水法》中最重要的内容可概括为一个许可证制度，即国家污染物排放清除系统，以及一项标准，即日最大负荷总量。

二、国家污染物排放清除系统

《清洁水法》第402条规定，任何人从任意点源(point source)向美国的适航水域(navigable waters)排放任何污染物都必须获得国家污染物排放清除系统许可证，否则该排放行为属于违法行为。从这一规定可以看出，国家污染物排放清除系统许可证制度的规范范围包含点源、污染物和适航水域三个要素[②]。

(一)点源

根据《清洁水法》第502(14)条，点源是指任何能辨别的、密闭的和分离的运送渠道，包括但不限于排放或可能排放污染物的任意管道、壕沟、沟渠、隧道、管道、水井、分离的裂隙、集装箱、车辆、集中性动物饲养场或船舶及其他漂浮的船只。

1979年，在美国诉地球科学公司(United States vs. Earth Science Inc.)一案中，联邦法院认定：尽管采矿行为对适航水域造成的污染没有列入点源管理范围，但是

① 第六编为2002年修订时加入。

② 徐祥民，陈冬．NPDES：美国水污染防治法的核心[J]．科技与法律，2004(1)：100-102．

根据国会立法史，可以认定国会要求对全部范围内的可能将废物排放到国家河流、溪流、湖泊中的污染源，都必须取得《清洁水法》的许可[①]。通过这一判决，美国联邦法院将点源的含义进一步扩展到第 502 条所规定的范围之外的，即没有固定排放渠道的污染源。

《清洁水法》规定了控制点源排放的国家目标，即在 1985 年实现点源污染物的零排放。通过国家污染物排放清除系统对点源的有效管理，尽管美国没能在 1985 年达到零排放的目标，但美国水质仍有大幅度提高[①]。

由于认识的局限性，在 1972 年立法时，《清洁水法》未对当时已经存在的非点源(nonpoint source)的管理做出明确规定。非点源是指除了点源以外的其他污染源，以及人为和自然背景的污染源[②]。1987 年，美国国会对《清洁水法》进行修订时增加了第 319 条非点源管理项目，以解决非点源造成的污染问题。

《清洁水法》对非点源的管理也取得了巨大的成效。例如，1977 年美国农田的沉积物数量估计有 10.9 亿吨，这一数字到 1992 年下降到大约 10.1 亿吨[①]。

(二)污染物

国家污染物排放清除系统许可证制度规范的污染物包括传统污染物(conventional pollutants)、非传统污染物(nonconventional pollutants)和有毒污染物(toxic pollutants)三类。

(1)《清洁水法》第 304(a)(4)条根据生物需氧量(biological oxygen demanding)、悬浮固体物(suspended solids)、粪大肠杆菌(fecal coliform)和 pH 对传统污染物进行分类。

(2)《清洁水法》第 301(g)(1)条将氨、氯、铁、总酚等列为非传统污染物。

(3)《清洁水法》第 307(a)(1)条对有毒污染物进行规定，并在《美国联邦法规汇编》第 40 编第 401.15 条中进行详细罗列，主要包括金属和人造有机化合物[③]。

(三)适航水域

根据《清洁水法》第 502(7)条，适航水域的定义并不是字面所指的能通航的水域，而是指包括领海在内的美国水域，即美国的地表水。而对地下水进行规范

---

① 尹志军. 美国环境法史[D]. 北京：中国政法大学，2005.

② 参见：美国环保署官网 http://water.epa.gov/lawsregs/lawsguidance/cwa/tmdl/overviewoftmdl.cfm。

③ 参见；美国环保署官网 http://water.epa.gov/scitech/methods/cwa/pollutants-background.cfm; 有毒污染物列表详见：http://www.ecfr.gov/cgi-bin/text-idx?c=ecfr&SID=bd1b7f7d8f632c20259961d792e72b2e&rgn=div8&view=text&node=40:30.0.1.1.2.0.1.6&idno=40。

的权利属于各州，各州可以自主决定国家污染物排放清除系统是否适用于本州的地下水[①]。

三、日最大负荷总量

通过国家污染物排放清除系统，《清洁水法》对影响水质的污染物排放做出有效控制。但是每一个点源排放达标时，许多点源同时向水体进行排放并不能保证水体符合健康标准。为了保证水质，《清洁水法》设置了水质标准(water quality standards)，并提出了日最大负荷总量计划。《清洁水法》第303(d)条将水体点源和非点源污染纳入统一管理范围，对各州、领地水域水体的水质标准和相应的日最大负荷总量计划的制订与实施都做出具体规定[②]。

日最大负荷总量是指一个水体(湖泊、池塘、河流、溪流或河口)能吸收一种污染物或多种污染物而不受污染的预期值[③]。日最大负荷总量对允许进入一个水体的污染物最大量进行计算，使该水体符合并持续符合特定污染物的水质标准，并对来自点源和非点源的污染负荷进行分配。日最大负荷总量的计算公式为[④]

$$\mathrm{TMDL} = \Sigma\mathrm{WLA} + \Sigma\mathrm{LA} + \mathrm{MOS}$$[⑤]

式中，ΣWLA(sum of wasteload allocations)为点源的污染负荷的分配；ΣLA(sum of load allocations)为非点源污染负荷的分配；MOS(margin of safety)为安全裕度，即污染物负荷与受纳水体之间的不确定数量关系。

专题九 美国联邦航空局促进美国机场可持续发展的举措

可持续发展是一种注重长远发展的经济增长模式，最初于1972年6月5日在联合国人类环境会议上提出。它指既满足当代人的需求，又不损害后代人满足其需求的能力，这也是科学发展观的基本要求之一。

美国联邦航空局一直十分注重国内机场的可持续发展。根据联邦航空局为机场可持续发展所下的定义，机场的可持续行动主要包括三个方面：减少机场对社区环境的影响、帮助机场维持经济稳定高速增长，以及加快社会进步。简单来说，就是要协调环境、经济、运营和社区间的关系。而可持续发展机场应具有六个特征：资源节约、环境友好并适航、服务人性化、按需有序发展，与周边区域的协同发展，

---

① 徐祥民，陈冬．NPDES：美国水污染防治法的核心[J]．科技与法律，2004(1)：100-102．

② 杨龙，王晓燕，孟庆义．美国TMDL计划的研究现状及其发展趋势[J]．环境科学与技术，2008，31(9)：72-76．

③ 参见：美国环保署官网 http://www.epa.gov/region1/eco/tmdl/。

④ 参见：美国环保署官网 http://water.epa.gov/lawsregs/lawsguidance/cwa/tmdl/overviewoftmdl.cfm。

⑤ 该公式为美国环保署提供的TMDL计算公式，一些学者的研究论文认为，对TMDL的计算还应包括水体的自然背景负荷(background load)，此处以环保署计算公式为准。

以及良好的社会经济效益。本节旨在关注联邦航空局在促进美国机场可持续发展方面的举措。

一、美国机场可持续发展相关的规章及指南

为了向机场可持续发展提供政策支持和技术指南，联邦政府及联邦航空局出台了诸多可持续发展相关的法规及指导文件，主要包括以下几项。

(1)《国家环境政策法》。

(2)《联邦航空局现存及新噪声减缓项目》(第 150 部)。

(3)机场自愿减排计划。

(4)第 13514 号总统行政命令(确立了联邦政府在环境、能源及经济表现当中的领导力)。

(5)环境管理体系(AC150/5050-8)。

(6)《太阳能使用指南》。

二、联邦航空局可持续管理计划试点项目

在上述法规、指南的引导下，联邦航空局在其管辖的机场内实施了可持续管理计划试点项目，力图通过采取更具前瞻性及整体性的态度来对待可持续发展，帮助机场的可持续发展行动，并及时收集可持续性相关信息，做出适时评估。

1．项目简介

可持续管理计划试点项目开始于 2010 年 5 月，在项目首轮中共为 10 座提出申请的机场发放了项目基金，这些机场有两年的时间来完成其申请的机场可持续改造项目。项目鼓励机场在进行可持续规划时采用更具前瞻性和整体性的方法；鼓励它们研发出一套成果可量化的综合计划，确保可持续在机场发展中的核心地位；帮助机场在履行三重底线(经济责任、社会责任、环境责任)的同时满足运营需求；项目完结时机场均需自我总结经验教训并提交报告，为联邦航空局建立全国项目指南提供参考。

2．邦航空局在试点项目中的角色

总体来说，联邦航空局在项目实施中的作用是组织、沟通、协调及审查。具体包括以下九项职责。

(1)批准采购范围。

(2)审查、批准资助合同的最终范围。

(3)参加项目启动大会以及阶段性大会。

(4)同赞助商协作，确保联邦航空局目标的达成。

(5)保持与各项目总部的联络沟通。

(6)整合项目管理及运行经验，并通过网络公布给大众。

(7)在整个项目实施过程中提供专家意见和指导。

(8)管理资助基金。

(9)及时公布基于项目成功及挑战的政策。

3．项目进展

截至2012年，首批获得项目基金的10座机场已基本完成可持续改造项目。以联邦航空局西北高山辖区为例，首批参加试点的丹佛国际机场和伦顿市机场均已完成改造。鉴于各机场参与热情的不断上涨，联邦航空局决定在2012—2013年增加赞助轮次，截至2013年底共发放46笔赞助，西北区有五所机构成功申请到项目基金，分别是盐湖城国际机场、科罗拉多州丹佛国际机场、西雅图—塔科马国际机场、标特机场和夏延/杰瑞奥尔森机场。

4．项目经验

目前，该试点项目已进入第二阶段，各参与机场均将此视为增加社会价值和改善环境、提高影响力的机会，并在执行项目的过程中积累了诸多经验，可总结为以下五点。

(1)将可持续理念融入传统规划大纲是一项挑战，需要不断调整观念。

(2)项目成功需要高级管理层的支持。

(3)机场方需确保利益相关方的地位，并让其参与整个项目的每个阶段。

(4)PDCA的项目实施模式尤其重要。

(5)一套完备的监管体系可帮助计划顺利实施，不至于成为纸上空谈。

5．项目前景

项目的顺利开展使得联邦航空局连同各机场对前景充满信心。按照规定，每期项目结束时，联邦航空局都会将所有已完成的计划公布在官网上，并将机场自身总结的经验教训纳入下一套全国性指南的研发当中。例如，在2012—2014年的项目指南中，联邦航空局就将零排放车辆试点、机场电力能源效率提升及机场固体废弃物回收三项新内容纳入其中。而在项目的进程中，联邦航空局也会继续同行业机构合作，开发项目指南；同机场合作，为新的项目领域及资助计划提供教育资源；根据环境的演化及更多的可用资源，持续改进指南以及为项目提供指导和专家意见。

三、小结

可持续发展是当代机场的必经之路。各级政府的强制要求、不断上涨的能源成本、老旧的基础设施、不断增长的环保意识、行业的财政压力以及广大旅客的期望都是机场可持续发展的驱动力。通过制定各项可持续发展的规章政策，美国各级政府、联邦航空局及相关行业机构通力合作，极大鼓励和促进了美国机场的可持续发展。

专题十　美国民航业节能减排沟通汇报机制

节能减排是一项涵盖诸多部门的合作性极强的事业，对部门间的交流合作要求极高。对于平行部门，只有定期沟通，才能及时借鉴并分享彼此的经验教训；对于上下级部门，完善且严格的会议机制更是监督审查工作进展的重要途径。美国民航业向来十分重视机构间的沟通交流，同级或上下级部门间都会定期召开会议。

本专题主要介绍美国民航业节能减排采取的两个主要的沟通汇报方式：机场方面的权威会议——绿色机场大会，以及联邦航空局为确保各级民航机构环保工作的开展而设立的“总部/地区环境网格。”

一、绿色机场大会

(一)基本情况

绿色机场大会开始于2007年，主办方是芝加哥航空局和美国机场协会。作为航空业领先的以机场可持续发展为主题的论坛，绿色机场大会一直广受关注。最初大会的焦点在于芝加哥奥黑尔国际机场现代化项目(O’Hare Modernization Program，OMP)所取得的成就，当时可持续发展的重要性刚刚得到航空业的认可。之后，绿色机场大会致力于建立及加强行业内的合作关系、展示芝加哥航空局(连同芝加哥市)在可持续发展上的成就，以及加深企业间的了解与沟通，芝加哥航空局也逐步确立了在可持续发展上的领导地位，大会也越来越受到国内外的关注及认可①。

(二)工作机制

绿色机场大会每年举办一次，主要参与者包括芝加哥航空局行业专家、机场及航空公司从业人员、承包商、咨询商、环保主义者以及报道航空业可持续发展的媒体。作为美国最早开发可持续发展指南的城市之一，芝加哥航空局连同绿色机场大会为探讨芝加哥航空局的可持续发展指南提供了平台。大会还提供向国内外其他机场学习可持续行动的机会。

---

① 参见：绿色机场大会官网 http://airportsgoinggreen.org/AGG-conference.aspx。

另外，绿色机场大会也是芝加哥航空局推广其《机场可持续发展手册》的平台。该手册为奥黑尔及中途国际机场间的可持续合作提供了全面的指导。此外，全球很多机场也在使用该手册。因此绿色机场大会成为该手册更新、案例研究、网络化，以及研发新目标和创新行动的重要机会。不同于绿色机场大会每年一次，《机场可持续发展手册》工作组全年无休，全球可持续发展及航空领域的专家联手合作，不断完善这本指导手册。

（三）主要议题

绿色机场大会的中心议题是机场环境。除此之外，大会还涵盖了可持续发展的诸多领域。例如，航空公司对可持续发展的观点、国内国际知名机场领导者演讲，以及各类新兴技术、研究成果及基金等；节能科技发展也越来越受到关注，如绿色屋顶、风力发电机、光伏或地热等替代能源、替代燃油，以及废弃物的回收利用等；此外，符合 LEED 认证的候机楼的设计、修建和使用也被纳入大会议题。不仅如此，大会甚至还邀请诸如沃尔玛、星巴克等非航空业的公司来参加会议，交流可持续发展的战略经验。大会还积极借助媒体的力量，将机场可持续发展这一理念以及取得的良好效果推向全世界。

二、联邦航空局总部/地区环境网格

（一）基本情况

联邦航空局总部环境网格的主席由环境和能源司任命。主席可在环境网格主席团同意的情况下成立附属委员会（如指导小组和工作小组），协助总部工作的开展；各地区的环境网格主席由地区管理局局长、副局长任命，任命后需上报总部环境网格主席。地区主席也可成立附属委员会（如指导小组和工作小组），协助地区环保工作的开展。

（二）工作机制

按照联邦航空局的规定，各地区环境网格及总部环境网格间需定期召开会议，交流环境工作进展，总结经验教训。

(1) 常规会议：各地区环境网格应每年召开一次常规会议。会议需要向所有联邦航空局员工开放，并根据会场的容量邀请参加公众参与。主席可在每一财年的开始制定常规会议和活动的安排表，并成立附属委员会，为会议提供指导规划。

(2) 电视会议和视频会议：总部主席每年需要至少召开一次所有地区环境网格和中心环境网格参与的电视或视频会议。会议需要向所有的联邦航空局员工开放，并根据会场容量和其他资源邀请参加公众参与。

(3) 环境网格主席年度会议：该会议由环境和能源司主办，总部环境网格主席主持。后者在和中心环境网格主席、总部网格成员与环境和能源司协商后确定会议日程安排及地点。

(4) 联邦航空局环境论坛：环境和能源司每年召开一次联邦航空局环境论坛。环境网格主席年度会议将是此论坛的重要组成部分。总部主席在确定会议日程安排时需要与地区和中心环境网格主席、总部网格成员与环境和能源司一同协商。地区管理局局长、副局长、技术中心主任、副主任和环境网格的主席与成员需要参加此论坛。

此类会议的工作方式如下。

(1) 会议纪要：环境网格主席将环境网格的会议纪要保存，并上报总部主席，同时传达给各地区网格。

(2) 上报环境和能源司司长：总部主席定期(至少每年一次)向司长或其委任代表汇报环境网格的发展及问题。

(3) 报告环境网格联络处：环境网格的成员应以书面或口头的形式向其他环境网格提供其所在办公室处、理事会等其他组织的相关信息。这些信息也将包括在会议纪要当中。

(4) 资助机构和其他组织的联络。环境网格成员所在的办公室、处、理事会和其他组织应研发一套同资助机构和其他组织充分交流的体系。

(三) 成效评估

环境网格的成效评估包括总体评估和自我评估两个环节。

(1) 总体评估环节：每两年，环境网格主席应评估具体环境网格的功效和目的，整个环境网格的功效和目的。评估结果需要在具体的环境网络内传播，并上报至总部主席。

(2) 自我评估环节：环境网格可以在成员一致同意的情况下进行自我评估。

环境网格主席可以成立专门委员会或工作小组，负责进行评估，还可以邀请外界人士参与，或委托其他机构协议进行评估。

三、小结

民航业各机构间就节能事业沟通的好处是显而易见的：组织体系的决策力得到明显改善；很多日常问题得以解决，机构间合作更加协调，且凝聚力增强；竞争意识增强，激励各单位向着更高远的节能目标前进；员工的团队精神得以增强，民航业的节能文化得以推广。无论联邦航空局总部或地方办公室，还是规模及地理位置都大相径庭的各个机场，都从及时、高效的沟通及汇报机制中获益良多。

主 要 文 献

白辉，褚天琦，原文杰. 2016. 美国《清洁空气法》管理固定排放源的技术手段[J]. 四川水泥，(9)：149-150.

白辉，原文杰，褚天琦. 2016. 美国《清洁空气法》中的新建源审查许可证[J]. 读天下，(17)：349-350.

蔡守秋. 2006. 论当代中国环境法的发展特点和趋势[J/OL].[2016-07-15]. http://www.law.sdnu.edu.cn/jingpin/news/25/200676180713. htm.

常纪文. 2008. 中国环境法制的历史、现状和走向——中国环境法制 30 年之评析[J]. 昆明理工大学学报, 8(1): 1-9.

褚天琦，李吕华. 2016. 美国航空公司的碳中和实践及其效果研究[J]. 现代经济信息，(12)：353-354.

褚天琦，易翔. 2016. 欧美航空业节能减排创新管理研究[J]. 中国市场，(36)：90-92.

崔秀敏. 2010. 企业节能减排激励机制研究[J]. 生态经济，(8)：46-48.

党亚茹，李雯静. 2010. 美国航空业科技创新体系分析[J]. 科技管理研究，(3)：175-178.

丁渤海. 2011. 当代中国环境法的“实施困境”与对策研究[J]. 法制与社会，(11)：179-180.

丁礼. 2013. 美国区域温室气体倡议制度研究及我国的借鉴[J]. 资源节约与环保，(12)：121-122.

菲利普•沙别科夫. 1997. 滚滚绿色浪潮——美国的环境保护运动[M]. 周律，张建发，吉武，等译. 北京：中国环境科学出版社.

封晓霞. 2013. 20 世纪 70 年代美国的环境运动研究[D]. 兰州：兰州大学.

高翔，牛晨. 2010. 美国气候变化立法进展及启示[J]. 美国研究，(3)：39-51.

韩鑫韬. 2010. 美国碳交易市场发展的经验及启示[J]. 中国金融，(24)：32-33.

洪保麟. 2010. 新形势下我国环境执法存在的问题及对策探讨[J/OL]. [2016-05-21]. http://www.mlr.gov.cn/zljc/ 201010/t20101017_782927.htm.

胡安彬，梁琪. 2011. 世界各国低碳经济模式比较[J]. 能源评论，(1)：38-41.

胡萍. 2012. 美国联邦政府能源管理项目及其启示[J]. 能源经济技术, 24(1)：57-61.

胡晓彬，朱启贵. 2008. 节能减排的国际经验及启示[J]. 上海管理科学，(5)：75-77.

化文. 1996. 美国持续能源战略[J]. 全球科技经济瞭望，(3)：9-13.

黄莎. 2010. 我国环境法庭司法实践的困境及出路[J]. 法律适用，(6)：68-71.

井文勇，何强. 1989. 当代世界环境[M]. 北京：中国环境科学出版社.

井媛媛. 2014. 中美日环保法“共性”与个性比较[J/OL]. [2016-07-09]. http://news.h2o-china.com/html/2014/05/127686_ 1.shtml.

克里斯 • 郎革. 2006. 美国环境管理的历史与发展[M]. 廖红译. 北京: 中国环境科学出版社.

李海东. 2009. 从边缘到中心: 美国气候变化政策的演变[J]. 美国研究, (2): 20-35.

李南江, 范亚东. 2006. 美国 19 世纪"环境顽症"的根源探析[J]. 四川教育学报, 22(5): 28-31.

梁睿. 2010. 美国清洁空气法研究[D]. 青岛: 中国海洋大学.

刘石慧. 2008. 国际节能趋势、政策比较研究[J]. 中国国土资源经济, (2): 21-23.

梅雪芹. 2004. 环境史学与环境问题[M]. 北京: 人民出版社.

秦虎, 张建宇. 2005. 以《清洁空气法》为例简析美国环境管理体系[J]. 环境科学研究, 18(4): 55-62.

唐双娥. 2011. 美国关于温室气体为"空气污染物"的争论及对我国的启示[J]. 中国环境管理干部学院学报, 21(4): 1-4.

王波. 2008. 美国石油政策研究[M]. 北京: 世界知识出版社.

王昊. 2005. 20 世纪 80 年代以来美国环保政策研究[D]. 上海: 华东师范大学.

王曦. 1992. 美国环境法[M]. 武汉: 武汉大学出版社.

王占山, 车飞, 任春. 2013. 美国环境空气质量标准制修订历程[J]. 环境工程技术学报, 3(3): 240-246.

维托 • 斯泰格利埃诺. 2008. 美国能源政策: 历史、过程与博弈[M]. 郑世高, 刘晓青, 孙旭东译. 北京: 石油工业出版社.

魏晓莎. 2013. 石油危机后美国能源政策制定的政治经济学研究[D]. 长春: 吉林大学.

温岩, 刘长松, 罗勇. 2013. 美国碳排放权交易体系评析[J]. 气候变化研究进展, 9(2): 144-149.

吴珂. 2012. 气候变化对人体健康的影响[J]. 医药前沿, (22): 69-70.

夏梓耀, 黄锡生. 2011. 中国机场噪声污染防治立法问题研究[J]. 北京航空航天大学学报, 24(4): 38-45.

徐蕾. 2012. 美国环境外交的历史考察(1960 年代—2008 年)[M]. 长春: 吉林大学出版社.

徐祥民, 陈冬. 2004. NPDES: 美国水污染防治法的核心[J]. 科技与法律, (1): 100-102.

许艳, 李岩. 2009. 合同能源管理模式的中美比较研究[J]. 环境科学与管理, 34(8): 1-4.

杨理堃. 2009.浅析奥巴马政府能源环境政策[J]. 和平与发展, (6): 62-65.

杨龙, 王晓燕, 孟庆义. 2008. 美国 TMDL 计划的研究现状及其发展趋势[J]. 环境科学与技术, 31(9): 72-76.

易翔. 2016. 美国各航空公司节能减排事业的发展及成效[J]. 科技经济导刊, (24): 88.

易翔. 2016. 美国各机场节能减排事业的开展及成效[J]. 科技展望, (21): 273.

尹志军. 2005. 美国环境法史[D]. 北京: 中国政法大学.

余翔. 2013. 当前美国经济形势及其变化趋势[J]. 现代国际关系, (9): 32-38.

张爱美, 李文瑜, 吴卫红, 等. 2013. 我国工业企业节能减排激励与约束机制研究[J]. 生态经济, (12): 107-110.

张兵, 杨凌. 2009. 开发清洁发展机制项目的 SWOT 分析[J]. 生态经济, (5): 165-169.

张旭, 梅风乔. 2011. 美国大气污染排放标准体系特征及借鉴意义[C/OL]. [2016-08-21]. http://d.wanfangdata. com.cn/Conference/7431913.

周琪. 2012. 美国能源安全政策与美国对外战略[M]. 北京: 中国社会科学出版社.

朱光强. 2011. 2001—2010 美国气候外交分析[D]. 上海: 华东师范大学.

Crane K . 2009. Imported Oil and US National Security [M]. Santa Monica: RAND.

Flippen B. 2000. Nixon and the Environment[M]. Albuquerque: University of New Mexico Press.

Rutledge I. 2005. Addicted to Oil: America's Relentless Drive for Energy Security[M]. New York: I B Tauris & Co Ltd.

Shwadran B. 1986. Middle East Oil Crisis Since 1973 [M]. Boulder: West View Press.

Stagliano V. 2001. A Policy of Discontent: The Making of a National Energy Strategy[M]. Tulsa: PennWell Corporation.

Vig N J, Kraft M E. 1997. Environmental Policy in the 1990s: Toward a New Agenda [M]. Washington: Congressional Quarterly Press.

附　　录

附录A　我国民航业节能减排实施情况调研(2014)[①]

摘　要：本次调研采取座谈、访谈和调查问卷的形式，调研对象为我国民航业机场、航空公司以及空管三个部门具有代表性的18家单位。调研旨在了解民航企事业单位节能减排工作的实施情况，并找出行业节能减排工作中存在的困难与问题。通过对这些问题进行分类汇总，提出可行性建议或方法，以期为局方制定节能减排政策和一线单位开展节能减排工作提供借鉴与参考。

关键词：民航业；节能减排现状；调研；政策

一、调研背景

面对全球温室气体排放量有增无减的现实和全球低碳发展大力推行的事实，全球航空业已经制定了雄心勃勃的节能减排目标：到2020年，全球机队每年提高1.5%的燃油效率，从而实现碳中和或碳排放负增长；到2050年，碳排放量减少到2005年的50%。然而，2013年，航空业燃油消耗量约为630亿加仑，二氧化碳排放量达7.050亿吨，占到交通碳排放量的12%。中国方面，民航局设定减排目标，到2020年碳排放量降低22%(以2005年为基准年)。2014年6月国际航空运输协会发布的《航空业经济效益》报告中的数据显示，2012—2014年，航空业碳排放量分别为6.82亿吨、7亿吨、7.22亿吨。可见，在国际航空业减排压力下，我国民航业必然面临巨大挑战。由于中国民航业还处在快速发展阶段，具体国情与西方国家不同，所以节能减排工作一方面不能简单效仿美国或欧盟，另一方面则需要认真从民航主要运营部门出发，在统计准确的碳排放和能耗数据的基础上，研究减排降耗的方法。

在民航局的统筹安排下，课题组从2014年7月28日～8月8日走访了北京、昆明、海口、广州、上海和哈尔滨六个城市，并以调研问卷和现场座谈相结合的方式对机场、航空公司和空管三个部门的18家民航单位进行节能减排相关工作的调研。本报告基于收回的有效问卷、各单位提供的材料和会议纪要，对民航业机场、

---

① 调研对象：北京、上海、广州、昆明、海口、哈尔滨六地包括机场、航空公司和空管等共18家单位。调研时间：2014年7月28日～2014年8月8日。

航空公司和空管节能减排各方面工作进行梳理分析，并在此基础上提出建议措施，供民航单位在节能减排工作中借鉴参考。

二、节能减排机构设置与运行情况

在接受调研的18家单位中，机场单位均设立了相应的节能减排小组，小组的运行模式基本上采取三级运作模式，即领导小组-工作小组/领导小组-具体部门。航空公司在节能减排机构的设置上进行得比较好的有国航、云南祥鹏航空有限责任公司(简称祥鹏航空)、中国东方航空股份有限公司(简称东方航空)和南航。此外，海南航空控股股份有限公司(简称海航)尽管未设立节能减排小组，但是日常工作中基本上各部门均对减排工作提出了相应要求。在接受调研的六家空管单位中，由于其减排角色不明确、减排工作可操作空间小等，目前均未设立专门小组进行减排工作。

表A-1对目前设有节能减排小组的单位的机构设置情况进行汇总说明。

表A-1　我国机场、航空公司节能减排管理机构设置情况

城市	调研单位	减排小组设置情况	小组具体工作模式	减排方案	备注
北京	首都机场(PEK)	领导小组(10～20人)→工作小组(直接对接各部门)→能源管理科室	例会制/不定期会议制度	《绿色机场发展规划》	参与减排事务的人员均为兼职
	国航(CA)	公司规划发展部下设置专职环境事务部门，成立燃油节支管理委员会	环境事务部对下属企业进行减排指标考核；对重点耗油部门安排专职或兼职人员提供配套指导	依据“十三五”目标，公司在技术路径、管理方法及保障措施方面都有相应规划	“局方设定的减排目标+中央和地方政府考核指标”→减排压力较大
昆明	长水机场(KMG)	领导小组→动力能源部→节能减排办公室	对各系统能耗问题进行运行检查与巡视，每周召开生产运行协调会，定期进行整改	机场内部正在编订《环境可持续发展计划》	办公室工作人员的业务背景基本上相关
	祥鹏航空(KY)	财务部→节能减排小组(8人)，减排工作自2009年末开始展开	基本工作由财务部门牵头，但减排工作主要由工程部具体实施。小组ECER会议基本一年一次	各部门每年年初都会有公司级的节能减排规划	小组成员均为兼职，来自公司的不同部门
海口	美兰机场(HAK)	领导小组(总裁+部门经理，约7、8人)→部门减排小组(每部门约10人)→减排办公室(设在设备运行室)→节能节水监管小组	每月定期进行水电成本控制分析，对各项节能减排工作进行具体的安排和布置，加大宣传、加强检查并建立激励机制；负责节能产品的推广与应用，减排管理制度的推广以及对各单位减排效益的评估	《海口美兰机场供水供电管理规定》、《海口美兰机场用水用电报装制度》、《海口美兰机场用水用电检查制度》、《分体空调使用管理制度》、《污染控制管理制度》等	具体能耗检查工作每周进行一次

续表

城市	调研单位	减排小组设置情况	小组具体工作模式	减排方案	备注
广州	新白云机场（CAN）	减排小组（成员：总经理、分管减排的副总经理、职能部门负责人及二级单位的总经理）→节能减排办公室（设在设备技术部）	每年针对ECER问题召开一次会议；通过现场调研、设施部署、企业减排潜力预算等给各单位制定能耗指标，定期检测。每年会依据相关数据开展项目；进行减排宣贯工作	无文本方案或文件	减排小组因能源审计项目成立，ECER工作参与人员均为兼职
	南航（CZ）	领导小组（公司一级领导3、4人）→各业务部门主要领导（机务工程、运行控制中心、地勤、规划部等部门）→办公室（设在规划发展部）	统筹减排政策制定、方案的执行和效果的评价、考核指标的确定等工作。小组不定期开会。会后以书面形式向全公司展示减排工作进展状况	未提供明确减排方案	小组成员均为兼职。各分公司在减排工作上基本按总部工作部署进行
上海	浦东机场（PVG）	领导小组（机场副总经理对节能减排工作进行总体监控）→技术设备部→能源保障部	技术设备部负责政策的贯彻与执行、管理等；能源保障部进行能耗方面的具体操作。小组每季度召开一次会议，每个月有能耗的月报，对每个单位的能源使用情况进行汇报	“2020年绿色机场战略规划”	每年技术设备部和能源保障部会一起考核，并设定具体能耗指标
	东航（MU）	设有专门的节能减排委员会（公司总经理为委员会组长，各分/子公司的总经理为副组长，包括运行控制、工程技术维修、水电等）→规划发展部的能源环保分部→减排办公室	办公司室以专项报告的形式进行会商，每个月会有各公司能源消耗的月报以及年报	正在推进能源监测平台，能够对全公司包含子公司的水电使用情况进行检测；“五个一”工程	在具体开展项目时，东方航空、上海航空股份有限公司（简称上航）、中国货运航空有限公司（简称中货航）等都会参与
哈尔滨	太平机场（HRB）	领导小组（总经理担任组长）→规划发展部→ECER办公室（小组和办公室成员是各部门部长，约20人）	不定期进行能源方面的汇报（不单独开会）；能源管理方面，各部门每月上报一次	未提供明确减排方案	减排小组成员均属临时或兼职

从表 A-1 可以看出，尽管所有机场和部分航空公司都依据局方要求设立了节能减排小组，但是几乎全部都涉及相关人员在减排工作和实际工作之间的协调问题，也就是说目前没有单位设立专职岗位，节能减排专业人员缺失。调研发现，祥鹏航空的节能减排机构设置具有典型性，不但安排各部门相关负责人参与其中，还经财务部通过资金管控的方式要求各部门按月进行节能减排指标的上报。从 2009 年开始进行节能减排相关工作到现在，祥鹏航空已经能够看到其节能减排工作所带来的效益。正如祥鹏航空在座谈会上所表达的：节能减排工作上的推进能够明显减少公司运营成本，相应技术的采用虽然前期成本较大，但是能够显著降低能耗，从而给公司带来更大的减排内驱力。

内部驱动力是本次调研过程中经常会出现的一个词，内部动力直接决定了各单位在节能减排工作中的态度和积极性。上述已经设置了节能减排小组的单位内驱力主要来自以下四种因素之一：上级政策要求、项目资金补助、运营利润、社会环境压力。对于这四种因素，基本上机场和航空公司方面均会涉及，然而空管部门目前由于运行体制及工作性质的关系，在节能减排具体工作上恰恰缺乏上述四种因素。这也在很大程度上解释了为何所有受调研空管部门未设立节能减排小组——内部驱动力不足。正如华北空管局表示：节能减排只是其工作的副产品，国内空管进行航路航线的优化出发点是减少冲突，加速流量，而非进行节能减排。

三、节能减排目标设定情况

民航局为节能减排设定的中长期目标是：到 2020 年碳排放量降低 22%(基准年 2005 年)。按照局方要求，各受访部门均表示已经在民航局的统筹安排下获得了相应的减排指标。但是出于多种因素考虑，各单位并未在调研中给出各自的节能减排短期或中长期目标或指标数据。一些单位表示并未设定具体目标，而其他单位则表示具体减排目标的设定依据民航局和当地政府的相应要求并结合自身情况进行设定，但是基本都是相对宽松、较为容易实现的目标。例如，首都机场方面表示，2014 年航站楼的减排指标为碳排放较 2013 年下降 2%(机场内部未设置基准年，均采用同比方式进行减排量的设定)。美兰机场表示在旅客流量持续增加的情况下，机场方力争平均水电费下降 2.78%，事实上也是没有明确的节能减排目标或指标。

与参与调研的各单位代表进行进一步探讨后，课题组认为，各单位没能依据民航局的总体减排目标设置自己的目标或分配指标，主要有以下几点原因。

1. 外部压力小，地方政府未提出相关要求

以海口为例，美兰机场表示市政府正在进行能耗指标的商定，对机场尚没有明确的能耗指标分配。2012 年海口市节能减排办《关于公布重点用能单位的补充通知》

中并未将美兰机场纳入其中。海南航空公司则表示海南省有相应的节能减排要求(建立单位能源利用状况基本档案、设立能源管理岗位、编制单位“十二五”节能规划)，但是并未提出直接具体的减排量要求。虽然公司方面在每年年底会设定下一年的减排目标，但是缺乏有效的监督管理机制。

2．激励措施缺失，配套经费不足

调研的 18 家单位中，除了首都国际机场、浦东机场、新白云机场明确表示节能减排相关项目会得到局方或地方政府的补助，其他单位均表示目前没有独立的节能减排资金预算或经费支持。

整体来看，局方对机场方面的节能减排工作较为重视，因此会在项目经费方面进行一定的政策倾斜。然而，从整个民航业碳排放与能耗角度考虑，航空公司燃油消耗量和空管部门在航线航路优化等方面则存在更大的节能减排潜力与空间。经费或项目的激励不足，直接导致减排积极性下降。例如，西南空管局表示，尽管他们已经在保障飞行安全之外进行很多有关节能减排的工作，但是由于相应减排项目很难申请，经费不足，而已开展的节能减排工作的直接受益方为机场和航空公司，所以很难调动其减排积极性。

3．能源审计与监督机制不健全，能源信息管理系统尚未建立

多数机场单位表示，局方或地方政府都会分配减排指标，并且都会在能耗方面进行第三方的审计工作(昆明长水国际机场由于投入运营时间短，尚未开展能耗审计)，但是目前却很少有单位能够明确提出自身的减排目标，这主要是由于审计制度的不健全，行业内缺乏对节能减排目标的统一考核制度。如果全民航业有统一的能耗及减排审计制度，对于电、水、油等的总能耗设定总量限制，并统一要求安装相应计量表，即建立统一的能源信息管理系统(大部分机场单位并不清楚每年的能耗节约量是如何科学统一计算出来的)，则各单位会采取明确的减排措施，设置具体的减排目标，而不至于像大部分机场所使用的预期会……或已经有一些……之类的模糊表述来定位减排目标。

四、绿色理念的推行情况

中国的具体国情决定了行业工作方式的独特性。民航业的节能减排工作必须要自上而下进行才能全面得以落实，因此单位管理层是否在绿色理念的推行上采取了相应措施会对单位节能减排结果产生很大的影响。

调研单位中，由于机场单位涉及的建筑和人员数量最多，所以在调研中我们针对六家机场单位提出了有关绿色办公和绿色出行等方面的问题，以期了解机场对绿色理念的重视程度和推行情况。在座谈过程中，我们还关注机场单位对民航机场能源联合会第一次大会的态度和看法。

从表 A-2 可以看出，在绿色办公理念的推行方面，目前首都国际机场和哈尔滨太平机场所采取的措施和激励政策最为多样；浦东机场和太平机场则在绿色办公方面制定了惩处措施，这对监督员工进行绿色办公具有直接的约束力。

表 A-2　机场绿色办公和绿色出行情况

调研单位	绿色办公	绿色出行	机场能源联合会
首都机场(PEK)	(1)有计划推广使用再生纸张、进行绿色采购 (2)已部分使用再生垃圾袋 (3)与外部公司合作，兑换部分办公用品。例如，办公楼里的饮料瓶回收利用(交回饮料瓶，可以给 IC 卡进行相应币值的充值)	尽管未设置专用的自行车通道，但是有自行车专用停放场，免费停放	2014 年 5 月，北京首都机场动力能源有限公司举办民航机场能源联合会，联合全国 18 家干线机场进行机场节能减排经验的交流分享活动，并设定章程，为后续机场联合减排奠定基础
长水机场(KMG)	(1)机场办公严格控制纸张的使用 (2)基本实现电子办公	(1)设有自行车专用通道和存放处 (2)鼓励员工使用公共交通工具	后续如再举办联合大会，长水机场还会参加，并建议扩大会议规模
美兰机场(HAK)	(1)在公司范围内发起节水节电倡议，号召全体员工节约每一滴水，节省每一度电 (2)加强办公/生活区域的巡视检查，及时发现和制止能源浪费，并强化批评教育手段，避免类似现象再度发生 (3)对各单位非生产用水用电实施定量分配，推行定额考核管理，将考核结果与员工的经济利益直接挂钩 (4)办公纸张定量使用	(1)已经投入 150 辆自行车供内部员工刷卡免费使用 (2)鼓励员工拼车或乘班车进出工作区	参加了 2014 年的民航机场能源联合会，认为这种交流平台可以让行业间了解彼此在减排中的工作，同时还能够认识更多行业内减排专家(如院校方面的科研人员)，大会还有助于了解其他机场在能耗方面的指标，有助于建立自己的减排目标
新白云机场(CAN)	(1)推行绿色采购政策 (2)目前所有办公系统采用电子办公，尽可能减少纸张的使用 (3)循环使用可回收再利用材料	(1)目前厂区设有非机动通道和自行车存放处 (2)在南北区均设有通勤巴士 (3)已经采购电动能源车并在场内使用	参与了 2014 年的联合大会，但是座谈会过程中未对联合大会加以讨论
浦东机场(PVG)	(1)鼓励员工循环使用材料 (2)鼓励数字文件替代纸质文件；纸张方面：定量配额，超额公示 (3)鼓励和推动文件的回收利用 (4)内部员工提出的相应减排意见，若被采纳，则由服务运营部给予奖励	(1)出于安全与远程距离考虑，没有使用自行车 (2)今年引进 10 辆电动车，已投入使用	参与了 2014 年的联合大会，但是座谈会过程中未对联合大会加以讨论

续表

调研单位	绿色办公	绿色出行	机场能源联合会
太平机场(HRB)	⑴鼓励员工回收利用 ⑵建筑内贴有节能减排的宣传标语；每天在候机大楼会有有关节能减排的 PPT 滚动播放 ⑶每年设有“节能减排活动周” ⑷推出“随手拍”微信公众平台：对于浪费等行为或者文明行为拍摄上传，会得到相应奖励 ⑸员工使用过多能源或资源，必须以书面报告形式做出解释说明，每年一次	⑴在机场出行的员工基本鼓励使用自行车 ⑵为市区员工安排通勤车辆 ⑶由于气候原因，电动车辆的使用受限	黑龙江机场管理集团有限公司参与了第一届民航机场能源联合会，表示会在首都机场的统一指导下进一步推行节能减排

由于航空公司节能减排的侧重点不同，空管部门减排角色定位不明确，在整个调研过程中课题组并没有专门针对航空公司或空管设计有关绿色理念宣传的问题，不过调研过程中了解到国航和海航在绿色理念的推行中做了很多有意义的工作。例如，国航在 2013 年开展了形式多样的节能培训、宣传活动以提升员工的环保意识。2013 年，国航响应全国节能宣传周活动倡议，以蓝天低碳行，绿色国航梦为主题，开展绿色宣传周活动；同时推出低碳环保，绿色飞行为主题的宣传活动，倡议旅客对垃圾进行分类收集、减少一次性水杯的使用、减少电源使用、节约资源等。2013 年 5 月国航率先将航班上的《中国之韵》、《中国之翼》等杂志换成国际森林认证体系 FSC 认证的环保纸印刷，开创了国内机上杂志环保先河。而海航则专门制作节能减排方面的宣传视频，视频在办公楼的大厅循环播放。

上述内容说明我国民航各单位已经在节能减排理念的推广与实施上采取了多样的尝试和有力的行动，然而我们也发现了一些明显的问题。例如，规章制度意识不强。在节能减排政策方面，很多措施并未以手册、规范等形式规定下来，未在行政手段上采取非常明确的强制措施，导致实施过于随意，操作性和落实性较差。制度化节能减排管理手段的缺失使得节能减排的推广工作进展缓慢，减排理念无法得到实质性落实。

五、节能减排技术实施情况

目前民航业在减排工作上的重心还是放在减排新技术的使用与突破上。调研的 18 家单位基本上都提到在减排过程中所使用的减排技术。整体来说，提及的节能技术有：建筑遮阳技术、高效设备更换(冷机、电机、照明灯具等)、中央空调系统智能管理和优化运行、照明系统自动控制、变频技术、蓄冷技术、太阳能技术、自然光与免费供冷技术、热电冷三联供技术、雨水收集及污水回收处理技术等。以下是对机场、航空公司和空管调研单位所用减排技术的汇总说明。

(一)机场方面的节能减排技术

由于机场的窗口和涉外属性，在机场提倡节能减排、绿色环保等理念，从经济、环境和社会利益等角度考虑都是民航业推行节能减排的着手点。机场用于跑道灯光、航站楼照明、暖通空调以及各种地面交通运行设备等的能耗是惊人的。与航空公司的油耗不同，机场最大的能耗是电能的消耗。因此机场的节能减排工作重点是在电力技术突破方面。表 A-3 是综合六家受访机场的节能减排技术而得出的整体情况分析。

表 A-3　机场节能减排技术推广情况

对象		技术手段	潜在问题
建筑能耗	电	(1)安装 3 级计量表与楼宇自控设备 (2)更换高效电机 (3)LED 等高效节能灯的安装使用 (4)建筑新风系统和自然采光材料及设备的使用 (5)对空调设备实施智能化管理，保持在 26℃(+/–2℃)；使用冰蓄冷或水蓄冷技术 (6)使用水能/太阳能/光伏发电	前期建设时节能环保因素考虑不全面，加上技术不断升级，后期更新替换成本较高
	水	(1)推广使用节水设备和卫生洁具 (2)监控并记录用水总量，进行总量管控 (3)收集雨水和污水进行中水处理，用于绿化或冲厕等	一方面新技术更换成本高；另一方面对用水总量的记录与监控并非精确值
地面交通	特种车	出于安全、经济等因素考虑，尚未在特种车方面考虑使用绿色能源	电池技术不成熟，充电时间长，使用周期短，成本有效性低
	公共交通	(1)部分机场(如首都机场)使用电动摆渡车 (2)和周边的地铁/轻轨、公交、旅游大巴等相连接	大部分机场远离市区，在公交车、地铁等方面交通体系尚不完善
	自行车	设置专用非机动车道和自行车存放处，鼓励免费使用	需考虑距离、安全等因素
噪声	室外	(1)淘汰大噪声机型 (2)进行远机位试车 (3)设置隔音扰流板	若机场设置在市区，则涉及与周围居民的协调问题，包括高额资金
	室内	(1)非办公时间施工 (2)为噪声敏感区设置噪声等级限制	部分航站楼内的设备由于工作原因不能降低分贝
废弃物处理	固体废弃物	(1)分拣回收或焚烧 (2)交第三方有偿处理	处理成本高
	污水	自建污水处理厂，进行中水处理	

(二)航空公司方面的节能减排技术

机场在节能减排方面考虑节约用电，而航空公司在节能减排方面主要考虑如何节约燃油。接受调研的六家航空公司均表示每年其燃油成本占到公司运营总成本的90%以上。在节油技术方面，各公司所用手段大同小异。

(1) 六家航空公司均表示会进行发动机和机身的水洗工作，但是水洗间隔时间不同，并且机身清洗工作的出发点更多是维护公司形象。

(2) 国航、海航、祥鹏和南航均表示正在进行发动机性能改造方面的工作。

(3) 六家航空公司均表示会选装翼尖小翼。

(4) 在减重方面，各航空公司从餐饮、轻型座椅改装、配水量、杂志配送方式、电子飞行包的使用和机身喷漆等方面进行努力；中国国际货运航空有限公司（简称国货航）方面表示他们在机组成员的配置上也进行缩减。

(5) 优化航线，向空管和军方申请临时航路以及合适的飞行高度层。

此外，飞机位于地面时，各航空公司还同机场和空管协商，采取了地面缩滑、准备排故方案减少地面等待时间和过站时间以及 PBN/ADS-B 等技术措施。

（三）空管方面的节能减排技术

整体来说，受访的六家空管单位均表示采用新技术并非专门针对节能减排，但是 PBN 技术或当前全民航业在推行的协同决策（Collaborative Decision Making，CDM）技术或地面延误程序（Ground Delay Procedure，GDP）的使用都能够很好地提高航空器的运行效率，减少因不必要的空中等待而产生的能耗与碳排放。调研中中南空管局表示，他们所建立的分离进出港系统目前已经取得了很好的流量管理效果。

分析发现，机场、航空公司和空管方面采取的节能减排技术存在以下问题。

(1) 目前航空业所采用的减排手段均为成本很高的技术手段，且缺乏实时有效的节能减排计量手段，没有统一固定的能耗基准参考值，很难做到成本有效性。

(2) 项目资金支持力度不够，覆盖面不均衡。几乎所有受访单位在谈及开展新技术项目进行节能减排时都指出存在资金问题。中南空管局表示希望局方能够给予相关项目的政策倾斜，而不是将项目资金全部投放到机场或高校；首都机场则表示目前机场参与的项目都是赔钱的，均靠民航局和政府的支持。

(3) 上述技术手段的使用绝大部分并非机场、航空公司或空管能够自行决定并取得创新，更大程度上取决于相关技术研发方，也就是说单从技术角度，各方的内在减排潜力不大。

(4) 管理类减排手段基本缺失，缺乏量化规定与统计，也使得考核评估无从下手。正如浦东机场所言，希望我国民航业能够在能源的管理系统方面提出较为创新科学的方案；目前采取的节能工作均是定性的。管理节能恰恰是成本最低的，目前却不能很好地开展。

六、各单位节能减排工作存在的问题与困难

在与受访单位就减排问题与困难方面的话题进行交流时，我们发现尽管调研单位机构体制不同，但是在减排的问题与困难上却存在不少共同点。具体问题已经在在前面各部分进行分析时有所提及，因此下面将就所有受访单位共有的问题与困难进行简单的分析整理，其中涉及个别部门比较典型的具体问题或困难。

(一)机场节能减排存在的问题

1．缺乏节能减排标准体系与能耗检测手段

尽管局方已经明确向各机场部门提出节能减排的要求，并下达了指标，但是由于没有明确的节能减排标准体系，局方向机场下达的节能减排指标过于抽象，各机场因规模、地域、气候环境等因素的不同，能耗比例与降耗重点不同，也不能准确量化节能减排效果。

另外，尽管大部分机场通过新建或改造已经安装了各类计量表，但是能耗方面的检测还不全面、不够科学，特别是对旅客整个行程中所产生的能耗检测与计量工作尚无法进行。不清楚能耗的来源与占比分配，就很难开展具体的节能工作，减排重点也难以摸清。

2．政策限制

机场方面受政府政策限制主要体现在多余电力的使用上。首都机场和新白云机场的光伏发电、昆明长水机场的水力发电均只能采用上网不并网的措施，所产生的电力仅限自身内部消耗。这一点，上海方面政策则相对宽松，浦东机场和虹桥机场均能够将其太阳能电力上网且并网，这在一定程度上直接推动了绿色能源的生产与利用。大部分地方政府则是考虑到国家电网的统一运作问题，对单位电力并网加以限制。

3．成本与回报不成比例

目前机场方面所采用的有关节能减排的技术措施均涉及很高成本。哈尔滨太平机场称，资金问题已经成为其采用节能减排相关措施的瓶颈。美兰机场也表示，目前油改气、油改电、水蓄冷等节能新技术产品的推广尽管可以节能，但是成本高，在短期内无法见到收益。而首都机场方面则直接表示若非局方和地方政府给予项目资助，则进行所有项目基本可以定义为入不敷出。

4．节能减排专业人员不足

这一现象在当前其实是整个行业的一个通病，尽管各地方民航部门在局方的统一要求下设置了节能减排领导小组，但是基本运作形式多样不固定，且小组工作人

员均兼职，仅很少一部分为专职工作人员，无法保证用于部门内节能减排工作的时间。此外，这些工作人员在专业知识上还存在不足。要提高工作绩效，需要安排一定数量的专业人员或对工作人员进行专业培训。

(二)航空公司节能减排存在的问题

1. 缺乏燃效指标体系与实时检测手段

我国航空公司缺乏科学合理地评价燃油效率的统一指标体系，无法建立单耗指标与影响因素之间的关联。海航表示，影响油耗的因素庞杂，当航班出现耗油多的时候，很难确切地分析出具体原因，因此需要准确的数据分析系统。同时很多节油措施没有精确的数据支持，如清洗飞机(更多是出于公司形象考虑)或发动机，尽管制造商提供了参考数据，但是实际飞行过程中诸多影响因素会导致公司难以评价。因此，建立统一完善的用油数据分析系统和能耗实时监测程序将是各航空公司下一步需要共同商讨、攻克的难题。

2. 与其他单位协调困难

在涉及与机场和空管方面的协调问题时，航空公司多给出否定的回答。尽管CDM 系统已经在全国民航逐步推行，但是信息之间的交换是单向的，交互的信息内容是单一的，缺乏互动性。目前航空公司与机场方面进行的信息交互基本上仅涉及停机位的安置和 GPU 的使用，而公司同空管方面则主要是航线和飞行方式等问题。

3. 资金及技术合作问题

航空公司无论更换机型、采取发动机性能改造或加装翼尖小翼等技术性措施，还是对发动机与机身进行清洗都会消耗巨额资金。国货航方面表示，现在使用的不少机型均是老旧机型，不仅耗油量大而且替换成本高，因此在开展节能减排工作时会直接面临资金方面的巨大困难。祥鹏航空表示，水洗一台发动机成本在 2 万元左右，而加装翼尖小翼则要花费近 90 万美元。东方航空则表示考虑借助技术合作机制，让合作方提供资金支持或更先进的技术合作来弥补前期减排项目中的投入。

(三)空管节能减排存在的问题

与机场和航空公司相比，空管部门在节能减排方面存在的问题最为突出。这也是本次调研过程中，空管单位反复提及的问题和困惑所在。

1. 减排激励措施缺失，减排意识不强

空管部门的角色更多是保证飞行的高效与安全，人们通常会很容易将空管与流

量管控联系起来，却甚少考虑空管与行业节能减排之间的关系。相应地，在政府和局方制定节能减排政策与指导意见的过程中，空管方面缺乏明确的节能减排指标与激励措施。对于缺乏节能减排内驱力的空管，节油量与碳减排量目前还只是副产品，减排成果都体现在航空公司和机场，没有对空管人员的奖励。同样，管制员在使用 PBN 时，也很少将其与减排效果相结合，说明减排理念的宣传还不到位。

2．与其他单位协调的问题

空管方面与机场和航空公司的信息交换多限于基于 CDM 系统的有关气候、飞行路线、可用临时航线等信息的发布。而与军方的协调也仅限于航线航路等空域资源释放与使用问题。信息的发布均为单向，缺少其他各方的配合。

3．工作负荷大，新管控技术缺失

随着飞行量的急剧增加，我国管制人员数量明显不足，各地区管制员普遍反映工作负荷大，这也直接影响到空管部门在节能减排工作上人力的投入。与此同时，部分机场仍在使用传统的程序管制，较大的程序管制间隔成为机场容量的瓶颈之一，运行效率受到限制，导致同一时间段前往统一程序管制机场的航空器受到速度限制或进行必要的机动飞行以满足间隔要求。因此，新的管制技术，特别是流量管理系统构建上的新技术，还有待进一步开发与推广。

七、对我国民航业节能减排工作的启示

通过对 18 家民航单位在节能减排工作中所开展的实际减排工作及其存在的困难与问题进行分析，可以看出，我国民航业在节能减排工作上还有很远的一段改进路程，并存在很大的提升空间，而这种空间并不是单纯体现在新技术的开发应用上，更多是体现在管理、组织架构与政策方面。

（一）建立完备的管理体系

尽管 18 家调研单位中有 8 家已经成立了节能减排小组，但是小组的工作模式均较为随机且未配备专门的工作人员，目前民航业的节能减排工作更多的还只是停留在局方推进的层面。这种情况下，建议民航局建立一个全行业的节能减排管理体系，将管理手段和执行方式制度化、规范化。同时，实现行业节能减排审计考核与监督机制的配备与完善，使行业的节能减排工作能够自上而下形成一个完整的监管体系。

此外，针对当前行业普遍存在节能减排内驱力不足的现象（调研反映出只有航空公司在降低油耗工作上最为积极），建议在所有民航单位制定相关的激励机制，提升减排动力。

（二）构建节能减排标准体系

无论机场还是航空公司都表示在节能减排工作上出现的最大问题是，无法准确

计算能耗量，无法对节能减排指标进行分析。当前行业基本采用的是“万吨标准煤”或“吨公里数”的方式进行统计，但是由于影响能耗的因素太多，特别是各地气候特点、油水电气等的价格均不同，所以采用全国统一的节能减排指标存在明显的不科学性，且缺乏现实可行性。

民航局可以根据地区的实际情况针对节能减排标准量计算影响因子给出指导性意见，同时建议对各地各民航单位进行节能减排量的强制量化统计与评估，形成以年为单位的能耗和减排数据库，以便于在统计一段时间后找到最低能耗点和最大减排值，从而方便制定长期的减排指标。

(三)准确定位空管节能减排角色

目前，在民航业空管方面对于自身的节能减排角色定位最边缘化，基本上均将节能减排工作视为附加产品,这也就决定了空管单位在节能减排上缺乏主动性(航空公司则反映迫切需要与空管在节能减排方面的协调合作)。而空管单位在节能减排上不够重视是因为政策的缺乏。在整个民航业中，空管单位基本不涉及节能减排上的硬性指标限制，产生节能减排效果也不会用于激励，且局方对于空管部门的节能减排项目申请未表现出政策倾向性。尽管空管在航线/航路优化以及流量管控过程中能够很明显地起到节能减排的作用，但因政策引导问题使其失去了节能减排工作中的积极主动性。

民航局可以在减排工作的调整过程中重新定义空管的节能减排角色，在相应项目的资助方面，对空管节能减排技术的选用与实施给予倾斜，激发空管在行业减排工作中的积极性、主动性。

(四)增进部门间协作

正如《联合国气候变化框架公约》中对碳排放无疆域限制的认识一样，民航业应认识到节能减排工作也不能依靠某一个部门独立完成。在整个调研过程中，各单位之间在节能减排方面进行的数据交换几乎为零,有些单位甚至内容交流也比较少。各方在减排工作中相互隔绝，这不仅造成了能源技术和资源的重复浪费，还在很大程度上限制了整个行业的节能减排进程。

局方可以通过民航机场能源联合会等方式为民航各单位各部门提供沟通平台，定期进行全国性或地方性的节能减排经验交流，相互学习的同时，促进新理念、新技术的推广应用。

此外，局方在管理上可以对节能减排工作进行统筹安排，各部门依据自身能耗重点进行减排，以共同享受节能减排利益、共同承担相应后果的方式促进部门间的合作，最终实现真正意义上的全行业节能减排。

附录B　我国民航业节能减排实施情况调研(2015)[①]

摘　要：本次调研选取了地域与规模不同的航空公司和机场共9家单位，主要目的在于了解各航空公司和机场单位在节能减排方面的进展情况，收集各调研单位在“十二五”期间节能减排工作中的资金投入、能耗、指标分解、项目申请和完成情况、碳市场参与情况等数据，以及各单位“十三五”期间的节能减排计划。

关键词：管理框架；能耗指标；绩效考核；碳交易；减排技术；“十三五”节能减排规划

一、调研背景

国务院2012年印发的《节能减排“十二五”规划》中指出，国家节能减排的总体目标是到2015年全国万元国内生产总值能耗下降到0.869吨标准煤(按2005年价格计算)，比2010年的1.034吨标准煤下降16%。“十二五”期间实现节约能源6.7亿吨标准煤。针对行业具体目标，国务院要求民航业单位运输周转量能耗由2010年0.450千克标准煤/吨公里下降到0.428千克标准煤/吨公里，而且在交通运输节能方面，民航需实施机场和地面服务设备节能改造、地面电源系统代替辅助动力装置推广等措施。争取在整个交通行业于“十二五”期间形成100万吨标准煤的节能能力。

针对国务院在“十二五”规划中对民航业在节能减排方面提出的要求，中国民用航空局提出能源节约和污染排放控制取得明显成效，吨公里能耗和二氧化碳排放量五年均比“十一五”下降3%以上，新建机场垃圾无害化及污水处理率均达到25%的明确目标。

2014年11月，距离“十二五”结束还有一年左右的时间，中美两国元首就加强双边、地区和全球会谈层面合作达成多项共识，并共同发表了《中美气候变化联合声明》，公布了2020年后各自应对气候变化行动目标。美方承诺到2025年努力减排28%，中方则承诺2030年二氧化碳排放达到峰值且将努力达到峰值，并计划到2030年非化石能源占一次能源消费比例提高到20%左右。

为确保民航业“十二五”规划目标的实现，同时为保证局方在“十三五”规划中能够合理提出下一个五年节能减排工作的目标，并积极在实现国家减排目标过程中做出贡献，2015年1月底至2月中上旬，课题组受中国民航局委托，对长沙、厦门、上海、昆明、四川等5地的9家机场和航空公司进行具体的节能减排调研访问，

① 调研对象：湖南省机场管理集团(简称湖南省机场集团)、厦门高崎机场、厦门航空有限公司(简称厦门航空)、东方航空、上海机场集团有限公司(简称上海机场集团)、春秋航空股份有限公司(简称春秋航空)、云南省机场集团有限责任公司(简称云南省机场集团)、四川航空股份有限公司(简称四川航空)、四川省机场集团有限公司(简称四川省机场集团)。

调研时间：2015年1月29日～2015年2月10日。

以期通过对这些特色机场和航空公司的调研来了解“十二五”规划目标的达成度，各单位在节能减排工作开展中面临的具体问题，以及下一步的工作方案和目标。

二、节能减排管理架构设置情况

本部分针对调研机场和航空公司在节能减排工作中的管理架构进行分类介绍。

(一)航空公司节能减排管理框架

根据民航局相关文件的统一要求，我国各大航空公司基本都设立了专门负责节能减排事务的领导小组，组长通常由公司最高领导担任，小组成员由各部门主要负责人担任。在领导小组下设立具体的节能减排管理办公室，负责具体事务的上传下达和沟通协调。办公室的工作人员负责将节能减排具体工作分工至各主要能源消耗部门。整体来看，目前国内航空公司在节能减排管理框架的设置上遵循三级管理模式。

1．东方航空节能减排管理模式

东方航空成立了节能减排领导小组，并通过多种方式将节能减排理念深入公司内部。为保证公司节能减排工作的贯彻有据可循，东方航空下发了《中国东方航空股份有限公司节能减排管理规定(暂行)》。规定很好地确保了公司节能减排工作长期、有效、规范地开展。通过提高能源管理手段全面完成节能减排目标任务，公司正逐步向可持续发展模式转型。

东方航空节能减排管理模式见图 B-1。

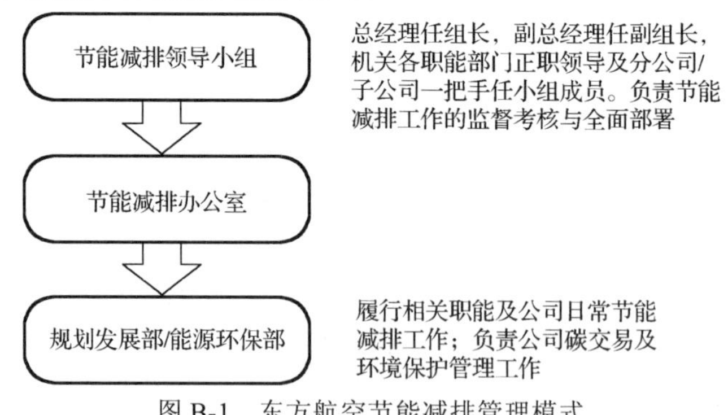

图 B-1　东方航空节能减排管理模式

此外，东方航空建立了能源三级管理网络体系，形成了从公司职能部门、各二级单位管理部门、岗位管理人员的三级管理网络模式。

2．四川航空节能减排管理模式

四川航空以坚持节能环保，建设资源节约型和环境友好型民航的理念为指导思想，将节能减排工作写入公司规划并大力开展相关工作，设立节能减排小组，形成节能减排三级管理模式，如图 B-2 所示。

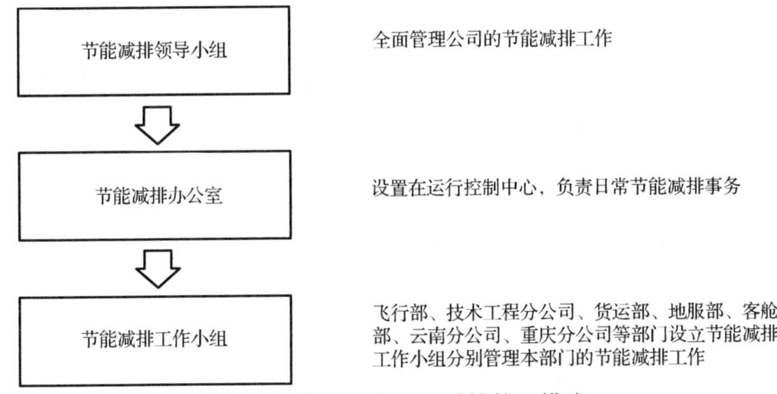

图 B-2　四川航空节能减排管理模式

四川航空节能减排管理工作不仅从事相关项目的审批，还积极开展数据的收集整理，形成固定的汇报机制。同时四川航空还将节能减排资金的使用管理制度纳入公司政策性补贴管理暂行办法，规范补贴的申报、使用和管理；设立节能减排专项奖励资金，由节能减排领导小组和计划财务部对资金进行管理，用于奖励在节能减排工作中做出突出贡献的单位和个人。

3．春秋航空节能减排管理模式

春秋航空自 2008 年成立“春秋绿色环保委员会”，依据《上海市节约能源条例》第五十四条的规定，设立能源管理岗位，明确能源管理机构，并履行备案手续，如图 B-3 所示。

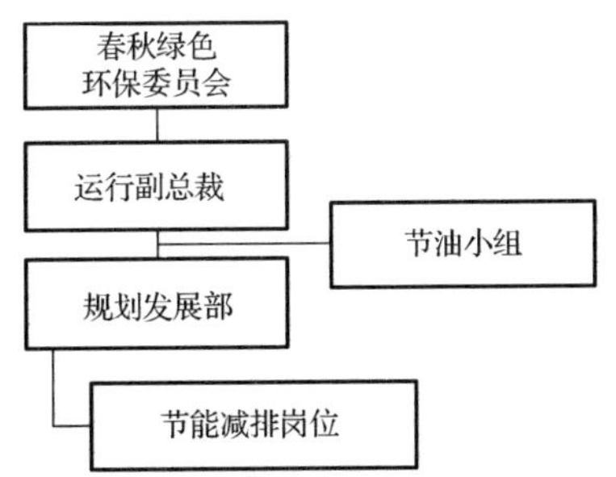

图 B-3　春秋航空节能减排管理模式

公司的规划发展部除了负责常规的节能减排管理工作，还负责编制《春秋航空能耗统计与分析》，按月总结能耗使用情况。以数据的形式展现公司能源消耗情况，在很大程度上方便了能源统计工作。同时，公司还通过激励手段鼓励飞行员节油。春秋航空不仅设置了对飞行员节油操作的奖励，还对机务维修、运行控制、地面保障等部门制订了严格的节油规章制度。这些规章制度的贯彻执行不仅很好地保证公司节能减排工作的贯彻落实，还更好地树立春秋航空在我国低成本航空市场的地位。

4．小结

可以看出，目前国内航空公司基本上都是遵循三级管理模式进行节能减排工作的管理与运行。不仅依据民航局相关文件制定了符合各部门发展的规章制度，还积极将能源节约与员工的奖惩挂钩，最大限度推动节能减排理念在公司的形成。但是受调研的航空公司均表示除了个别岗位设置了专职人员进行节能减排管理工作，大部分航空公司还未能在每个相关部门都设立专职/兼职岗位。

(二)机场节能减排管理框架

1．上海机场集团节能减排管理模式

上海机场集团的调研，所有相关问题主要围绕上海浦东国际机场和虹桥机场进行。为积极贯彻落实上海市及民航局“十二五”节能减排规划的相关要求，上海机场集团的工作以提高能源利用效率为核心，强化目标责任管理，不仅形成了科学的运行管理机制，还积极与高校合作开展相关课题的研究，如图 B-4 所示。

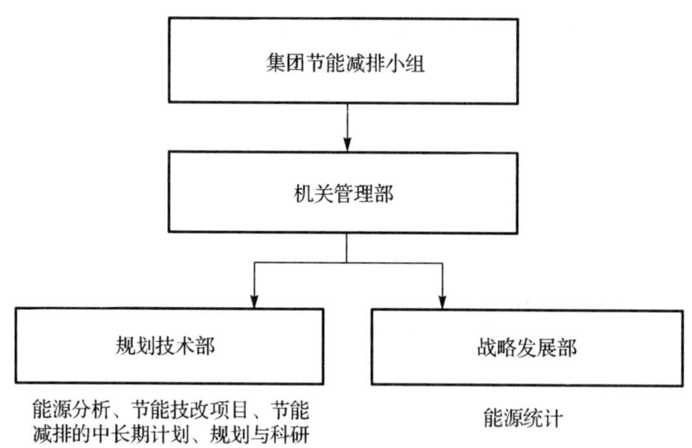

图 B-4　上海机场集团节能减排管理模式

上海机场集团公司始终坚持精细化管理思路，研究制定集团公司“节能环保三年滚动发展专项规划”和落实“十二五”节能指标细化行动方案。同时，上海机场集团公司每年年初对主要下属单位下达年度能耗考核指标，并纳入该单位年度绩效合约，在每年年末进行考核，并根据考核结果进行奖惩，确保节能减排指标得到分解落实。这些管理方式充分保证了上海两家机场每年能够按照民航局和上海市政府设定的指标完成节能减排任务。

2．四川省机场集团节能减排管理模式

2012年，四川省机场集团列入国家发改委等部委《关于印发万家企业节能低碳行动实施方案的通知》中的重点节能企业。在快速推动航空运输业务发展的同时，四川省机场集团认真贯彻落实国家“十二五”节能减排方针政策，制定了集团自己的“十二五”规划，明确集团“十二五”期间的节能减排目标，并设立节能减排工作小组，保证各项工作落实，如图B-5所示。

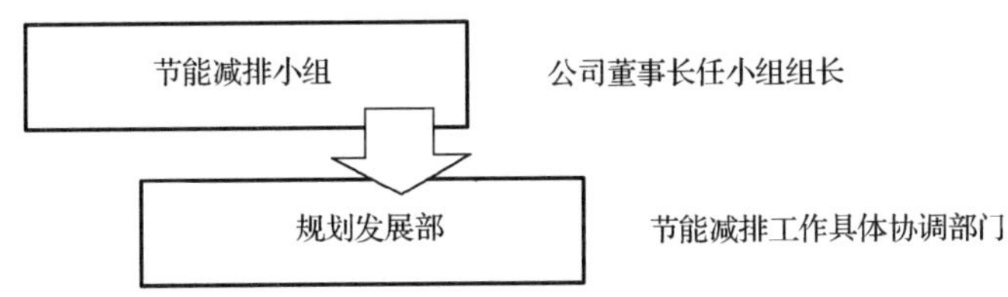

图B-5　四川省机场集团节能减排管理模式

同时，四川省机场集团还加强了能源计量管理制度建设，制定并印发了水、电、气等计量管理规定和节能、节水管理规定，并纳入集团质量管理体系。特别加强了对集团控股的机场股份公司等重点单位的耗能分析，形成月度、年度能耗分析报告和重点用能单位能源利用情况年度报告。

3．云南省机场集团节能减排管理框架

昆明长水机场的运行状况一直受到课题组的高度关注。机场运行时间较短，在其节能减排的数据统计与审核方面目前还不充分。但是由于新机场在初建时就充分考虑了节能减排方面的工作，所以节能减排架构设置更为完备，通过不同层级进行管理，各级有不同侧重。

(1)集团层面，节能减排归口部门在集团战略发展部创新研究中心。目前集团已在起草节能减排工作管理办法。

(2)机场层面，成立了机场节能减排领导小组，由机场领导担任组长。动力能源部作为昆明机场节能减排工作的归口部门。

(3)部门层面，动力能源部节能减排工作由节能减排办公室负责部门的节能减排管理。

目前集团的节能减排工作已经正常开展，而且昆明长水机场能耗总量指标已纳入机场组织绩效考核中。集团发布了《节能减排考核实施细则》，对机场五个能源消耗重点部门(动力能源部、机电设备部、信息技术部、运行保障部、物业管理部)实施指标量化考核，其他部门实施节能运行管控方案。

4．厦门高崎机场节能减排管理模式

由于2013年厦门空管组织机构的调整，厦门高崎机场依据《厦门国际航空港节能减排管理制度》和厦门节能减排协会的具体要求形成了自己的节能减排管理模式。

厦门高崎机场在按照三级管理模式进行节能减排工作的同时(图 B-6)，机场的日常工作由公司计量部门每年提供能源利用状况报告，并且对各部门进行能耗指标分解，分解指标会纳入各单位能耗考核范畴。为保证集团公司能够更好地完成厦门市以及民航局的节能减排要求，集团鼓励员工在节能减排工作中集思广益，想法子、出点子，各分公司、各部门会将班组及个人较好的节能建议纳入个人月度绩效考核奖励。厦门高崎机场已经形成较为成熟的节能减排管理模式。

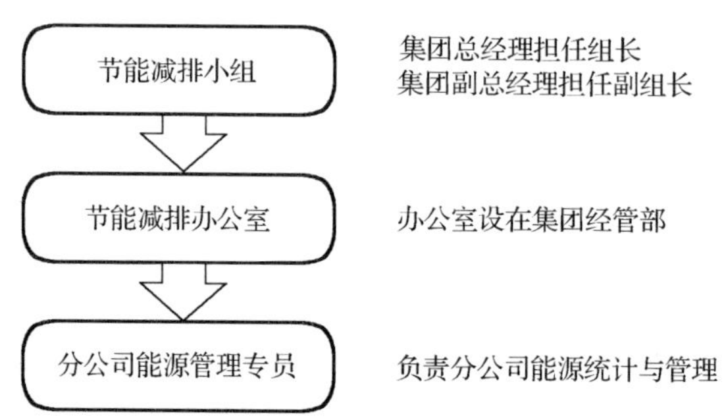

图 B-6　厦门高崎机场节能减排管理模式

5．湖南省机场管理集团节能减排管理模式

与之前几家机场集团相比，湖南省机场管理集团在节能减排管理工作上更为细致，不仅设立了从集团层面的节能减排小组到集团下设的机场管理部再到具体能耗部门(图 B-7)的三级管理模式，而且针对不同节能减排项目，集团设置了不同的归口单位。例如，机场航站楼的用能结构问题直接由航站楼管理部负责；航站楼的供冷制热及能耗监测等工作则由机场能源部管理部负责。这种既有宏观管理，又有细化管制的节能减排结构恰到好处地促进了长沙黄花机场等分公司在节能减排工作上的长足进步。

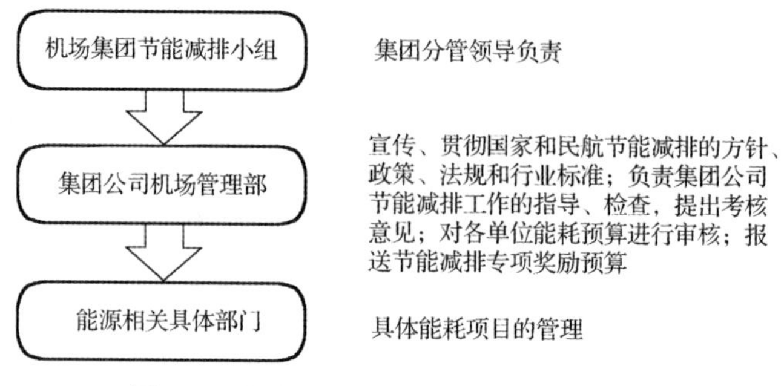

图 B-7　湖南省机场集团节能减排管理模式

集团已经将能耗、能效等节能减排具体指标纳入公司的考核范围，为保证考核工作的顺利进行，集团还制定了《湖南省机场管理集团有限公司节能减排考核奖励办法》(试行)，将能耗量纳入年度考核及专项考核。不过在专职人员的设置上，目前整个集团内只有计量部门安排了专职节能减排工作人员。

6．小结

基本上所有受调研的机场单位都设立了节能减排三级管理模式，但是与航空公司进行节能减排管理工作的主要目的在于节油不同，机场方面的重点在减排。因而与航空公司的节能减排工作相比，机场的节能减排工作需要更大的推动力和更多的激励措施。作为窗口单位的机场在进行节能减排工作的过程中需要继续完善管理规范，并提升节能减排专职人员的数量。

三、碳市场跟踪情况

在全球经济快速转型的今天,环境问题已经不可避免地和经济发展联系在一起。在国家积极推行经济可持续发展的理念下，绿色经济的发展势头已不可抵挡，中国全面推进碳市场的工作势在必行。

出于上述考虑，课题组在进行行业调研时，在问卷中重点关注了各单位有关碳市场跟踪方面的情况。综合来看，根据对碳市场的关注程度，调研单位主要分为两类。

(一)观望+学习

在此次受调研的所有机场和航空公司中，四川航空、四川省机场集团、云南省机场集团、厦门高崎机场和湖南省机场集团均表示未进行碳市场方面的跟踪与交易。不过在会谈中，四川航空和厦门高崎机场均表示如果后续节能减排工作需要在这一方面进行参与，则会仔细考虑具体职能部门的设立等工作。

整体来说，这些单位对于碳市场的概念还处于模糊状态的原因有以下三点。

(1)国家和地方政策。2011 年 10 月，国家发改委办公厅发布了《关于开展碳排放权交易试点工作的通知》，批准北京市、天津市、上海市、重庆市、湖北省、广东省及深圳市成为我国碳市场的首批试点。因此未参加碳市场交易、非试点城市的单位对此关注度不够，不能做到未雨绸缪。

(2)市场机制。尽管目前国家碳市场的试点推行工作已经进行六年，但是行业内对于碳市场具体该采取何种机制尚无定论。而国内目前已经参与碳交易的企业基本遵循当地的政策。目前我国碳市场不成熟，这些导致行业内不少单位采取观望态度。

(3)企业认知。虽然在调研过程中基本上所有的调研单位都表示对于节能减排理念的理解和对国家以及民航局积极推行节能减排工作的支持，但是实际上大部分单位对这一概念的理解都局限在经济效益方面。相应地，在参与碳市场与否以及如何参与问题上，企业首先考虑的必然只是经济成本和经济效益。在这种认知驱动下，企业无法明确了解国际国内碳排放相关的宏观政策走势，无法全面认识碳市场交易问题。

（二）支持+参与

由于上海市是国家第一批碳市场试点城市，所以课题组在针对碳市场问题调研时，公司位于上海的东方航空、春秋航空和上海机场集团均表示从 2011 年起已经逐步按照上海市政府的相关规定积极参与碳市场工作。受访的三家单位均表示碳市场的推行有利于公司碳排放额度的实时统计与关注，从而在很大程度上间接协助单位节约能源。

不过，所有已经参加碳交易的单位对于后期碳排放额度的分配表示担心。因为机队的更新、机场的改扩建等很容易导致行业单位碳排放额度超标，这将给公司造成巨大的经济负担。

（三）小结

国内环境问题的日益严峻以及公众对自身健康的日益担忧引发了我国公众环保意识的加强，同时来自国际组织与国家的减排压力都将直接促进全国碳交易的进行。当前民航业需要快速形成一套属于自己的科学、可行、可信的温室气体排放报告与核查机制，为未来参与碳排放交易机制做充分的准备。

四、节能减排新技术的采用情况

针对节能减排新技术的采用情况进行交流时，排除了新型飞机及发动机引进等手段。本部分汇总了所调研的航空公司和机场使用的主要节能减排新技术。

（一）航空公司节能减排新技术

对于航空公司，飞机运行过程中的耗油量占到公司总耗油量的 98%～99%，用油成本占到总运营成本的 30%～40%。因此，与空管部门和机场相比，航空公司在节能方面内部动力最强。不过，依据我国国内技术现状，航空公司从飞机技术方面能够进行的节能空间实际上是有限的，这种有限不仅指节能空间的受限，更指节能实际技术和成本上的受限。

为保证所调研的航空公司具有代表性，本次调研选取了大中小三种不同规模的航空公司，分别了解不同规模的航空公司在节能减排工作中的技术使用情况，如表 B-1 所示。

表 B-1　航空公司节能减排技术使用情况一览表

序号	航空公司	采用的技术	实施情况
1	东方航空	提前淘汰老旧飞机	2010 年以来，东方航空将老、旧、杂、少的飞机进行处置，先后出售 63 架飞机，计划最终形成仅拥有宽体机 4 种、窄体机 5 种、货机 2 种的结构，这将大大提升公司规模效应和运营效率，也将明显提高飞机燃油效率，降低单位耗油量
		能耗实时监测平台	采用上海市市级监测平台，最终将建设成集建筑能耗监测、移动源(车辆、飞机)能耗监测、环境(空气、排污)监测于一体的集团层面监测平台。主要功能：实时采集；分类分项计量；数据远程传输；能耗汇总分析；数据展示；能源管理等
2	四川航空	鲨鳍小翼	机队现共有 19 架装有鲨鳍小翼的飞机，为节约单位能耗、降低维修成本、提升航空器运营性能，公司计划此后新引进的 A320 系列飞机均选装鲨鳍小翼
		企业内部管理体系(ERP 系统)	公司机务方面在探索建立统一的 ERP 系统，该系统是在信息技术的基础上，以系统化的管理思想，为企业决策层及员工提供决策运行手段的管理平台。ERP 系统将从维修计划到航材采购的整个机务运行环节集成为一个闭环。目前该项目还处于前期调研阶段
		电子飞行包(EFB)	公司 A330 机型已实施完成 EFB 项目，现阶段公司 A320 机型 EFB 项目准备在 2015 年 2 月下旬开展内部测试工作，争取后续在公司两个分公司和五个运行基地全面推广 A320 机型 EFB 项目
		九寨机场视频监控项目	实时掌握外场机场的天气实时状况，降低航班延误率，节约燃油。公司将持续关注该项目的功能升级
3	春秋航空	平视显示器(HUD)	—
		卫星通信(SATCOM)	—
		Jeppesen 飞行计划软件	—
		绿色滑行(EGTS)	—
		合同能源管理	—

尽管东方航空、四川航空和春秋航空在国内属于不同规模的航空公司，且春秋航空所走的是低成本航空的路线，但是从这三家公司所采取的技术改进措施与项目可以看出，目前航空公司采用的节能减排技术措施主要集中在两个方面：①飞机节能技术(如更换机型、减重、更新机身设计等)；②电子管理系统的升级(建立电子管理平台、实施电子化实时能耗跟踪技术等手段)。

根据目前我国的技术发展水平，在飞机减排技术方面的优势并不明显，很多技术都受限于欧美等国家的航空器和发动机制造商。短期内我国航空公司在节能减排方面如果需要取得更大的突破，则需要从管理入手，不仅电子网络管理平台要紧紧跟上步伐，实体管理机构与监督机构的设置等也要同步，不能简单依靠航空公司单方面的力量，还要与机场和空管部门进行合作，才能实现航空公司最大限度的减排效果。

(二)机场节能减排技术和项目

打造绿色低碳机场已经成为全球机场的奋斗目标。近年来，我国民航业在绿色机场的资金和技术投入上也在不断加大。机场属地化的特征决定了不同地区采取的节能减排技术以及相应技术的实施效果会有所不同。为保证调研数据的可信度，课题组选取了我国不同地域与规模的机场，通过地域差异和机场规模等分析我国机场节能减排技术及相关项目的实施情况。

相对于航空公司所采用的节省燃油的措施，受调研的机场单位均将工作重点放在减少以电能为主的能源消耗上，更确切地说，机场单位的工作重点在于节约能源以及节能带来的减排效果。所有受调研的机场单位均表示通过技术上的改进，如灯具改造、太阳能等清洁能源的使用、多联供系统的启用、空调系统的改装等，机场单位每年都能够取得很明显的节能减排效果(表 B-2)。

表 B-2　调研机场节能减排技术使用情况

<table>
<tr><th>序号</th><th>机场单位</th><th>采用的技术</th><th>实施效果</th></tr>
<tr><td rowspan="4">1</td><td rowspan="4">上海浦东机场
上海虹桥机场</td><td>灯具改造</td><td>每年可节约 212 吨标准煤</td></tr>
<tr><td>浦东机场 T1 航站楼停车库液压梯改造</td><td>每年可节约 103 吨标准煤</td></tr>
<tr><td>虹桥机场西区能源中心加装太阳能系统</td><td>每年减少二氧化碳排放量 137 吨</td></tr>
<tr><td>浦东机场部分区域照明、空调系统实施节能改造</td><td>改造后该区域总电功率预计下降约 100 千瓦</td></tr>
<tr><td rowspan="4">2</td><td rowspan="4">四川省机场集团</td><td>动力站凝结水泵改造、计量装置检定轮换、第一跑道南灯光站调光器节能改造、第一跑道助航灯光隔离变压器节能改造、飞行区高杆灯、灯具、线路节能改造等一批节能减排改造</td><td>年节水 4230 吨、节能 303 吨标准煤</td></tr>
<tr><td>T2 航站楼共建设 46 条登机桥的桥载电源和空调设施</td><td>实现了机场年节能 1.1 万吨标准煤，项目年减排碳氢化合物 21 吨、一氧化碳 366 吨、氮氧化合物 86 吨的节能效益</td></tr>
<tr><td>完成集团权属范围的办公保障区 18081 套灯具改造</td><td>实现了机场集团节电 585 万千瓦时，节电费 551 万元的节能效益</td></tr>
<tr><td>桥载电源设备改造、节能照明改造、再生水回用和运输及装卸设备动力改造</td><td>相关项目已经进入设计和实施阶段</td></tr>
</table>

续表

序号	机场单位	采用的技术	实施效果
3	云南省机场集团	供暖燃气保障项目	2014年冬季(11月15日～12月31日)使用燃气58.21立方米，与2013年同期使用的76.31立方米相比下降了18.1立方米，并减少了二氧化碳排放量
		能源中心冷源系统维护	2014年，能源中心冷源系统节约电能约393.9万度(1度=1千瓦时)，实际节省费用为285.9万元
		航站楼扶梯及自动步道节能改造项目	已完成81台的改造工作
		智能照明系统节能项目	通过节能策略,系统耗电量已由2012年平均3.15万度/天优化至2014年的平均2.49万度/天
4	厦门高崎机场	T3航站楼桥载电源改造	已完成效果分析，待具体实施
		T4航站楼桥载电源及静变电源的节能效果跟踪分析	效果分析正在进行中
		翔安新机场分布式电源系统、燃气发电系统	跟踪研究中
5	湖南省机场集团	使用节水、节能器具；淘汰老旧高耗能产品；实施油改气；多联供、桥载设备替代APU；污水处理站	降低了航空公司燃油消耗和运营成本，减少了废气排放和机场噪声
		引入天然气项目，铺设8500米输气管，直接引入天然气	“油”改“气”一项，每年可节约运行费用300万元
		引入多联供项目	为机场节省投资约5000万元
		太阳能光伏发电	自2012年9月投入使用以来，平均每天发电329度，按使用年限25年计算，总发电量约为300万度，节约1000吨标准煤，减少二氧化碳排放2620吨，减少二氧化硫排放8.5吨

1．照明系统减排技术

由于机场单位的照明用能占总能耗的比例最大，所以在“十二五”期间针对民航业节能减排提出具体要求之后，各机场单位已经开始重视照明系统节能工作的推进，不过目前调研单位基本都还停留在“更换节能灯具”的阶段，还没有充分认识照明系统节能管理能够起到的巨大作用与开发潜力，减排空间有待进一步提升。

2．智能楼宇监控系统

机场在减排工作推进过程中普遍采用的智能楼宇监控系统也都处在逐步完善之中。智能楼宇监控系统主要是对建筑物耗电、耗水、耗气量以及供冷供热量等进行实时测量与记录，不但为相应的节能方案提供数据支持，还能够为单位进行能耗与绩效考察提供数据参考。不过，当前很多机场单位的楼宇建成年份较早，进行楼宇改造成本相对较高，因此大部分调研单位都表示具体的智能楼宇监控系统都会在新建成的大楼内实施，而较早建成的办公楼等将继续维持原来的人工监控能耗量的状态。

3．油改电项目

局方进行油改电试点的六家机场单位(北京首都机场、成都双流机场、昆明长水机场、长沙黄花机场、哈尔滨太平机场、厦门高崎机场)，都在课题组的调研机场名单中(2014 年调研了首都机场、长水机场、太平机场三家，本次调研了另外三家)。

具体来说，油改电项目就是将机场区域内运行的牵引车、客梯车、机场摆渡车、引导车、行李传送车、升降平台车、行李拖车头、叉车和贵宾车等特种车辆逐步替换为电能驱动的新能源车辆。由于我国机场区域有限、边界清晰、管理集中等特点，加上现有的以纯电动车为主的新能源汽车产业技术的升级与发展，在机场内实施油改电项目是可行的，且具备较大的减排潜力。

不过，当前我国机场油改电项目还处于试点阶段，能否取得预计的减排成效，能否为机场及周边社区环境改善做出贡献以及做出多大贡献等问题都还需要进一步的观察与论证。

除了上述三类主要减排技术的应用，受调研的几家机场单位根据各自的经济、环境、政策要求等因素，还进行不同技术类型的减排，并在积极申请减排项目。整体来说，所有受调研的机场单位均表示当前减排工作已经在积极开展与推进中，新技术的使用在很大程度上加速了减排工作的进度。但是同时受调研的机场单位也表示由于气候、地理位置的不同以及客流量的不同，相同时段内，不同地域不同规模的机场在能耗上有很大区别，即便采用相同减排技术，上述因素的干扰也会产生不同的减排效果。例如，厦门高崎机场和昆明长水机场在采暖方面的需求就远低于其他受调研机场单位。从技术的角度来说，需要各地方政府和机场单位根据自身气候状况，采用适合本地区气候条件的节能减排技术，实现最佳减排效果，切忌一刀切。

(三)小结

航空公司和机场单位在节能减排工作上的成绩与进步非常明显，但是在技术上受到的限制也是不言而喻的。如果需要进一步推进行业在技术上的节能减排成果，则政府方面不仅需要继续履行好在制度保障、宏观指导、政策扶持等方面的职责，还需要积极通过资金补贴、人才技术引进等方式推动技术实力的发展，从而提升国家核心竞争力，突破《京都议定书》附件——国家对广大发展中国家的技术封锁。

同时，从这些机场和航空公司已经采取的新技术措施和实施效果，我们还要看到，这些措施不仅对成本投入要求很高，而且成本回报周期长、潜在风险持续存在。因此，这些措施对于当前正在经历经济转型期的中国来说也是一种“环境负担”。政府层面应当充分利用自身在政策管理上的优势，积极通过法律法规制度建设等协助企业不断完善节能减排管理方式和手段，从节能减排管理上寻求突破。

五、各单位对民航局制定“十三五”规划的建议

通过对当前国际民航业节能减排工作的整体趋势、对我国民航业的发展历程、对行业“十二五”期间在节能减排工作中取得的成绩与问题进行分析，可以推断出，在未来五年，即接下来的“十三五”期间，我国民航业节能减排依旧是强度目标和总量目标双重考核。

为了给局方“十三五”规划的制定提供建议，本次调研过程中，课题组专门设计了结合“十二五”期间节能减排工作中出现的问题，各单位对行业节能减排工作有什么意见与建议这一问题。针对该问题，所有调研单位都给出各自的回答。

(一)项目补贴

项目补贴是国家针对不同能耗部门提出的激励性措施，为保证各企业在减排方面的积极性，政府除了通过直接给相关单位节能减排专项资金补贴，还通过合同能源管理的形式来对实施节能效益分享型合同能源管理项目的节能服务公司进行支持。其范围包括工业、建筑、交通等领域以及公共机构节能改造项目。

不过，调研过程中所有的调研单位均在不同程度上表示现有的资金补贴不仅在支持力度上不够，还在资金补贴的连续性上不够。

调研单位中，东方航空就表示在过去几年内通过加快转型战略升级，加大淘汰和退租老旧飞机的力度，目前在减排上已经取得明显的成效。但是更换机型对于航空公司来说投资过大，而目前局方也没有针对提前淘汰老旧飞机的相关补贴，东方航空希望局方能够在“十三五”规划中考虑加大资金补贴的范畴。

四川省机场集团也表示希望局方能够在“十三五”规划中加大对已审批项目的补贴力度和项目的资金来源。依照现行国家补贴原则，节能减排类项目只可申请一次补贴，单一项目补贴上限不超过1000万元，这样机场集团在融资和补贴申请的渠道上就受到很大限制。因此，希望国家发改委能够协调相关部门，放宽补贴限制，增加补贴渠道。

结合各单位意见，针对项目补贴，建议局方在“十三五”规划制定过程考虑采取“滞后”补贴的方式。民航企业单位可以自主决定相应节能减排项目是否可行，是否必行，然后自主投资；局方通过衡量项目最终实现的实际节能减排量来给予不同额度的补贴。对于经验证确实可行，但是单位资金支持能力有限的项目，局方可以考虑事先“贷款”给该项目，在项目验收完成后再根据实际减排效果进行具体补贴额度的计算。

此外，各单位建议撤销“一次性补贴”，鼓励各单位申报成果可持续的项目，在验证项目实实在在发挥作用之后，给予“可持续性”补贴，根据项目运行的每一阶段所产生的减排量进行补贴。这样不仅能够刺激民航业内节能减排项目和技术的突破，还能保证资金投入的成本有效性。

(二)统一的管理平台

本次调研目的之一就是对部分之前去过的单位进行回访，如上海机场、东方航空、昆明长水机场，发现这些单位在半年的时间里在节能减排工作上又有了不小的进展，取得了新的成绩。但是还有一部分调研单位的节能减排管理工作甚至还处在初级阶段，对其他兄弟单位所采取的先进的节能减排技术及管理手段都不甚了解。究其原因，主要还在于行业内的交流管理平台缺失。

在调研中，四川航空就表示建议局方能够在“十三五”规划中考虑搭建统一的信息沟通平台，促进航空公司与业内其他单位和部门开展节能减排合作，同时方便内部交流、咨询与合作。春秋航空也表示希望局方能够就碳交易工作建立全国统一的行业碳排放平台体系，以争取民航全行业的整体利益，保证行业内竞争的公平性。

节能减排统一管理平台的建立不仅能够让行业内各单位实时了解行业当前节能减排工作的推进情况、便于进行专家咨询，而且可以通过向同行学习和借鉴来推动节能减排工作，加强民航业界的交流。最重要的是，节能减排统一管理平台的搭建能够给局方提供一个统一的监管与指导平台，便于后续全国统一标准的建立。

(三)节能减排标准的构建

根据《标准化工作指南第 1 部分：标准化和相关活动的通用词汇》中对标准的定义，标准是指为了在一定范围内获得最佳秩序，经协商一直制定并由公认机构批准，共同使用的和重复使用的一种规范性文件。我国民航业节能减排工作的推进尚处于试验推广阶段，加上各地气候等条件差异较大，因此在短期内形成全国统一的行业内节能减排标准的可能性几乎为零。即便形成了全国统一的行业内标准，这种标准也只能是相对较为宽泛的规范。

民航局在制定“十二五”规划时，并未提出明确具体的减排标准，而是表示争取在能源节约和污染排放控制方面取得明显成效，吨公里能耗和二氧化碳排放量五年平均比“十一五”下降 3%以上，新建机场垃圾无害化及污水处理率达到 85%。在全面推进节能减排工作中，逐步建立节能减排目标责任考核体系，实施重点节能减排工程，积极推动节能减排关键技术等基础研究和应用，提高国产化水平。航空公司要利用先进节油技术，优化管理模式，降低各环节能源消耗。机场和空管要切实提高运行管理效率，减少地面和空中燃油消耗与污染物排放。机场建设和运营要积极采用新材料、新能源和节能新技术，减少能源消耗和噪声等环境污染。配合推进生物航油研究和应用①。

---

① 中华人民共和国民用航空局. 中国民用航空发展第十二个五年规划[R/OL].(2011-05-09)[2015-04-25]. http://www.caac.gov.cn/XXGK/XXGK/FZGH/201511/t20151103_10719.html.

针对民航局在“十二五”期间提出的针对航空公司、机场和空管部门的节能减排要求，各单位都在积极推进节能减排工作，然而苦于没有统一量化的减排标准和节能标准，各调研单位均表示在减排过程中缺乏明确的指导目标，标准的制定对于进一步推进行业的节能减排有很大影响。

四川航空在调研过程中指出，希望民航局在下一步工作中能够进一步明确效能评估标准，制定一套节能减排标准体系，用于指导航空公司节能减排项目的立项、实施和数据收集、效用评估等各个环节。四川省机场集团也表示尽管全国都在积极建设绿色机场，但是绿色机场建设暂无标准或体系可遵循，行业或主管部门应该建立推荐的执行标准或强制性执行标准。

全国范围的行业节能减排标准的制定任重而道远，目前我国民航业节能减排的整体工作进程都还处在初级阶段，前期探索还不够充分，贸然制定标准必然会影响到行业的持续发展潜力。为保证行业能够在健康有序的环境下实现绿色可持续发展，建议民航局可以考虑通过对行业内所有单位进行能耗及减排工作统计，要求各单位通过同比的方式，每年减排量达到一个具体的量化目标。同时设立专业技术考核部门，对各单位每年实际减排进展进行监督、考核与认证，并将数据分享至行业内统一的网络平台，供同水平单位依据近三年或近五年的数据制定出符合这一地区的相对较为可行的能耗标准和减排标准。在制定标准时，考虑机场改扩建、机队大量更新等因素。民航局通过几年时间优化具体办事流程，明确行业各阶段任务的整体标准之后，各行业内相关单位方可有据可循，具体减排工作才能更接地气。

六、总结

本次调研是对 2014 年暑期调研的一次补充，同时也是对之前航空公司和机场单位提出的一些主要问题给予反馈。总体来看，行业内各单位能够在思想认识上和实际行动上保持一致，持续不断地改进包括组织架构、技术引进与学习、市场手段的适用等来促进本单位的节能减排。

正如部分调研单位所言，受资金、技术、视野等多重因素的限制，行业内各个独立企(事)业单位在需要统筹协调的节能减排工作中仅靠单兵作战很难发挥更大的作用。希望民航局能够充分考虑各单位提出的意见，在“十三五”规划中继续完善行业内节能减排管理架构的建设的同时，加强对各单位节能减排工作的监督与指导。通过积极的资金支持或/和技术支持增强各单位节能减排的积极性，促进行业节能减排项目的发展，并通过构建统一的交流管理平台，增强行业各单位在节能减排工作中的交流与合作。加大试点推广工作，根据试点结果制定出适合不同区域的节能减排标准和先进值。

附录C　专有名词中英文对照表

英文术语	中文翻译
A National Action Plan for Managing Fresh Resources	国家行动计划之淡水资源管理
A National Fish, Wildlife and Plants Climate Adaptation Strategy	国家鱼类、野生动物和植物气候适应方案
A National Ocean Policy Implementation Plan	国家海洋政策实施计划
Acid Deposition Control	酸性沉积物控制
Act Establishing Yellowstone National Park of 1872	《1872 年黄石国家公园法》
additional impact analysis	额外影响分析
Administration of Environmental and Energy, AEE	环境和能源司
advanced biofuel	先进生物燃料
advisory actions	咨询行动
aerosols	浮质
AGG Conference	绿色机场大会
Air Pollution Control Act of 1955	《1955 年空气污染控制法》
Air Pollution Prevention and Control	空气污染防治
Air Quality Act of 1967	《1967 年空气质量法》
Air Quality Control Areas	空气质量控制区
Airlines for America，A4A	美国航空公司协会
Airport Development Aid Program，ADAP	机场发展资助项目
Airport Improvement Program，AIP	机场改进计划
Airport Noise Management System，ANMS	机场噪声管理系统
alcohol-to-jet	醇制喷气燃料
allowance program	配额制度
AltAir Fuels	阿尔泰航空燃料公司
alternative actions	替代行动
Alternative Fueled Vehicles，AFV	可替代能源车辆
ambient concentrations	环境浓度
American Airlines，AA	美国航空
American Clean Energy and Security Act of 2009，ACESA	《2009 年美国清洁能源与安全法》
American Council for an Energy-Efficient Economy，ACEEE	美国能源效率经济委员会
American Power Act of 2010	《2010 年美国能源法》
American Recovery and Reinvestment Act of 2009，ARRA	《2009 年美国复苏与再投资法》
American Society for Testing and Material International，ASTM International	美国试验与材料协会
ammonia	氨
Area Navigation/Required Navigation Performance，RNAV/RNP	所需性能导航
area sources	区域源

续表

英文术语	中文翻译
Asia-Pacific Economic Cooperation，APEC	亚太经济合作组织
Atomic Energy Act of 1954	《1954 年原子能法》
attainment areas	达标区域
attainment with a maintenance plan	具有维护方案的达标区域
Automatic Dependent Surveillance-Broadcast，ADS-B	广播式自动相关监视
Best Available Control Technology，BACT	最佳可得控制技术
biological oxygen demanding	生物需氧量
biomass-based diesel	生物柴油
Bureau of Economic Analysis，BEA	美国经济分析局
cap-and-trade	总量控制与交易
Carbon Disclosure Project，CDP	碳信息披露计划
Carbon Pollution Standard for New Power Plants	新建发电厂的碳污染排放标准
carbon tetrachloride	四氯化碳
Categorical Exclusions，CE	豁免类别
cellulosic biofuel	纤维素燃料
Center for Climate Change Steering Committee	气候变化指导委员会
Century of Aviation Reauthorization Act	《世纪航空再授权法》
CH_4	甲烷
Chicago Department of Aviation，CDA	芝加哥航管局
Chicago Transit Authority，CAT	芝加哥交通管理局
chlorine	氯
chlorofluorocarbons，CFC	氯氟烃
class I substances	一类物质
class II substances	二类物质
Clean Air Act Amendments of 1977	《1977 年清洁空气法修正案》
Clean Air Act Amendments of 1990	《1990 年清洁空气法修正案》
Clean Air Act of 1963	《1963 年清洁空气法》
Clean Air Act of 1970	《1970 年清洁空气法》
Clean Air Act, CAA	《清洁空气法》
Clean Development Mechanism，CDM	清洁发展机制
Clean Water Act，CWA	《清洁水法》
Climate Change 2013: The Physical Science Basis	《气候变化 2013：物理学基础》
Climate Change Adaptation Planning Working Group	应对气候变化战略规划工作组
Climate Change Science Program，CCSP	气候变化科学项目
Climate Change Technology Program，CCTP	气候变化技术项目
Climate Change Work Plan	应对气候变化工作计划
CO	一氧化碳
CO_2	二氧化碳
Code of Federal Regulations，CFR	《美国联邦法规汇编》

续表

英文术语	中文翻译
Collaborative Air Traffic Management Technologies，CATMT	协同空中交通管理技术
Commercial Aviation Alternative Fuels Initiative，CAAFI	商业航空可替代燃料计划
Common But Differentiated Responsibilities，CBDR	共同但有区别的责任
Concentrating Solar Power，CSP	聚光太阳能热发电项目
Conference of the Parties，COP	缔约方大会
construction permitting	施工许可
Continuous Descent Approach，CDA	持续进近
Continuous Low Energy,Emission and Noise，CLEEN	持续降低能耗、排放与噪声计划
conventional pollutants	传统污染物
Copenhagen Accord	《哥本哈根协定》
Council on Climate Preparedness and Resilience	气候应对与恢复委员会
Council on Environmental Quality，CEQ	环境质量委员会
criteria pollutants	基准污染物
Cross-EPA Work Group on Climate Change Adaptation Planning	环保署适应气候变化规划工作小组
cumulative effects	累积效应
cumulative effects analysis	累积效应分析
Delta Air Lines，Delta	达美航空
Department of Energy Climate Change Adaptation Plan	《能源部气候变化适应计划》
Department of Energy Organization Act of 1977	《1977 年能源部组织法》
Department of Energy Policy Statement on Climate Change Adaption	《能源部适应气候变化政策声明》
Department of Energy，DOE	能源部
Department of Transport Climate Change Adaptation Plan	《交通运输部气候变化适应计划》
Department of Transport Policy Statement on Climate Change Adaption	《交通运输部适应气候变化政策声明》
Department of Transport Strategic Sustainability Performance Plan，DOT SSPP	《交通运输部可持续发展绩效战略计划》
Department of Transportation Act of 1966	《1966 年美国交通运输部法》
dispersion modeling	扩散模型
Earth Science Inc.	地球科学公司
Eco-Skies	生态天空计划
emission offsets	排放抵消
Emission Standards for Moving Sources	移动源排放标准
Energy and Water Conservation and Efficiency Projects	节能节水及能效项目
Energy Conservation and Production Act of 1976	《1976 年能源节约和生产法》
Energy Guide	能源指南标识项目
Energy Independence and Security Act of 2007，EISA	《2007 年能源独立与安全法》
Energy Independence Project	《能源独立计划》
Energy Policy Act of 1992	《1992 年能源政策法》

续表

英文术语	中文翻译
Energy Policy Act of 2005	《2005 年能源政策法》
Energy Policy and Conservation Act of 1975	《1975 年能源政策和能源节约法》
Energy Reorganization Act of 1974	《1974 年能源重组法》
Energy Saving Performance Contract，ESPC	节能绩效合同
Energy Security Act of 1980	《1980 年能源安全法》
Energy Service Company，ESCO	能源服务公司
Energy Star	能源之星
Energy Tax Act of 1978	《1978 年能源税收法》
Environment Management Plan，EMP	环境管理计划
Environmental Council of the States，ECOS	美国国家环境委员会
Environmental Defense Fund，EDF	环境保护基金协会
Environmental Impact Assessment，EIA	环境影响评价
environmental impact categories	环境影响类型分析
Environmental Impact Statement，EIS	环境影响报告书
environmental management systems	流程与环境管理体系
environmental media	环境污染媒介
Environmental Protection Agency，EPA	环保署
Environmental Protection Agency Climate Change Adaptation Plan	《环保署气候变化适应计划》
Environmental Protection Agency Moderated Transaction System，EMTS	环保署调试交易系统
Environmental Protection Agency Policy Statement on Climate Change Adaption	《环保署适应气候变化政策声明》
Environmental Quality Improvement Act of 1970	《1970 年环境质量改善法》
environmental studies	环境研究
EO12902：Energy Efficiency and Water Conservation at Federal Facilities	第 12902 号总统行政命令“政府设施能效和水资源保护”
EO13123：Greening the Government Through Efficient Energy Management	第 13123 号总统行政命令“通过提高能源管理效率建设绿色政府”
European Emissions Trading System，EU ETS	欧盟排放交易体系
Executive Office of the President	美国总统行政办公室
fecal coliform	粪大肠杆菌
Federal Aid Airport Program，FAAP	联邦资助机场项目
Federal Aviation Administration Strategic Sustainability Performance Plan，FAA SSPP	《联邦航空局可持续发展绩效战略计划》
Federal Energy Administration Act of 1974	《1974 年联邦能源局法》
Federal Energy Administration，FEA	联邦能源局
Federal Energy Management Program，FEMP	联邦政府能源管理计划
Federal Energy Office	联邦能源办公室
Federal Energy Regulatory Commission，FERC	联邦能源监管委员会
Federal Implementation Plan，FIP	联邦执行计划
Federal Insecticide Fungicide and Rodenticide Act，FIFRA	《联邦杀虫剂、杀菌剂及灭鼠剂法》
Federal Register	《联邦纪要》

续表

英文术语	中文翻译
Federal Water Pollution Control Act of 1948	《1948 年联邦水污染控制法》
Financing Options	融资方式
Finding of No Significant Impact，FONSI	无显著影响认定书
Fish and Wildlife Coordination Act	《鱼类和野生生物协调法》
foreordained decision	预先做出的决定
Forest Management Act of 1897	《1897 年森林管理法》
Forest Reserve Act of 1891	《1891 年森林保护法》
Forest Service	林业管理局
General Provisions	总则
Global Environmental Affairs Department	全球环境事务部
Gross Domestic Product，GDP	国内生产总值
halon	卤化烃
Hazardous Air Pollutants，HAP	危险空气污染物
HFC	氢氟碳化物
hydrochlorofluorocarbons，HCFC	氢氯氟烷烃
Integrated Gasification Combined Cycle，IGCC	煤气化一体化联合循环
Interagency Climate Change Adaptation Task Force，ICCATF	机构间气候变化适应特别工作组
Inter-Country Joint Mitigation Plan，ICP	国家间协作减排计划
Intergovernmental Panel on Climate Change，IPCC	联合国政府间气候变化专门委员会
International Air Transport Association，IATA	国际航空运输协会
International Civil Aviation Organization，ICAO	国际民航组织
International Energy Agency，IEA	国际能源署
Investigative and Enforcement Procedures	调查与强制执行程序
iron	铁
Kyoto Protocol	《京都议定书》
Leadership in Energy and Environmental Design，LEED	能源与环保设计
Line of Business，LOB	职能机构
Low Carbon Economy Act of 2007	《2007 年低碳经济法》
low NO_x burner technology	低氮氧化物燃烧技术
Lowest Achievable Emission Rate，LAER	最低可实现排放率
maintenance areas	维护区域
major federal actions	重大联邦行动
major source	主要源
major stationary source	主要固定源
margin of safety	安全裕度
Market Based Measures，MBM	基于市场措施
Massachusetts	马萨诸塞州
Maximum Achievable Control Technology，MACT	最大可实现控制技术
methyl chloroform	甲基氯仿

续表

英文术语	中文翻译
Metropolitan Airport Commission	大都市机场委员会
Midwest Airlines Sustainable Biofuel Initiative，MASBI	中西部航空可持续发展生物燃料举措倡议
Mineral Leasing Act of 1920	《1920年矿山租赁法》
Minneapolis-St. Paul International Airport	明尼阿波利斯—圣保罗国际机场
Minnesota Department of Transportation	明尼苏达州交通部
Minor New Source Review permits，minor NSR permits	小型新建源审查许可证
Monitoring, Reporting and Verification，MRV	可测量、可报告和可核查机制
moving source，mobile source	移动源
National Aeronautics and Space Administration，NASA	国家航空航天局
National Airspace System Plan，NASP	国家空域系统计划
National Ambient Air Quality Standards，NAAQS	国家环境空气质量标准
National Climate Action Plan	《全国气候行动计划》
National Emission Standards for Hazardous Air Pollutants，NESHAP	国家危险空气污染物排放标准
National Energy Act of 1978	《1978年国家能源法》
National Energy Conservation Policy Act of 1978	《1978年国家节能政策法》
National Environment Policy Act，NEPA	《国家环境政策法》
National Environmental Performance Partnership System, NEPPS	全国环境绩效合作体系
National Historic Preservation Act of 1966	《1966年美国国家历史保护法》
National Oceanic and Atmospheric Administration	国家海洋与大气管理局
National Park Service	国家公园管理局
National Plan of Integrated Airport Systems，NPIAS	国家机场综合系统规划
National Pollutant Discharge Elimination System，NPDES	国家污染物排放清除系统
National Primary Ambient Air Quality Standards	国家一级环境空气质量标准
National Secondary Ambient Air Quality Standards	国家二级环境空气质量标准
Natural Gas Policy Act of 1978	《1978年天然气政策法》
Natural Resources Defense Council，NRDC	国家自然资源保护委员会
navigable waters	适航水域
NEPA Implementing Regulations	《国家环境政策法执行程序条例》
net air quality benefit	空气质量净效益
New Source Performance Standards，NSPS	新建源性能标准
New Source Review permits，NSR permits	新建源审查许可证
New Source Review，NSR	新建源审查
Newsweek	新闻周刊
Next Generation Air Transportation System，NextGen	新一代航空运输系统
Next Generation Air Transportation System Implementation Plan，NGATS	《新一代航空运输系统实施计划》，2006年正式更名为NextGen计划，“新一代”计划
Nitrogen Oxides，NO_x	氮氧化物
No Action Alternative	无行动替代方案
NO_2	二氧化氮

续表

英文术语	中文翻译
Noise Pollution	噪声污染
nonattainment areas	未达标区域
Nonattainment New Source Review permits，nonattainment NSR permits	未达标区域新建源审查许可证
nonconventional pollutants	非传统污染物
nonpoint source	非点源
Nonpoint Source Management Programs	非点源管理项目
Notice of Construction，Alteration，Activation，and Deactivation of Airports，and Marking and Lighting Recommendations	《机场、标识和灯光的建立、改造、启用或停用建议的通知》
Notice of Intent，NOI	意向通知
O'Hare Modernization Program，OMP	奥黑尔国际机场现代化项目
O_3	臭氧
Objects Affecting Navigable Airspace	《导航空域内障碍物的相关规定》
Office of Administration and Resources Management	行政和资源管理办公室
Office of Air and Radiation	空气和辐射管理办公室
Office of Aviation Policy and Plans	航空政策和计划司
Office of Chemical Safety and Pollution Prevention	化学物质安全和污染预防办公室
Office of Climate Change Policy & Technology，CCP&T	气候变化政策和技术办公室
Office of Electricity Delivery and Energy Reliability	电力供应和能源可靠性办公室
Office of Energy Conservation	节能办公室
Office of Energy Efficiency and Renewable Energy，EERE	能源效率和可再生能源办公室
Office of Enforcement and Compliance Assurance	执法与守法监督办公室
Office of Environmental Information	环境信息办公室
Office of Environmental Management	环境管理办公室
Office of Federal Activities，FAO	联邦活动管理办公室
Office of Fossil Energy	化石能源办公室
Office of General Counsel	法律总顾问办公室
Office of International Affairs	国际事务司
Office of International and Tribal Affairs	国际事务和部族事务办公室
Office of Legacy Management	遗产管理办公室
Office of Noise Abatement and Control	噪声减控办公室
Office of Nuclear Energy	核能办公室
Office of Policy and International Affairs，OPIA	能源部政策和国际事务办公室
Office of Research and Development	研究和发展办公室
Office of Science	科学办公室
Office of Science and Technology Policy	科技政策办公室
Office of Solid Waste and Emergency Response	固体废弃物和应急反应办公室
Office of the Chief Financial Officer	首席财务官办公室
Office of the Federal Environmental Executive，OFEE	联邦环境管理办公室
Office of Water	水资源管理办公室

续表

英文术语	中文翻译
Organization of Petroleum Exporting Countries，OPEC	石油输出国组织
overfiling	联邦代为执行
Pb	铅
permit program	许可证计划
Permits	许可证
PFC	全氟化碳
Planning Grant Program，PGP	规划基金项目
point source	点源
pollutant	污染物
post-hoc rationalization	事后合理化
Power Plant and Industrial Fuel Use Act of 1978	《1978 年电厂和工业燃料使用法》
preconstruction permitting	施工前许可
Prevention of Significant Deterioration permits，PSD permits	预防显著恶化许可证
Prevention of Significant Deterioration，PSD	预防显著恶化
Procedures for Considering Environmental Impacts	考虑环境影响的程序
Procedures for Handling Airspace Matters	应对空域相关问题的程序
Progress Report of the Interagency Climate Change Adaptation Task Force: Federal Actions for a Climate Resilient Nation	《机构间气候变化适应特别工作组进展报告：恢复国家气候的联邦行动》
Progress Report of the Interagency Climate Change Adaptation Task Force: Recommended Actions in Support of a National Climate Change Adaptation Strategy	《机构间气候变化适应特别工作组进展报告：推进全国性气候变化适应战略的行动建议》
proposed action	提议行动
proposed federal action	提议的联邦行动
public involvement	公众参与
Public Utility Regulatory Policies Act of 1978	《1978 年公用事业监管政策法》
Reasonable Alternatives	合理备选方案
Reasonable Available Control Technology，RACT	合理可得控制技术
Record of Decision，ROD	决策记录
Regional Haze Program	区域性雾霾管理项目
Renewable Energy and Energy Efficiency Partnership，REEEP	可再生能源和能源效率合作伙伴计划
Renewable Fuel Standard，RFS	《可再生燃料标准》
Renewable Identification Numbers，RIN	可再生燃料识别码
Renewable Volume Obligation，RVO	可再生燃料配比责任量
Required Navigation Performance，RNP	所需导航性能
Residential Sound Insulation Program，RSIP	社区住房隔音项目
Rules of Practice for 1050.1E Federally-assisted Airport Enforcement Proceedings	有关联邦资助机场的执法程序实施规则
S_2O	一氧化二硫
Safe Drinking Water Act of 1974	《1974 年安全饮用水法》
School Sound Insulation Program，SSIP	社区学校隔音项目
SF_6	六氟化硫

续表

英文术语	中文翻译
Solid Waste Disposal Act of 1965	《1965 年固体废弃物处置法》
split scimitar	分割弯刀式翼尖小翼
State Implementation Plan，SIP	州执行计划
stationary source	固定源
Stern Review on the Economics of Climate Change	《斯特恩报告：气候变化经济学》
Strategic Sustainability Performance Plan，SSPP	可持续发展绩效战略计划
Stratospheric Ozone Protection	平流层臭氧保护
sulfur dioxide，SO_2	二氧化硫
suspended solids	悬浮固体物
Sustainability Performance Office，SPO	可持续发展绩效管理办公室
Sustainable Airport Manual，SAM	《机场可持续发展手册》
Tax Credits	税收抵免
the Boeing Company	波音公司
the Climate Change Action Plan	《应对气候变化行动计划》
the Energy Information Administration，EIA	能源信息署
the Energy Policy Department Group	能源政策制定小组
the Manhattan Project	《曼哈顿计划》
the National Energy Plan	国家能源计划
the National Energy Policy	《国家能源政策》
the President's Climate Action Plan	《总统气候行动计划》
Total Maximum Daily Loads，TMDL	日最大负荷总量
total phenols	总酚
total renewable fuel	完全可再生燃料
toxic pollutants	有毒污染物
Trans-Alaska Pipeline Authorization Act of 1973	《1973 年纵贯阿拉斯加管道建设核准法》
U.S. Fish and Wildlife Service	美国渔业和野生动物管理局
United Airlines，UA	美国联合航空
United Nations Development Programme，UNDP	联合国开发计划署
United Nations Framework Convention on Climate Change，UNFCCC	《联合国气候变化框架公约》
United States Code	《美国法典》
United States Environmental Protection Agency	美国环境保护署
United States vs. Earth Science Inc.	美国诉地球科学公司

续表

英文术语	中文翻译
Utility Energy Services Contracts，UESC	公用事业能源服务合同
visibility protection	能见度保护
Voluntary Airport Low Emission Program，VALE	机场自愿减排计划
water quality standards	水质标准
Wild and Scenic Rivers Act of 1968	《1968 年天然与景观河流法》
Wilderness Act of 1964	《1964 年旷野法》
Zero Emission Vehicle Program，ZEV	零排放车辆试点项目

附录 D 美国节能减排法律中英文对照表

Act Establishing Yellowstone National Park of 1872	《1872 年黄石国家公园法》
Air Pollution Control Act of 1955	《1955 年空气污染控制法》
Air Quality Act of 1967	《1967 年空气质量法》
American Clean Energy and Security Act of 2009，ACESA	《2009 年美国清洁能源与安全法》
American Power Act of 2010	《2010 年美国能源法》
Atomic Energy Act of 1954	《1954 年原子能法》
Century of Aviation Reauthorization Act	《世纪航空再授权法》
Clean Air Act Amendments of 1977	《1977 年清洁空气法修正案》
Clean Air Act Amendments of 1990	《1990 年清洁空气法修正案》
Clean Air Act of 1963	《1963 年清洁空气法》
Clean Air Act of 1970	《1970 年清洁空气法》
Clean Air Act, CAA	《清洁空气法》
Clean Water Act of 1977	《1977 年清洁水法》
Clean Water Act, CWA	《清洁水法》
Clean Water Restoration Act of 1966	《1966 年清洁水恢复法》
Code of Federal Regulations，CFR	《美国联邦法规汇编》
Department of Energy Organization Act of 1977	《1977 年能源部组织法》
Department of Transportation Act of 1966	《1966 年美国交通运输部法》
Endangered Species Act	《濒危物种法》
Energy Conservation and Production Act of 1976	《1976 年能源节约和生产法》
Energy Independence and Security Act of 2007，EISA	《2007 年能源独立与安全法》
Energy Policy Act of 1992	《1992 年能源政策法》
Energy Policy Act of 2005	《2005 年能源政策法》
Energy Policy and Conservation Act of 1975	《1975 年能源政策和能源节约法》
Energy Reorganization Act of 1974	《1974 年能源重组法》
Energy Security Act of 1980	《1980 年能源安全法》
Environmental Quality Improvement Act of 1970	《1970 年环境质量改善法》
Federal Energy Administration Act of 1974	《1974 年联邦能源局法》
Federal Insecticide Fungicide and Rodenticide Act，FIFRA	《联邦杀虫剂、杀菌剂及灭鼠剂法》
Federal Water Pollution Control Act of 1948	《1948 年联邦水污染控制法》
Fish and Wildlife Coordination Act	《鱼类和野生生物协调法》
Forest Management Act of 1897	《1897 年森林管理法》
Forest Reserve Act of 1891	《1891 年森林保护法》
Low Carbon Economy Act of 2007	《2007 年低碳经济法》
Mineral Leasing Act of 1920	《1920 年矿山租赁法》
National Energy Act of 1978	《1978 年国家能源法》

续表

National Energy Conservation Policy Act of 1978	《1978 年国家节能政策法》
National Environment Policy Act，NEPA	《国家环境政策法》
National Historic Preservation Act of 1966	《1966 年美国国家历史保护法》
Natural Gas Policy Act of 1978	《1978 年天然气政策法》
Power Plant and Industrial Fuel Use Act of 1978	《1978 年电厂和工业燃料使用法》
Public Utility Regulatory Policies Act of 1978	《1978 年公用事业监管政策法》
Rivers and Harbors Act of 1899	《1899 年河流与港口法》
Safe Drinking Water Act of 1974	《1974 年安全饮用水法》
Solid Waste Disposal Act of 1965	《1965 年固体废弃物处置法》
Trans-Alaska Pipeline Authorization Act of 1973	《1973 年纵贯阿拉斯加管道建设核准法》
United States Code	《美国法典》
Water Pollution Control Act of 1956	《1956 年水污染控制法》
Water Quality Act of 1965	《1965 年水质量法》
Water Quality Act of 1987	《1987 年水质量法》
Water Quality Improvement Act of 1970	《1970 年水质量改善法》
Wild and Scenic Rivers Act of 1968	《1968 年天然与景观河流法》
Wilderness Act of 1964	《1964 年旷野法》

附录E　美国节能减排机构中英文对照表

Administraion of Environment and Energy，AEE	环境和能源司
Airlines for America，A4A	美国航空公司协会
Airport and Environmental Law Division	机场和环境法律办公室
American Council for an Energy-Efficient Economy，ACEEE	美国能源效率经济委员会
American Society for Testing and Material International，ASTM International	美国试验与材料协会
Center for Climate Change Steering Committee	气候变化指导委员会
Chicago Department of Aviation，CDA	芝加哥航管局
Climate Change Adaptation Planning Working Group	应对气候变化战略规划工作组
Council on Climate Preparedness and Resilience	气候应对与恢复委员会
Department of Energy，DOE	能源部
Department of Environmental Quality	环境质量管理局
Department of Natural Resources and Environmental Control	自然资源与环境保护局
Department of Transportation，DOT	美国交通运输部
Environment，Energy and Employee Safety Division	环境、能源和员工安全办公室
Environmental Defense Fund，EDF	环境保护基金协会
Environmental Protection Agency，EPA	环保署
Federal Aviation Administration，FAA	联邦航空局
Federal Energy Administration，FEA	联邦能源局
Federal Energy Regulatory Commission，FERC	联邦能源监管委员会
Forest Service	林业管理局
Global Environmental Affairs Department	全球环境事务部
Interagency Climate Change Adaptation Task Force，ICCATF	机构间气候变化适应特别工作组
Metropolitan Airport Commission	大都市机场委员会
Minnesota Department of Transportation	明尼苏达州交通部
National Aeronautics and Space Administration，NASA	国家航空航天局
National Oceanic and Atmospheric Administration	国家海洋与大气管理局
National Park Service	国家公园管理局
Natural Resources Defense Council，NRDC	国家自然资源保护委员会
Office of Administration and Resources Management	行政和资源管理办公室
Office of Air and Radiation	空气和辐射管理办公室
Office of Aviation Policy and Plans	航空政策和计划司
Office of Chemical Safety and Pollution Prevention	化学物质安全和污染预防办公室
Office of Climate Change Policy & Technology，CCP&T	气候变化政策和技术办公室
Office of Electricity Delivery and Energy Reliability	电力供应和能源可靠性办公室
Office of Energy Conservation	节能办公室
Office of Energy Efficiency and Renewable Energy，EERE	能源效率和可再生能源办公室
Office of Enforcement and Compliance Assurance	执法与守法监督办公室

续表

Office of Environmental Information	环境信息办公室
Office of Environmental Management	环境管理办公室
Office of Federal Activities，FAO	联邦活动管理办公室
Office of Fossil Energy	化石能源办公室
Office of General Counsel	法律总顾问办公室
Office of Government and Industry Affairs	政府和行业事务司
Office of International Affairs	国际事务司
Office of International and Tribal Affairs	国际事务和部族事务办公室
Office of Legacy Management	遗产管理办公室
Office of Noise Abatement and Control	噪声减控办公室
Office of Nuclear Energy	核能办公室
Office of Policy and International Affairs，OPIA	能源部政策和国际事务办公室
Office of Research and Development	研究和发展办公室
Office of Safety, Energy and Environment，OSEE	安全、能源与环境办公室
Office of Science	科学办公室
Office of Solid Waste and Emergency Response	固体废弃物和应急反应办公室
Office of the Administrator	署长办公室
Office of the Chief Counsel，AGC	法律顾问办公室
Office of the Chief Financial Officer	首席财务官办公室
Office of the Federal Environmental Executive，OFEE	联邦环境管理办公室
Office of Water	水资源管理办公室
Organization of Petroleum Exporting Countries，OPEC	石油输出国组织
Port of Seattle vs. Pollution Control Hearing Board	西雅图机场公司诉(华盛顿州)污染控制听证委员会
Puget Sound Regional Council	普吉特湾区委员会
Sustainability Performance Office，SPO	可持续发展绩效管理办公室
the Energy Information Administration，EIA	能源信息署
the Energy Policy Department Group	能源政策制定小组
U.S. Fish and Wildlife Service	美国渔业和野生动物管理局
United Nations Development Programme，UNDP	联合国开发计划署

附录 F　中国节能减排机构中英文对照表

Air Traffic Management Bureau	空中交通管理局
Bureau of Environmental Supervision and Inspection	环境监察局
CAAC Central and Southern Regional Administration	中南地区管理局
CAAC East China Regional Administration	华东地区管理局
CAAC North China Regional Administration	华北地区管理局
CAAC Northeast Regional Administration	东北地区管理局
CAAC Northwest Regional Administration	西北地区管理局
CAAC Southwest Regional Administration	西南地区管理局
CAAC Xinjiang Regional Administration	新疆管理局
Civil Aviation Administration of China，CAAC	中国民用航空局
Civil Aviation University of China	中国民航大学
Department of Air Environmental Management	大气环境管理司
Department of Aircraft Airworthiness Certification	航空器适航审定司
Department of Airport	机场司
Department of Climate Change	应对气候变化司
Department of Development Planning	发展计划司
Department of Environmental Impact Assessment	环境影响评价司
Department of Environmental Monitoring	环境监测司
Department of Finance	财务司
Department of Flight Standard	飞行标准司
Department of General Affairs	综合司
Department of Human Resources and Institutional Arrangement	行政体制与人事司
Department of International Affairs（Office of Hong Kong, Macao and Taiwan Affairs）	国际司（港澳台办公室）
Department of Nature and Ecology Conservation（Office of Biodiversity Conservation）	自然生态保护司
Department of Nuclear Facility Safety Regulation	核设施安全监管司
Department of Nuclear Power Safety Regulation	核电安全监管司
Department of Personnel, Science & Technology and Education	人事科教司
Department of Planning and Finance	规划财务司
Department of Policies, Laws and Regulations	政策法规司
Department of Publicity and Communications	宣传教育司
Department of Radiation Source Safety Regulation	辐射源安全监管司
Department of Science, Technology and Standards	科技标准司
Department of Soil Environmental Management	土壤环境管理司
Department of Transport	运输司
Department of Water Environmental Management	水环境管理司
Ministry of Agriculture of the People's Republic of China	中华人民共和国农业部

续表

Ministry of Environmental Protection of the People's Republic of China	中华人民共和国环保部
Ministry of Finance of the People's Republic of China	中华人民共和国财政部
Ministry of Land and Resources of the People's Republic of China	中华人民共和国国土资源部
Ministry of Science and Technology of the People's Republic of China	中华人民共和国科学技术部
Ministry of Transportation of the People's Republic of China	中华人民共和国交通运输部
Ministry of Water Resources of the People's Republic of China	中华人民共和国水利部
National Development and Reform Commission (NDRC) of the People's Republic of China	中华人民共和国国家发展和改革委员会
National Energy Administration	国家能源局
National Leading Group Dealing with Climate Change, Energy Conservation and Emission Reduction	国家应对气候变化领导小组
Office of Air Traffic Regulation	空管行业管理办公司
Office of Aviation Safety	航空安全办公室
State Council of the People's Republic of China	中华人民共和国国务院
State Forestry Administration of the People's Republic of China	中华人民共和国国家林业局

后　记

节能减排研究一直是民航英语研究中心的工作重点。2012 年，民航英语研究中心组建了节能减排研究小组。自小组组建以来，借助中国民用航空局规划司节能减排办公室和中国民航大学节能减排研究中心两大平台，累计完成文献翻译达 500 多万字；承担多项中国民用航空局和中国民航大学节能减排研究项目，内容涉及欧盟排放交易体系、美国节能减排与环境管理政策及中国民航业节能减排工作等；并以专题简报、研究报告、调研报告等多种形式为局方提供政策方面的智力支撑和决策支持。小组成员在上述研究成果的基础上，以民航业为例，重点研究美国节能减排的管理与实践，最终形成本书。

气候变化是当今人类社会面临的共同挑战。多年来，《联合国气候变化框架公约》各缔约方按照共同但有区别的责任原则、公平原则和各自能力原则，不断强化合作行动，取得积极进展。在本书撰写过程中，全球气候变化问题的解决也取得重大突破。2015 年底，公约各方在联合国气候变化巴黎会议上达成《巴黎协定》。《巴黎协定》确立了 2020 年后以“国家自主贡献”为主体的国际应对气候变化机制安排，重申了公约确立的共同但有区别的责任原则，平衡反映了各方关切，是一份全面、均衡、有力度的协定。截至 2016 年 10 月 3 日，包括中国、美国、欧盟等在内的主要国家或地区均批准《巴黎协定》，这意味着《巴黎协定》已经生效。

作为中国经济社会发展的重要战略产业，民航业是经济发展和产业升级的重要驱动力，是世界不同文明沟通交流的重要桥梁。近年来，我国民航业始终坚持绿色低碳发展理念，积极采取行动，不断推进民航节能减排工作，努力构建安全、效益、服务、环保四位一体的环境友好型、资源节约型现代化民航业。“十二五”期间，我国民航共实施八大类 1200 多个节能减排项目，总投资额近 135 亿元人民币(不含新飞机购置)。2015 年，我国民航吨公里油耗 0.294 公斤，较 2005 年下降 13.5%(数据来源于 2015 年民航行业发展统计公报)。这些成绩的取得主要得益于节能技术应用、管理系统开发与应用、节能产品与新能源应用、机场车辆油改电工程、航路优化项目、加强水资源节约、努力扩大节能服务供给、广泛开展国际合作等八个方面的行动。例如，2012 年我国民航积极建设性地参与国际航空与气候变化问题的会议，为推进国际航空应对气候变化工作做出巨大努力。

面对航空运输发展与航空减排的双重压力，我国民航将坚决贯彻国家生态文明建设战略及绿色发展理念，坚持走绿色、低碳发展道路，不断强化政策和行动，将绿色发展既作为行业发展的重要目标，又作为促进行业提质增效的重要抓手。“十三五”期间，我国民航重点从创新体制机制、充分发挥市场化措施的促进作用、强化主体责任以及增进开放交流四方面推动行业的可持续发展，而项目小组也将持续关注该领域的发展情况，并为中国民用航空局节能减排工作的开展提供政策咨询及智力支持。

经历世界能源环境的风云变幻，项目组成员深觉形势迫切；以提高中国在国际民航节能减排的话语权为己任，项目组成员深知责任重大；回顾四年研究取得的丰硕成果，项目组成员深感骄傲和自豪。书中全面且丰富的民航业、节能减排及法律法规等方面的专业知识不仅为专家学者进行相关研究提供了翔实的参考借鉴材料，还为行业内部人员了解美国节能减排等问题提供了一条捷径。

彩　图

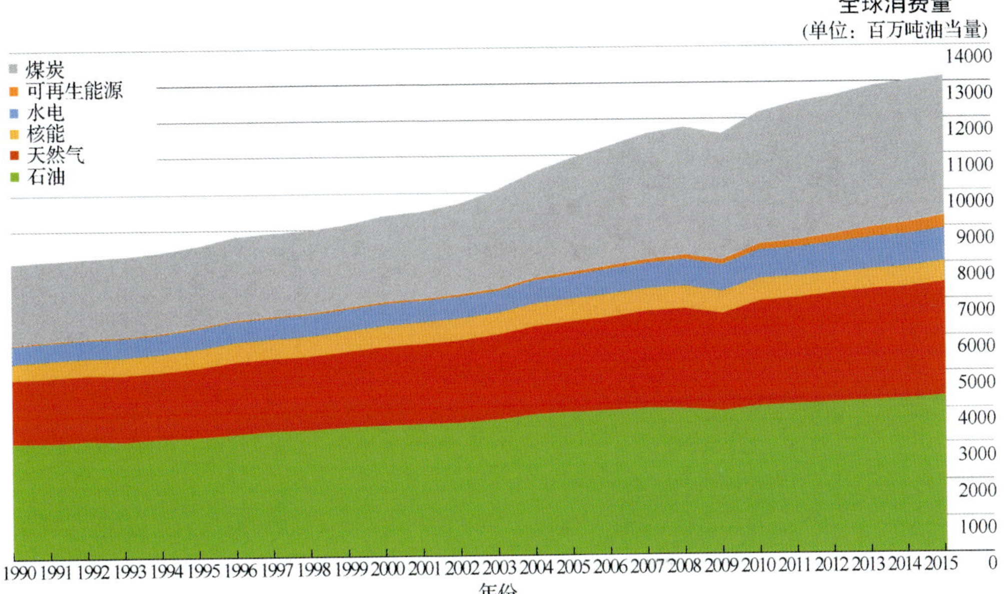

图 3-1　全球能源消耗走势图(1990—2015 年)

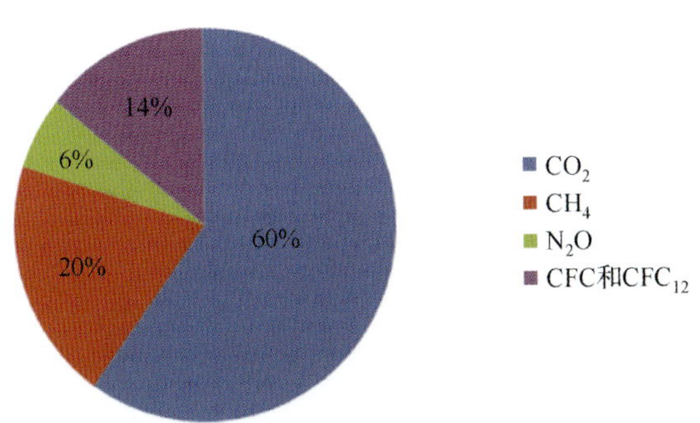

图 3-3　各种温室气体导致气候变暖的贡献度

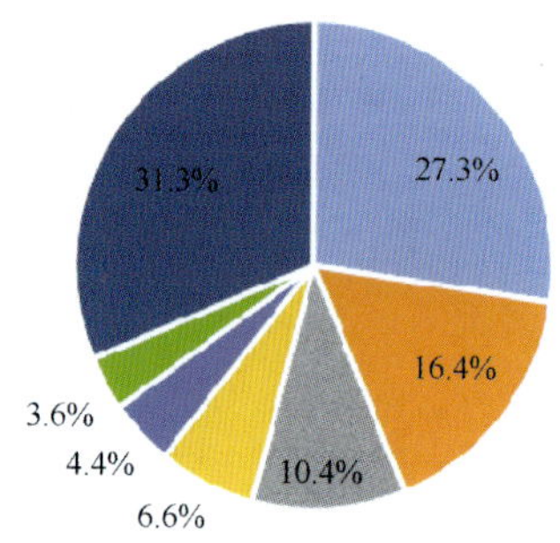

图 3-4　世界主要国家和地区二氧化碳排放情况（2015 年）

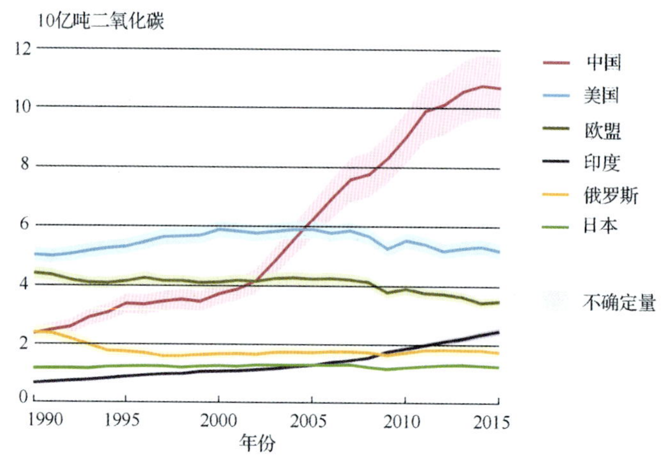

图 3-5　全球六大主要碳排放国（地区）碳排放趋势（1990—2015 年）

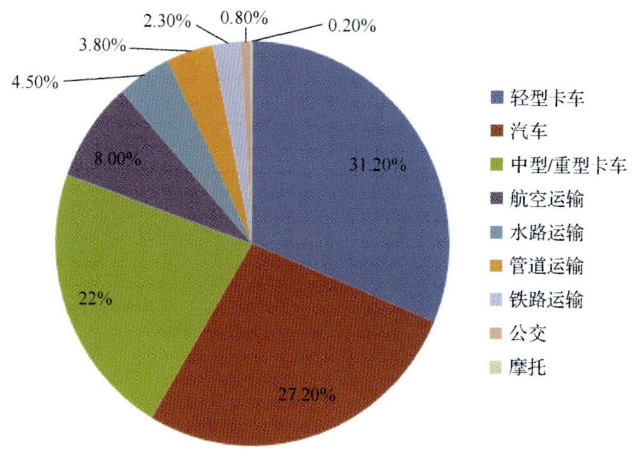

图 4-2　2012 年美国交通运输业石油消耗情况

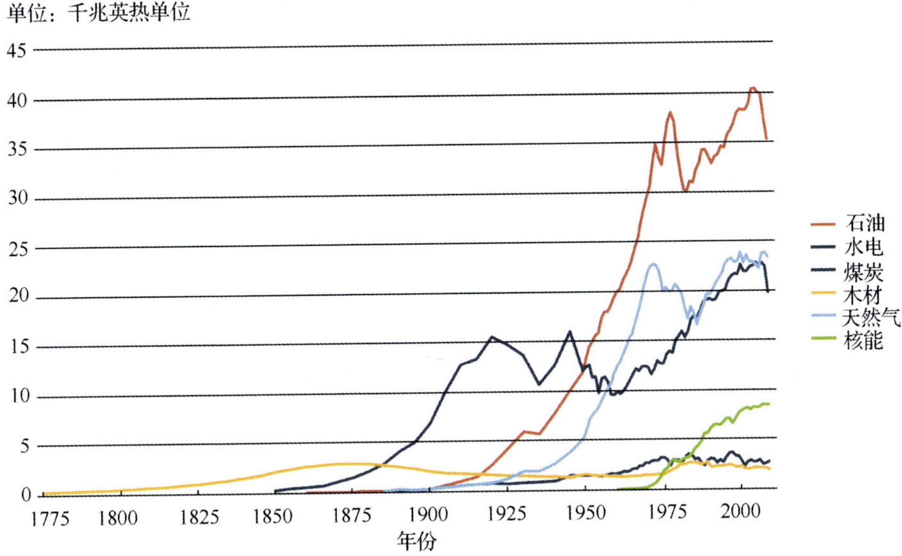

图 4-3　美国历史能源消耗走势图（1775—2009 年）

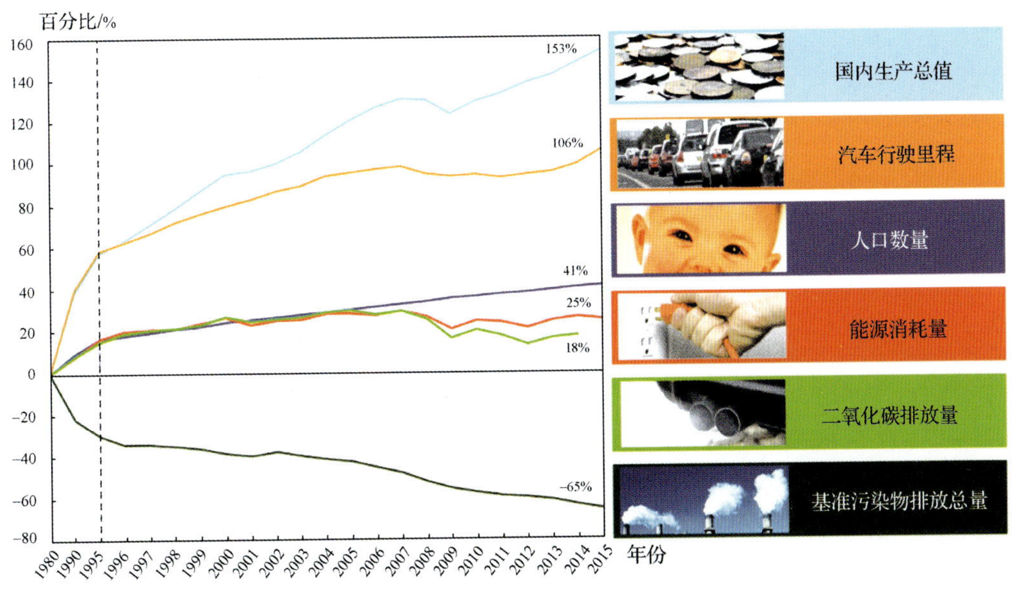

图 5-4　1980—2015 年美国主要经济指标及污染物排放量变化对照图

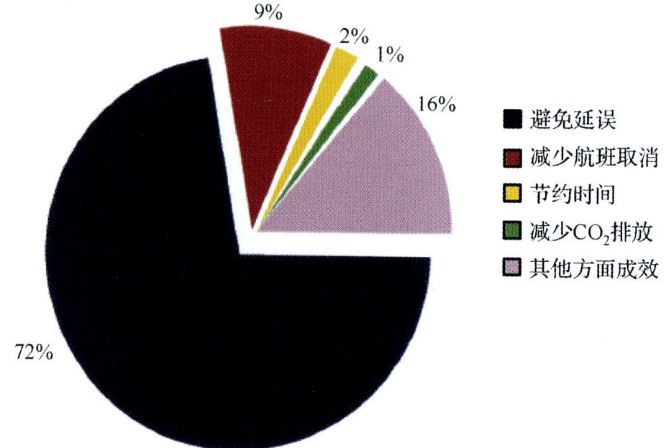

图 6-1　至 2030 年“新一代”累计效益分解

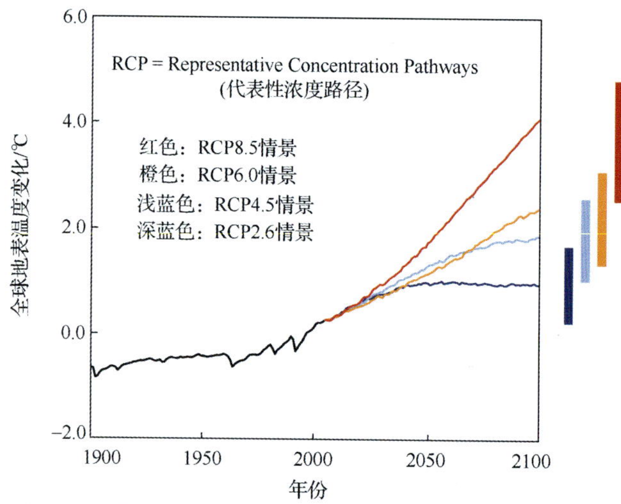

图 8-3　IPCC 不同 RCP 情景的全球地表温度变化预测